# भारतीय राजनीति और परिसीमन

# भारतीय राजनीति और परिसीमन

श्रीमती कहकशाँ सागर

GenNext Publication

भारत में सन् 2024 में प्रकाशित

**जेन्नेकस्ट पब्लिकेशन**
5, अंसारी रोड, दरियागंज,
नई दिल्ली-110002
ई-मेल: gennextpublication@hotmail.com

*Distribution Network*
gyanbooks.com
India, USA, Canada, UK, Australia, France

# भारतीय राजनीति और परिसीमन



ISBN: 978-93-5722-589-2 (PB)

*मुद्रित:* ज्ञान प्रेस, दिल्ली

# प्रस्तावना

एक अद्‌भुत वेदना पूर्ण प्रकृति की पुकार से ज्ञान का उद्‌भव हुआ है। जो समाज की वर्तमान परिस्थितियों को निरखकर उसके अमानवीय, असहिष्णु, रूप को परिवर्तित कर मानवीय एव सहिष्णुता की राह पर अग्रसर कर रहा है। धरती, आकाश, तारा, हवा, पानी, अग्नि, चाँद, सूर्य प्रकृति की संतान ज्ञान, मानव की दृष्टि पटल पर लगे अंधकार रूपी पर्दे को हटाने हेतु तन-मन वाणी, धन, पराक्रम, सद्‌गुणों एवं उज्जवल व्यक्तित्व की प्रखरता से निश-दिन प्रयत्नरत है। उसे आशा ही नहीं बल्कि पूर्ण विश्वास है कि प्रकृति के छाँव में, प्रकृति के मार्ग दर्शन में, प्रकृति के एहसासों को एहसास कर वह निश्चित रूप से मानव को मानवीयता की डोर पकड़ाने में आशातीत सफलता प्राप्ति की ओर अग्रसर होगा।

यह गंगा सी बहती रहस्यमयी धारा शब्दो के बहाव के साथ-साथ मानव हृदय पटल को पल-प्रति पल पुण्यित करती हुई, मानव जगत को सिंचित करती हुई आगे अपने अनन्त रहस्यमयी रूपों में समय के साथ जीवन के बदलते-रंग रूप के साथ नये-नये आयामों को आत्मसात करते हुए, जीवन की कड़वी सच्चाई को अपने आप में समाहित करते हुए, शांत गम्भीर, लय में निरन्तर जीवन के सकारात्मक मोड़ की तरफ प्रवाहित हो रहा है।

# विषय सूची

# आभार

निर्वाचन क्षेत्रों के परिसीमन (Delimitation of Constituencies) की विसंगतियां देखकर ''भारतीय राजनीति और परिसीमन ''इस विषय पर लिखने का विचार मेरे मन में काफी समय से था। यह विचार पहले–पहल तो मुझे लंबे अरसे तक कचोटता रहा और जब कभी भी कोई चुनाव होते तो मैं अखबार में ध्यान से मुस्लिम उम्मीदवारों के नाम खोजती और फिर चुनाव में विजयी उम्मीदवारों के नाम ढूँढती रहती। मगर मुझे उन उम्मीदवारों की लम्बी फेहरिस्त में बामुश्किल गिने –चुने मुस्लिमों के नाम ही पढ़ने को मिलते थे। मुस्लिम बहुल क्षेत्रों से भी किसी मुसलमान का चुनाव नहीं जीत पाना मुझे और अचरज में डाल देता था!

14वीं लोकसभा में 37 और 15वीं लोकसभा में 29 मुस्लिम सांसद थे। लिहाजा परिसीमन 2008 के तहत हुए चुनाव में 8 मुस्लिम सांसद कम हो गए थे। 16वीं लोकसभा 2014 के चुनाव सांप्रदायिक लाइन से हुए। इसलिए 22 मुस्लिम सांसद ही विजयी हुए, 6 सांसद इस चुनाव में और कम हो गए। 14वीं और 16वीं लोकसभा के दौरान हुए चुनाव में कुल 14 मुस्लिम सांसदों की संख्या कम हो गई है। इस विडंबना से परिसीमन का दंश एक बार पुनः मेरे मन मस्तिष्क में जहर उड़ेल गया और मैं फिर एक बार विधानसभा और संसदीय निर्वाचन क्षेत्रों के परिसीमन (Delimitation of Assembly and Parliamentary Constituencies) विषय पर चिंतन करने के लिए गंभीर हो उठी...आखिर कब तक मुस्लिम वर्ग़ परिसीमन के इस दंश का ज़हर पीते रहेंगे!

यद्यपि मुस्लिम बहुल निर्वाचन क्षेत्रों को आरक्षित किया जाना और फिर आरक्षित निर्वाचन क्षेत्रों को पुनर्समायोजन प्रक्रिया में सामान्य किया जाना भी मुसलमानों के लिए हार का कारण बनता है... जब इस विचार के संबंध में मैंने अपने सहयोगियों से चर्चा की तो सभी आश्चर्यचकित थे कि, मैं ऐसा क्यों कह रही हूँ। वे मेरे हितचिंतक भी थे और उन्होंने मुझे इस संबंध में सचेत भी किया। मुझे भी इस बात का पूरा एहसास था कि यह एक बड़े उत्तरदायित्व का काम है और संवेदनशील मुद्दा है। फिर भी मैंने साहस और निडरता से परिसीमन बनाम राजनीतिक विषय पर लिखी और बहुतेरी आवश्यक जानकारी संकलित की,

संदर्भ–परिशिष्ट ढूँढे और उन्हें तरतीबवार संजोया जो अब पुस्तक का आकार ले चुका है। मेरा निश्चय अपनी जगह पक्का था। यह मेरी अपनी ही यात्रा थी जो मुझे तय करनी थी... मुझे नए सिरे से निर्वाचन क्षेत्रों के परिसीमन की सच्चाई की खोज करनी थी और यह जानना भी था कि, भारत देश में करोड़ों–करोड़ मुसलमान बसते हैं और उनकी जनसंख्या के अनुपात से देश की 543 संसदीय सीटों में से अभी हाल में सौ से डेढ सौ सीटों पर संवैधानिक हक भी बनता है फिर लोकतंत्र की इस सांविधानिक संस्था "भारत परिसीमन आयोग" के पर्दे के पीछे कौन सी शैतानी ताकत बैठी है जो लोकतंत्र और धर्मनिरपेक्षता की बुनियाद को ही हिला देना चाहती है और दीमक की तरह अंदर ही अंदर इसे खोखला कर रही है। यद्यपि परिसीमन की विसंगतियों में सुधार लाना जरूरी है, उसमें और देरी करना असहनीय है। चंद वर्षों की देरी भी मौजूदा लोकतंत्र के लिए बहुत महंगी सिद्ध हो सकती है।

गहन मंथन के बाद मैंने यह काम हाथ में लिया और आज यह पुस्तक आपके हाथ में है। आत्मप्रेरित होकर लिखी मेरी इस पुस्तक को लिखने में मुझे छह साल लगे। लिखना, पढ़ना फिर उसे दोबारा लिखना, पुनरीक्षण करना, एक तरह से यह लम्बी कवायद थी ...पुस्तक लेखन जब भावनात्मक मुद्दों पर आधारित हो, तब लेखक भावों की धारा को प्रवाहित करता रहता है, पुस्तक का खाका तैयार हो जाता है। किन्तु यह पुस्तक तथ्यों पर आधारित है। इसमें तथ्य संकलन, आँकड़ों का संकलन और विचारों की समीक्षा के लिए दूसरों पर निर्भर रहना पड़ता है। जिन्होंने मेरी आधी–अधूरी पाण्डुलिपि को पढ़ी, अनेक बार मेरी तथ्यात्मक गलतियों की ओर ध्यान दिलाया, सुझाव भी दिए और लिखने का हौसला भी दिया, उनमें ए.जी. कुरैशी सेवा निवृत्त जस्टिस, उच्च न्यायालय इन्दौर का योगदान रहा।

इस पुस्तक की पाण्डुलिपि के साथ दूसरा नाम जुड़ा है ए. कमर साहब, खण्डवा का जिन्होंने खुले मन से बेतरतीब लेखन को तरतीबवार बनाने में मेरी मदद की।

हार्दिक धन्यवाद करना चाहूंगी सहयोगी एवं शुभचिंतक वरिष्ठ साहित्यकार घनश्याम मालवीय का जिन्होंने मेरे उत्साह का संवर्धन कर इस विषय पर लेखन के लिए मुझे प्रेरणा और मार्गदर्शन दिया। पुस्तक पर आपके महत्त्वपूर्ण सुझाव भविष्य में स्वागत योग्य रहेंगे।

...यह कार्य इतने बड़े स्तर पर किया गया है कि इसमें त्रुटियां होना असंभव नहीं है ...इसलिए पाठ्कगण से अनुरोध है कि उनकी नज़र में अगर कोई त्रुटि आए तो इससे लेखिका को सूचित कर अनुग्रहीत करें!

**श्रीमती कहकशाँ सागर**

# भूमिका

## भारतीय मुस्लिम और राजनीतिक प्रपंच

विचारों की अभिव्यक्ति प्रत्येक भारतीय नागरिक का मौलिक अधिकार है। देश के संविधान के दायरे के भीतर अपनी बात कहना हर भारतीय का संवैधानिक हक है। देश के अल्पसंख्यक वर्ग विशेषकर मुस्लिम समाज से संबंधित कुछ अनसुलझे सवाल हैं और उनकी अपनी कुछ मूलभूत समस्याएं भी हैं जिनके कारण देश के करोड़ों मुसलमानों के मन में इस देश के बाशिंदे होने के बावुजूद, उनमें अविश्वास और असुरक्षा की भावना पनप रही है। समय रहते इन सवालों को सुलझा लेना चाहिए ताकि वे स्वयं को एक धर्मनिरपेक्ष भारतीय नागरिक होने का गौरव प्राप्त कर सकें तथा समाज में व्याप्त असुरक्षा की भावना मिट सके। इसी बात को लेकर मैंने पहली बार चिंतन मनन के बाद समाज को चिंतन के लिए एक दिशा सुझाई है जिसका मकसद मुस्लिम समाज को राजनीतिक रूप से जागृत करना है कि वे देखें कि उनकी वास्तविक राजनीतिक स्थिति क्या है? यहाँ प्रस्तुत है चंद उलझे सवाल और उनका समाधान...!

संविधान के अधीन 1952 में जब प्रथम आम चुनाव हुए थे देश की कुल जनसंख्या 35 करोड 60 लाख थी और 489 लोकसभा सदस्यों में से 21 मुस्लिम सांसद जीतकर आए थे। उस समय देश में मुसलमानों की आबादी 9.91 प्रतिशत थी आबादी के अनुपात और प्रतिनिधित्व के लिहाज से उन्हें 49 संसदीय सीटें मिलनी चाहिए थी। उस चुनाव में भारतीय राष्ट्रीय कांग्रेस ने अपने कुल 479 उम्मीदवारों में से 21 मुस्लिमों को टिकट दिया था जो मात्र 4.29 प्रतिशत की हिस्सेदारी थी। गौरतलब है कि, इस आम चुनाव में विजयी 21 मुस्लिम उम्मीदवारों में से 19 सांसद कांग्रेस के टिकट पर जीते थे। 16वीं लोकसभा में कुल 22 मुस्लिम सांसद जीते हैं इनमें से कांग्रेस के 4 और बाकी 18 विभिन्न राजनीतिक दलों के हैं। सनद रहे उत्तर प्रदेश से 14वीं लोकसभा में 11 और 15वीं में 7 मुस्लिम सांसद थे। 16वीं लोकसभा में राज्य से कोई भी मुस्लिम सांसद नहीं है।

1 मार्च, 2001 की जनगणना के अनुसार भारत की कुल जनसंख्या 1 अरब 2 करोड 70 लाख 15 हजार 247 थी। जिसमें से मुस्लिम जनसंख्या 15 करोड़

10 लाख रही। देश में संसदीय निर्वाचन क्षेत्रों का गठन राज्य की कुल आबादी को मौजूदा सीटों से विभाजित किया और इस तरह राज्य की औसत आबादी पर हर एक सीट को परिसीमित किया गया है।

पुनर्समायोजन परिसीमन 2008 में लोकसभा की एक सीट 18 लाख 91 हजार 372 औसत आबादी पर परिसीमित की गई लिहाजा जनसंख्या अनुपात से 80 मुस्लिम बहुल संसदीय निर्वाचन क्षेत्र बनाए जाने थे किन्तु इसकी तुलना में केवल 29 क्षेत्रों से मुस्लिम उम्मीदवार कामयाब हुए थे। जिससे यह माना जा सकता है कि ये ही मुस्लिम बहुल क्षेत्र रहे। 16वीं लोकसभा के चुनाव में जिस तरह का सांप्रदायिक ध्रुवीकरण हुआ, उससे मुस्लिम सांसदों की संख्या और घट गई। जबकि इन 80 संसदीय निर्वाचन क्षेत्रों को लोकतांत्रिक मूल्यों के आधार पर परिसीमित करने से 122 लोकसभा सीटों में तब्दील किया जा सकता था। लिहाजा 29 क्षेत्रों के स्थान पर 122 संसदीय निर्वाचन क्षेत्रों से मुस्लिम निर्वाचित होते रहते।

14वीं लोकसभा 2004 तक अनुसूचित जाति और अनुसूचित जनजाति वर्ग के लिए कुल 120 संसदीय निर्वाचन क्षेत्र आरक्षित थे। परिसीमन 2008 में अजा 84 अजजा 47 कुल = 131 सीट हो गई हैं। यानी आरक्षित वर्ग की 11 सीटें उनकी जनसंख्या अनुपात से और बढ़ी है। इन 11 सीटों को बढ़ाने के लिए परिसीमन आयोग ने 499 संसदीय निर्वाचन क्षेत्रों में फेरबदल और बदलाव किया है। यदि आरक्षित वर्ग के लिए जातीय समीकरण का औचित्य संवैधानिक है... तब मुसलमानों के लिए ऐसा क्यों नहीं? यह सवाल मुसलमानों के मन को कुरेदता है! कई मर्तबा ऐसा भी होता है कि, मुस्लिम बहुल क्षेत्रों से भी कोई मुसलमान कभी भी चुनाव नहीं जीत पाता आखिर कोई वजह तो जरूर है! हालांकि पुनर्समायोजन की पूरी प्रक्रिया परिसीमन आयोग द्वारा की जाती है। मगर परिसीमन की इस प्रक्रिया में आयोग के दो रूप होते हैं, एक संवैधानिक संस्था का और दूसरा रूप प्रपंची सत्ता पार्टी का लिहाजा इस परिसीमन से पनपने वाले उबाल को ठण्डा करने का वक़्त अभी भी है...सरकार के पास!

**''जस्टिस राजिन्दर सच्चर समिति''** के द्वारा मुसलमानों के बारे में सरकारी तौर पर जुटाए गए आंकड़े, कई मामलों में भारतीय प्रजातंत्र के सामने उभरती गंभीर चुनौतियों की ओर भी इशारा करते हैं, इनका तुरन्त समाधान नहीं किया गया तो देश के प्रजातांत्रिक और धर्मनिरपेक्ष ढांचे को बचाना ही मुश्किल हो जाएगा। तथ्यों से पता चलता हैं कि देश के कई भागों में विशेषकर गुजरात में मुसलमानों के साथ एक तरह का जातीय भेदभाव किया जा रहा है और यह अब संस्थात्मक रूप ले चुका है। गुजरात में मुस्लिम बहुल इलाकों को बाकायदा एक

नाम 'नेगेटिव जोंस' अर्थात 'नकारात्मक क्षेत्र' का नाम दिया गया है। कहने को तो हमारे देश में लोकतांत्रिक संविधान हैं, स्वतंत्र न्यायपालिका, है लेकिन कांग्रेस और दीगर राजनीतिक दल हिन्दुस्तान के मुसलमानों को अपनी तोप के भूसे यानी वोट बैंक की तरह इस्तेमाल करते हैं और उनकी बदहाली दूर करने में कतई कोई दिलचस्पी नहीं है। मुसलमानों के धार्मिक मामले हो या राजनीतिक, प्रत्येक स्थिति में देखा जाता हैं कि उन्हें संविधान के अनुच्छेद 19 (1) (ए) के तहत प्राप्त अभिव्यक्ति की स्वतंत्रता के अधिकार से भी वंचित करने की कोशिश की जाती है...'अल्पसंख्यक' की परिभाषा से आशय केवल धार्मिक अल्पसंख्यक ही नहीं बल्कि मुस्लिम वास्तव में, राजनीतिक अल्पसंख्यक भी हैं।

इटली के निकोलो मैक्यावेली को आधुनिक राजनीतिक विज्ञान का पितामह कहा जाता है। पश्चिम के कौटिल्य कहे जाने वाले मैक्यावेली 1469 को इटली के फ्लोरेंरा शहर में जन्में थे। मात्र 50 वर्ष की आयु में 21 जून 1527 को उन्होंने आख़िरी सांस ली। आधुनिक राजनीति का आधार मानी जाने वाली उनकी किताब 'द प्रिंस' राजसत्ता की निर्देशिका है। इसमें सिलसिलेवार ब्यौरा दिया गया है कि किस तरह किसी राजसत्ता पर काबिज हुआ जा सकता है। मैक्यावेली का मानना था कि राजनीतिक स्थिरता ही चरम नैतिक मूल्य है और इस दिशा में उठाए गए कोई भी कदम उचित माने जाएंगे। इसके लिए क्रूर तरीकों का इस्तेमाल करने से भी कोई हर्ज नहीं क्योंकि तब वह एक बृहद आदर्श की प्राप्ति के लिए उठाया गया कदम होगा... लिहाजा, इस संभावना से इन्कार करना ज़रा मुश्किल है कि 24, अकबर रोड, आल इण्डिया कांग्रेस कमेटी (A.I.C.C.) नई दिल्ली ने निकोलो मैक्यावेली की पुस्तक 'द प्रिंस' से प्रभावित होकर ही अपने अस्तित्व की रक्षा के लिए ऐसी विसंगतिपूर्ण राजनीतिक व्यूह रचना की है!

...और परिणामस्वरूप कांग्रेस, यहूदी लाबी के दबाव में मुसलमानों को जम्हूरियत का लबादा ओढ़े हुए कभी विधायिका और कभी न्यायपालिका के जरिए लगातार प्रताड़ित किए हुए है। सहजीवन (live-in relationship) और समलैंगिक संबंध इसका ही एक हिस्सा है। संप्रग सरकार ने आपसी सहमति से दो वयस्कों के बीच समलैंगिक संबंध को अपराध के दायरे से मुक्त करने के लिए दिल्ली हाईकोर्ट के फैसले को लेकर यह फैसला लिया था कि सरकार समलैंगिक मामले में सुप्रीम कोर्ट में दायर याचिकाओं के संदर्भ में दिल्ली हाईकोर्ट के फैसले का पक्ष लेगी।

11 दिसम्बर 2013 को सुप्रीम कोर्ट ने दिल्ली हाई–कोर्ट के इस फैसले को निरस्त करते हुए कहा था कि धारा–377 (अप्राकृतिक यौन अपराध) असंवैधानिक नहीं है। यह एक आपराधिक कृत्य है।

**फैसले का हुआ था विरोध**–सुप्रीम कोर्ट के फैसले का समलैंगिक अधिकार कार्यकर्ताओं और संस्थाओं ने भारी विरोध किया था। केन्द्र सरकार ने भी पुनर्विचार याचिका दायर करते हुए शीर्ष अदालत से इस पर पुनः गौर करने के लिए कहा था।

**पुनर्विचार याचिका हुई थी खारिज**–शीर्ष अदालत ने दिसम्बर 2013 को केन्द्र और समलैंगिक अधिकार कार्यकर्ताओं की ओर से दायर पुनर्विचार याचिकाओं को ख़ारिज कर दिया था।

**समलैंगिकता पर खुली सुनवाई**–सुप्रीम कोर्ट 4 अप्रैल 2014 को सुधारात्मक याचिकाओं पर खुली अदालत में सुनवाई के लिए राजी हो गया है। सुधारात्मक याचिकाओं पर चार जजों की पीठ सुनवाई करती है। मालूम हो कि सुधारात्मक याचिका आदालत में किसी मामले से जुड़ी चिंताओं पर दोबारा विचार कर अंतिम न्यायिक रास्ता है और सामान्यतः इस पर जज बिना किसी पक्ष को बहस की अनुमति दिए अपने चेंबर में सुनवाई करते हैं।

गौरतलब है कि महिलाओं के लिए लोकसभा और राज्य की विधानसभाओं में तैंतीस फीसदी आरक्षण का प्रावधान करने वाला संविधान (108वां संशोधन) विधेयक 2010, 9 मार्च को ''विश्व महिला दिवस'' के ही दिन समाजवादी पार्टी, राष्ट्रीय जनता दल और जनता दल (यू.) के कड़े विरोध के बावुजूद हमारी संसद के ऊपरी सदन राज्यसभा ने इस विवादित महिला आरक्षण विधेयक को 186 सदस्यों के भारी समर्थन से पारित कर दिया।

इस विधेयक में लोकसभा की 543 सीटों में से 181 सीटें और 29 राज्य और दो संघ राज्यक्षेत्र की विधानसभाओं की कुल 4120 सीटों में से 1360 सीटें अब महिलाओं के लिए आरक्षित करने का प्रावधान है। तैंतीस फीसदी महिला आरक्षण के भीतर पिछड़े और मुस्लिम समुदाय के लिए आरक्षण की मांग के कारण ही 14 सालों से लंबित आरक्षण विधेयक को कांग्रेस द्वारा ज्यों का त्यों पारित करा लेना गोया देश के मुसलमानों के सिर पर (कांग्रेस ने) हथौड़ा मारने जैसा काम किया है।

1952 से लेकर 2009 के चुनाव तक कुल 551 महिलाएं सदन में पहुँची थी। उनमें से केवल 19 महिलाएं मुस्लिम रही हैं जो अभी तक 6 राज्यों से निर्वाचित हुई हैं। 14 वीं लोकसभा में 2 मुस्लिम महिलाएं थी। 3–अनंतनाग संसदीय क्षेत्र से महबूबा मुफ्ती PDP और 27–बहराइच से रुवाब सैयदा SP से निर्वाचित हुई थी। 15 वीं लोकसभा में परिसीमन के कारण सिर्फ 29 मुस्लिम सांसद निर्वाचित हुए हैं। उनमें से तीन मुस्लिम महिलाएं भी निर्वाचित हुई थी। 150–कैराना संसदीय निर्वाचन क्षेत्र से तबस्सुम बेगम समाजवादी पार्टी, 164–सीतापुर से

कैसरजहाँ बहुजन समाज पार्टी और 291–मालदा उत्तर संसदीय निर्वाचन क्षेत्र से मौसम नूर कांग्रेस से विजयी हुई थी। 16वीं लोकसभा में कुछ 22 मुस्लिम सदस्य हैं। इस बार भी तीन महिलाएं विजयी हुई हैं। 38–आराम बाग से अरुपा पोद्दार (आफरीन अली) AITC 300–उत्तर मालदा से मौसम नूर INC और 303–अनंतनाग से महबूबा मुफ्ती PDP से हैं।

देश की राज्य विधानसभाओं में तो मुस्लिम महिलाओं की संख्या शून्य जैसी है। उत्तर–प्रदेश जैसे बड़े राज्य की 403 सदस्यीय विधानसभा में सिर्फ दो मुस्लिम महिला विधायक हैं और जम्मू–कश्मीर मुस्लिम बहुल राज्य की 87 सदस्यीय विधानसभा में भी दो ही मुस्लिम महिलाएं हैं। महाराष्ट्र राज्य के अस्तित्व में आने के बाद 1960 से अब तक राज्य विधानसभा के 12 चुनाव संपन्न हो चुके हैं। 288 सदस्यीय विधानसभा में सिर्फ एक मुस्लिम महिला आयशा इकबाल, 1972 में मालेगांव से निर्वाचित होकर विधानसभा पहुँची थी। इसके बाद कोई और दूसरी मुस्लिम महिला अब तक विधायक नहीं बन सकी। 78 सदस्यीय विधान परिषद् में अभी तक केवल दो मुस्लिम महिला लतीफा क़ाज़ी और फौज़िया तहसीन खान ही दाखिल हुई हैं। फौजिया खान फिलहाल पृथ्वीराज चव्हाण मंत्रीमंडल में राज्य मंत्री है। पंचायत और स्थानीय निकाय चुनाव में महिलाओं को पचास प्रतिशत आरक्षण का प्रावधान पहले ही किया जा चुका है। उस पचास प्रतिशत महिला आरक्षण में भी (ओबीसी) मुस्लिम महिलाओं का कोई कोटा निर्धारित नहीं किया गया है। जबकि पिछड़े वर्ग को उन्नयन और विकास के अवसर प्रदान करने के लिए पिछड़े वर्ग जिसमें मुस्लिम वर्ग के 14 समूहों को भी शामिल किया जाना न्यायसंगत एवं इस वर्ग के हित में होता, किन्तु दुर्भाग्य है कि ऐसा न जाने क्यों नही किया गया। यह एक विचारणीय एवम् अनुत्तरित प्रश्न है।

यह भी सही है कि बुनियादी तौर पर हमारा संविधान धार्मिक आधार पर आरक्षण की इजाज़त नहीं देता। मगर संविधान के अनुच्छेद 16 (1) में राज्याधीन नियोजकों में सभी नागरिकों के अवसर की समता के सिद्धांत को स्वीकार करते हुए अनुच्छेद 16 (4) में समताकरण के सिद्धांत को स्वीकार किया गया है। यदि राज्य की राय में राज्याधीन सेवाओं में नागरिकों के किसी वर्ग का पर्याप्त प्रतिनिधित्व नहीं हैं तो वह नियुक्ति या पदों के आरक्षण के लिए उपबन्ध कर सकती है। संविधान के अनुच्छेद 16 (4) के तहत ही आन्ध्रप्रदेश सरकार द्वारा विधानसभा में एक विधेयक लाया गया था, जिसे पास करवाकर कानून का रूप दिया गया इसमें सामाजिक और शैक्षणिक तौर पर पिछड़े मुसलमानों के लिए आरक्षण की सिफारिश थी। प्रदेश सरकार ने 7 जुलाई, 2007 को सरकारी नौकरी

और शैक्षणिक संस्थाओं में 4 फीसदी आरक्षण का आदेश जारी किया था। लेकिन आन्ध्रप्रदेश हाईकोर्ट की संविधान पीठ ने बहुमत के आधार पर मुस्लिम कोटा बिल निरस्त कर दिया था।

इसी परिपेक्ष्य में सुप्रीम कोर्ट ने 25 मार्च 2010 को अपने अंतरिम आदेश में आन्ध्रप्रदेश सरकार को 4 फीसदी आरक्षण जारी रखने का आदेश दिया है। सुप्रीम कोर्ट ने फैसले में स्पष्ट किया है कि आरक्षण सामाजिक और शैक्षणिक रूप से पिछड़े मुसलमानों के 14 श्रेणी के लिए उपलब्ध होगा। बैंच ने इससे जुड़े संवैधानिक पहलुओं को ध्यान में रखते हुए इसे संविधान पीठ को सौंपे जाने का फैसला किया है।

मुसलमानों को आरक्षण और रंगनाथ मिश्र आयोग की सिफारिशों को लागू करने की माँगें परस्पर विरोधी हैं। रंगनाथ मिश्र आयोग मुस्लिम समुदाय की उन बिरादरियों को अनुसूचित जातियों में शामिल करने की वकालत करता है जिनकी समकक्ष हिन्दू जातियां अनुसूचित जातियों में शामिल हैं। इसके लिए हमें जरा इतिहास के पन्ने पलटने पड़ेंगे। संविधान के अनुच्छेद 21 (बी) के अनुसार हिन्दू धर्म में ही सिख, बौद्ध और जैन शामिल हैं। रंगनाथ मिश्र आयोग ने 1950 के प्रेसीडेंशियल आदेश में बदलाव की सिफारिश भी की है। हालांकि अनुसूचित जाति आदेश 1950 के पैरा 3 में शुरू में लिखा था कि 'ऐसा कोई व्यक्ति अनुसूचित जाति में शामिल नहीं होगा, जो हिन्दू धर्म से इतर किसी और धर्म को मानता हो।' लेकिन बाद में सिखों की मांग पर 1955 में इसके साथ सिख शब्द भी जोड़ा गया और 1990 में नवबौद्ध जोड़कर बौद्ध धर्म अपनाने वाले दलितों को भी अनुसूचित जाति का दर्जा देने का रास्ता साफ कर दिया गया। सन् 1996 में नरसिंहराव सरकार ने एक अध्यादेश के जरिए ईसाई धर्म अपनाने वाले दलितों को भी अनुसूचित जातियों में शामिल करने की कोशिश की थी लेकिन भाजपा के तीखे विरोध के चलते ऐसे अध्यादेश को ठंडे बस्ते में डालना पड़ा। गौरतलब है कि कांग्रेस ने रंगनाथ मिश्र आयोग को "कमीशन ऑफ इन्क्वायरी एक्ट" के तहत गठित ही नहीं किया है। यानी कांग्रेस इस रिपोर्ट को संसद के पटल पर रखने के लिए बाध्य भी नहीं है।

एक गैर सरकारी संगठन फार पब्लिक इंटरेस्ट लिटिगेशन द्वारा जनहित याचिका सुप्रीम कोर्ट में दायर की थी, जिसकी सुनवाई 3 जनवरी, 2008 को चीफ जस्टिस के.जी. बालकृष्णन, आर.वी. रविन्द्रन व जे.एम. पांचाल की बैंच ने करते हुए केन्द्र सरकार को मुस्लिम और ईसाई दलितों को आरक्षण के संबंध में जवाब देने को आठ हफ्ते का समय दिया था। इधर केन्द्र सरकार ने बजट सत्र के दौरान 3 मार्च 2008 को राज्यसभा में मुस्लिम और ईसाई दलितों के लिए उठाई गई

आरक्षण की मांग पर संविधान का हवाला देते हुए अपनी दिक्कतें गिनाई। इस संबंध में राष्ट्रीय अनुसूचित जाति आयोग ने भी मुस्लिम और ईसाई दलितों को आरक्षण देने के लिए पुष्टि की है।

सुप्रीम कोर्ट ने भी समताकरण के सिद्धांत को स्वीकार करते हुए 11 मई 2010 को एक अहम फैसला सुनाया। पांच जजों की संविधान पीठ ने अपने फैसले में कहा कि पंचायत और स्थानीय निकाय चुनाव में राज्य सरकारें अपने स्तर पर आरक्षण तय कर सकती हैं। चूंकि सुप्रीम कोर्ट के इस ताज़ा फैसले से न्यायिक प्रक्रिया की बाधा भी अब दूर हो गई है। बहरहाल अब मुस्लिम हितैषी सरकार को चाहिए कि पिछड़े मुसलमानों को शिक्षण और नौकरी के साथ आरक्षण का लाभ कैसे मिले इसके लिए स्वयं न केवल चिंतन मनन करे ...बल्कि इस दिशा में ठोस एवं कारगर पहल भी करे।

### *'तू ही अगर न चाहे तो बाते हज़ार है'*

लिहाजा मिल्लत और सभी मुस्लिम सामाजिक संस्थाओं को चाहिए कि वे धार्मिक आधार पर आरक्षण की माँग कभी भी नहीं करें। उल्लेखनीय है कि संविधान धार्मिक आधार पर आरक्षण की इजाज़त ही देता है। संविधान में 'जातियों को संरक्षण या आरक्षण देने की बात कहीं भी नहीं कही गई है। **'अनुसूचित जाति'** शब्द का प्रयोग जरूर हुआ है लेकिन सबको पता है कि अनुसूचित नाम की कोई जाति भारत में नहीं है। हरिजन, अछूत और दलित शब्द पर ज्यादातर लोगों को आपत्ति थी। इसीलिए अछूतों के लिए **'अनुसूचित जाति'** शब्द का सरकारी प्रगोग हुआ। अतः इन परिस्थितियों में यह काबिले गौर है कि यह मांग न्यायसंगत और संविधान की सीमा में की जाए कि 1950 के प्रेसीडेंशियल (Presidential) आदेश में पुनः बदलाव किया जाए और पिछड़ी 14 श्रेणी मुस्लिम जातियों को भी अनुसूचित जातियों में शामिल किया जाए... मुस्लिम वर्ग सिर्फ इस एक बात पर अडिग रहे! प्रेसीडेंशियल आदेश में बदलाव होने से पिछड़े मुसलमानों के 14 समूहों को 131 आरक्षित संसदीय सीटों पर चुनाव लड़ने की संवैधानिक पात्रता मिल सकती है। अभी अनुसूचित जाति और अनुसूचित जनजातियों को संविधान के (अनुच्छेद 330, 332, 334) के तहत संवैधानिक पात्रता है। 29 राज्य और दो संघ राज्य क्षेत्र की कुल 4 हज़ार 120 विधानसभा सीटों में से आरक्षित 1 हज़ार 160 सीटों पर मुस्लिम वर्ग के पिछड़े समूहों को भी चुनाव लड़ने का संवैधानिक हक मिल सकता है। नहीं तो फिर जाहिर है परिसीमन से मुस्लिम वर्ग को ''दोहरा दंड'' (Double jeopardy) से जूझना पड़ेगा।

प्रथम, मुस्लिम बहुल निर्वाचन क्षेत्रों को आरक्षित वर्ग में तब्दील किया जाना... और द्वितीय, ये निर्वाचन क्षेत्र वर्ष 2026 की पहली जनगणना तक स्थिर बने रहेंगे... वर्ष 2026 की पहली जनगणना यानी वर्ष 2031 के पहले मुस्लिम वर्ग को परिसीमन बाबत कोई क्रांतिकारी कदम उठाने की सार्थक पहल करना होगा जो संवैधानिक और न्यायिक दोनों हों...

> ...वर्ना परिसीमन की विसंगतियों के कारण...मुस्लिम बहुल क्षेत्रों से भी कोई मुस्लिम उम्मीद्वार कभी भी चुनाव नहीं जीत सकता और वास्तव में यही एक चिंताजनक विचारणीय मुद्दा है!

# प्रथम खण्ड

## परिसीमन का दंश

# 1
# भारत परिसीमन आयोग–एक परिचय

पश्चिम के कौटिल्य इटली के निकोलो मैक्यावेली द्वारा पाँच सौ वर्ष पूर्व कहे गए कथन, अब लोकतांत्रिक और धर्मनिरपेक्ष कहे जाने वाले राष्ट्र भारत में भी परिसीमन अधिनियम, 2008 के रूप में आज हमारे सामने हैं। वास्तव में यह एक क्रूरतम नियम साबित हो रहा है, और इसके दंश से मुक्ति तब ही मिलेगी जब इसके तहत लिए गए निर्णयों को बदला जाए! दरअसल प्रत्येक राज्य तथा संघ शासित क्षेत्रों की विधानसभा के चुनावों के लिए क्षेत्रीय क्षेत्रों का विभाजन तथा इसके साथ जुड़े मामलों के लिए संसद द्वारा भारतीय जनतंत्र के तिरेपन वर्षीय ( Fifty-Third Year) कानून परिसीमन अधिनियम, 3 जून, 2002 बनाया है![1]

यह भी गौरतलब है कि परिसीमन आयोग के नियमों के मुताबिक किए गए परिसीमन को किसी भी न्यायालय में चुनौती नहीं दी जा सकेगी और संसद तथा संबंधित विधानसभाओं द्वारा भी किसी तरह का परिवर्तन अनुमत्य नहीं होगा।[2]

जैसा कि परिसीमन आयोग, संसद की ही एक पैदावार है...किन्तु कितना हास्यास्पद है कि वह संसद के अधिकारों पर ही अंकुश लगा रहा है! संसद परिसीमन के मामले में किसी भी प्रकार का कोई संशोधन अथवा परिवर्तन नहीं कर सकता और जैसा कि अब परिसीमन किया गया है। सन् 2026 के बाद किए जाने वाली पहली जनगणना यानी वर्ष 2031 तक स्थिर बनी रहेगी।[3] जबकि यह सभी जानते हैं कि "Creation can not challenge creater" इतना ही नहीं अनुच्छेद 329 में यह भी कहा गया है कि निर्वाचन की प्रकिया प्रारंभ हो जाने पर न्यायालय उसमें हस्तक्षेप नहीं कर सकते हैं। उसी प्रकार न्यायालय को इस बात की अधिकारिकता नहीं होगी कि वे अनुच्छेद 243ट के अधीन निर्वाचन क्षेत्रों के परिसीमन या स्थानों के आबंटन से संबंधित किसी विधि की विधिमान्यता की परीक्षा करे। यह तो लोकतंत्र की जड़ों पर कुठाराघात है, और इससे तो नागरिकों के लोकतांत्रिक अधिकार ही रद्द हो जाएंगे। अगर यही लोकतांत्रिक व्यवस्था है... तो तानाशाही व्यवस्था क्या है? इसके प्रयोग के बारे में देखें परिशिष्ट–1

पूर्व प्रधान न्यायाधीश उच्चतम न्यायालय **वाई.के. सभरवाल** की अध्यक्षता वाली नौ न्यायाधीशों की संविधान पीठ ने भारतीय संविधान की आत्मा व बुनियादी ढांचे को आहत होने से बचाने के लिए 11 जनवरी 2007 को एक फैसले में व्यवस्था दी कि कानून यदि संविधान के अनुच्छेद 14, 19, 20 व 21 में सुनिश्चित किए गए मौलिक अधिकारों का उल्लंघन करता है तो चुनौती दी जा सकती है, उसकी न्यायिक समीक्षा की जा सकेगी।[4]

लिहाजा न्यायपालिका को विधायिका की नीति के प्रज्ञान का (अर्थात नीति के औचित्य का) न्यायिक पुनर्विलोकन करने की शक्ति नहीं है।[5] यदि किसी मामले में न्यायपालिका रूकावट डालती है तो संघ की संसद, विशेष बहुमत से संविधान के मुख्य अंश में परिवर्तन कर सकती है। इस संबंध में भारतीय संविधान के पीछे जो सिद्धांत है, उसे पंडित नेहरू के शब्दों में अभिव्यक्त करना ही श्रेयस्कर है :[6]

यह भी उल्लेखनीय है कि "संसद की प्रभुत्वसम्पन्न इच्छा के ऊपर कोई उच्चत्तम न्यायालय, कोई न्यायपालिका अपना निर्णय नहीं लाद सकती क्योंकि संसद की इच्छा समस्त जन की इच्छा है। वह इस प्रभुत्वसम्पन्न इच्छा को रोक सकती है यदि वह गलत राह पर है किन्तु अंतिम विश्लेषण में जब समाज के भविष्य का प्रश्न है, तब न्यायपालिका मार्ग में बाधा नहीं पहुँचा सकती है।[7]... अन्ततोगत्वा तथ्य तो यह है कि विधानमण्डल ही सर्वोच्च है और सामाजिक सुधारों के मामले में न्यायालयों को हस्तक्षेप नहीं करना चाहिए।[8]"

अनुच्छेद 19 द्वारा प्रत्याभूत अधिकार साधारणतया कार्यपालिका और विधायिका दोनों पर आबद्धकर है![9] ऐसे में विसंगतिपूर्ण निर्णयों को चुनौती के लिए मार्ग खुल जाता है।

विधानसभा तथा संसदीय निर्वाचन क्षेत्रों की प्रस्तावित क्षेत्रीय सीमा तथा अनुसूचित जातियों जनजातियों के लिए आरक्षण के लिए प्रस्तावित निर्वाचन क्षेत्रों को सहयोगी, सदस्यों द्वारा बैठक में दिए गए सुझावों पर विचार करने के बाद तैयार किया गया है। आयोग के सहयोगी सदस्यों के साथ आयोजित बैठकों के दूसरे दौर में कार्य पत्र पर उनके सुझावों पर विधिवत विचार किया जाएगा। फिर आयोग का मसौदा तैयार किया जाएगा। सहयोगी सदस्यों से प्राप्त सुझावों के प्रकाश में इस तरह से तैयार मसौदा प्रस्तावों की एक प्रति प्रत्येक सहयोगी सदस्य को भेजी जाएगी तथा यदि वे चाहें तो किसी भी मसौदा प्रस्तावों के संबंध में असहमति नोट दे सकते हैं। सहयोगी सदस्यों की नियुक्ति राज्य के विधानसभा अध्यक्ष द्वारा की जाएगी। पाँच उस राज्य के विधानसभा के सदस्य होंगे तथा पाँच राज्य के सांसद।[10]

परिसीमन के मामलों में सहयोगी सदस्यों (Associate Members) की भूमिका कितनी अहम है। मगर इसके बावुजूद भी इन 250 से अधिक मनोनीत सहयोगी सदस्यों में से मुस्लिम वर्ग के सदस्यों की उपस्थिति नगण्य है। पश्चिम बंगाल राज्य से मुस्लिम विधायक अब्दुल मन्नान और दूसरे केरल के के.एन.ए. खादर को सहयोगी सदस्य मनोनीत किया गया था जो मुस्लिम लीग के विधायक थे। झारखंड राज्य से भी एक मुस्लिम था लेकिन वहाँ परिसीमन कार्य को वर्ष 2026 तक आकृत कर दिया गया है। उल्लेखनीय है कि भारतीय राष्ट्रीय कांग्रेस शासित राज्यों से एक भी सहयोगी मुस्लिम सदस्य नियुक्त नहीं किया गया था। जहाँ से सहयोगी मुस्लिम सदस्य नियुक्त किए गए थे, वहाँ तत्कालीन वामदल की सरकारें थी। इन दोनों राज्यों में मुस्लिम सदस्यों की नियुक्ति से राज्य विधानसभाओं में मुस्लिम सदस्यों की विद्यमान संख्या में अप्रत्याशित बढ़ोत्तरी जरूर हुई है। पश्चिम बंगाल की 294 सदस्यीय विधानसभा में 46 सदस्य मुस्लिम थे। परिसीमन के बाद हुए चुनाव यानी 2011 में 59 सदस्य हैं। इसी प्रकार केरल की 140 सदस्यीय विधानसभा में 13 सदस्य मुस्लिम थे, अब 20 हैं। मगर मुस्लिम आबादी के अनुपात से राज्यों में अभी भी मुस्लिम सदस्यों की संख्या कम ही है। इन दो राज्यों के अलावा बाकी सभी राज्यों में परिसीमन के कारण मुस्लिम सदस्यों की संख्या घटी है।[11] इसके प्रयोग के बारे में देखे परिशिष्ट–2

इस प्रकार यह स्पष्ट रूप से सामने आता है कि तथाकथित हमारी धर्मनिरपेक्ष और लोकतांत्रिक व्यवस्था में अल्पसंख्यकों को उनके अधिकारों से वंचित करने के लिए केन्द्रीय सरकार की भूमिका हमेशा ही संदिग्ध और राजनीतिक कुटिल चाल के रूप में रही है! सुरक्षा के नाम पर उत्तर पूर्व के राज्यों में... निर्वाचन क्षेत्रों का परिसीमन नहीं करना भी इसी कुटिल चाल का एक अंग है। जबकि असम में लोकतांत्रिक मूल्यों के आधार पर 2009 के लोकसभा चुनाव और फिर 13वीं राज्य विधानसभा का चुनाव मई, 2011 को शांतिपूर्ण तरीके से सम्पन्न हुआ है। लेकिन परिसीमन को यह कहकर सरकार ने वहाँ के निर्वाचन क्षेत्रों का परिसीमन नहीं किया कि, –यह समाधान हो जाने पर कि ऐसी स्थिति उत्पन्न हो गई है, जिसमें भारत की एकता और अखण्डता को खतरा होने की संभावना है और शांति तथा लोक व्यवस्था को गंभीर खतरा है, परिसीमन अधिनियम, 2002 (2002 का 33) की धारा 10 क की उप–धारा (i) के आधीन भारत के राजपत्र में प्रकाशित क्रमशः आदेश संख्या का. आ. 283 (अ), आदेश सं. का. आ. 284 (अ), आदेश सं. का.आ. 285 (अ) तथा आदेश सं.का.आ. 286 (अ), तारीख 8 फरवरी 2008 के द्वारा असम, अरूणाचल प्रदेश, नागालैण्ड और मणिपुर राज्यों में परिसीमन कार्रवाई को आगे आदेशों तक आस्थगित कर दिया है, –

परिसीमन अधिनियम, 2010 की धारा 10 ख के अधीन झारखण्ड राज्य के बाबत सरकार ने अंतिम आदेशों को उस राज्य में होने वाले लोकसभा या विधान सभा के लिए प्रत्येक निर्वाचन के संबंध में वर्ष 2026 तक आकृत कर दिया गया है।[12]

गौरतलब है कि, परिसीमन आयोग ने वहां ऐसा क्यों किया? इसकी साफ वजह यह है कि असम में मुसलमानों की ज्यादातर आबादी बराक घाटी, सूरमा घाटी और ब्रह्मपुत्र घाटी में है। अगर यहाँ परिसीमन किया जाता है तो राज्य की 126 सीटों में से 72 सीटें जोकि इन तीन घाटियों में आती हैं। परिसीमन होने पर प्राकृतिक रूप से मुस्लिम वर्ग को ही सबसे ज्यादा लाभ होता और करीमगंज संसदीय क्षेत्र जो आरक्षित है पहले से ही मुस्लिम बहुल है, उसे इस परिसीमन में सामान्य वर्ग के लिए परिवर्तित करना ही पड़ता जिसका लाभ फिर अल्पसंख्यक मुस्लिम वर्ग को होता।

इन तीनों घाटियों की 72 सीटों में से 17 सीटें आरक्षित वर्ग की भी हैं जो भौगोलिक रूप से मुस्लिम आबादियों से घिरी हुई हैं लिहाज़ा परिसीमन में बदली हुई भौगोलिक सीमाओं के साथ इन आरक्षित क्षेत्रों की कुछ सीटों को सामान्य वर्ग में तब्दील करना ही पड़ता जिसका लाभ अल्पसंख्यक मुस्लिम वर्ग को होता अरुणाचल प्रदेश, नागालैण्ड और मणिपुर पहले ही ईसाई बहुल राज्य हो गए हैं जहाँ परिसीमन से उन्हें लाभ मिलता।

इसी प्रकार मई 2006 के विधानसभा चुनाव में जमीअत उलेमा के प्रभावशाली नेता मौलाना बदरूद्दीन अजमल कासमी के नेतृत्व में असम यूनाइटेड डेमोक्रेटिक फ्रंट (AUDF) नामक एक राजनीतिक दल का गठन हुआ। उक्त दल पहली बार चुनाव मैदान में उतरा और 10 सीटों पर विजय प्राप्त कर सभी राजनीतिक दलों को चौंका दिया। साथ ही 15 सीटों पर कांग्रेस के उम्मीदवारों को हरा दिया था।[13] मुसलमानों की यह ताकत कांग्रेस तथा राजनीतिक दलों के लिए चुनौती है, असम में जो कुछ हुआ उससे कांग्रेस परेशान है, क्योंकि बुढ़िया मर गई इसका अफसोस नहीं बल्कि मौत ने घर देख लिया है। कांग्रेस को इसका भय पैदा हो गया है। उसने जोड़–तोड़कर Boduland Peoples Front (BPF) को साथ लेकर सरकार बना ली। जो बोडो कबाइली अलगाववादी संगठनों का Political Wing है मगर AUDF का समर्थन नहीं लिया जो धर्मनिरपेक्ष विचारधारा की एक पार्टी है। AUDF राज्य में विपक्ष की भूमिका निभा रहा है। जबकि 13 मई 2011 के असम चुनाव नतीजे चौंकाने वाले आए। कांग्रेस 53 सीट के स्थान अब 76 पर विजयी हुई है और AUDF 10 के स्थान पर दुगनी यानी 20 सीटों पर काबिज है।[14] गौरतलब है कि AUDF के कुल 20 में से तीन विधायक हिन्दू है। जो बोको, दूधनाई आरक्षित और लूंगदिंग सामान्य विधानसभा सीट से विजयी हुए हैं।[15]

16वीं लोकसभा के चुनाव में जिस तरह का सांप्रदायिक ध्रुवीकरण हुआ। इस का उदाहरण पहले कभी नहीं मिलता। इस सांप्रदाायिक ध्रुवीकरण का असर हिंसाग्रस्त असम में भी हुआ। लोकसभा की कुल 14 सीटों में से भाजपा 7 कांग्रेस 3 AUDF 3 और 1 निर्दलीय सांसद विजयी हुआ है। AUDF के 3 में से 1 हिन्दू सांसद करीमगंज आरक्षित लोकसभा से विजयी हुआ है।

निर्वाचन आयोग के पत्र क्रमांक (परिसीमन प्रकोष्ठ) 807/19 अगस्त 2013 के अनुसार आयोग असम राज्य में परिसीमन कार्य के लिए कोई भी समय सीमा निर्धारित करने की स्थिति में नहीं है। इस संबंध में अपेक्षित आदेश केन्द्रीय सरकार द्वारा पारित किए जाने हैं। इस बाबत राज्य सरकार को केन्द्र से सिफारिश कर राज्य में आस्थगित परिसीमन कार्य को जल्द से जल्द पूर्ण कराने का फैसला लेना चाहिए।

हमारे संविधान में अल्पसंख्यकों के हितों की रक्षा के लिए जो उपबन्ध किए गए हैं, उन पर विचार करते समय सर आइवर जैनिंग्स की टिप्पणी पर विचार करना आवश्यक है :[16]

"भारतीय परिसंघ का जो सर्वाधिक विशेष लक्षण है, वह यह है कि इसमें अल्पसंख्यकों के दावों की पूर्ण उपेक्षा की गई है। सन् 1940 के पहले भारत को स्वतंत्रता देने के लिए जिन कारणों से इन्कार किया जाता था, उनमें से एक यह था कि धार्मिक और सांप्रदायिक आधार पर लोग अलग–अलग दावे करते हैं। कांग्रेसी राजनीतिज्ञों ने जो राष्ट्रवादी थे, प्रतिक्रिया स्वरूप अल्पसंख्यकों के हितों और भावनाओं को न्यूनतम महत्त्व दिया।[17]" इस समीक्षात्मक कथन की पुष्टि हमारे सामने उत्पन्न परिस्थितियाँ भी कर रही हैं।

संविधान में अनुसूचित जातियों और अनुसूचित जनजातियों की कोई परिभाषा नहीं है किन्तु राष्ट्रपति को यह शक्ति दी गई कि वह प्रत्येक राज्य के राज्यपाल से परामर्श करके एक सूची बनाए? संसद द्वारा इस सूची का पुनरीक्षण कर सकता है। (अनुच्छेद 341–342)। राष्ट्रपति ने भारत के विभिन्न राज्यों में अनुसूचित जातियों और जनजातियों को विनिर्दिष्ट करते हुए आदेश निकाले हैं जिनमें संसद के नियमों द्वारा संशोधन भी किए गए हैं।[18]

संविधान में अनुसूचित जातियों और जनजातियों के हितों की सुरक्षा के लिए विशेष उपबन्ध किए गए हैं जैसे, [19]

(i) अनुसूचित जातियों और जनजातियों के लिए विशेष उपबन्ध।[20]
(अनुच्छेद –15(4) अनुच्छेद15)

(ii) अनुसूचित जातियों और जनजातियों के सदस्यों की दशा में राज्य उनके हितों की रक्षा के लिए विशेष निर्बन्ध अधिरोपित कर सकता है उदाहरणार्थ उनकी सम्पत्ति के अन्यसंक्रमण या विभाजन को रोकने के लिए[21]। (अनुच्छेद –19(5))

(iii) संघ या राज्य के क्रियाकलापों से संबंधित सेवाओं और पदों के लिए नियुक्तियां करने में अनुसूचित जातियों और जनजातियों के सदस्यों के दावों को प्रशासन की दक्षता बनाए रखने के लिए संगति के अनुसार ध्यान में रखा जाएगा।[22] (अनुच्छेद–335)

(iv) अनुसूचित जातियों के लिए एक राष्ट्रीय आयोग होगा जिसकी नियुक्ति राष्ट्रपति करेगा[23] (अनुच्छेद–338)

(v) अनुसूचित जाति जनजाति के कल्याण के लिए, स्कीमों के बनाने में और निष्पादन के बारे में है।[24] (अनुच्छेद–339(2))

(vi) इन कल्याण योजनाओं को क्रियान्वित करने के लिए वित्त सहायता का उपबन्ध किया गया है।[25] (अनुच्छेद–275(1))

(vii) अनुसूचित जातियों और जनजातियों के कल्याण का प्रभारी एक मंत्री होगा जो पिछड़े वर्गों के कल्याण का प्रभारी हो सकता है।[26] (अनुच्छेद–164)

(viii) इसके अतिरिक्त अनुच्छेद 46 में यह साधारण निर्देश है कि राज्य जनता के दुर्बल वर्गो के, विशिष्टतया अनुसूचित जातियों और अनुसूचित जनजातियों के लिए शिक्षा और अर्थ संबंधी हितों के विशेष सावधानी से अभिवृद्धि करेगा और सामाजिक अन्याय और सभी प्रकार के शोषण से उनकी संरक्षा करेगा।[27]

इन उपबन्धों के अतिरिक्त विधानमण्डल में अनुसूचित जातियों और जनजातियों के लिए स्थानों के आरक्षण और विशेष प्रतिनिधित्व के लिए अस्थायी उपबन्ध।[28] (अनुच्छेद–330, 332, 334)

लोक सभा में (क) अनुसूचित जातियों (ख) अनुसूचित जनजातियों, असम के जनजातीय क्षेत्रों की अनुसूचित जनजातियों को छोड़कर, और (ग) असम के स्वशासी जिलों की जनजातियों के लिए स्थान आरक्षित होगा।[29] (अनुच्छेद–330)

प्रत्येक राज्य की विधानसभा में भी, असम जनजातीय क्षेत्रों में अनुसूचित जातियों को छोड़कर अनुसूचित जातियों और अनुसूचित जनजातियों के लिए स्थान आरक्षित होंगे। यह आरक्षण संविधान के प्रारम्भ से 60 वर्ष के अवसान पर समाप्त हो जाएगा। अर्थात जनवरी 2010 में।[30] (अनुच्छेद–334)

आरक्षण मूल संविधान में विहित 10 वर्ष की अवधि को, संविधान (8वां संशोधन) अधिनियम, 1959 द्वारा 20 वर्ष के लिए विस्तारित किया गया।[31] इसके बाद संविधान (23वां संशोधन ) अधिनियम, 1969 द्वारा इस आधार पर कि उद्देश्य की पूर्ति नहीं हो पायी है, इसे 30 वर्ष तक विस्तारित किया गया।[32] संविधान (45वां संशोधन) अधिनियम, 1980 द्वारा जो 25 जनवरी, 1980 को पारित किया गया था इसे बढ़ाकर 40 वर्ष कर दिया गया।[33] संविधान (62वां संशोधन) अधिनियम, 1989 द्वारा (20 सितंबर 1989 से ) इसे पचास वर्ष के लिए बढ़ा दिया गया है।[34] और संविधान (उन्नासीवां संशोधन) अधिनियम, 1999 (25 जनवरी से प्रभावी ) द्वारा इसे बढ़ाकर 60 वर्ष कर दिया गया।[35] (अनुच्छेद 334)

## अजा–अजजा आरक्षण अवधि बढ़ाने के लिए विधेयक पेश

लोकसभा और राज्य विधानसभाओं में अनुसूचित जाति अनुसूचित जनजाति और एंग्लो इण्डियन समुदाय के लिए सीटों के आरक्षण की अवधि दस वर्ष और बढ़ाने के लिए संविधान में संशोधन हेतु 30 जुलाई 2009 को राज्य सभा में विधेयक पेश किया गया।[36]

कानून मंत्री एम. विरप्पा मोईली ने संविधान (109वां) संशोधन 2009 पेश किया। विधेयक के जरिए संविधान में संशोधन कर अनुसूचित जाति अनुसूचित जनजातियों और एंग्लो इण्डियन समुदाय के लिए लोकसभा और राज्य विधानसभाओं में स्थानों का आरक्षण 25 जनवरी 2010 के बाद 10 वर्ष के लिए बढ़ा दिया जाएगा। विधेयक के जरिए संविधान के अनुच्छेद 334 में संशोधन किया जाएगा, जिसमें लोकसभा और राज्य विधानसभाओं में सीटों के आरक्षण की व्यवस्था है।[37]

जब उन्नासीवां संशोधन अधिनियम, जो 25 जनवरी 2000 से प्रभावी हुआ था, उस समय यह कहा गया था कि 2010 में आरक्षण नीति की समीक्षा होगी। किन्तु 15वीं लोकसभा के चुनाव सभी राजनीतिक दलों के लिए आरक्षण नीति से कहीं ज्यादा महत्वपूर्ण थे, इसलिए आरक्षण नीति 10 वर्ष के लिए और बढ़ा दी गई है।[38]

लिहाज़ा आज देश का मुसलमान वर्तमान में छद्म धर्मनिरपेक्षता के कारण राजनीतिक रूप से बहुत कमजोर हो गया है। उसे मजबूत बनाने के लिए मुस्लिम बहुल आबादी वाले क्षेत्रों को आरक्षित घोषित किया जाना एकमात्र विकल्प हमारे सामने रह गया है। वर्ष 1871 में सर विलियम हन्टर कमेटी बनी थी, उसने भी इसी प्रकार रिपोर्ट दी थी और उसका भी उद्‌देश्य यही था कि मुस्लिम बहुल

आबादी वाले क्षेत्रों को आरक्षित घोषित किया जाए। धर्मनिरपेक्षता राजनीतिक दलों के लिए मात्र मुसलमानों को आकर्षित करने का माध्यम नहीं रह जाना चाहिए।

परिसीमन आयोग द्वारा जिस तरह से परिसीमन किया गया है, इसमें मुसलमानों को राजनीतिक रूप से कमजोर करने की सुनियोजित साजिश शामिल है। हर एक प्रजातांत्रिक देश में हार और जीत का फैसला संख्या बल पर निर्भर होता है... मगर भारत जैसे प्रजातांत्रिक और धर्मनिरपेक्ष देश में हार और जीत का फैसला परिसीमन की गाथा पर आधारित है!

इतना ही नहीं बल्कि (अनुच्छेद 330, 332, 334) की आड़ में अनुसूचित जाति और जनजातियों को भी राजनीतिक रूप से कमजोर किया जा रहा है।[39] उत्तर प्रदेश की 403 सदस्यीय विधानसभा में 2007 के चुनाव तक 89 सीटें आरक्षित थी। अब 2008 के परिसीमन 2012 के चुनाव में 85 सीटें आरक्षित हैं यानी 4 सीटें कम की गई हैं।[40]

परिसीमन दिशा–निर्देश की कण्डिका–3 में अजा/अजजा के लिए आरक्षित किए जाने वाली सीटों की संख्या की, 2001 जनगणना के आधार पर फिर से गणना की जाएगी।[41] लिहाज़ा इसके बावुजूद भी अजा/अजजा वर्ग को परिसीमन से कोई लाभ नहीं हुआ। बल्कि और उनकी चार सीटें कम हो गई हैं। देखें तालिका–1, 2, 3.

## उत्तर प्रदेश

## तालिका–1

| भारत जनगणना 2001 | राज्य की कुल अबादी–166197921 | विधानसभा की कुल सीटें | 403 |
|---|---|---|---|
| Sc आबादी | 35148377 | औसत 412402 आबादी पर एक सीट | 85 सीट |
| St. आबादी | 107963 | – | – |

**स्रोत** : 1. उत्तर प्रदेश पेपर–5 चेंजिंग फेस ऑफ इलेक्टोरल इण्डिया : डिलिमिटेशन 2008

2. भारत जनगणना 2001

परिसीमन आयोग आबादी कण्डिका –4

तथापि, परिसीमन आयोग ने यह आंतरिक निर्णय लिया है कि चूंकि निर्वाचन क्षेत्रों को सभी मामलों में एकदम समान आबादी के रूप में परिसीमित नहीं किया जा सकेगा।

राज्य/जिला औसत से 10 प्रतिशत तक कम अथवा ज्यादा तक अन्तर आयोग को मान्य होगा।[42] राज्य की कुछ विधानसभाएं ऐसी भी हैं जिन्हें औसत संख्या से कम आबादी पर पुर्नसमायोजित किया गया है।[43] जैसे,

## तालिका—2

| जिला नंबर और नाम विधानसभा निर्वाचन क्षेत्र | सामान्य /आरक्षित | कुल आबादी | S C आबादी |
|---|---|---|---|
| 1. मुजफ्फरनगर 13—पुरकाजी विधानसभा | आरक्षित | 362220 | 76957, 21.25% |
| 2. ज्योतिबा फूलेनगर 41—अमरोहा विधानसभा | सामान्य | 344273 | 43185, 12.54% |
| 3. बरेली 122—फरीदपुर विधानसभा | आरक्षित | 383771 | 61607, 16.5% |

**स्रोत** : 1. उत्तर प्रदेश पेपर—5—चेंजिंग फेस ऑफ इलेक्टोरल इण्डिया : डिलिमिटेशन 2008.

2. भारत जनगणना 2001.

गौरतलब है कि, उपर्युक्त तालिका में दिए गए आंकड़ों के अनुसार राज्य में जो 85 सीटें आरक्षित की गई हैं, वे संविधान के (अनुच्छेद 330, 332, 334) के प्रावधानानुसार आरक्षित हैं ताकि अनुसूचित जाति और जन जातियों को लोक सभा और विधान सभा में सीटों के आरक्षण का लाभ मिल सके।[44] परन्तु यहाँ जो सीटों की संख्या आरक्षित की गई हैं, वह राज्य में उनकी आवादी के अनुपात से 85 सीटें बराबर हैं। मगर तकनीकी लिहाज से देखा जाए तो आरक्षित वर्ग घाटे में ही है चूंकि राज्य की कुल आबादी में उनकी आबादी 3 करोड़ 51 लाख 48 हजार 377 है और वैसे भी परिसीमन आयोग ने एक सीट औसत आबादी 4 लाख 12 हजार 402 पर गठित किया है।[45] लिहाज़ा जनसंख्या अनुपात से उनकी 85 सीटें किसी भी कोण से बनती हैं जो उसी वर्ग की आबादी पर आधारित होगी।

इसके प्रयोग के बारे मे देखें परिशिष्ट—3

दरअसल आयोग धर्मनिरपेक्ष और लोकतांत्रिक मूल्यों के आधार पर उनकी 75 प्रतिशत औसत आबादी को शामिल करते हुए भी एक सीट परिसीमित करता तो उनकी आबादी के अनुपात से 150 विधानसभा निर्वाचन क्षेत्र किसी भी कोण से बन सकते थे। जहाँ से इस वर्ग का व्यक्ति चुनाव जीत कर सदन में अपनी उपस्थिति दर्ज कराता रहता। यहाँ तालिका में दिए गए आंकड़ों से स्पष्ट हो जाता है कि, परिसीमन आयोग ने आरक्षित वर्ग का राजनीतिक रूप से शोषण ही किया है... इसमें आगे एक गूढ़ रहस्य और भी है! जिले की सभी विधानसभाओं को इस तरह परिसीमित किया गया है कि, हर एक विधानसभा में उनकी आबादी 20 से 25 प्रतिशत मौजूद रहे।[46] यानी परिसीमन आयोग ने राज्य में जातिगत समीकरण का पूरा—पूरा ध्यान रखा है ताकि कांग्रेस को 15वीं लोकसभा की तरह राज्य विधानसभा के चुनाव में भी परिसीमन के जरिए राजनीतिक लाभ पहुंचाया जा सके। इस मामले में यदि देखा जाए तो आरक्षित वर्ग को संविधान के (अनुच्छेद 330, 332, 334) का कोई संवैधानिक लाभ नहीं मिला है। अलबत्ता अनुच्छेद 164 के परंतुक में यह अभिकथित है कि बिहार, मध्यप्रदेश और ओडिशा राज्य में

जनजातियों के कल्याण का एक मंत्री होगा जो अनुसूचित जनजातियों अन्य पिछड़े वर्गों के कल्याण का प्रभारी भी हो सकता है।[47] व्यवहार में ऐसे कल्याण विभाग न केवल उन तीन राज्यों में बनाए गए हैं जिनके लिए संविधान में अपेक्षा की गई थी बल्कि अन्य राज्यों में भी हैं।[48] दरअसल यहाँ अनुच्छेद 164 के परंतुक को जोड़ने का मूल उद्देश्य इस वर्ग का राजनीतिक शोषण ही करना है। परिसीमन आयोग ने इस तरह की केंचुली फांस सभी राज्यों में निर्मित की है। वर्ना यह हकीकत है कि, मध्य प्रदेश, छत्तीसगढ़, झारखण्ड, ओडिशा और उत्तर प्रदेश राज्य में उनकी आबादी के अनुपात से अजा वर्ग स्वयं अपनी सरकार बना सकता है और फिर इन राज्यों के मुखिया यानी मुख्यमंत्री भी इसी वर्ग के हो सकते हैं।

## तालिका–3

| क्र. | राज्य | भारत की जनगणना 2001 | | | विधान सभा की सदस्य संख्या | सरकार बनाने के लिए साधारण बहुमत | आरक्षित सीटों की संख्या | सरकार बनाने के लिए आरक्षित वर्ग को सीटों की दरकार | मुख्यमंत्री किस वर्ग से है |
|---|---|---|---|---|---|---|---|---|---|
| | | कुल आबादी | अनुसूचित जाति/जनजाति आबादी | राज्य की औसत आबादी पर एक सीट परिसीमित | | | | | |
| 1. | मध्य प्रदेश | 60348023 | 9155177 / 12233474 | 262382 | 230 | 116 | 82 | 34 | सामान्य |
| 2. | छत्तीसगढ़ | 20833803 | 2418722 / 6616596 | 231486 | 90 | 46 | 39 | 07 | सामान्य |
| 3. | ओडिशा | 36707900 | 6082063 / 8145081 | 249713 | 147 | 74 | 57 | 17 | सामान्य |
| 4. | झारखण्ड | 26945829 | 3189320 / 7087068 | 332664 | 81 | 41 | 37 | 04 | आरक्षित |
| 5. | उत्तर प्रदेश | 166197921 | 35148377 / 107963 | 412401 | 403 | 202 | 88 | 117 | सामान्य |
| 6. | महाराष्ट्र | 96878627 | 9881656 / 8577276 | 336384 | 288 | 145 | 54 | 91 | सामान्य |

छत्तीसगढ़ में मौजूदा विधानसभा की एक सीट 2 लाख 31 हजार 486 औसत आबादी पर पुनर्समायोजित की गई है। भारत जनगणना 2001 के अनुसार राज्य में अनुसूचित जाति/जनजाति की आबादी 90 लाख 35 हजार 318 थी। तदानुसार 39 सीटें आरक्षित की गई हैं। गौरतलब है कि, धर्मनिपेक्ष और लोकतांत्रिक मूल्यों के आधार पर ये 39 विधानसभा निर्वाचन क्षेत्र 49 सीटों में तब्दील हो सकते थे। 90 सदस्यीय विधानसभा में सरकार बनाने के लिए मात्र 46 सदस्यों की दरकार है। आरक्षित वर्ग को (अनुच्छेद 330, 332, 334) के कवच की भी कोई जरूरत नहीं है। वे आबादी के अनुपात से ही इन राज्यों में सर्वोच्च सत्ता प्राप्त कर सकते हैं।

**स्रोत** : 1. भारत जनगणना 2001

2. चैंजिंग फेस ऑफ इलेक्टोरल इण्डिया : डिलिमिटेशन 2008

# संदर्भ–सूची


1. दैनिक भास्कर इन्दौर 21 जून, 2010 (अभिव्यक्ति) और परिसीमन अधिनियम, 2002
2. परिसीमन अधिनियम, 2002 ।2002 का अधिनियम संख्या 33 (3 जून 2002) कण्डिका–10 आदेशों का प्रकाशन तथा उनके प्रचलन की तिथि की कण्डिका–2 'दिशा–निर्देश तथा प्रक्रिया' 'अंतिम आदेश'
3. वही, और कण्डिका–4.
4. उच्चतम न्यायालय नई दिल्ली, वाई.के. सभरवाल की अध्यक्षता वाली नौ न्यायाधीशों की संविधान पीठ आदेश 11 जनवरी, 2007 दैनिक भास्कर इन्दौर, 12 जनवरी, 2007.
5. मूल अधिकारों का वर्गीकरण कण्डिका–(III) इन दो वर्गों के बीच अनुच्छेद 19 द्वारा प्रत्याभूत अधिकार आते हैं। अनुच्छेद 19 द्वारा प्रत्याभूत अधिकार साधारणतया कार्यपालिका और विधायिका दोनों पर आबद्धकर हैं। भारत का संविधान एक–परिचय (मूल अधिकार और मूल कर्तव्य) आचार्य डॉ. दुर्गादास बसु पृष्ठ–86.
6. वही.
7. वही.
8. वही.
9. वही.
10. परिसीमन अधिनियम, 2002 सहयोगी सदस्यों के साथ बैठक की कण्डिका–5 की कण्डिका–1 तथा 2.
11. परिसीमन अधिनियम, 2002 कण्डिका–6 का (।)
12. भारत का राजपत्र सं. 250 नई दिल्ली, मंगलवार फरवरी 19, 2008 (विधिक एवं न्याय मंत्रालय) विधि विभाग अधिसूचना।
13. htt:assam assembly.gov.in 2006, राज एक्सप्रेस इन्दौर, 19 जून, 2006.
14. htt:assam assembly.gov.in 2011.
15. वही.
16. भारत का संविधान–एक परिचय (आचार्य डॉ. दुर्गादास बसु) अल्पसंख्यक, अनुसूचित जातियाँ और अनुसूचित जनजातियाँ पृष्ठ–398.
17. वही.
18. वही, और पृष्ठ–402, 403.
19. वही, पृष्ठ–403.
20. वही.
21. वही.
22. वही.
23. वही.

24. वही, और पृष्ठ–404.
25. वही.
26. वही.
27. वही.
28. वही.
29. वही.
30. वही.
31. निर्देश वही, पृष्ठ–406.
32. निर्देश वही,
33. निर्देश वही,
34. निर्देश वही,
35. निर्देश वही,
36. नई दुनिया, इन्दौर 31 जुलाई, 2009.
37. वही.
38. भारत का संविधान–एक परिचय (आचार्य डॉ. दुर्गादास बसु) पृष्ठ–406.
39. वही.
40. Uttar Pradesh Paper-5 Changing Face of Electoral India : Delimitation 2008.
41. परिसीमन अधिनियम, 2002 विधानसभा तथा संसदीय निर्वाचन क्षेत्रों का परिसीमन दिशा–निर्देश तथा प्रक्रिया कण्डिका–3.
42. वही, 'आबादी' कण्डिका–4.
43. Uttar Pradesh Paper-5 Changing Face of Electoral India : Delimitation 2008.
44. भारत का संविधान–एक परिचय (आचार्य डॉ. दुर्गादास बसु) अल्पसंख्यक, अनुसूचित जनजाति और अनुसूचित जनजातियाँ पृष्ठ–406.
45. Uttar Pradesh Paper-5 Changing Face of Electoral India : Delimitation 2008-
46. वही.
47. भारत का संविधान–एक परिचय (आचार्य डॉ. दुर्गादास बसु) अल्पसंख्यक, अनुसूचित जनजाति और अनुसूचित जनजातियां पृष्ठ–404.
48. वही।

# 2
# निर्वाचन क्षेत्रों का परिसीमन

## खण्ड–'अ'

## लोकतंत्र और संख्या बल का खेल

हमें यह जान लेना भी जरूरी है कि, फिलहाल भारत गणराज्य में जो लोकसभा और विधानसभा निर्वाचन क्षेत्रों का परिसीमन किया गया है, वह लगभग पचास वर्ष पूर्व की परिस्थितियों के आधार पर हैं। जो परिसीमन अधिनियम 1972 (1972 का 76) के खण्ड के अन्तर्गत गठित परिसीमन आयोग द्वारा आयोजित जनगणना द्वारा तय किए गए आकड़ों के आधार पर पुनः पुनरीक्षण किया गया था और 518 संसदीय सीटों के स्थान पर 542 सीटें की गई थी। निर्वाचन से जुड़े मामलों के लिए संसद ने लोक प्रतिनिधित्व अधिनियम, 1950 और 1951 बनाए है तथा परिसीमन अधिनियम, 1962, 1972 बनाए हैं और इसमें निर्वाचन का ढंग विहित किया है तथा निर्वाचन से संबंधित निर्वाचन क्षेत्रों की रचना और उनका परिसीमन किया था।[1]

अब यही–संविधान (चौरासीवां संशोधन) अधिनियम, 2001 द्वारा यथा–संशोधित संविधान के अनुच्छेद 82 और अनुच्छेद 170 (3) में उपबंधों के अधीन संसद ने परिसीमन अधिनियम, 2002 अधिनियमित किया और लोकसभा और राज्य विधानसभाओं के निर्वाचनों के प्रयोजन के लिए प्रत्येक राज्य और संघ राज्यक्षेत्र के प्रादेशिक निर्वाचन–क्षेत्रों में विभाजन को, वर्ष 2001 में की गई जनगणना के आधार पर अभिनिश्चित किए गए आंकड़ों के आधार पर पुनः समायोजन करने के लिए परिसीमन आयोग स्थापित किया गया है। (जैसा कि संविधान (सत्तासीवाँ संशोधन) अधिनियम, 2003 के अधीन परिकल्पित है); तथा आरक्षित किए जाने वाली सीटों की संख्या 2001 की गणना के आधार पर फिर से गणना की जाएगी। अलबत्ता 1971 की जनगणना के आधार पर लोकसभा में आबंटित विद्यमान सीटों की कुल संख्या लोकसभा और विधानसभाओं में 2026 वर्ष की पहली जनगणना वर्ष 2031 तक अपरिवर्तित रहेगी।[2] लिहाज़ा 19 फरवरी,

2008 को भारत की राष्ट्रपति (विधि एवं न्याय मंत्रालय) द्वारा अधिसूचना जारी कर पुनर्समायोजन परिसीमन किया गया और नए परिसीमन के चुनाव 2009 में हुए। गौरतलब है कि इस परिसीमन को भारतीय समाज की तीन पीढ़ियों ने देखा है, बच्चे से जवान हुए और जवान से बूढ़े हो कर दादा बने लोग!

वास्तव में परिसमीन की प्रक्रिया एक महत्त्वपूर्ण प्रक्रिया है जिसमें उस क्षेत्र के रहने वाले नागरिकों की राजनीतिक, आर्थिक एवं सामाजिक प्रगति की बुनियाद निर्भर है। लोकतांत्रिक और धर्मनिरपेक्ष कहे जाने वाले राष्ट्र में परिसीमन की कई बहुत अलग–अलग तरह की शाखाओं से जो प्रायोगिक तथ्य इकट्ठे किए गए हैं...उनके आधार पर इस बात का अनुवीक्षण करने से हमें बिलकुल निश्चित उत्तर मिलता है : कि निःसन्देह हमारा राजनीतिक भविष्य निर्वाचन क्षेत्रों के परिसीमन के कारण धीरे–धीरे बदल रहा है!

50 साल पहले की इसकी स्थिति, वर्तमान और जो स्थिति निकट भविष्य में हो जाएगी, यह तीनों बहुत भिन्न स्थितियां होंगी।

24 जुलाई 1947 को देशी रियासतों से सर्वोच्च सत्ता समाप्त होने के समय अंग्रेजों ने भी रियासतों की भौगोलिक परिस्थितियों और आबादी की इच्छा को ध्यान में नहीं रखा था।[3] जिसके कारण भारत डोमिनियन (Dominion) में अधिकांश मुस्लिम रियासतों के विलय के बाद राज्य पुनर्गठन के समय 1956 में इन रियासतों का भौगोलिक स्वरूप और राजनीतिक वुजूद खत्म कर दिया गया था। अब यही चतुराई लोकतंत्र की दुहाई के नाम पर पक्षपाती और दोहरे मापदण्ड वाला है। इस प्रकार निर्वाचन क्षेत्रों का परिसीमन जो अतीत की भौगोलिक परिस्थितियों के एक दूसरे रूप में हमारे सामने था। लेकिन परिसीमन को एक निरंतर जारी प्रक्रिया के रूप में उपयोग करते हुए हमेशा सत्तासीन दल ने राजनीतिक लाभ उठाने का ही प्रयास किया है।[4]

हमें एक दृष्टि उन परिस्थितियों और परिसीमन कि प्रक्रियाओं को क्रियान्वित करने के संबंध में बनाए गए नियमों पर भी डालना आवश्यक है। जो इस प्रकार है–

भारत परिसंघ में प्रशासनिक दृष्टि से विभिन्न राज्यों में इकाइयॉ विद्यमान हैं। जैसे संभाग, जिला, तहसील और ब्लाक इन इकाइयों के माध्यम से ही प्रशासनिक और जनकल्याण के कार्यो को क्रियान्वित किया जाता है। गौरतलब है कि, संवैधानिक व्यवस्था के अनुरूप संसदीय और विधानसभा निर्वाचन क्षेत्रों के गठन की प्रक्रिया में राजस्व जिला और तहसील इकाइयों की परस्पर विरोधी भूमिका रहती है। यानी जिला, तहसील अथवा तालुका की सीमा को भी निर्वाचन के लिए

ज्यों–का–त्यों संसदीय/विधानसभा निर्वाचन क्षेत्रों के रूप में परिसीमित नहीं किया जाता है। यह केवल राजस्व और प्रशासनिक इकाइयों के रूप में ही विद्यमान रहती है।[5] दरअसल निर्वाचन क्षेत्रों के गठन के लिए मतदाताओं की संख्या नहीं बल्कि आबादी को शामिल किया जाता है, और फिर निर्वाचन क्षेत्रों का परिसीमन किया जाता है। इस तरह परिसीमित किए गए निर्वाचन क्षेत्रों में मतदाताओं की संख्या/आंकड़े स्वयं सामने आ जाते हैं।

परिसीमन अधिनियम, 1972 के प्रावधानानुसार जिन निर्वाचन क्षेत्रों का परिसीमन किया गया था, उनके चुनाव वर्ष 1977 में प्रभावशील हुए थे। जब भारत परिसंघ राज्यों की संख्या 17 थी और अब परिसीमन 2008 में राज्यों की संख्या 28 और संघ राज्य क्षेत्र 7 है। जिलों की संख्या भी दुगूनी यानी 640 है।[6]

राज्य पुनर्गठन अधिनियम, 1970 हिमाचल प्रदेश, पूर्वोत्तर क्षेत्र (पुनर्गठन) अधिनियम, 1971 मणिपुर और त्रिपुरा, मेघालय (भारत का एक रक्षित राज्य) सिक्किम को संविधान (35 वां संशोधन) अधिनियम, 1974 अधिनियिम, 1986 मिजोरम, अरुणाचल प्रदेश के संघ राज्यक्षेत्र को राज्य का दर्जा दिया गया। सन् 1987 में गोवा प्रदेश और राज्य पुनर्गठन अधिनियम, 2000 छत्तीसगढ़, उत्तराखण्ड, झारखण्ड राज्य अस्तित्व में आए। इन नए राज्यों के पुनर्गठन से भारत परिसंघ की राजनीतिक स्थिति पर भी प्रतिकूल प्रभाव पड़ा है।[7]

वर्ष 1972 के बाद हुए निर्वाचन क्षेत्रों के परिसीमन यानी 2008 के संशोधित परिसीमन में राजनीतिक पक्ष को आधार बनाकर परिसीमन किया गया। विद्यमान संसदीय निर्वाचन क्षेत्र में एक जिले की जनसंख्या को परिसीमित करके भी संसदीय निर्वाचन क्षेत्र गठित किए और तीन–चार जिलों की विधानसभाओं की जनसंख्या को मिलाकर भी संसदीय क्षेत्र गठित किए गए हैं।[8]

विधानसभा तथा संसदीय निर्वाचन क्षेत्रों का परिसीमन दिशा–निर्देश तथा प्रकिया (Guidelines and Methodology) की कण्डिका–3 और आबादी की कण्डिका–2 में यह कहा गया है कि राज्य में प्रत्येक निर्वाचन क्षेत्र को इस तरह से परिसीमित किया जाएगा कि जहाँ तक व्यवहारिक होगा, सभी निर्वाचन क्षेत्रों की आबादी पूरे राज्य में एक समान होगी।[9]

कण्डिका–3 इस प्रयोजन के लिए, राज्य की कुल आबादी (जनगणना 2001) को राज्य के विधानसभा निर्वाचन क्षेत्रों की कुल संख्या से विभाजित किया जाएगा तथा इस तरह प्रति विधानसभा क्षेत्र के लिए राज्य का औसत प्राप्त किया जाएगा। राज्य का यह औसत निर्वाचन क्षेत्र को इस तरह से परिसीमित करने लिए दिशा–निर्देश घटक होंगे कि, जहाँ तक व्यवहारिक होगा निर्वाचन क्षेत्र में समान आबादी होगी।[10]

यहाँ यह उल्लेखनीय है कि विधानसभा तथा संसदीय निर्वाचन क्षेत्रों का परिसीमन दिशा–निर्देश तथा प्रकिया की कण्डिका–5 की सहायक कण्डिका–1 में परिसीमन आयोग ने यह निर्णय लिया है कि, जहाँ तक व्यवहारिक होगा, एक जिले के सभी निर्वाचन क्षेत्रों को उस जिले की एक क्षेत्रीय सीमा के अंदर सीमित किया जाएगा। दूसरे शब्दों में किसी भी विधानसभा निर्वाचन क्षेत्र को सामान्यतः उस एक जिले से अधिक विस्तारित नहीं किया जाएगा।[11] इसके प्रयोग के लिए देखे परिशिष्ट–4, 5

जहाँ तक भारत के महारजिस्ट्रार जनगणना का सवाल है, उन्होंने अपने पत्र क्रमांक 28–1–2011–RT 20 जुलाई 2011 में स्पष्ट उल्लिखित किया है कि, जनगणना 2001 के अनुसार जनसंख्या (धर्मानुसार) केवल जिला स्तर पर उपलब्ध है। तहसील स्तर पर जनसंख्या के आंकड़े उपलब्ध नहीं है।[12]

गौरतलब है कि, मध्यप्रदेश राज्य में वर्ष 1995 के चुनाव में ऐसी स्थिति उत्पन्न हो गई थी कि 320 सदस्यीय विधानसभा में एक भी मुस्लिम प्रत्याशी किसी भी राजनीतिक दल से विजयी नहीं हुआ और राज्य में भारतीय राष्ट्रीय कांग्रेस की सरकार बनी। धर्मनिरपेक्षता का स्वांग रचने वाली कांग्रेस मंत्रिपरिषद में एक मुस्लिम अल्पसंख्यक सदस्य को लेना आवश्यक समझती है। लिहाजा संवैधानिक व्यवस्था के अनुरूप जबलपुर के हामिद हुसैन खान को छह माह के लिए शपथ दिलाई गई थी। वर्ष 2004 के चुनाव राज्य पुनर्गठन के बाद सम्पन्न हुए थे 230 सदस्यीय विधानसभा में मुस्लिम सदस्य दो थे। उत्तर भोपाल से आरिफ अकील और बुरहानपुर विधानसभा से हमीदउद्‌दीन काज़ी विजयी हुए थे।[13]

2009 के चुनाव परिसीमन के तहत हुए है। परिसीमन दिशा–निर्देश तथा प्रकिया की कण्डिका–5 की सहायक कण्डिका–1 में कहा गया है कि किसी भी विधानसभा निर्वाचन क्षेत्र को सामान्यतः उस एक जिले से अधिक विस्तारित नहीं किया जाएगा। यहाँ उल्लेखनीय है कि मध्य प्रदेश के जिला खण्डवा की तहसील बुरहानपुर को 15 अगस्त 2003 को जिला घोषित किया गया था। सन् 2004 के चुनाव तक जिला बुरहानपुर में तीन विधानसभा क्षेत्र विद्यमान थे। 195–नेपानगर 196–बुरहानपुर 197–शाहपुर, और नेपानगर विधानसभा खण्डवा जिले की सीमा में विस्तारित थी। तथापि 197–शाहपुर विधानसभा निर्वाचन क्षेत्र को परिसीमन 2008 में विलोपित किया गया और उसकी आधी आबादी (2. शाहपुर रा.नि.मं. 3. शाहपुर नगर पंचायत) को संशोधित परिसीमन के तहत पुनर्गठित 180–बुरहानपुर में जोड़ा और शेष भाग को 179–नेपानगर विधानसभा में समायोजित किया गया।[14]

बुरहानपुर विधानसभा क्षेत्र जो वास्तव में एक मुस्लिम बहुल निर्वाचन क्षेत्र था,

इसे राजनीतिक लाभ के उद्देश्य से परिसीमन की आड़ में इस प्रकार विस्तारित किया और एक बड़ा हिस्सा जोड़ा जिससे कि अल्पसंख्यक वर्ग के प्रत्याशी की जीत की सारी संभावनाएँ समाप्त हो जाएं। यह तथ्य 2009 के राज्य विधानसभा चुनाव में सही साबित हुआ। यहाँ से हमीदउद्दीन काजी कांग्रेस और राकांपा के संयुक्त उम्मीदवार होने के बावुजूद भी तीस हजार से अधिक मतों से चुनाव हार गए। प्रदेश के जबलपुर, भोपाल और उज्जैन जिलों के विधानसभा निर्वाचन क्षेत्रों को परिसीमित करते समय विशेष राजनीतिक हित को ध्यान में रखकर आबादी को जोड़ा गया है। इन जिलों में पर्याप्त मुस्लिम आबादी होने के बावुजूद वार्डों का विभाजन किस तरह किया गया है, देखा जा सकता है। राज्य विधानसभा के चुनाव 2013 में 230 सदस्यीय सदन में अब केवल एक ही मुस्लिम सदस्य है।[15]

## जिला जबलपुर विधानसभा निर्वाचन क्षेत्र 8–

| | |
|---|---|
| **1. 95–पाटन** | |
| **2. 96–बरगी** | |
| **3. 97–जबलपुर पूर्व (अ.जा)** | जबलपुर तहसील में जबलपुर (नगर निगम ) के वार्ड संख्या 3 से 9, 13 से 22 तथा 27 से 33 तक |
| **4. 98–जबलपुर उत्तर** | जबलपुर तहसील में जबलपुर (नगर निगम ) के वार्ड संख्या 1, 2, 10 से 12, 23, से 26 तथा 35 से 39 तक |
| **5. 99–जबलपुर कैंट** | जबलपुर तहसील 1. जबलपुर (नगर निगम ) के वार्ड संख्या 34, 40 से 45 तथा 60 ओर 2. जबलपुर कैंट (कैंटोंमेंट बोर्ड) 3. जी.सी.एफ जबलपुर (सी.टी.) जी.सी.एफ 4 ओ.एफ.खमरिया (सी.टी) ओ.आर.एफ. तथा 5. व्हीकल फैक्ट्री एरिया जबलपुर (सी.टी.) वी.सी.एफ.। |
| **6. 100–जबलपुर पश्चिम** | जबलपुर तहसील में जबलपुर (नगर निगम) के वार्ड संख्या 46 से 59 |
| **7. 101–पनागर** | |
| **8. 102–सिहोरा (अजजा)** | |

## जिला भोपाल विधानसभा निर्वाचन क्षेत्र–7

| | |
|---|---|
| 1. **149–बैरसिया (अ.जा.)** | |
| 2. **150–भोपाल उत्तर** | 1. हुजूर तहसील में भोपाल (ननि + बाहय वृद्धि ) के वार्ड संख्या 9 से 18 और 66 तक |
| 3. **151–नरेला** | 1. हुजूर तहसील में भोपाल (ननि + बाह्य वृद्धि) के वार्ड संख्या 39 से 42 और 62 से 65 तक |
| 4. **152–भोपाल दक्षिण –पश्चिम** | 1. हुजूर तहसील में भोपाल (ननि + बाह्य वृद्धि) के वार्ड संख्या 27 से 35 और 47 से 50 तक |
| 5. **153–भोपाल मध्य** | 1. हुजूर तहसील में भोपाल (ननि + बाह्य वृद्धि) के वार्ड संख्या 6 से 08, 19 से 26, 36 से 38 और 43 से 45 तक |
| 6. **154–गोविन्दपुरा** | 1. हुजूर तहसील में भोपाल (ननि + बाह्य वृद्धि) के वार्ड संख्या 46 और 51 से 61 तक |
| 7. **55–हुजूर** | 1. हुजूर तहसील में 1. रतीबाड़ रा.नि.मं. 2.फन्डाकलॉ रा.नि.मं. 3 बिलाविरीकलॉ रा.नि.मं. और 4 भोपाल (ननि + बाहय वृद्धि ) वार्ड संख्या 01से 05 तक |

## जिला उज्जैन विधानसभा निर्वाचन क्षेत्र–8

| | |
|---|---|
| 1. **212–खाचरौद** | |
| 2. **213–महिदपुर** | |
| 3. **214–तराना (अ.जा.)** | |
| 4. **215–घटिया (अ.जा.)** | |
| 5. **216–उज्जैन उत्तर** | 1. उज्जैन तहसील में उज्जैन (ननि के वार्ड) संख्या 1 से 32 और 34 से 35 तक |
| 6. **217–उज्जैन दक्षिण** | 1. उज्जैन तहसील में 1. उज्जैन रा.नि.मं. लालपुर बाह्य वृद्धि को सम्मिलित करते हुए 2. उज्जैन (ननि के वार्ड ) संख्या 33 और 36 से 54 तक |
| 7. **218–बड़नगर** | तहसील।16 |

वर्ष 2004 में महाराष्ट्र राज्य की 46–कुर्ला विधानसभा सामान्य सीट थी। यहाँ से मोहम्मद आरिफ नसीम खान विजयी हुए थे। परिसीमन 2008 में इस

विधानसभा को आरक्षित 174—कुर्ला के नाम से तब्दील किया गया है। 272—मीरज से हफीज धतुरे विधायक थे, उसे 281—मीरज के नाम से आरक्षित किया। यद्यपि 136—नागपुर सेंट्रल से हाजी अनीस अहमद विजयी हुए थे। नागपुर की पांच विधानसभाओं के स्थान पर इस संशोधित परिसीमन में छह विधानसभा क्षेत्र गठित किए गए हैं। लिहाजा 2009 के चुनाव में बदली हुई भौगोलिक सीमाओं के साथ गठित 55—नागपुर साउथ—वेस्ट से हाजी अनीस अहमद 1979 मतों से चुनाव हार गए हैं।

अकोला जिले की चार विधानसभा सीटें थी 110—बोरगांव मंजू, 111—अकोला, 112—बालापुर और 116—मुर्तिजापुर संशोधित परिसीमन में 110—बोरगांव मंजू विधानसभा निर्वाचन क्षेत्र को विलोपित किया और उसकी आबादी को अकोला जिले की पुनः चार विधानसभाओं में समायोजित कर पुनर्गठित किया। 29—बालापुर, 30—अकोला पश्चिम, 31—अकोला पूर्व, 32—मुर्तिजापुर आरक्षित, लिहाज़ा 29—बालापुर से रजिया बेगम खतीब 1590 मतों से चुनाव हार गई और 30—अकोला पश्चिम से अजहर हुसैन खान को हार का मुँह देखना पड़ा।[17]

बिहार राज्य की 146—मनुहारी विधानसभा से मुबारक हुसैन 13वीं और 14वीं दोनों राज्य विधानसभा के चुनाव में विजयी हुए थे। यह संशोधित परिसीमन 2008 में 67—मनुहारी के नाम से आरक्षित है। 72—पुपरी सामान्य विधानसभा से फरवरी 2005 और अक्टूबर 2005 के चुनाव में शाहिद अली खान JD (U) से विजयी हुए थे। 79—पांडोल विधानसभा से फरवरी 2005 में नियाज अहमद RJD, 144—बारसोई विधानसभा से फरवरी 2005 और अक्टूबर 2005 में CPI (ML) (L) से महबूब आलम और मुनाफ आलम विधायक थे, 208—बिक्रमगंज विधानसभा से फरवरी 2005 में अख़लाक अहमद RJD से विजयी हुए थे, और अब इन चारों विधानसभाओं की पुरानी पहचान को मिटा दिया गया है यानी विलोपित किया।[18]

संशोधित परिसीमन में उत्तर प्रदेश राज्य की चार मुस्लिम बहुल विधानसभा की पुरानी पहचान को मिटाया गया है। 3—अफजलगढ़, 13—बाहजोई, 39—करवर और 134—चारदा विधानसभा को विलोपित किया और पाँच विधानसभाओं को संशोधित परिसीमन 2008 में आरक्षित वर्ग में तब्दील किया गया है। 44—पूरणपुर, 55—श्रीनगर, 189—सलेमपुर, 257—सोरांव, 341—आगरा कैंटोंमेन्ट। गत चुनाव 2007 में इन सभी नौ विधानसभा क्षेत्रों से मुस्लिम प्रत्याशी विजयी हुए थे।[19]

पश्चिम बंगाल राज्य की मुस्लिम बहुल पाँच विधानसभाओं को विलोपित और दो को आरक्षित किया गया है। 19—क्रांति, 51—औरंगाबाद, 114—गार्डनरीच,

144–बाड़ाबाजार, 225–खडगपुर ग्रामीण और 06–सिताई, 93–स्वरूपनगर विधानसभा निर्वाचन क्षेत्रों को आरक्षित किया गया है।[20]

2004 के लोकसभा चुनाव में 12–शाहबाद संसदीय निर्वाचन क्षेत्र से इलियास आजमी BSP से सांसद थे। संशोधित परिसीमन 2008 में इस निर्वाचन क्षेत्र को विलोपित किया गया है। 27–बहराइच से रूवाब सैयदा SP से मुस्लिम महिला सांसद थी। अब 209–बहराइच के नाम से आरक्षित है।[21]

विगत लोकसभा चुनाव में कर्नाटक की 2–गुलबर्गा संसदीय सीट से मुस्लिम सदस्य इकबाल अहमद सांसद थे। अब 205–गुलबर्गा के नाम से आरक्षित है। पश्चिम बंगाल की 23–कोलकाता नार्थ–ईस्ट से मो. सलीम CPM से विजयी हुए थे और 40–कटवा संसदीय क्षेत्र से महबूब जाहिदी सांसद थे। इस पुनर्समायोजन परिसीमन 2008 में इनकी पुरानी पहचान को मिटा दिया गया है।[22]

इस प्रकार निर्वाचन क्षेत्रों के प्रयोजन के लिए परिसीमन के बार–बार पुनर्समायोजित करने के चाहे जो भी कारण रहे हो, इसमें भारत परिसीमन आयोग द्वारा लिए गए आंतरिक निर्णय भी शामिल हैं। वे अधिकारिक रूप में हमारे सामने नहीं हैं तथापि इनके गहन अध्ययन एवम् अवलोकन से यह तथ्य स्पष्ट रूप से उभर कर सामने आ जाता है कि मुस्लिम मतों की शक्ति क्षीण करने के अलावा अन्य कोई उद्देश्य संभवतः नहीं है... लिहाजा परिसीमन आयोग और मुस्लिम वर्ग में कटुता और बढ़ेगी, क्योंकि इस तरह के परिसीमन से दोनों में परस्पर अविश्वास तो पैदा हो ही गया है।

1950 से 1980 के तीन दशक तक हर एक लोकसभा चुनाव में 50–60 मुस्लिम सांसद विभिन्न राजनीतिक दलों से निर्वाचित होकर सदन में पहुँच जाया करते थे। परन्तु 90 के शूरूआती दशक में भारतीय लोकतंत्र की धर्मनिरपेक्ष राजनीति में भारतीय जनता पार्टी ने भारतीय समाज में सांप्रदायिकता का ऐसा जहर घोला कि अब गिने–चुने मुस्लिम सांसद ही सदन में पहुँच पाते हैं कैसी विडम्बना है कि... ताजमहल से लेकर बाबरी मस्जिद तक की घटनाएं इसकी गवाह हैं। उसका विश्वास इतिहास को गढ़ने में है तथ्यों में नहीं है!

वर्ष 1971 के संसदीय चुनाव में लोकसभा की 518 सीटें विद्यमान थी और 6ठी लोकसभा के चुनाव परिसीमन 1972 के बाद हुए थे। इस परिसीमन में 24 सीटें बढ़ी थी। लिहाज़ा 1977 के चुनाव 542 सीटों पर सम्पन्न हुए थे।[23] 1980 के दशक में केन्द्र शासित राज्य लक्षद्वीप की एक सीट और बढ़ी तब से लेकर यानी परिसीमन 2008 तक 543 सीटें बरकरार हैं।

तीन दशक बाद हुए इस परिसीमन में सीटों की संख्या नहीं बढ़ी है बल्कि आरक्षित वर्ग की सीटें ज़रूर बढ़ाई गई है। अभी तक अजा के लिए 79 और अजजा की 41 कुल = 120 सीटें थी।[24] लिहाजा पुनर्समायोजन में आरक्षित किए जाने वाली सीटों की संख्या 2001 की गणना के आधार पर फिर से गणना करने पर उनकी 11 सीटें और बढ़ी हैं। 120 सीटों के स्थान पर अब अजा 84 और अजजा 47 कुल = 131 सीटें हो गई हैं। गौरतलब है कि इन 11 सीटों को बढ़ाने के लिए परिसीमन आयोग ने 499 सीटों में फेरबदल बदलाव किया है और संसदीय सीटों की कुल संख्या 543 बरकरार है।[25]

14वीं लोकसभा में जो 37 मुस्लिम सांसद विजयी हुए थे वे 11 राज्य और एक केन्द्र शासित प्रदेश लक्षद्वीप से विजयी हुए थे जबकि देश में 28 राज्य और 6 केन्द्र शासित प्रदेश थे।[20]

15वीं लोकसभा के चुनाव परिसीमन के तहत हुए थे। इस पक्षपातपूर्ण परिसीमन से देश का मुसलमान राजनीतिक रूप से और अधिक कमजोर हो गया है। इस चुनाव में 29 मुस्लिम सांसद 8 राज्य और एक केन्द्र शासित प्रदेश से विजयी हुए हैं। यानी 14वीं लोकसभा की तुलना में 15वीं लोकसभा में 8 मुस्लिम सांसद सदन में कम पहुँचे थे। बदली हुई भौगोलिक सीमाओं के साथ हुए इस चुनाव में परिसीमन का असर साफ दिखाई देता है।[27] देश में मुसलमानों की जनसंख्या दर के लिहाज़ से देखा जाए तो उनकी आबादी ख़ासी बड़ी है और जहाँ तक चुनाव का सवाल है वह तो पाँच साल के अन्तराल में होते हैं। फिर तो मुस्लिम वर्ग के प्रत्याशियों को और अधिक संख्या में निर्वाचित होना चाहिए था। अलबत्ता नतीजों का बिलकुल विपरीत आना और मुस्लिम वर्ग के सदस्यों की संख्या चुनाव में घट जाना यह आश्चर्य की बात है। यह एक क्रूर तथ्य है कि परिसीमन के नाम पर मुसलमानों को राजनीतिक रूप से और कमजोर करने का सुनियोजित षड्यंत्र है। बड़े दुःख की बात है कि कांग्रेस और कांग्रेसी मुस्लिम नेता इसे महसूस भी नहीं कर पाते हैं। गौरतलब है कि इसीलिए गाँव की चौपाल से लेकर संसद के गलियारे तक इस बात की कोई चर्चा भी नहीं हुई कि सदन में अचानक 8 मुस्लिम सांसद क्यों और कैसे कम हो गए हैं ?

बहरहाल यह एक कटुसत्य है कि भारत गणराज्य में जब कभी भी निर्वाचन क्षेत्रों का परिसीमन होता है चाहे कोई भी निर्वाचन क्षेत्र का हो ग्राम पंचायत, नगर निगम, राज्य विधानसभा/संसदीय निर्वाचन क्षेत्रों में मुस्लिम जनप्रतिनिधियों की संख्या निरन्तर घटती जा रही है। देखें सारणी–

## 14वीं लोकसभा के मुस्लिम सदस्य—37

| संसदीय निर्वाचन क्षेत्र का नंबर और नाम 2004 | | | |
|---|---|---|---|
| उत्तर प्रदेश—80 | | नाम | पार्टी 2004 |
| 1.3 | मुरादाबाद | डॉ0 शफीकुर्रहमान बर्क | SP |
| 2.6 | बदायूँ | सलीम इकबाल शेरवानी | SP |
| 3.12 | शाहबाद | इलियास आंजुम | BSP |
| 4.22 | सुल्तानपुर | मो0 ताहिर | BSP |
| 5.27 | बहराइच | रुवाब सैयिदा | SP |
| 6.31 | डुमरियागंज | मो0 मुकीम | BSP |
| 7.46 | गाजीपुर | अफजल अंसारी | SP |
| 8.51 | फूलपुर | अतीत अहमद | SP |
| 9.76 | मेरठ | मो0 शाहिद | BSP |
| 10.78 | मुजफ्फरनगर | चौधरी मुन्नव्वर हसन | SP |
| 11.80 | सहारनपुर | रशीद मसूद | SP |
| | **पश्चिम बंगाल—42** | | |
| 1.7 | माल्दा | ए.वी. गनीखान चौधरी | INC |
| 2.9 | मुर्शिदाबाद | अब्दुल मन्नान हुसैन | INC |
| 3.22 | कोलकाता नार्थ | मो0 सलीम | CPM |
| 4.25 | उलूबेरिया | हन्नान मुल्ला | CPM |
| 5.40 | कटवा | महबूब ज़ाहिदी | CPM |
| | **बिहार—40** | | |
| 1.5 | सिवान | मो0 शाहबुद्दीन | RJD |
| 2.13 | मधुबनी | डॉ0 शकील अहमद | INC |
| 3.15 | दरभंगा | मो0 अली अशरफ फातमी | RJD |
| 4.23 | किशनगंज | तस्लीमुद्दीन | RJD |
| 5.27 | भागलपुर (उप चुनाव 9 नवम्बर 2006) | सैयद शाहन्वाज हुसैन | BJP |

## 15वीं लोकसभा के मुस्लिम सदस्य—29

| संसदीय निर्वाचन क्षेत्र का नंबर और नाम 2009 | | | |
|---|---|---|---|
| उत्तर प्रदेश—80 | | | पार्टी 2009 |
| 1.150 | तबस्सुम बेगम | कैराना | BSP |
| 2.360 | कदीर राणा | मुजफ्फरनगर | BSP |
| 3.32 | मोहम्मद अजहरुद्दीन | मुरादाबाद | INC |
| 4.53 | डॉ0 शफीकुर्रहमान | संभल | BSP |
| 5.282 | जफर अली नकवी | खीरी | INC |
| 6.164 | केसरजहां | सीतापुर | BSP |
| 7.207 | सलमान खुर्शीद | फर्रुखाबाद | INC |
| | | | |
| | | | |
| | | | |
| | **पश्चिम बंगाल—42** | | |
| 1.291 | मौसमनुर | मालदा उत्तर | INC |
| 2.93 | अबु हासेम खान | मालदा दक्षिण | INC |
| 3.156 | अब्दुल मन्नान हुसैन | मुर्शीदाबाद | INC |
| 4.159 | हाजी नूरूल इस्लाम | वषीरहट | AITC |
| 5.16 | सुल्तान अहमद | उलूबेरिया | AITC |
| 6.147 | सैदूल हक | वर्धमान—दुर्गापुर | CPM |
| | **बिहार—40** | | |
| 1.264 | मोहम्मद असशरुल हक | किशनगंज | INC |
| 2.151 | मुनाज़िर हुसैन | बेगुसराय | JDU |
| 3.158 | सैयद शाहनवाज हुसैन | भागलपुर | BJP |
| | | | |
| | | | |

| संसदीय निर्वाचन क्षेत्र का नंबर और नाम 2004 | | | |
|---|---|---|---|
| जम्मू कश्मीर–6 | | नाम | पार्टी 2004 |
| 1.1 | बारामूला | अब्दुल रसीद शाहीन | ने. कां0 |
| 2.2 | श्रीनगर | उमर अब्दुल्ला | ने. कां0 |
| 3.3 | अनंतनाग | महबूबा मुफ्ती | पी.डी.पी. |
| | | | |
| | **केरल–20** | | |
| 1.2 | कन्नानूर | ए.पी. अब्दुल कुट्टी | CPM |
| 2.5 | मनजिरी | टी.के. हमजा | CPM |
| 3.6 | पोन्नानी | ई. अहमद | मु. लीग |
| | **झारखण्ड–14** | | |
| 1.3 | गड्डा | फुरकान अंसारी | INC |
| | **आंध्र प्रदेश–42** | | |
| 1.24 | हिन्दूपुर | निज़ामुद्दीन | INC |
| 2.30 | हैदराबाद | असदउद्दीन उवेसी | AIMIM |
| | **असम–14** | | |
| 1.4 | धबरी | अनवर हुसैन | INC |
| 2.6 | बारपेटा | ए.एफ. गुलाम उस्मानी | INC |
| | **कर्नाटक–28** | | |
| 1.2 | गुलबर्गा | इकबाल अहमद | INC |
| | **महाराष्ट्र–48** | | |
| 1.2 | कोलाबा | ए.आर. अंतले | INC |
| | **तमिलनाडु–39** | | |
| 1.7 | बेल्लोर | कदीर मोहम्मद | DMK |
| 2.25 | पेरियाकूलम | हारुन रशीद | INC |
| | **लक्षद्वीप–1** | | |
| 1.1 | लक्षद्वीप | डॉ0 पी0 पूकुहिकोया | JDU |

| संसदीय निर्वाचन क्षेत्र का नंबर और नाम 2009 | | | |
|---|---|---|---|
| जम्मू कश्मीर–6 | | | पार्टी 2009 |
| 1.412 | शरीफुद्दीन | बारामूला | ने. कां0 |
| 2.3 | फारुक अब्दुल्ला | श्रीनगर | ने. कां0 |
| 3.59 | डॉ0 महबूबा मुफ्ती | अनंतनाग | PDP |
| 4.203 | हसन खान | लदाख | निर्दलीय |
| | **केरल–20** | | |
| 1.409 | एम.आई. शाहनवाज | बायगड | INC |
| 2.14 | ई. अहमद | मालापरम | मुस्लिम लीग |
| 3.55 | मो. बशीर | पोन्नानी | मुस्लिम लीग |
| | **झारखण्ड–14** | | |
| | निरंक | निरंक | निरंक |
| | **आन्ध्र प्रदेश–42** | | |
| | निरंक | निरंक | निरंक |
| 1.293 | असदउद्दीन उवेसी | हैदराबाद | AIMIM |
| | **असम–14** | | |
| 1.17 | बदरुद्दीन अजमल | धुबरी | AUDF |
| 1.157 | इस्लाम हसन | बारपेटा | INC |
| | **कर्नाटक–28** | | |
| | निरंक | निरंक | निरंक |
| | **महाराष्ट्र–48** | | |
| | निरंक | निरंक | निरंक |
| | **तमिलनाडु–39** | | |
| 1.1 | अब्दुल रहमान | बेल्लोर | DMK |
| 2.2 | हारुन रशीद | भेनाई | INC |
| | **लक्षद्वीप–1** | | |
| 1.43 | हमदुल्ला | लक्षद्वीप | INC |

# 16वीं लोकसभा के मुस्लिम सदस्य–22

| संसदीय निर्वाचन क्षेत्र का नंबर और नाम 2014 | | | |
|---|---|---|---|
| उत्तर प्रदेश–80 | | नाम | पार्टी 2004 |
| | निरंक | निरंक | निरंक |
| | 16वीं लोकसभा में राज्य से कोई मुस्लिम नहीं है। | | |
| | **पश्चिम बंगाल–42** | | |
| 1.5 | अबु हासेम खान चौधरी | मालदा दक्षिण | INC |
| 2.38 | अपारूपा पोद्दार (आफरीन अली) | आराम बाग | AITC |
| 3.62 | बदरूद्दुजा खान | मुर्शिदाबाद | CPM |
| 4.148 | डॉ0 मुमताज संधामिता | वर्धमान–दुर्गापुर | AITC |
| 5.204 | इदरीस अली | बशीरहाट | AITC |
| 6.300 | मौसम नूर | मालदा उत्तर | INC |
| 7.302 | मोहम्मद सलीम | रायगंज | CPM |
| 8.487 | सुल्तान अहमद | उलूबेरिया | AITC |
| | **बिहार–40** | | |
| 1.109 | चौधरी महबुब अली कैसर | खगडिया | LJP |
| 2.305 | मोहम्मद असरारूल हक | किशनगंज | INC |
| 3.501 | तारिक अनवर | कटिहार | NCP |
| 4.503 | तरलीम उद्दीन | अररिया | RJD |

| संसदीय निर्वाचन क्षेत्र का नंबर और नाम 2014 | | | |
|---|---|---|---|
| जम्मू कश्मीर–6 | | नाम | पार्टी 2004 |
| 1.303 | महबूबा मुफ्ती | अनंतनाग | PDP |
| 2.316 | मुजफ्फर हुसैन बेग | बारामूला | PDP |
| 3.502 | तारिक अहमद कर्रा | श्रीनगर | PDP |
| | **केरल–20** | | |
| 3.167 | ई. अहमद | मालापुरम | मु. लीग |
| 2.168 | ईटी मोहम्मद बशीर | पोन्नानी | मु. लीग |
| 3.284 | एम.आई. शाहनवाज | वायनाड | INC |
| | **झारखण्ड–14** | | |
| | निरंक | निरंक | निरंक |
| | **आन्ध्र प्रदेश–42** | | |
| 1.47 | असद उद्दीन उवेसी | हैदराबाद | AIMIM |
| | **असम–14** | | |
| 1.62 | बदरूद्दीन अजमल | धुबरी | AUDF |
| 2.476 | सिराज उद्दीन अजमल | बारपेटा | AUDF |
| | **कर्नाटक–28** | | |
| | निरंक | निरंक | निरंक |
| | **महाराष्ट्र–48** | | |
| | निरंक | निरंक | निरंक |
| | **तमिलनाडु–39** | | |
| | निरंक | निरंक | निरंक |
| | **लक्षद्वीप–1** | | |
| 1.307 | मोहम्मद फैजल PP | लक्षद्वीप | NCP |

अलबत्ता यहाँ एक बात गौरतलब है कि 2009 के चुनाव में कांग्रेस के युवा तुर्क राहुल गांधी ने जिन 106 संसदीय सीटों पर प्रचार किया था, उनमें से 57 पर कांग्रेस को जीत मिली थी।[28] निश्चित रूप से काम आया राहुल ''फैक्टर''... मगर यह भी हकीकत है कि परिसीमन के नाम पर आरक्षित वर्ग की 11 सीटों को बढ़ाने के लिए 543 सीटों में से 499 सीटों में बदलाव और फेरबदल किया गया. यह रहस्य की बात है! इस तरह परिसीमन के नाम पर तकनीकी हवाला बताकर कई सामान्य सीटों को आरक्षित किया गया और आरक्षित सीटों को सामान्य वर्ग में तब्दील किया गया है।[29]

...जिस कांग्रेस को साल 2004 के चुनाव में केवल 145 संसदीय सीटें मिली थी उसे 15वीं लोकसभा के चुनाव में परिसीमन आयोग ने 205 सीटों का रास्ता दिखाया था...मतदाताओं ने नहीं! इसमें एक कोण और भी है... कांग्रेस को जो सत्ता मिली थी, वह परिसीमन की मिलावट से मिली थी!

कहते हैं बाग़ की कद्र बुलबुल जानती है... साया है फलदार दरख्त है! मीठा पानी है, खुशबूदार फूल हैं! मज़ेदार फल हैं और पुरसुकून माहौल है...ठीक बुलबुल की तरह कांग्रेस भी परिसीमन को जानती है कि परिसीमन के पर्दे के पीछे सत्ता की गंगा है!

विधानसभा और ससदीय निर्वाचन क्षेत्रों का परिसीमन 35 वर्ष बाद ज़रूर हुआ है। अलबत्ता निचले स्तर पर निर्वाचन क्षेत्रों का परिसीमन तो होता ही रहता है और हाँ, कांग्रेस दल भी इस बात से चिर–परिचित है कि परिसीमन से उसे लाभ होता ही है। लिहाज़ा देश में नए संशोधित परिसीमन से 15वीं लोकसभा के चुनाव का होना गोया कांग्रेस को मुँहमांगी मुराद मिल गई।

परिसीमन आयोग ने ''परिसीमन की प्रक्रिया'' की कण्डिका–8 में पहले लेख किया था कि, जहाँ तक संभव होगा जिले के निर्वाचन क्षेत्रों का परिसीमन उत्तर से आरम्भ करते हुए उत्तर–पश्चिम तक किया जाएगा। तथा बाद में मोड़दार तरीकों से आगे बढ़ते हुए इसे दक्षिण की ओर समाप्त किया जाएगा।[30] मगर बाद में भारत परिसीमन आयोग ने आयोग सचिव शंगारा राम के पत्र क्रमांक 282/DEL/2004 5 जुलाई, 2004 के माध्यम से उपर्युक्त दिशाओं को बदलने का निर्देश दिया है। अब संसदीय और राज्य विधानसभा निर्वाचन क्षेत्रों का परिसीमन इस तरह किया गया है।[31]

''जहाँ तक संभव होगा, एक जिले में निर्वाचन क्षेत्रों का परिसीमन उत्तर से उत्तर–पूर्व से आरंभ होगा तथा फिर दक्षिण की ओर घुमावदार तरीके से समाप्त होगा''।[32] संशोधित परिसीमन में चतुर सीमा उत्तर–पूर्व और पश्चिम–दक्षिण में

मामूली बदलाव फेरबदल करने पर उस हर एक निर्वाचन क्षेत्र की स्थिति अजब–गजब हो जाती है।

संवैधानिक संस्था परिसीमन आयोग के पर्दे के पीछे बैठी सांप्रदायिक ताकत से जहां "कांग्रेस को ही राजनीतिक लाभ हुआ है तथापि परिसीमन आयोग ने परिसीमन के कई मामलों में आंतरिक निर्णय भी लिया है।[33]

कांग्रेस उत्तर प्रदेश और बिहार में दो दशक से मृत अवस्था में होने के बावुजूद भी अकेले अपने दम पर चुनाव लड़ने की जिद पर आखिरी वक्त तक कायम रही और न ही किसी राजनीतिक दल से कोई चुनाव गठबंधन किया। दोनों राज्यों के सभी संसदीय क्षेत्र से चुनाव लड़ी और बदली हुई भौगोलिक सीमाओं के साथ 15वीं लोकसभा के चुनाव नतीजे चौकाने वाले आए। 14वीं लोकसभा में कांग्रेस की 9 सीटें थी (उत्तर प्रदेश) और इस बार उसे परिसीमन के कारण 23 सीटें मिली थी। बिहार में उसकी तीन सीटें थी भले ही वहाँ उसे इस बार दो सीटे मिली हो किन्तु उसका वोट प्रतिशत ज़रूर बढ़ा था।[34] कांग्रेस अब दोनों राज्यों में पिछले चुनाव से अच्छी स्थिति में थी। इस जीत से उत्साहित होकर कांग्रेस ने अपने पुराने सहयोगियों को सरकार में भी शामिल नहीं किया था।... बफेट ही थे, जिन्होंने कहा जब लहरे उतरती है, तब आप जान पाते हैं कौन निर्वस्त्र तैर रहा है!

अक्टूबर 2010 में हुए बिहार के चुनाव में कांग्रेस को कोई सफलता नहीं मिली थी। 243 सदस्यीय विधानसभा में भी उसके चार विधायक मामूली अंतर से विजयी हुए थे। जिसमें तीन विधायक मुस्लिम वर्ग से थे। जबकि 13वीं और 14वीं राज्य विधानसभा में क्रमशः उसके 10 और 9 सदस्य थे।[35] 15वीं राज्य विधानसभा में सबसे ख़ास बात यह रही है कि बदली हुई भौगोलिक सीमाओं के साथ 42 विधानसभा सीटों की नई पहचान बनी है और 40 सीटों की पुरानी पहचान को मिटाया गया है। आरक्षित वर्ग की दो और सीटें बढ़ाने के लिए 36 सीटों को प्रभावित किया गया है।[36] फिर भी यहाँ कांग्रेस के लिए परिसीमन का जादू कोई काम नहीं आया।

राजनीतिक गलियारे में ख़ासकर कांग्रेस खेमे में एक सन्नाटा पसरा है कि बिहार और उत्तर प्रदेश के चुनाव राहुल गांधी का राजनीतिक भविष्य तय करेंगे। बिहार से तो कांग्रेस को कोई उम्मीद नहीं बंधी, लिहाजा उत्तर प्रदेश के राज्य विधानसभा चुनाव में भी कोई फायदा नहीं हुआ। 15वीं लोकसभा के चुनाव में पार्टी लगभग 100 विधानसभा क्षेत्रों में आगे रही थी। फिलहाल 403 सदस्यीय विधानसभा में उसके 25 विधायक हैं।

14वीं लोकसभा में बिहार के 40 संसदीय निर्वाचन क्षेत्रों में से कांग्रेस के 3 सांसद विजयी हुए थे। 13–मधुबनी संसदीय सीट से डॉ. शकील अहमद और दो

सांसद क्रमशः सासाराम, औरंगाबाद सीट से थे। 22 सांसद राजद के थे जिनमें से तीन मुस्लिम थे। 15वीं लोकसभा में राज्य की 40 संसदीय सीटों में से कांग्रेस के दो 215–सासाराम से मीराकुमारी और 264–किशनगंज से मोहम्मद असरारूल हक और दो मुस्लिम सांसद अन्य राजनीतिक दलों से विजयी हुए हैं।[37] 14वीं लोकसभा में उत्तर प्रदेश से कांग्रेस के 9 सांसद थे और विभिन्न राजनीतिक दलों से 11 मुस्लिम सांसद विजयी हुए थे। कांग्रेस का एक भी मुस्लिम सांसद नहीं था।

परिसीमन के बाद हुए 15वीं लोकसभा के चुनाव में राज्य के 80 संसदीय निर्वाचन क्षेत्र में से कांग्रेस के 23 सांसद विजय हुए थे। जिनमें से तीन मुस्लिम और बसपा से चार मुस्लिम सांसद थे। सपा का कोई मुस्लिम सांसद नहीं था। 14वीं लोकसभा 2004 में सपा के सात मुस्लिम सांसद थे। 15वीं लोकसभा में राज्य से कुल 7 मुस्लिम सांसद हैं।[38] लिहाजा दोनों राज्यों में इस बार भी मुसलमानों ने कांग्रेस को एक मुश्त वोट नहीं दिया है।

1941 की जनगणना के अनुसार जम्मू–कश्मीर की आबादी 41 लाख और राज्य में मुसलमानों की आबादी 78 प्रतिशत से अधिक थी।[39] कश्मीर के 6 संसदीय निर्वाचन क्षेत्र हैं। बारामूला, श्रीनगर, अनंतनाग, लद्दाख, उधमपुर और जम्मू इनमें से तीन संसदीय निर्वाचन क्षेत्र लद्दाख, उधमपुर, जम्मू के भौगोलिक स्वरूप को इस तरह से परिसीमित किया गया है कि जो हिन्दू बहुल संसदीय क्षेत्र में तब्दील हो गए हैं। यहाँ से कांग्रेस हमेशा हिन्दू वर्ग के व्यक्तियों को ही चुनाव मैदान में उतारती है और इस वर्ग का व्यक्ति ही चुनाव जीत पाता है। 14वीं लोक सभा चुनाव में लद्दाख से थुप्सतान चेवांग, उधमपुर, से चौधरी लाल सिंह, जम्मू संसदीय क्षेत्र से मदन लाल शर्मा ये दोनों कांग्रेस से विजयी हुए थे।[40] 15वीं लोकसभा में ज़रूर लदाख से मुस्लिम निर्दलीय उम्मीदार हसन खान विजयी हुए थे।[41] उधमपुर और जम्मू संसदीय क्षेत्र से कांग्रेस के वही पुराने चेहरे सांसद थे। अलबत्ता 16वीं लोकसभा के चुनाव में जिस तरह का सांप्रदायिक ध्रुवीकरण हुआ। इसके चलते ही भाजपा को इन तीनों संसदीय निर्वाचन क्षेत्र में कामयाबी मिली है। अब भाजपा आगामी राज्य विधानसभा चुनाव में मिशन 45 की जुगत में है। दुनियां की नज़रों में जम्मू–कश्मीर मुस्लिम बहुल राज्य है। मगर यहाँ भी परिसीमन की काली छाया परारी हुई है... लिहाजा देश के मुस्लिम बहुल क्षेत्रों के संबंध में कोई सवाल उठाना बेईमानी है!

भारत गणराज्य में लोकतांत्रिक प्रक्रिया का एक सिस्टम है...निर्वाचन क्षेत्रों का परिसीमन! गोया कांग्रेस की कोख से पैदा हुआ है परिसीमन का दैत्य...जो राजनीतिक रूप से मुसलमानों को निगल रहा है! भारत में मुसलमानों की आबादी कितनी भी हो...यदि इस तरह के पक्षपातपूर्ण और बदली हुई भौगोलिक सीमाओं

के साथ किए गए परिसीमन प्रक्रिया पर अंकुश नहीं लगाया गया तो भारतीय मुसलमान राजनीतिक रूप से अपंग हो जाएंगे...जिसका असर उनकी ज़िंदगी के हर क्षेत्र में पड़ेगा, और वे राष्ट्रीय विकास की मुख्य धारा से जुड़ नहीं सकेंगे।

"परिसीमन आयोग" जो भारतीय लोकतांत्रिक व्यवस्था की एक कड़ी है। निर्वाचन क्षेत्रों के परिसीमन के मामलों के लिए संसद द्वारा गठित किया जाता है। परिसीमन होने के बाद स्वतः भारत निर्वाचन आयोग में विलीन हो जाता है। उसके अपने नियमों के मुताबिक विधानसभा और संसदीय निर्वाचन क्षेत्र को परिसीमित करने के बाद "भारत के राजपत्र" में प्रकाशन होने पर इस तरह के प्रत्येक आदेश लागू हो जाएंगे तथा उन्हें किसी भी न्यायालय में चुनौती नहीं दी जा सकेगी।[42] आयोग ने अपने अंतिम आदेश में यह भी उल्लेख किया है कि भारत के राष्ट्रपति द्वारा अधिसूचना जारी करने के बाद इन आदेशों की प्रतियां संसद तथा संबंधित विधानसभाओं के समक्ष भी रखी जाएंगी, इसमें उनके द्वारा किसी भी तरह का परिवर्तन अनुमत्य नहीं होगा।[43] परिसीमन आयोग सरकार के ऊपर एक सरकार बन गया है जिससे लोकतांत्रिक और धर्मनिरपेक्षता की स्वायत्तता की संकल्पना भी प्रभावित हुई। इससे अल्पसंख्यक वर्ग विशेषकर मुस्लिम समुदाय राजनीतिक रूप से कमज़ोर हुआ है और उन्हें अपने मूल अधिकारों से वंचित किया जा रहा है।

इन परिस्थितियों में जबकि मूल अधिकारों का हनन होता है, तब संवैधानिक व्यवस्थाओं के अनुरूप मूल अधिकारों के विरूद्ध विधि को या कार्यपालिका के आदेश को उच्चतम न्यायालय या उच्च न्यायालय द्वारा शून्य घोषित किया जा सकता है।[44]

जबकि 1928 में स्वतंत्र भारत के उदय के बहुत पहले मोतीलाल नेहरू समिति ने इस बात पर बल दिया था कि "हमें सबसे पहले अपने मूल अधिकारों को इस प्रकार प्रत्याभूत करना है कि किसी भी परिस्थितियों में उन्हें छीना ना जा सके।"[45]

अंग्रेजी शब्द "मैन्डेमस" का अर्थ है आज्ञा। इसमें जिस निकाय या व्यक्ति को वह संबोधित है उससे यह अपेक्षा है कि वह कोई लोक–कर्तव्य या लोक–कल्प विधिक कर्तव्य करे जिसे करने से उसने इन्कार किया है और जो किसी अन्य पर्याप्त विधिक उपचार द्वारा कराया नहीं जा सकता। अतएव स्पष्ट है कि परमादेश तभी निकाला जाएगा जब आवेदक को लोक प्रकृति के किसी विधिक कर्तव्य के अनुपालन का विधिक अधिकार हो और जिस पक्षकार के विरूद्ध रिट की याचना की जाती है, वह उस कर्तव्य को करने के लिए आबद्धकर है। यह उपचार न्यायालय के विवेकाधीन है और यदि जिस क्षति का परिवाद किया गया है उसके प्रतितोष के लिए आनुकल्पिक उपचार है तो न्यायालय परमादेश देने से इन्कार कर सकता है। मूल अधिकारों के प्रवर्तन के मामलों में आनुकल्पिक उपचार

के प्रश्न को उतना महत्त्व नहीं दिया जाता क्योंकि उच्चतम न्यायालय या उच्च न्यायालय का कर्तव्य है कि वह मूल अधिकारों का प्रवर्तन करे। भारत में परमादेश उन अधिकारियों और अन्य व्यक्तियों के विरूद्ध दिया जा सकता है जो किसी लोक कर्तव्य के लिए आबद्धकर हैं और सरकार के विरूद्ध भी क्योंकि अनुच्छेद 226 और 361 में यह उपबंध है कि संपृक्त सरकार के विरूद्ध समुचित कार्यवाहियाँ की जा सकती हैं। यह रिट अवर न्यायालयों और अन्य न्यायिक निकायों के विरूद्ध भी प्राप्त की जा सकती है। यदि वह अपनी अधिकारिता का प्रयोग करने से इन्कार करते हैं और इस प्रकार अपने कर्तव्य का पालन नहीं करते हैं।[46] रिट जिन प्रयोजनों के लिए निकाली जा सकती है वे इस प्रकार हैं :

(क) मूल अधिकारों के प्रवर्तन के लिए। जब किसी लोक अधिकारी या सरकार ने कोई ऐसा कार्य किया है जो किसी व्यक्ति के मूल अधिकार का हनन करता है तो न्यायालय परमादेश रिट निकालकर लोक अधिकारी या सरकार को उस व्यक्ति के विरूद्ध वह आदेश प्रवृत्त करने से या वह कार्य करने से रोकेगा जिससे मूल अधिकार का हनन हुआ है। उदाहरण के लिए याची को जो अधीनस्थ सिविल न्यायिक सेवा में नियुक्ति के लिए पात्र था, इस कारण नहीं चुना गया कि एक "सांप्रदायिक आदेश" प्रवर्तन में था, जो अनुच्छेद 16(1) के द्वारा याची को प्रत्याभूत मूल अधिकार का उल्लंघन करता था। इस दशा में न्यायालय ने एक आदेश निकाल कर मद्रास राज्य को यह निर्देश दिया कि "वह आवेदक के उस पद के लिए आवेदन को ग्रहण करके उस पर गुणागुण के आधार पर विचार करे और निपटाए तथा सांप्रदायिक आदेश को लागू न करे।"[47]

(ख) मूल अधिकारों के प्रवर्तन के अतिरिक्त, परमादेश निम्नलिखित प्रयोजनों के लिए उच्च न्यायालय से प्राप्त किया जा सकता है,

(i) जहाँ लोक अधिकारी को किसी कानूनी कर्तव्य का अनुपालन कराने के लिए संविधान या कानून द्वारा कोई शक्ति प्रदान की गई है और उसने उस शक्ति का प्रयोग करने से इन्कार किया है तो न्यायालय परमादेश निकालकर उसे निर्देश दे सकता है कि वह उस शक्ति का प्रयोग करे।

(ii) जहाँ कर्तव्य संविधान, कानून या कानूनी नियम द्वारा अधिरोपित है वहाँ किसी व्यक्ति को उसका लोक कर्तव्य करने के लिए बाध्य करने के लिए भी रिट निकाली जाएगी।

(iii) जहाँ कोई न्यायालय या न्यायिक अधिकरण ने अपनी अधिकारिता का प्रयोग करने से इन्कार किया है वहाँ उसे अधिकारिता का प्रयोग करने के लिए बाध्य करने के लिए?

(iv) किसी लोक अधिकारी या सरकार को यह निर्देश देने के लिए कि वह ऐसी विधि को प्रवृत्त न करे जो असंवैधानिक है।

प्रसामान्यता, न्यायालय कोई विधि बनाने के लिए सरकार को निर्देशित करने में अनिच्छुक होते हैं।[48]

परमादेश निम्नलिखित व्यक्तियों के लिए नहीं दिया जाएगा :

(i) राष्ट्रपति या राज्यपाल के विरूद्ध अपने पद की शक्तियों के प्रयोग और कर्तव्यों के पालन के लिए या उन शक्तियों का प्रयोग और कर्तव्यों का पालन करते हुए किए गए या किए जाने के लिए, तात्पर्यित किसी कार्य के लिए।

(ii) परमादेश, संविधान, या अधिनियम या कानूनी नियम के किसी उपबंध का उल्लंघन करने के लिए प्राइवेट व्यक्ति या निकाय के विरूद्ध नहीं दिया जा सकता, चाहे वह निगमित हो या नहीं, चाहे राज्य की प्राइवेट पक्षकार के साथ दुरभिसंधि ही क्यों न हो।[49]

जिन बातों पर विवाद हो सकता है वे हैं, क्या निर्वाचन की प्रक्रिया का उचित रूप से अनुसरण किया गया था या क्या निर्वाचित अभ्यर्थी संविधान या विधि के अधीन किसी निःअर्हता से ग्रस्त था या कोई अभ्यर्थी जिसे वास्तव में निर्वाचित घोषित किया जाना था, इस प्रकार घोषित नहीं किया गया है। ऐसी बातों के विनिश्चय के लिए संविधान में यह उपबंध है (अनुच्छेद 329) कि देश के सामान्य न्यायालयों को कोई अधिकारिकता नहीं होगी और निर्वाचन से संबंधित प्रश्न केवल निर्वाचन अर्जी के माध्यम से ही विधि में उपबंधित रीति से प्रस्तुत किया जाएगा।[50]

अनुच्छेद 329 में यह उपबंध है, –"इस संविधान में किसी बात के होते हुए भी,–(ख) संसद के प्रत्येक सदन या किसी राज्य के विधानमंडल के सदन या प्रत्येक के लिए कोई निर्वाचन ऐसी निर्वाचन अर्जी पर ही प्रश्नगत किया जाएगा, जो ऐसे प्राधिकारी को और ऐसी रीति से प्रस्तुत की गई है जिसका समुचित विधानमंडल द्वारा बनाई गई विधि द्वारा या उसके अधीन उपबंध किया जाए, अन्यथा नहीं।"[51] आगे अनुच्छेद 329 में यह कहा गया है कि निर्वाचन की प्रक्रिया प्रारंभ हो जाने पर न्यायालय उसमें हस्तक्षेप नहीं कर सकते हैं। उसी प्रकार न्यायालय को इस बात की अधिकारिकता नहीं होगी कि वे अनुच्छेद 243ट के अधीन निर्वाचन क्षेत्रों के परिसीमन या स्थानों के आबंटन से संबंधित किसी विधि की विधिमान्यता की परीक्षा करें। पंचायत का निर्वाचन, निर्वाचन–अर्जी पर ही प्रश्नगत किया जा सकेगा जो ऐसे प्राधिकारी को और ऐसी रीति से प्रस्तुत की जाएगी जो राज्य–विधानमंडल द्वारा बनाई गई विधि द्वारा या उसके अधीन विहित किया जाए।[52]

# मूल अधिकार और मूल कर्तव्य

अनुच्छेद 32 :मूल अधिकार को परिवर्तित कराने के लिए संवैधानिक उपचार– संविधान में मूल अधिकारों की अमूर्त घोषणाएं निरर्थक हैं जब तक कि उन्हें प्रभावी करने के साधन न हों। सभी देशों के संवैधानिक अनुभव से यह प्रकट होता है कि इन अधिकारों की विद्यमानता का परीक्षण न्यायालयों में ही होता है। अधिकारों के अनुपालन को प्रवृत्त करने की न्यायालयों की शक्ति न्यायपालिका की निष्पक्षता और स्वतंत्रता पर ही नहीं इस बात पर भी निर्भर करती है कि कार्यपालिका या अन्य प्राधिकारियों से अनुपालन कराने के लिए उनके पास कितने प्रभावी उपकरण हैं। आंग्ल अमेरिकी प्रणाली में ये साधन हैं–रिटें या न्यायिक आदेशिकाएं जैसे, बंदी प्रत्यक्षीकरण, परमादेश, प्रतिषेध, उत्प्रेषण और अधिकार–पृच्छा।[53]

उपर्युक्त अनुभव के प्रकाश में, संविधान द्वारा प्रत्याभूत मूल अधिकारों के प्रवर्तन के लिए, हमारे संविधान में निम्नलिखित उपबंध हैं।

(क) संविधान, मूल अधिकारों को कार्यपालिका और विधानमंडल की दोनों की कार्यवाही के विरूद्ध प्रत्याभूत करता है। कार्यपालिका या विधानमंडल का कोई कार्य जो इन अधिकारों को क्षीण करता है, शून्य होगा और न्यायालय को यह शक्ति है कि उसे शून्य घोषित करे (अनुच्छेद 13)। उच्चतम न्यायालय राज्य के मनमाने कार्य पर प्रहार करता है। प्राइवेट निकायों और व्यक्तियों के विरूद्ध मौलिक अधिकारों को लागू करने की और मौलिक अधिकारों का अतिक्रमण करने के लिए प्रतिकर अधिनिर्णीत करने की अधिकारिता उसे प्राप्त है। इस अधिकारिता का प्रयोग वह 'स्व प्रेरणा से' (SOU MUTO) या लोकहित वाद (PIL) के आधार पर कर सकता है।[54]

(ख) न्यायपालिका को यह अधिकार है कि वह मूल अधिकारों को प्रत्याभूत करने वाले संविधान के उपबंधों का उल्लंघन करने वाली विधि को शून्य समझे। उसे यह शक्ति भी है कि उस व्यक्ति की प्रेरणा से जिसके अधिकार का उल्लंघन हुआ है, राज्य में किसी प्राधिकारी के विरूद्ध ऐसे अधिकारों को प्रवृत्त करने के लिए उपर्युक्त रिटें (बंदी प्रत्यक्षीकरण आदि) निकाले।

संविधान ने मूल अधिकारों के प्रवर्तन के लिए रिटें निकालने की शक्ति उच्चतम न्यायालय और न्यायालयों को दी है। (अनुच्छेद 32 और 226)।

(ग) इस प्रकार प्रत्याभूत अधिकार केवल आपात की उद्घोषणा के दौरान और संविधान में अधिकथित रीति से ही निलंबित किए जा सकेंगे। (अनुच्छेद–359)[55]

अनुच्छेद 32 के अधीन उच्चतम न्यायालय की अधिकारिकता का वैशिष्ट्य– मूल अधिकार का प्रवर्तन अन्य कार्यवाहियों द्वारा भी किया जा सकता है। जैसे सामान्य विधि के अधीन घोषणात्मक वाद द्वारा या अनुच्छेद 226 के अधीन आवेदन द्वारा या किसी व्यक्ति के विरूद्ध लाई गई विधिक कार्यवाहियों में प्रतिरक्षा के रूप में। किंतु अनुच्छेद 32 के अधीन कार्यवाही को भाग 3 में सम्मिलित मूल अधिकारों के प्रवर्तन के लिए ''संवैधानिक उपचार'' कहा जाता है और उच्चतम न्यायालय के समक्ष ऐसी कार्यवाही लाने का अधिकार भी भाग 3 में प्रगणित मूल अधिकार है।[56]

अनुच्छेद 32 तो संविधान के भवन की नींव का पत्थर है। इस अनुच्छेद पर टिप्पणी करते हुए डा. अंबेडकर ने संविधान सभा में कहा था–

''यदि मुझे यह कहा जाए कि मैं संविधान के किस अनुच्छेद को सर्वाधिक महत्वपूर्ण मानता हूँ–ऐसा अनुच्छेद जिसके बिना संविधान व्यर्थ हो जाएगा–तो मैं और किसी अनुच्छेद को नहीं इसी को इंगित करूंगा। यह संविधान की आत्मा है, उसका ह्दय है।''

अनुच्छेद 32 खण्ड (1) और (2) के सुसंगत अपबंधों की ओर ध्यान देना ठीक होगा।

(1) इस भाग द्वारा प्रदत्त अधिकारों को प्रवर्तित कराने के लिए समुचित कार्यवाहियों द्वारा उच्चतम न्यायालय में समावेदन करने का अधिकार प्रत्याभूत किया जाता है।

(2) इस भाग द्वारा प्रदत्त अधिकारों में से किसी को प्रवर्तित कराने के लिए उच्चतम न्यायालय को ऐसे निर्देश या आदेश या रिट, जिनके अन्तर्गत बंदीप्रत्यक्षीकरण, परमादेश, प्रतिषेध, अधिकार–पृच्छा ओर उत्प्रेषण रिट है, जो भी समुचित हो, निकालने की शक्ति होगी।''

(क) अनुच्छेद 32 मूल अधिकारों के प्रवर्तन के लिए एक प्रत्याभूत उपचार प्रदान करता है। यह उपचार का अधिकार भी मूल अधिकार है क्योंकि यह भाग 3 में सम्मिलित है। उच्चतम न्यायालय को मूल अधिकारों का संरक्षक और प्रत्याभूतिदाता बनाया गया है। वह न्यायालय इन अधिकारों के उल्लंघन के विरूद्ध संरक्षण प्राप्त करने के लिए दिए गए आवेदनों को ग्रहण करने से तकनीकी आधार पर इन्कार नहीं कर सकता। ऐसा करना उसे सौंपे गए उत्तरायित्व से मेल नहीं खाएगा।

(ख) उच्चतम न्यायालय परिस्थितियों के अनुसार कोई भी समुचित आदेश कर सकता है। इंग्लैण्ड की ''परमाधिकार रिटों'' के तकनीकी बंधनों से न्यायालय मुक्त है।

अनुच्छेद 32 का एकमात्र ध्येय संविधान द्वारा प्रत्याभूत मूल अधिकारों का प्रवर्तन है। जब तक मूल अधिकारों का अतिक्रमण नहीं होता, तब तक व्यथित व्यक्ति को अनुच्छेद 32 के अधीन परिवाद करने का अधिकार नहीं है। उसे चाहे जो अन्य उपचार मिलें। यही कारण है कि अनुछेच्द 32 के अधीन कार्यवाही में वही प्रश्न अवधारित किया जा सकेगा जो मूल अधिकार से संबंधित है।[57]

परमाधिकार रिटें "परमाधिकार रिट" यह इंग्लैंड के कामन लॉ की अभिव्यक्ति है। ये वे असाधारण रिटें हैं जो सम्राट न्यायदाता के रूप में इस आधार पर प्रदान करता था कि सामान्य विधिक उपचार अपर्याप्त हैं। आगे चलकर ये रिटें उच्च न्यायालय प्रदान करने लगा क्योंकि उसके माध्यम से ही सम्राट न्यायिक शक्तियों का प्रयोग करता था। ये परमाधिकार रिटें तब दी जाती थी, जब सामान्य विधि में कोई उपचार उपलब्ध नहीं होता था या उपलब्ध उपचार अपर्याप्त था। ये रिटें है–बंदी प्रत्यक्षीकरण, परमादेश, प्रतिषेध, उत्प्रेषण और अधिकार पृच्छा।[58]

रिट निकालने की उच्चतम न्यायालय और उच्च न्यायालय की अधिकारिकता में अंतर।

एक अर्थ में उच्च न्यायालय की रिट निकालने की शक्ति उच्चतम न्यायालय की शक्ति की अपेक्षा अधिक व्यापक है। संविधान के अनुच्छेद 32 के अधीन उच्चतम न्यायालय को केवल मूल अधिकारों के प्रवर्तन के लिए ही रिटें निकालने का अधिकार है। उच्च न्यायालय न केवल मूल अधिकारों के प्रवर्तन के लिए बल्कि सामान्य विधि के उल्लंघन के कारण किसी अन्य क्षति या अवैधता के प्रतितोष के लिए भी रिट निकाल सकता है। बस कुछ शर्त पूरी होनी चाहिए।

दृष्टांत,–(क) अनुच्छेद 226 के अधीन उच्च न्यायालय को आवेदन मूल अधिकार के अतिक्रमण पर तो होगा ही, भाग 3 से बाहर संविधान द्वारा अधिरोपित किसी अन्य मर्यादा के उल्लघंन पर भी हो सकेगा। उदाहरणार्थ, जहाँ राज्य विधानमंडल ने अनुच्छेद 286 द्वारा अधिरोपित परिसीमाओं के उल्लंघन में विक्रय कर अधिरोपित किया है। किंतु अनुच्छेद 32 के अधीन आवेदन नहीं होगा जब तक कि जिस अधिकार का अतिक्रमण हुआ है, वह संविधान के भाग 3 में प्रगणित "मूल अधिकार" नहीं हैं।

(ख) दोनों अधिकारिताओं के बीच एक और अंतर यह है कि उच्चतम न्यायालय भारत के राज्यक्षेत्र में किसी भी व्यक्ति या सरकार के विरूद्ध रिट निकाल सकता है। अनुच्छेद 226 के अधीन उच्च न्यायालय किसी व्यक्ति, सरकार या प्राधिकारी के विरूद्ध रिट तभी निकाल सकता है जब वह व्यक्ति, सरकार या प्राधिकारी उस उच्च न्यायालय की राज्य क्षेत्रीय अधिकारिता के भीतर भौतिक

रूप से निवास करता है या अवस्थित है अर्थात् उस राज्य में जिस पर उस उच्च न्यायालय की अधिकारिता का विस्तार है या वाद हेतुक उस अधिकारिता में उत्पन्न होता है।

जैसा हम ऊपर कह चुके हैं संविधान ने उच्चतम न्यायालय को अनुच्छेद 32(1) द्वारा मूल अधिकारों के संरक्षक और प्रत्याभूतिदाता की विशेष भूमिका सौंपी है।

सीधे उच्चतम न्यायालय पहुँचने के लिए, अनुच्छेद 32 का अवलम्ब लेने में यह दर्शित करना पड़ता है कि उच्च न्यायालय क्यों नहीं जाया गया, नहीं जाया जा सकता था या वहाँ जाना निरर्थक था।[59]

**उच्चतम न्यायालय मूल अधिकारों का संरक्षक**–जहाँ मूल अधिकारों का उल्लंघन साबित हो जाता है वहाँ उच्चतम न्यायालय अनुच्छेद 32 के अधीन अनुतोष देने से इस आधार पर इन्कार नहीं कर सकता है कि :

(क) व्यथित व्यक्ति अपना उपचार किसी अन्य न्यायालय से सामान्य विधि के अधीन प्राप्त कर सकता है, या

(ख) याची को अनुतोष देने के पूर्व विवादास्पद तथ्यों का अन्वेषण कराना होगा या साक्ष्य लेना हो,

(ग) याची ने उसके मामले में लागू होने वाली उचित रिट की माँग नहीं की है। ऐसी दशा में, उच्चतम न्यायालय उसे उचित रिट प्रदान करेगा और मामले की परिस्थितियों के अनुसार उसमें उचित उपांतरण करेगा।

(घ) सामान्यतया प्रभावित व्यक्ति ही अभ्यावेदन कर सकता है किंतु उच्चतम न्यायालय ने यह अभिनिर्धारित किया है कि सामाजिक या लोकहित के वादों में कोई भी व्यक्ति अभ्यावेदन कर सकता है। इसे 'सुने जाने के अधिकार' का विस्तार किया जाना कहा जाता है। यह ''लोकहित वाद'' के पक्ष में है। इंगलिश और अमेरिकन विनिश्चयों का अनुसरण करते हुए, उच्चतम न्यायालय ने एक वर्ग के मुकदमों जिन्हें 'लोकहित वाद' (PIL) कहा जाता है, के मामले में शपथ–पत्र पर 'सुने जाने के अधिकार (LOCUS STANDI) या उसी के समान बातों से संबंधित कठोर नियमों में अपवाद ग्रहण किया है अर्थात् उन मामलों में जहाँ किसी अधिकार की रक्षा या किसी लोक कर्तव्य को लागू किए जाने में जन साधारण की रूचि होती है।[60]

न्यायमूर्ति अल्तमश कबीर और एस.एस. निज्जर की खंडपीठ ने 10 जनवरी

2012 को चुनाव आयोग को उत्तर प्रदेश राज्य में एस.टी. के लिए भी सीटें आरक्षित करने का निर्देश दिया। उच्चत्तम न्यायालय ने केन्द्र सरकार की ओर से पेश अटॉर्नी जनरल जीई वाहनवती से जानना चाहा कि एस.टी. के लिए सीटें आरक्षित करने से उत्तर प्रदेश राज्य में चुनाव प्रक्रिया किस हद तक प्रभावित होगी। वाहनवती ने कहा कि इससे चुनाव प्रक्रिया बाधित नहीं होगी। उत्तर प्रदेश में पहले चरण के चुनाव 8 फरवरी 2012 को यानी चुनाव को केवल 29 दिन शेष थे और एस.टी. के लिए भी सीटें आरक्षित करने की प्रक्रिया विचाराधीन थी।[61]

भारत निर्वाचन आयोग ने उनके पत्र क्रमांक/आरटीआई/11/2014 (परिसीमन) 522 7 फरवरी 2014 के अनुसार दिनांक 13–1–2014 की अधिसूचना संख्या 282/उ.प्र./अजा./अजजा./2014 से उत्तर प्रदेश राज्य में 402 ओबरा एवं 403 दुद्धी विधानसभा निर्वाचन क्षेत्रों को अनुसूचित जनजातियों के लिए आरक्षित किया गया है।[62]

उत्तर प्रदेश राज्य में अनुसूचित जातियों के लिए कुल आरक्षित सीटों की संख्या 84 और 2 होगी। परिसीमन 2008 के पहले राज्य में 89 सीटें अनुसूचित जनजातियों के लिए आरक्षित थी।[63]

## सन् 1952 से 2014 तक संसदीय निर्वाचन क्षेत्रों की सीटें

| सन् | | कुल सीटें |
|---|---|---|
| 1952 | – | 489 |
| 1957 | – | 494 |
| 1962 | – | 494 |
| 1967 | – | 520 |
| 1971 | – | 518 |
| 1977 | – | 542 |
| 1980 | – | 542 |
| 1984 | – | 542 |
| 1990 | – | 543 |
| 1991 | – | 543 |
| 1996 | – | 543 |
| 1998 | – | 543 |
| 1999 | – | 543 |
| 2004 | – | 543 |
| 2009 | – | 543 |
| 2014 | – | 543 |

यकीनन भारत में मुसलमानों को 64 साल के बाद आज भी वे संवैधानिक और कानूनी अधिकार प्राप्त नहीं हुए है! बल्कि इन अधिकारों को हासिल करने के लिए मुस्लिम वर्ग को सालों–साल तक और इन्तिज़ार करना पड़ेगा। जो अधिकार उन्हें प्रथम आम चुनाव 1952 में ही मिल जाना चाहिए था।[64] उस समय देश की कुल आबादी 35 करोड़ 60 लाख में मुसलमानों की आबादी 9.91 प्रतिशत थी और प्रतिनिधित्व के लिहाज़ से 489 सदस्यीय लोकसभा में 49 संसदीय सीटें मिलनी चाहिए थी।[65] लेकिन तब 21 मुस्लिम सांसद सदन में पहुँचे थे और वर्तमान 543 सदस्यीय 16वीं लोकसभा में 22 हैं।[66] इस तरह के निर्वाचन क्षेत्रों की सीमा जैसा कि 2008 में परिसीमित की गई है वर्ष 2026 के बाद किए जाने वाली पहली जनगणना वर्ष 2031 तक स्थिर बनी रहेगी।[67] दरअसल इसके लिए संसद व्दारा तिरेपन वर्षीय कानून बनाया हुआ है।

यहाँ उल्लेखनीय है कि इस जैसा ही पुनर्समायोजन परिसीमन वर्ष 2026 की पहली जनगणना वर्ष 2031 के बाद जब भी हुआ तो मुस्लिम वर्ग के लिए ज्यादा से ज्यादा 20 संसदीय निर्वाचन क्षेत्र और बढ़ाए जा सकते हैं अर्थात् मुस्लिम बहुल संसदीय निर्वाचन क्षेत्रों की कुल संख्या 49 हो जाएगी और यदि लोकसभा में 543 सीटों के स्थान पर 900 संसदीय सीटें बढ़ाने की कवायद हुई फिर तो सदन में मुस्लिम सदस्यों की कुल संख्या 300 होनी चाहिए और सदन में उनकी वास्तविक संख्या रहेगी 49 लिहाजा एक शताब्दी के गुजर जाने के बाद भी मुसलमानों को वह संवैधाानिक और कानूनी अधिकार प्राप्त नहीं होगा जो उन्हें प्रथम आम चुनाव 1952 में ही मिल जाना चाहिए था। लेकिन यह दुर्भाग्य ही कहा जा सकता है कि एक धर्मनिरपेक्ष लोकतांत्रिक राष्ट्र के करोड़ों मुस्लिम सालों–साल से अपने मौलिक अधिकारों से वंचित होकर उपेक्षा का दंश झेल रहे हैं और आश्चर्य की बात है कि इस समाज में ऐसा भी नहीं कि कोई योग्य अथवा सक्षम व्यक्तियों का अभाव है! लेकिन माना जा सकता है कि यह सब इसलिए कि इस वर्ग में जागरूकता और बेदारी अभी तक भी पैदा नहीं हो पाई है और न ही उनमें एहसास और हौसला ही पैदा हो सका है। अंततोगत्वा सवाल यह है कि अपना संवैधानिक हक माँगने में न तो कोई शर्म होनी चाहिए और न ही कोई भय... कहावत मशहूर है कि बिना रोए माँ भी अपने बच्चे को दूध नहीं पिलाती है! यदि आगे भी इसी तरह से परिसीमन की विसंगतियों का सिलसिला जारी रहा और उसे फिर नजरअंदाज करने का मतलब होगा कि इस राष्ट्रीय त्रासदी के ज्वालामुखी के मुँह को स्वयं अपने हाथों से खोलना।

प्रथम लोकसभा से 16वीं लोकसभा 2014 तक सदन में 8485 सदस्य रहे हैं। जिसमें मुस्लिम सदस्यों की संख्या 493 रही। यानी 5.81 प्रतिशत ही मुस्लिम सदस्य सदन में पहुँचे हैं।[68]

मुख़्तसर यह है कि वर्ष 2026 के पहले सभी राजनीतिक दलों की नैतिक जिम्मेदारी है कि परिसीमन में जिन अनियमितताओं से विसंगतियां हुई है उसकी समीक्षा कर उन अनियमितताओं और विसंगतियों को दूर किया जाए। ...पिछले चुनाव की तुलना में इस बार सदन में सात मुस्लिम सांसद कम हैं। इसकी भी समीक्षा आवश्यक है और इसके लिए कोई संवैधानिक तरीका अपनाया जाए! जैसे इन त्रुटियों को दूर करने के लिए एक आयोग गठित किया जा सकता है। जिसमें तीन सदस्य हों, परिसीमन आयोग के पूर्व अध्यक्ष, पूर्व मुख्य निर्वाचन आयुक्त और एक सेवानिवृत्त I.A.S जो कि, मुस्लिम वर्ग का हो।''

गौरतलब है कि यह तीन सदस्यीय आयोग परिसीमन की विसंगतियों पर अपनी रिपोर्ट सरकार को सौंपे। इस रिपोर्ट में नगरपालिका, नगर निगम और पंचायत स्तर के निर्वाचन क्षेत्रों के परिसीमन का भी उल्लेख होना ज़रूरी है जहाँ, मुस्लिम वर्ग सबसे ज्यादा प्रभावित होता है। हमारे संविधान के अनुच्छेद 262 में एक विशेष वर्ग के विवादों के न्यायिकेतर अधिकरण द्वारा न्यायनिर्णयन की व्यवस्था है।[69]

## संदर्भ–सूची


1. परिसीमन अधिनियम, 1772 (1972 का 76) के खण्ड–3 के अंतर्गत गठित परिसीमन आयोग और भारत का संविधान–एक परिचय (निर्वाचन) पृष्ठ–395.
2. परिसीमन अधिनियम, 2002 (2002 का 33) के प्रावधानों के अंतर्गत ''राज्यों का संसदीय तथा विधानसभा निर्वाचन क्षेत्रों में विभाजन'' आबादी कण्डिका–3.
3. ''कश्मीर का भविष्य'' लेखक–राजकिशोर, वाणी प्रकाशन, नई दिल्ली पृष्ठ–12.
4. राज्य पुनर्गठन अधिनियम, 1956.
5. परिसीमन अधिनियम, 2002 परिसीमन ''दिशा–निर्देश तथा प्रक्रिया'' की कण्डिका–5 की कण्डिका–1.
6. भारत का संविधान एक–परिचय (राज्य विधान मण्डल) पृष्ठ–260, 261.
7. वही.
8. भारत निर्वाचन आयोग, सामान्य चुनाव 2004, 2009.
9. परिसीमन अधिनियम, 2002 ''आबादी'' कण्डिका–2.
10. वही, कण्डिका–3.
11. वही, कण्डिका–1, 2, 3.
12. भारत सरकार गृह मंत्रालय भारत के महारजिस्ट्रार का कार्यालय, नई दिल्ली का पत्र सं. 2811/2011–आर–टी (जुलाई) दिनांक 20–7–2011.
13. भारत निर्वाचन आयोग मध्य प्रदेश राज्य विधानसभा चुनाव 1995 (अखण्ड मध्य प्रदेश).

14. वही, 2004.
15. Madhya Pradesh Paper-5 Changing Face of Electoral India: Delimitation 2008.
16. भारत निर्वाचन आयोग, महाराष्ट्र 2004, महाराष्ट्र शासन राजपत्र असाधारण अक्टूबर 25, 2009 और Maharashtra Paper-5 Changing Face of Electoral India: Delimitation 2008.
17. वही,
18. राज्य निर्वाचन आयोग बिहार, 2005/2010 और Bihar Paper-5 Changing Face of Electoral India: Delimitation 2008.
19. भारत निर्वाचन आयोग उत्तर प्रदेश राज्य विधानसभा चुनाव 2007, और Uttar Pradesh Paper-5 Changing Face of Electoral India: Delimitation 2008.
20. भारत निर्वाचन आयोग, पश्चिम बंगाल चुनाव 2006 और West Bengal Paper-5 Changing Face of Electoral India: Delimitation 2008.
21. भारत निर्वाचन आयोग 2004/2009.
22. वही.
23. परिसीमन अधिनियम, 1972.
24. संविधान (सत्तासींवा संशोधन) अधिनियम, 2003.
25. परिसीमन अधिनियम, 2002 के खण्ड–9 (1) (घ) के अंतर्गत कण्डिका–1, 2, 3 (अजा/अजजा के लिए सीटों का आरक्षण).
26. भारत निर्वाचन आयोग, सामान्य चुनाव 2004.
27. वही, 2004, 2009.
28. वही, 2009.
29. परिसीमन अधिनियम, 2002 के खण्ड–9(1) (घ) के अन्तर्गत कण्डिका–1, 2, 3 (अजा/अजजा के लिए सीटों का आरक्षण).
30. परिसीमन की प्रक्रिया कण्डिका–8 के अंतर्गत.
31. परिसीमन आयोग के सचिव, शंगारा राम का पत्र क्रमांक/282 5 जुलाई 2004 सभी राज्य निर्वाचन आयुक्त तथा पदेन सदस्यों को संबोधित.
32. वही.
33. परिसीमन अधिनियम, 2002 (2002 का 33) के प्रावधानों के अंतर्गत 'राज्यों का संसदीय तथा विधानसभा निर्वाचन क्षेत्रों में विभाजन' आबादी कण्डिका–4.
34. भारत निर्वाचन आयोग सामान्य चुनाव 2004, 2009.
35. वही, राज्य विधानसभा चुनाव 2005, 2010 बिहार.
36. Bihar Paper-5 Changing Face of Electoral India : Delimitation 2008.
37. भारत निर्वाचन आयोग सामान्य चुनाव 2004, 2009.

38. वही.
39. 'कश्मीर का भविष्य' लेखक–राजकिशोर, वाणी प्रकाशन, नई दिल्ली पृष्ठ–12.
40. भारत निर्वाचन आयोग सामान्य चुनाव 2004, 2009.
41. वही.
42. परिसीमन अधिनियम 2002 (2002 का 33) कण्डिका–10 आदेशों का प्रकाशन तथा उनके प्रचलन की तिथि की कण्डिका–2 'दिशा–निर्देश तथा प्रक्रिया'.
43. वही, ''अंतिम आदेश''

    प्रत्येक राज्य की 2001 जनगणना के आधार पर क्षेत्रीय संसदीय तथा विधानसभा निर्वाचन क्षेत्रों का पुनः परिसीमन किया जाएगा तथा इस तरह के निर्वाचन क्षेत्रों की सीमा जैसा कि अब परिसीमित किया गया है, वर्ष 2026 के बाद किए जाने वाली पहली जनगणना तक स्थिर बनी रहेगी।
44. भारत का संविधान एक–परिचय (मूल अधिकार और संवैधानिक उपचार) पृष्ठ–39.
45. वही, पृष्ठ–41.
46. वही, (मूल अधिकार और कर्तव्य) पृष्ठ–136.
47. वही.
48. वही, पृष्ठ–137.
49. वही.
50. वही, (निर्वाचन) पृष्ठ–396.
51. वही, (पंचायतें) पृष्ठ–285.
52. वही.
53. भारत का संविधान–एक परिचय (मूल अधिकार और कर्तव्य) पृष्ठ–131.
54. वही.
55. वही, पृष्ठ–132.
56. वही, पृष्ठ–133.
57. वही.
58. वही.
59. वही, पृष्ठ–134.
60. वही, पृष्ठ–134.
61. नेट उच्चतम न्यायालय का आदेश 10 जनवरी 2012 तथा दैनिक नई दुनिया 11 जनवरी 2012।
62. भारत निर्वाचन आयोग का पत्र क्रमांक /आरटीआई/11/2014/(परिसीमन) 522 7 फरवरी 2014 के अनुसार दिनांक 13–1–2014 की अधिसूचना संख्या 282/उ.प्र./अजा./अजजा/2014।
63. वही.
64. प्रथम आम चुनाव 1952.

65. भारत जनगणना 1951.

66. वही.

67. परिसीमन अधिनियम, 2002 इस तरह के निर्वाचन क्षेत्रों की सीमा जैसा कि अब परिसीमित किया गया है, वर्ष 2026 के बाद किए जाने वाली पहली जनगणना तक स्थिर बनी रहेगी यानी वर्ष 2031.

68. दैनिक नई दुनिया, इन्दौर, 14 मई 2012.

69. भारत का संविधान एक–परिचय (अंतर राज्य संबंध) पृष्ठ–353.

## अतिरिक्त संदर्भ

1. दैनिक भास्कर इन्दौर, 13 मार्च 2006.

2. दैनिक भास्कर इन्दौर, 25 मार्च 2007.

3. नई दुनिया इन्दौर, 23 मार्च 2009.

4. नव भारत मुंबई, 17 मई 2009.

5. नई दुनिया इन्दौर, 17 मई 2009.

6. दैनिक भास्कर इन्दौर, 18 मई 2009.

7. वही, 19 मई 2009.

# 3
# परिसीमन के बाद की स्थिति

**खण्ड–'ब'**

## उत्तर प्रदेश और पश्चिम बंगाल के निर्वाचन क्षेत्र

परिसीमन के बाद कई निर्वाचन क्षेत्रों में बदली हुई भौगोलिक सीमाओं के साथ कमजोर राजनीतिक दल की ताकत में भी अचानक इज़ाफा हो जाता है... और चुनाव में बिना जनाधार के भी उनकी सीटें बढ़ जाती हैं। इस तरह के परिसीमन में कुछ रहस्य तो ज़रुर है! परिसीमन आयोग के इस जाल का ताना–बाना क्या है? जानना भी ज़रुरी है। इसी के साथ उन बदली हुई भौगोलिक सीमाओं का भी परीक्षण किया जाना चाहिए जिन सीमाओं के अंदर आते ही उस क्षेत्र में कमजोर हैसीयत रखने वाले राजनीतिक दल की हैसीयत भी मज़बूत हो जाती है!

लिहाज़ा प्रजातन्त्र के वास्तविक स्वरुप को बाकी रखने के लिए उसमें भारतीय संविधान के चारों मूल तत्वों का समावेश होना ज़रुरी है। जनतन्त्र, धर्मनिरपेक्षता, समाजवाद और राष्ट्रीयता। भारत में स्वस्थ प्रजातंत्र कायम रहे, इसके लिए, हमें समीक्षा करते रहना चाहिए। नहीं तो लोकतंत्र का स्वांग रचने वाली संस्था परिसीमन आयोग प्रजातंत्र के मूल स्वरुप को ही खत्म कर देगी। यह तमाम बातें स्वस्थ प्रजातंत्र के लिए उतनी ही जरुरी है जितना बंजर जमीन के लिए पानी, नहीं तो यह प्रजातंत्र धीरे–धीरे तानाशाही में कब तब्दील हो जाएगा महसूस भी नहीं किया जा सकता और जब तक हम इस तथ्य से अवगत होंगे, बहुत देर हो चुकी होगी।

2004 के लोकसभा चुनाव में उत्तर प्रदेश से 11 मुस्लिम सांसद विजयी हुए थे और परिसीमन के बाद हुए 2009 के चुनाव में 7 रह गए थे, और राज्य के दो संसदीय क्षेत्र ऐसे भी हैं जहाँ से मुस्लिम वर्ग के प्रत्याशी 2009 के चुनाव में पुनः विजयी हुए हैं।[1] 32–मुरादाबाद और 360–मुजफ्फरनगर संसदीय क्षेत्र।[2] बाकी 9 संसदीय क्षेत्रों में परिसीमन का तकनीकी हवाला बताकर ऐसा फेरबदल बदलाव किया गया है कि उन निर्वाचन क्षेत्रों से किसी भी मुस्लिम उम्मीदवार का वर्ष 2026

की प्रथम जनगणना यानी 2031 तक चुनाव जीत पाना संभव ही नहीं है। इसलिए राज्य में 3 मुस्लिम सदस्यों की संख्या कम हो गई है। परिसीमन 2008 में 12–शाहबाद संसदीय निर्वाचन क्षेत्र को विलोपित किया। यानी उसकी पुरानी पहचान मुस्लिम बहुल को मिटा दिया गया है, और 27–बहराइच मुस्लिम बहुल संसदीय निर्वाचन क्षेत्र को आरक्षित वर्ग में तब्दील किया गया है।[3] 2009 के संसदीय चुनाव में मुस्लिम सांसदों की संख्या सर्वाधिक कम है।[4] 14वीं लोकसभा की तुलना में 15वीं लोकसभा में 8 मुस्लिम सांसद सदन में कम पहुँचे हैं।[5] सन् 1989 से मुस्लिम प्रतिनिधित्व में जो राजनीतिक गिरावट शुरु हुई, वह अभी तक जारी है। जनवरी 1980 के लोकसभा चुनाव में उत्तर प्रदेश राज्य से 18 मुस्लिम सांसद विजय हुए थे।[6] जाहिर बात है कि इन 8 सांसदों के कम होने की वजह से देश के करोड़ो मुसलमानों का संसद में प्रतिनिधित्व असंतुलित रूप में ही हो सकेगा जबकि धर्मनिरपेक्ष राष्ट्र में सभी वर्गों को आबादी के अनुपात में प्रतिनिधित्व का अवसर मिलना न्यायसंगत है।

वर्ष 2004 के चुनाव में उत्तर प्रदेश की 80 लोकसभा सीट में से कांग्रेस की 9 सीटें थी।[7] परिसीमन के कारण 2009 के चुनाव में कांग्रेस को 23 सीटें मिली थी।[8] पिछले 9 संसदीय क्षेत्रों में से 3 क्षेत्र ऐसे हैं जहाँ से कांग्रेस पुनः विजयी हुई थी।[9]

राज्य के 80 संसदीय निर्वाचन क्षेत्रों में से 17 निर्वाचन क्षेत्र आरक्षित वर्ग के हैं।[10] जिन्हें परिसीमन आयोग ने निम्नानुसार परिसीमित किया है।[11]

1. 14 संसदीय निर्वाचन क्षेत्र में बदली हुई भौगोलिक सीमाओं के साथ परिसीमन किया
2. 4 पुरानी आरक्षित संसदीय निर्वाचन क्षेत्रों की पहचान को मिटाया
3. 4 आरक्षित संसदीय निर्वाचन क्षेत्रों को सामान्य वर्ग में परिवर्तित किया
4. 6 सामान्य संसदीय निर्वाचन क्षेत्रों को आरक्षित वर्ग में परिवर्तित किया

इसके अलावा भी ग्यारह नए सामान्य संसदीय निर्वाचन क्षेत्र परिसीमित किए गए और नाम में बदलाव तथा इतने ही संसदीय निर्वाचन क्षेत्रों को विलोपित किया गया है। इस प्रकार नए सामान्य संसदीय निर्वाचन क्षेत्रों में भी बदली हुई भौगोलिक सीमाओं के साथ परिसीमित किया गया है। इन सभी संसदीय क्षेत्रों का भौगोलिक स्वरुप बदलने के कारण राजनीतिक दलों के जातिगत समीकरणों पर प्रतिकूल प्रभाव पड़ा है।[12] इससे जहाँ कुछ राजनीतिक दलों को लाभ हुआ है, वहीं कुछ दलों को नुकसान भी हुआ है।[13]

जिन 11 संसदीय क्षेत्रों को विलोपित किया गया है उनमें से SP 4, BSP 4 और BJP, NLD, INC की एक–एक सीट हैं।[14] 6 संसदीय निर्वाचन क्षेत्रों को सामान्य वर्ग से परिवर्तित कर आरक्षित किया गया है, जिसमें कांग्रेस को 3 का लाभ हुआ था।[15] राज्य में इतने ही नए संसदीय निर्वाचन क्षेत्र गठित किए गए हैं, उनमें से कांग्रेस को 3 का लाभ हुआ है।[16] चार संसदीय क्षेत्र आरक्षित वर्ग से सामान्य में तब्दील किए गए हैं। कांग्रेस को 2 का लाभ हुआ है। इस प्रकार कुल 6 सीटों का लाभ हुआ है।[17] विगत चुनाव में कांग्रेस की 9 सीटें थी, अब 23 सीटें हैं।[18]

2004 में कर्नाटक के 2–गुलबर्गा संसदीय निर्वाचन क्षेत्र से इकबाल अहमद विजयी हुए थे। इस बार 205–गुलबर्गा के नाम से यह सीट आरक्षित है। राज्य के 28 संसदीय निर्वाचन क्षेत्रों से एक भी मुस्लिम विजयी नहीं हुआ है।[19] केरल की मुस्लिम बहुल लोकसभा सीट 5–मंजिरी को अब विलोपित किया गया है, यहाँ से पिछली बार 2004 में टी.के. हमजा CPM से विजयी हुए थे।[20]

महाराष्ट्र की 48 सीटों में से एक भी मुस्लिम किसी राजनीतिक दल से विजयी नहीं हुआ है।[21] 14वीं लोकसभा में 3–कोलाबा से ए.आर. अतुंले विजयी हुए थे।[22] झारखण्ड के गुड्डा संसदीय क्षेत्र से 2004 में फुरकान अंसारी सांसद थे यहाँ से 15वीं और 16वीं लोकसभा में कोई मुस्लिम सांसद नहीं है।[23]

कांग्रेस पिछले चार दशक से पश्चिम बंगाल की वामदल सरकार को उखाड़ने की कोशिश में जुटी हुई थी। मगर वह कामयाब नहीं हुई। सन् 1972 में हुए पुनर्समायोजन परिसीमन के बाद से देश में संसदीय और राज्य विधान सभाओं का कोई भी पुनर्समायोजन परिसीमन नहीं हुआ था।[24] 2009 के चुनाव पुनर्समायोजन परिसीमन से हुए और कांग्रेस को परिसीमन के ज़रिए वामदल को सत्ता से बेदखल करने का मौका मिला। लिहाजा 2009 के चुनाव में वामदल को 42 सीटों में से 15 सीटें मिली थी।[25] TMC को 19 सीटों पर सफलता मिली है और कांग्रेस की सीटें 6 ही हैं।[26] 14वीं लोकसभा में वामदल 35 सीटों पर काबिज़ थी, और TMC से अकेली ममता बनर्जी ही विजयी हुई थी।[27] कांग्रेस राज्य में कभी भी ऐसी स्थिति में नहीं रही कि वह वामदल से सत्ता हासिल कर ले। मगर परिसीमन के जरिए TMC को सत्ता सौंपने के पक्षधर में ज़रुर रही है। मालदा संसदीय क्षेत्र हमेशा से ही कांग्रेस का गढ़ रहा है। इसलिए परिसीमन में मालदा के दो संसदीय क्षेत्र बनाए गए हैं।[28] उत्तर–दक्षिण दोनों संसदीय क्षेत्रों से कांग्रेस विजयी हुई है।[29] सन् 2001 की जनगणना के अनुसार मुर्शिदाबाद की मुस्लिम आबादी 3.7 मिलियन से अधिक है।[30] मुर्शिदाबाद के तीन संसदीय निर्वाचन क्षेत्र मुस्लिम बहुल अस्तित्व में आ सकते थे।

2004 में समाजवादी पार्टी के 35 सांसदों में से 7 आरक्षित वर्ग के थे और संशोधित परिसीमन के बाद हुए चुनाव 2009 में सपा के 21 सांसद निर्वाचित हुए हैं।[31] जिसमें से 9 सांसद आरक्षित वर्ग के हैं।[32] गौरतलब है कि 2004 में बहुजन समाज पार्टी के 19 सांसद विजयी हुए थे जिसमें आरक्षित वर्ग के 5 थे। इस बार एक और सांसद बढ़ा यानी 20 सांसद हैं। लेकिन आरक्षित वर्ग के 3 और सांसद कम हो गए हैं।[33] हालांकि संख्या के लिहाज से बसपा की 1 सीट ज़रुर बढ़ी है मगर आरक्षित वर्ग में बहुजन समाज पार्टी का बहुत बड़ा राजनीतिक नुकसान हुआ था। जिसका दूरगामी प्रभाव राज्य विधानसभा के चुनाव 2012 पर पड़ा।

राज्य में जो नए संसदीय निर्वाचन क्षेत्रों का गठन किया गया है गौतमबुद्धनगर, अंबेडकर नगर और संतकबीर नगर संसदीय क्षेत्र को सामान्य वर्ग के लिए रखा गया है यद्यपि इन तीनों संसदीय क्षेत्रों में बसपा के ही प्रत्याशी निर्वाचित हुए थे जो सामान्य वर्ग के अगड़ी जाति के हैं।[34] सुरेन्द्र सिंह नागपाल, राकेश पांडे और भीष्म शंकर तिवारी।[35]

**समाजवादी पार्टी के आरक्षित वर्ग संसदीय निर्वाचन क्षेत्र**

| **संसदीय निर्वाचन क्षेत्र का नंबर और नाम 2004** | | **संसदीय निर्वाचन क्षेत्र का नंबर और नाम 2009** | |
|---|---|---|---|
| 1–15 | हरदोई | 1–27 | जालोन |
| 2–17 | मोहनलालगंज | 2–46 | बुलंदशहर |
| 3–42 | लालगंज | 3–197 | इटावा |
| 4–45 | सैदपुर | 4–218 | कौशाम्बी |
| 5–53 | छैल | 5–224 | राबर्टगंज |
| 6–59 | घाटमपुर | 6–262 | शाहजहांपुर |
| 7–68 | फिरोजाबाद | 7–399 | मोहनलालगंज |
| | | 8–400 | मछलीशहर |
| | | 9–464 | नगीना |
| | | 10–522 | हरदोई |

**बहुजन समाज पार्टी के आरक्षित वर्ग संसदीय निर्वाचन क्षेत्र**

| **संसदीय निर्वाचन क्षेत्र का नंबर और नाम 2004** | | **संसदीय निर्वाचन क्षेत्र का नंबर और नाम 2009** | |
|---|---|---|---|
| 1–14 | मिश्रिक | 1–45 | लालगंज |
| 2–23 | अकबरपुर | 2–371 | मिश्रिक |
| 3–25 | बाराबंकी | | |

| | | | |
|---|---|---|---|
| 4–30 | बस्ती | | |
| 5–49 | राबर्ट्सगंज | | |

Electionh Commission of India General Election 2004-2009

2004 में खुर्जा आरक्षित और बुलन्दशहर संसदीय क्षेत्र से भारतीय जनता पार्टी के सांसद विजयी हुए थे।[36] खुर्जा, हापुड़ संसदीय क्षेत्र को विलोपित किया गया और बुलन्दशहर को आरक्षित वर्ग में तब्दील किया गया है।[37] मेरठ, मुजफ्फरनगर और सहारनपुर से समाजवादी पार्टी, बहुजन पार्टी के मुस्लिम सांसद थे।[38] इस संशोधित परिसीमन में कांग्रेस ने बसपा को राजनीतिक नुकसान पहुँचाने की गर्ज से मुस्लिम वर्ग के वोटों का विभाजन इस प्रकार किया कि 2009 के चुनाव में मेरठ और सहारनपुर दोनों ही संसदीय क्षेत्र से मुस्लिम वर्ग के प्रत्याशी विजयी नहीं हुए थे। मगर कांग्रेस को अपने विरोधियों को नुकसान पहुँचाने का मकसद ज़रूर पूरा हुआ है। अलबत्ता कैराना ससंदीय क्षेत्र से बसपा की तबस्सुम बेगम ज़रुर विजयी हुई थी।[39] सनद रहे इसके पूर्व कैराना सामान्य सीट कांग्रेस की सहयोगी राष्ट्रीय लोकदल के पास थी परन्तु कांग्रेस ने उसे हाथरस, मथुरा और अमरोहा 3 संसदीय निर्वाचन क्षेत्र में परिसीमन के जरिए सीधा राजनीतिक लाभ पहुँचाया था।[40] विगत चुनाव में हाथरस, अमरोहा, B.J.P, IND और मथुरा स्वयं कांग्रेस के पास थी।[41] परिसीमन के इस बंदरबांट में मथुरा और हाथरस राष्ट्रीय लोकदल यानी कांग्रेरा के ही पारा है।[42]

| **संसदीय निर्वाचन क्षेत्र का नंबर और नाम 2004** | | **संसदीय निर्वाचन क्षेत्र का नंबर और नाम 2004/2009** | |
|---|---|---|---|
| 1.1 | बिजनौर | 1.71.38 | हाथरस |
| 2.77 | बागपत | 2.70.78 | मथुरा |
| 3.79 | कैराना | 3.1.84 | बिजनौर |
| | | 4.2.276 | टमरोहा |
| | | 5.77.427 | बागपत |

Electionh Commission of India General Election 2004-2009

इस परिसीमन में केंचुली फांस मौजूद है। सन् 2004 में राज्य के 80 संसदीय क्षेत्र में से 11 मुस्लिम सांसद विजयी हुए थे।[43] 7 समाजवादी पार्टी के और 4 बहुजन समाजवादी पार्टी कें थे कांग्रेस से एक भी मुस्लिम निर्वाचित नहीं हुआ था।[44]

2009 के चुनाव में राज्य की 80 सीटों में से 7 मुस्लिम सांसद निर्वाचित हुए हैं–बहुजन समाज पार्टी के चार और कांग्रेस के तीन और समाजवादी पार्टी से कोई भी मुस्लिम सांसद निर्वाचित नहीं हुआ।[45] गौरतलब है कि 2007 के राज्य विधान सभा चुनाव में कांग्रेस से 20 विधायक निर्वाचित हुए हैं, उनमें से एक भी विधायक मुस्लिम वर्ग का नहीं था।[46]

मुसलमान कांग्रेस को दो दशक से राज्य में खूब छका रहे थे इसलिए कांग्रेस ने परिसीमन के रास्ते 15वीं लोकसभा के चुनाव में अपने घर लौटने की दावत ही नहीं दी बल्कि जबरन अपने घर में नज़रबंद कर लिया था। मुलायम सिंह, मायावती और मुस्लिम नेता इस नजरबंद के खेल से अनभिज्ञ बने हुए हैं। लालूप्रसाद यादव भी मुसलमानों के हक–हुकूकों की खूब बातें किया करते थे, उन्हें भी लोकसभा और फिर राज्य विधानसभा के चुनाव में परिसीमन के जरिए राजनीतिक रुप से अपाहिज कर दिया गया है। बिहार की 243 सदस्यीय विधानसभा में 40 विधानसभा को विलोपित किया गया है और 42 नए विधान सभा क्षेत्र गठित किए गए हैं।[47]

2004 के चुनाव में इन 11 संसदीय क्षेत्रों से मुस्लिम सांसद निर्वाचित हुए थे।[48] सन् 2009 के चुनाव में शाहबाद संसदीय क्षेत्र को विलोपित किया गया और बहराइच मुस्लिम बहुल सामान्य सीट को आरक्षित किया गया है।[49] मुस्लिम वर्ग को यहाँ सीधे 2 संसदीय क्षेत्र का नुकसान हुआ है।[50] शेष 9 संसदीय क्षेत्र में से दो ही मुस्लिम सांसद निर्वाचित हुए हैं।[51]

| 2004 में 11 मुस्लिम सांसद विजयी हुए थे। | | 15वीं लोकसभा में 2 मुस्लिम सांसद विजयी हुए थे। | |
|---|---|---|---|
| क्रमांक | संसदीय निर्वाचन क्षेत्र | पार्टी | नाम |
| 1– | शाहबाद | विलोपित | |
| 2– | मुरादाबाद | INC | मो0 अजहरउद्दीन |
| 3– | सुल्तानपुर | INC | संजय सिंह |
| 4– | डुमरियागंज | INC | जगदम्बापाल |
| 5– | बहराइच | INC | कमल किशोर (आरक्षित) |
| 6– | गाज़ीपुर | SP | राधे मोहन सिंह |
| 7– | बदायूं | SP | धर्मेन्द्र यादव |
| 8– | फूलपुर | BSP | कपिल मुनि |
| 9– | मेरठ | BJP | राजेन्द्र अग्रवाल |
| 10– | सहारनपुर | BJP | जगदीश सिंह राणा |
| 11– | मुजफ्फरनगर | BSP | कदीर राणा |

Sources : Election Commission of India General Election 2004-2009

यहाँ परिसीमन करते समय यकीनन संख्या बल का षडयंत्र रचा गया है और इस षडयंत्र के पीछे कांग्रेस का ही हाथ था। बहुजन समाज पार्टी के आरक्षित संसदीय क्षेत्रों को समाजवादी कुनबे में विभाजित किया गया और मुलायम कुनबे के मुस्लिम वोटों को कांग्रेस ने हड़प लिया।[48] लिहाज़ा कांग्रेस ने इस तरह मनमर्जी का परिसीमन करवाया है कि सांप भी मर गया और लाठी भी नहीं टूटी।

| 2004 मुस्लिम सांसद—11 | | | | 2009 मुस्लिम सांसद—7 | | | |
|---|---|---|---|---|---|---|---|
| संसदीय निर्वाचन क्षेत्र का नंबर और नाम 2004 | | | पार्टी | संसदीय निर्वाचन क्षेत्र का नंबर और नाम 2009 | | | पार्टी |
| 1—3 | डॉ. शफीकुर्रहमान बर्क | मुरादाबाद | SP | 1—32 | मोहम्मद अजहरउद्दीन | मुरादाबाद | INC |
| 2—6 | सलीम इकबाल शेरवानी | बदायूं | SP | 2—53 | डॉ. शफीकुर्रहमान | संभल | BSP |
| 3—12 | इलियास आज़मी | शाहबाद | BSP | 3—150 | तबस्सुम बेगम | कैराना | BSP |
| 4—22 | मोहम्मद ताहिर | सुल्तानपुर | BSP | 4—134 | कैसरजहां | सीतापुर | BSP |
| 5—27 | रुबाब सैयदा | बहराइच | SP | 5—207 | सलमान खुर्शीद | फर्रुखाबाद | INC |
| 6—31 | मोहम्मद मुकीम | डुमरियागंज | BSP | 6—282 | जफरअली नकवी | खीरी | INC |
| 7—46 | अफजल अंसारी | गाज़ीपुर | SP | 7—360 | कदीर राणा | मुजफ्फरनगर | BSP |
| 8—51 | अतीक अहमद | फूलपुर | SP | | | | |
| 9—76 | मोहम्मद शाहिद | मेरठ | BSP | | | | |
| 10—78 | चौधरी मुनव्वर हसन | मुजफ्फरनगर | SP | | | | |
| 11—80 | रशीद मसूद | सहारनपुर | SP | | | | |

Sources : Electionh Commission of India General Election 2004-2009

# उत्तर प्रदेश आरक्षित संसदीय क्षेत्र
## 2004 / 2009

| 2004 ससंदीय निर्वाचन क्षेत्र–80<br>आरक्षित ससंदीय निर्वाचन क्षेत्र–17 | 2004 में 17 आरक्षित संसदीय क्षेत्र थे। 2009 में परिसीमन के तहत 8 संसदीय निर्वाचन क्षेत्र में बदलाव, फेरबदल किया गया। 4 को विलोपित और 4 ससंदीय क्षेत्र को आरक्षित वर्ग से सामान्य वर्ग में तब्दील किया गया। 2 नए संसदीय क्षेत्र गठित किए गए और 6 सामान्य को आरक्षित वर्ग में डाला गया। इस प्रकार 2009 में 80 संसदीय क्षेत्र में से आरक्षित वर्ग के लिए 17 संसदीय क्षेत्र महफूज है। | 2009 ससंदीय निर्वाचन क्षेत्र–80<br>आरक्षित ससंदीय निर्वाचन क्षेत्र–17 |
|---|---|---|

| संसदीय निर्वाचन क्षेत्र का नम्बर और नाम 2004 | | | दल | | संसदीय निर्वाचन क्षेत्र का नम्बर और नाम 2009 | | | दल | विलोपित | आरक्षित से सामान्य | सामान्य से आरक्षित | नए आरक्षित संसदीय निर्वाचन क्षेत्र का गठन | पुराने आरक्षित मंददीय निर्वाचन क्षेत्र शामिल |
|---|---|---|---|---|---|---|---|---|---|---|---|---|---|
| 1–1 | बिजनौर | मुंशीराम राम चन्द्र सिंह | RLD | | 1–27 | घनश्याम अनुरागी | जालोन | SP | – | बिजनौर | – | – | जालौन |
| 2–14 | मिश्रिक | अशोक कुमार रावत | BSP | | 2–38 | सारिका देवेन्द्र बघेल | हाथरस | RLD | – | – | – | – | हाथरस |
| 3–15 | हरदोई | ऊषा वर्मा | SP | | 3–45 | डॉ. बलीराम | लालगंज | BSP | – | – | – | – | लालगंज |
| 4–17 | मोहनलालगंज | जयप्रकाश | SP | | 4–46 | कमलेश बाल्मिकी | बुलन्दशहर | SP | – | – | बुलन्दशहर | – | – |
| 5–23 | अकबरपुर | मायावती | BSP | | 5–197 | प्रेमप्रसाद कटारिया | इटावा | SP | – | अकबरपुर | इटावा | – | – |
| 6–25 | बाराबंकी | कमला प्रसाद | BSP | | 6–209 | कमल किशोर | बहराइच | INC | – | – | बहराइच | – | – |
| 7–30 | बस्ती | लालमणि प्रसाद | BSP | | 7–218 | शैलेन्द्र कुमार | कौशाम्बी | SP | – | बस्ती | – | कौशाम्बी | – |
| 8–33 | बांसगांव | महाबीर प्रसाद | INC | | 8–224 | पकोरी लाल | राबर्ट्सगंज | SP | – | – | – | – | राबर्ट्सगंज |
| 9–42 | लालगंज | दरोगा प्रसाद | SP | | 9–262 | मिथिलेश कुमार | शाहजहांपुर | SP | – | – | शाहजहांपुर | – | – |
| 10–45 | सैदपुर | तुफानी सरोज | SP | | 10–309 | क्मलेश पासवान | बंसगांव | BJP | सैदपुर | – | – | – | बांसगांव |

| | | | | | | | | | | | | | |
|---|---|---|---|---|---|---|---|---|---|---|---|---|---|
| 11–49 | राबर्ट्सगंज | लालचन्द्रा | BSP | | 11–341 | पी. एल. पुनिया | बाराबंकी | INC | – | – | – | – | बाराबंकी |
| 12–53 | छैल | शैलेन्द्र कुमार | SP | | 12–355 | प्रो.रामशंकर | आगरा | BJP | छैल | – | आगरा | – | – |
| 13–58 | जालौन | भानु प्रताप वर्मा | BJP | | 13–37 | अशोक कुमार रावत | मिश्रिक | BSP | घाटमपुर | – | – | – | मिश्रिक |
| 14–59 | घाटमपुर | राधेश्याम कोरी | SP | | 14–399 | सुशीला सरोज | मोहनलाल गंज | SP | – | – | – | – | मोहनलाल गंज |
| 16–68 | फिरोजाबाद | रामलाल सुमन | SP | | 15–40 | तूफानी सरोज | मछलीशहर | SP | – | फिरोजाबाद | मछलीशहर | | – |
| 16–71 | हाथरस | किशन लाल डीलर | BJP | | 16–464 | यशवत सिंह | नगीना | SP | – | – | – | नगीना | – |
| 17–73 | खुर्जा | अशोक कुमार प्रधान | BJP | | 17–522 | ऊषा वर्मा | हरदोई | SP | खुर्जा | – | – | – | हरदोई |
| | | 1. समाजवादी पार्टी | | 7 | 10 (+) =3 | | | | | | | | |
| | | 2. बहुजन समाज पार्टी | | 5 | 2 (-)=3 | | | | | | | | |
| | | 3. भारतीय जनता पार्टी | | 3 | 2 (-)=1 | | | | | | | | |
| | | 4. कांग्रेस पार्टी | | 1 | 2(+) =1 | | | | | | | | |
| | | 5. राष्ट्रीय लोकदल | | 1 | यथावत | | | | | | | | |

Election Commission of India General Election 2004-2009.

## उत्तर प्रदेश–कांग्रेस

2004 के चुनाव में 80 संसदीय निर्वाचन क्षेत्र में से कांग्रेस के 9 सांसद थे और 2009 में 23 सांसद निर्वाचित हुए थे।

| संसदीय निर्वाचन क्षेत्र का नंबर और नाम 2004 | | | | संसदीय निर्वाचन क्षेत्र का नंबर और नाम 2009 | | | संसदीय निर्वाचन क्षेत्र का नंबर और नाम 2009 | | |
|---|---|---|---|---|---|---|---|---|---|
| **1—10** | शाहजहांपुर | जीतिन प्रसाद कुंवर | संशोधित परिसीमन में 11 नए संसदीय निर्वाचन क्षेत्रों का गठन और नाम में बदलाव किया गया और इनमें से कांग्रेस को 3 में विजय मिली है और 3 संसदीय क्षेत्र ऐसे भी हैं जहां से पुनः कांग्रेस विजयी हुई। | 1—29 | अरुण सिंह | बरेली | 13—295 | जगदम्बा पाल | डुमरिया गंज |
| **2—19** | रायबरेली | सोनिया गांधी | | 2—32 | अजहरउद्दीन | मुरादाबाद | 14—296 | राजाराम पाल | अकबरपुर |
| **3—21** | अमेठी | राहुल गांधी | | 3—36 | राजबब्बर | फिरोजाबाद | 15—306 | विनय पाण्डे | श्रावस्ती |
| **4—33** | बांसगाँव | महावीर प्रसाद | | 4—46 | कमलेश बाल्मिकी | बुलंदशहर S.C. | 16—339 | जीतिन प्रसाद | धुराहा |
| | | | | 5—130 | राहुल गांधी | अमेठी | 17—341 | पी. एल. पुनिया | बाराबंकी S.C. |
| | | | | | | | | | |
| **5—48** | वाराणसी | डा. राजेश कुमार मिश्र | | 7—165 | प्रदीप जैन "आदित्य" | झांसी | 19—455 | राजकुमार | प्रतापगढ़ |
| **6—61** | कानपुर | श्रीप्रकाश जायसवाल | | 8—168 | श्रीप्रकाश | कानपुर | 20—467 | संजय सिंह | सुल्तानपुर |
| | | | | 9—206 | निर्मल खत्री | फैजाबाद | 21—491 | अन्नू सिंह टंडन | उन्नाव |
| | | | | | | | 22—515 | हरीश वर्धान | महाराजा गंज |
| **7—70** | मथुरा | मानवेन्द्र सिंह | | 10—207 | सलमान खुर्शीद | फर्रुखाबाद | 23—520 | बेनीप्रसाद वर्मा | गोंडा |
| **8—72** | अलीगढ़ | विजेन्द्र सिंह | | 11—209 | कमल किशोर | बहराइच (S.C) | | | |
| **9—75** | हापुड़ | सुरेन्द्र प्रसाद गोयल | | 12—282 | जफर अली नकबी | खीरी | | | |

Election SouElection Commission of India General Election 2004-2009.

| 2004 के 11 संसदीय क्षेत्रों को विलोपित किया गया 7 सामान्य और 4 आरक्षित क्षेत्र हैं। इन 11 संसदीय क्षेत्र में से कांग्रेस का केवल एक ही संसदीय क्षेत्र था। शेष अन्य दलों के थे। | | | | 4 आरक्षित संसदीय क्षेत्र को सामान्य किया गया कांगेस को दो संसदीय क्षेत्रों में लाभ हुआ । 6 सामान्य संसदीय निर्वाचन क्षेत्रों को आरक्षित वर्ग में शामिल किया गया है। कांग्रेस को यहाँ भी दो संसदीय क्षेत्रों में लाभ हुआ। | | | | |
|---|---|---|---|---|---|---|---|---|
| **आरक्षित वर्ग विलोपित** | | **सामान्य वर्ग विलोपित** | | आरक्षित से सामान्य संसदीय क्षेत्र | | | | सामान्य से आरक्षित संसदीय क्षेत्र |
| संसदीय निर्वाचन क्षेत्र का नंबर और नाम 2004 | | संसदीय निर्वाचन क्षेत्र का नंबर और नाम 2004 | | संसदीय निर्वाचन क्षेत्र का नंबर और नाम | | | | संसदीय निर्वाचन क्षेत्र का नंबर ओर नाम |
| 1–45 सैदपुर | SP | 1–12 शाहबाद | BSP | 1 | 1.84-RLD | बिजनौर | RLD | 1.10 262 INC शाहजहांपुर SP |
| 2–53 छैल | SP | 2–28 बलरामपुर | BJP | 2 | 23.206BSP | अकबरपुर | INC | 2.27 209 SP. बहराइच INC |
| 3–59 घातमपुर | SP | 3–32 खलीलाबाद | BSP | 3 | 30.77 BSP | बस्ती | BSP | 3.69 355 SP आगरा BSP |
| 4–73 खुर्जा | SP | 4–36 पडराना | NLD | 4 | 68.36 SP | फिरोजाबाद | INC | 4.43 400 BSP मछलीशहर SP |
| | | | | | | | | 5.62 197 SP इटावा SP |
| | | | | | | | | 6.74 46 3SP बुलन्दशहर BJP |

Electionh Commission of India General Election 2004-2009.

## संसदीय निर्वाचन क्षेत्रो की तुलनात्मक तालिका 2004 / 2009

### उत्तर प्रदेश

| 2004 – संसदीय निर्वाचन क्षेत्र–80 | | | | | | |
|---|---|---|---|---|---|---|
| समाजवादी पार्टी | बहुजन समाज पार्टी | भारतीय जनता पार्टी | भारतीय राष्ट्रीय कांग्रेस | राष्ट्रीय लोकदल | अन्य पार्टी | कुल |
| 35 | 19 | 10 | 09 | 03 | 4 | 80 |
| 2009 – ससंदीय निर्वाचन क्षेत्र –80 | | | | | | |
| 21 | 20 | 10 | 23 | 05 | 01 | 80 |
| (-) =14 | (+) =1 | यथावत | (+) =14 | (+) =2 | (-) =3 | – |
| 2004 – आरक्षित –17 | | | | | | |
| 7 | 5 | 3 | 1 | 1 | – | 17 |
| 2009– आरक्षित –17 | | | | | | |
| 10 | 2 | 2 | 2 | 1 | – | 17 |
| (+) =3 | (-) =3 | (-) =1 | (+) =1 | यथावत | – | – |

Election Commission of India General Election 2004-2009.

# पश्चिम बंगाल–कांग्रेस–TMC

## 2004/2009

2004 के चुनाव में 42 संसदीय निर्वाचन क्षेत्र में से कांग्रेस के 6 सांसद निर्वाचित हुए थे।

| संसदीय निर्वाचन क्षेत्र का नंबर और नाम 2004 | | | | संसदीय निर्वाचन क्षेत्र का नंबर और नाम 2009 | | |
|---|---|---|---|---|---|---|
| 1-4 | दार्जिलिंग | दादा नाश्बुला | आरक्षित वर्ग की दो सीट को बढ़ाने के लिए 23 सीटों को प्रभावित किया गया है। 2009 के चुनाव संशोधित परिसीमन के तहत हुए हैं। राज्य में 9 नए संसदीय निर्वाचन क्षेत्र का गठन किया गया है और मालदा के दो संसदीय क्षेत्र बनाए गए हैं। विगत चुनाव में मालदा से कांग्रेस विजयी हुई थी और इस बार मालदा की दोनों सीटें उसके पास हैं। नौ संसदीय क्षेत्रों की पुरानी पहचान को मिटाया और तीन सामान्य सीट को आरक्षित तथा दो सीटोंको सामान्य में तब्दील किया गया है। चार संसदीय क्षेत्र ऐसे भी हैं जहां से कांग्रेस पुनः विजयी हुई है। | 1-102 | श्रीमती दीपा दास मुंशी | रायगंज |
| 2-5 | रायगंज | प्रियरंजन दास मुंशी | | 2-156 | अब्दुल मन्नान हुसैन | मुर्शिदाबाद |
| 3-7 | मालदा | ए बी गनीखान चौधरी | | 3-95 | अधीर रंजन चौधरी | बेहरामपुर |
| 4-8 | जंगीपुर | प्रणव मुखर्जी | | 4-268 | प्रणव मुखर्जी | जंगीपुर |
| | | | | | अब्दुल हुसैन खान चौधरी | |

| विलोपित संसदीय निर्वाचन क्षेत्र | | | नए संसदीय निर्वाचन क्षेत्र का गठन | | |
|---|---|---|---|---|---|
| संसदीय निर्वाचन क्षेत्र का नंबर और नाम 2004 | | पार्टी | संसदीय निर्वाचन क्षेत्र का नंबर और नाम 2009 | | पार्टी |
| 1-7 | मालदा | INC | 1-7 | काँथी | TMC |
| 2-12 | नवद्वीप S.C. | CPM | 2-48 | कोलकाता उत्तर | TMC |
| 3-21 | कलकत्ता नार्थ वेस्ट | CPM | 3-93 | मालदा दक्षिण | INC |
| 4-22 | कलकत्ता नार्थ ईस्ट | CPM | 4-101 | घातल | CPI |
| 5-29 | पचकुरा | CPI | 5-145 | रानाघाट S.C. | TMC |
| 6-31 | सोनताई | CPM | 6-285 | बोनगांव S.C. | TMC |
| 7-32 | मिदनापुर | CPI | 7-291 | मालदा उत्तर | INC |
| 8-37 | दुर्गापुर S.C. | CPM | 8-301 | मदीनापुर | CPI |
| 9-40 | कटवा | CPM | 9-392 | वर्धमान पूर्वा S.C. | CPI |

| | सामान्य से आरक्षित संसदीय क्षेत्र | | | आरक्षित से सामान्य संसदीय क्षेत्र | | |
|---|---|---|---|---|---|---|
| | संसदीय निर्वाचन क्षेत्र का नंबर और नाम 2004 / 2009 | | पार्टी | संसदीय निर्वाचन क्षेत्र का नंबर और नाम 2004 / 2009 | | पार्टी |
| 1. | 41.117 CPM | बेलपुर | CPI | 1.6.237 RSP | बलूरघाट | RSP |
| 2. | 28.140 CPM | आरामबाग | CPI | 2.42.388 CPM | बिरभूम | TMC |
| 3. | 3.386 CPM | जलपाई गुड़ी | CPI | | | |

*Sources* : Election Commission of India General Election 2004-2009.

| 2004 आरक्षित संसदीय निर्वाचन क्षेत्र–10 | | | 2009 में आरक्षित संसदीय निर्वाचन क्षेत्र–12 | | |
|---|---|---|---|---|---|
| संसदीय निर्वाचन क्षेत्र का नंबर और नाम 2004 | | | संसदीय निर्वाचन क्षेत्र का नंबर और नाम 2009 | | |
| 1-1 | कूच बिहार | AIFB | 1-387 | कूच बिहार | AIFB |
| 2-2 | अली पुरदौर्स | RSP | 2-507 | अली पुरदौर्स | RSP |
| 3-6 | बलूरघाट | RSP | 3-386 | जलपाई गुड़ी | CPM |
| 4-11 | नवाद्वीप | CPM | 4-240 | आराम बाग | CPM |
| 5-14 | जायनगर | RSP | 5-242 | जायनगर | IND |
| 6-15 | मथुरापुर | CPM | 6-172 | मथुरापुर | TMC |
| 7-32 | झरग्राम | CPM | 7-56 | झरगाम | CPM |
| 8-35 | विष्णुपुर | CPM | 8-57 | विष्णुपुर | CPM |
| 9-36 | दुर्गापुर | CPM | 9-117 | बोलपुर | CPM |
| 10-42 | बिरभूम | CPM | 10-145 | रानाघाट | TMC |
| | | | 11-285 | बोनगांव | TMC |
| | | | 12-392 | वर्धमान पूर्बा | CPM |

वर्ष 2004 के संसदीय चुनाव में आरक्षित वर्ग की 10 सीटें थी।[52] संशोधित परिसीमन में 12 सीटें हैं।[53] जबकि इसके बरअक्स मध्य प्रदेश में 9 आरक्षित सीटों के स्थान पर 10 हुई हैं।[54] मध्य प्रदेश राज्य की कुल आबादी में 16 प्रतिशत दलित और 21 प्रतिशत आदिवासी हैं यानी 33 प्रतिशत आरक्षित वर्ग हैं।[55]

गौरतलब है कि पूर्वी योरप और पूर्वी सोवियत संघ में समाजवादी सरकारों का पतन हुआ नहीं बल्कि पतन किया गया था। अब भारत गणराज्य में समाजवाद के पतन के लिए परिसीमन को हथियार बना कर यानी पश्चिम बंगाल राज्य में लोकतांत्रिक मूल्यों के आधार पर समाजवाद का पतन किया जाना सुनिश्चित किया गया है। राज्य में जिस तरह बदली हुई भौगोलिक सीमाओं के साथ जो परिसीमन किया गया है, इससे तो यही जाहिर होता है, और यह तथ्य लोकसभा के चुनाव में सही साबित भी हो चुका है।

## संसदीय सीटों की तुलनात्मक तालिका

**2004/2009**

**पश्चिम बंगाल**

**2004–42 ससंदीय निर्वाचन क्षेत्र**

| कांग्रेस | RSP | CPM | CPI | AIFB | BJP | TMC | निर्दलीय |
|---|---|---|---|---|---|---|---|
| 6 | 3 | 26 | 3 | 3 | — | 1 | — = 42 |
| 2009–42 संसदीय निर्वाचन क्षेत्र | | | | | | | |
| 6 | 2 | 9 | 2 | 2 | 1 | 19 | 1 = 42 |
| यथावत | (-)=1 | (-)=17 | (+)=1 | (-)=1 | (+)=1 | (+)=18 | (+) =1 |
| आरक्षित 2004–10 | | | | | | | |
| – | 3 | 6 | - | 1 | - | - | =10 |
| आरक्षित 2009–12 | | | | | | | |
| . | 1 | - | 6 | 1 | — | 3 | 1 = 12 |
| | (+)=2 | (-)=6 | (+)=6 | यथावत | — | (+)=3 | (+) =1 - |

## परिसीमन आयोग तकनीकी रूप से मुस्लिम बहुल संसदीय निर्वाचन क्षेत्रों को अस्तित्व में ला सकता था

पुनर्समायोजन परिसीमन 2008 में भारत जनगणना 2001 के आंकड़े लिए गए हैं। महाराष्ट्र राज्य की कुल आबादी को मौजूदा संसदीय निर्वाचन क्षेत्रों से विभाजित किया और इस तरह राज्य की औसत आबादी पर हर एक सीट को परिसीमित किया गया है। इस तरह राज्य के 48 संसदीय निर्वाचन क्षेत्रों में 6 विधानसभा निर्वाचन क्षेत्र से एक संसदीय निर्वाचन क्षेत्र परिसीमित किया गया है। मुंबई के कुल 36 विधानसभा निर्वाचन क्षेत्रों में से मुस्लिम वर्ग के 6 विधायक 2009 के विधानसभा चुनाव में निर्वाचित हुए थे। मुंबई के 6 संसदीय निर्वाचन क्षेत्र में से एक भी मुस्लिम सांसद 15वीं और 16वीं लोकसभा में निर्वाचित नहीं हुआ है। बल्कि राज्य के 48 संसदीय निर्वाचन क्षेत्रों से कोई भी मुस्लिम सांसद नहीं है। एक विधानसभा निर्वाचन क्षेत्र 336384 औसत आबादी पर पुनर्समायोजन किया गया है। संसदीय निर्वाचन क्षेत्र 20 लाख 18 हजार 3 सौ 4 औसत आबादी पर परिसीमित है।

परिसीमन में मुंबई के सभी विधानसभा निर्वाचन क्षेत्रों को इस तरह परिसीमित किया गया है कि भौगोलिक रूप से हर एक विधानसभा में मुस्लिम आबादी 75 हजार से अधिक न रहे। सन् 2001 की जनगणना के मुताबिक राज्य में एक करोड़ 2 लाख 70 हजार 4 सौ 85 प्रतिशत 10.60 थी। परिसीमन आयोग के नियमों के मुताबिक 30 मुस्लिम बहुल विधानसभा निर्वाचन क्षेत्र बनते हैं जो 45 विधानसभा सीटों में तब्दील हो सकते हैं, और संसदीय निर्वाचन क्षेत्र 5 जो लोकतांत्रिक मूल्यों के आधार पर 8 लोकसभा सीटों में तब्दील किए जा सकते हैं। यानी 288 सदस्यीय विधानसभा में 45 सीटें और 8 लोकसभा सीटों पर मुस्लिम वर्ग का संवैधानिक और कानूनी हक है। इसकी तुलना में राज्य से मात्र 10 मुस्लिम विधायक निर्वाचित हुए हैं। इसमें भी नासिक जिले की 114–मालेगांव मध्य विधानसभा निर्वाचन क्षेत्र को मुस्लिम बहुल माना जाएगा। विधानसभा की कुल आबादी 332226 और मुस्लिम आबादी 250439 75.42 प्रतिशत है।

थाणे जिले में 24 विधानसभा निर्वाचन क्षेत्र हैं जिसमें 7 आरक्षित और 4 संसदीय निर्वाचन क्षेत्र परिसीमित किए गए हैं। 22–पालघर संसदीय निर्वाचन क्षेत्र आरक्षित है। 136–भिवंडी पश्चिम विधानसभा निर्वाचन क्षेत्र की कुल आबादी 332388 मुस्लिम आबादी 160307 48.23 प्रतिशत है और 137–भिवंडी उत्तर में कुल आबादी 331266 मुस्लिम आबादी 164501 49.78 प्रतिशत समायोजित की गई है। दोनों विधानसभा से मुस्लिम विधायक हैं। अबु आसिम आजमी दो स्थान से निर्वाचित हुए थे 137–भिवंडी उत्तर और 171–मानखुर्द शिवाजीनगर उनके द्वारा भिवंडी उत्तर से त्यागपत्र देने के बाद 24 जनवरी 2010 को हुए उपचुनाव में उनका पुत्र फरहान आजमी चुनाव हार गया था। इस उपचुनाव में शिवसेना

विजयी हुई थी। सांप्रदायिक ध्रुवीकरणर के चलते ये निर्वाचन क्षेत्र भी मुस्लिम बहुल की श्रेणी में आते नहीं है।

नांदेड जिले में 9 विधानसभा क्षेत्र है। 86–नांदेड़ उत्तर विधानसभा निर्वाचन क्षेत्र में कुल आबादी 318715 और मुस्लिम आबादी 80010 25.11 प्रतिशत मिलाकर विधानसभा परिसीमित की गई और 87–नांदेड़ दक्षिण में कुल आबादी 318715 और मुस्लिम आबादी 80787 25.46 प्रतिशत को समायोजित कर निर्वाचन क्षेत्र परिसीमित किया गया ताकि कोई मुस्लिम बहुल निर्वाचन क्षेत्र अस्तित्व में न आए। 2001 की जनगणना में जिले की मुस्लिम आबादी 307844 थी।

औरंगाबाद के 9 विधानसभा निर्वाचन क्षेत्र हैं। औरंगाबाद शहर की दो विधानसभा सीटें थी। परिसीममन में तीन निर्वाचन क्षेत्र बना दिए गए हैं जिसमें से एक आरक्षित है। तीनों विधानसभाओं में मुस्लिम आबादी को विभाजित किया गया है। 107–औरंगाबाद मध्य मे 87751 28.93 प्रतिशत 108–औरंगाबाद पश्चिम आरक्षित में 76700 24.28 प्रतिशत और 109–औरंगाबाद पूर्व में 88055 28.93 प्रतिशत मुस्लिम आबादी को समायोजित किया गया है। इस जिले की 104–सिल्लोड से मुस्लिम विधायक कांग्रेस के सहयोगी दल एनसीपी की मदद से ज़रूर विजयी हुए हैं। जबकि सिल्लोड की मुस्लिम आबादी 76963 22.31 प्रतिशत ही है। यहां यह बताना जरूरी है कि औरंगाबाद जिले की 2001 जनगणना के मुताबिक 569516 19.07 प्रतिशत थी और संसदीय निर्वाचन क्षेत्र की मुस्लिम आबादी 387081 थी। हालिया लोकसभा चुनाव से यह बात स्पष्ट है कि राज्य विधानसभा के चुनाव भी सांप्रदायिक लाइन पर ही लड़े जाएंगे। लिहाजा मुस्लिम विधायकों की संख्या और प्रभावित हो सकती है।

क्षेत्रीय क्षेत्रों का विभाजन तथा इसके साथ जुडे मामलों के लिए संसद द्वारा तिरेपन वर्षीय कानून परिसीमन अधिनियम 3, जून 2002 बनाया है। वर्ष 2026 के बाद किए जाने वाली पहली जनगणना यानी वर्ष 2031 तक जनगणना 1971 के आधार पर लोकसभा और विधानसभा में आबंटित विद्यमान सीटों की संख्या अपरिवर्तित रहेगी।

लोकतंत्र में सर्वोच्च सत्ता प्राप्ति के लिए किसी भी व्यक्ति को तीन रास्तों से गुजरना होता है। प्रथम, पर्याप्त संख्या बल का होना द्वितीय, निष्पक्ष चुनाव तीसरा और अंतिम रास्ता परिसीमन का सही होना ज़रूरी है। पहले दोनों रास्तों से गुजरने के बाद भी कोई व्यक्ति सत्ता प्राप्त नहीं कर सकता। जब तक निर्वाचन क्षेत्रों के परिसीमन की विसंगतियों में सुधार नहीं हो जाए। अन्यथा पर्याप्त संख्या बल होने के बावुजूद भी चुनाव में हार का मुँह देखना ही पड़ेगा। जैसे...

विधानसभा निर्वाचन क्षेत्र का नाम और नंबर 2009

| | कुल योग | मुस्लिम | आबादी और | प्रतिशत |
|---|---|---|---|---|
| 1. | 162–मलाड वेस्ट | 334033 | 62003 | 18.57 |
| 2. | 168–चांदीवली | 344794 | 64001 | 18.57 |
| 3. | 171–मानखुर्द –शिवाजीनगर | 345934 | 64212 | 18.57 |
| 4. | 172–अनुशक्तिनगर | 328916 | 61054 | 18.61 |
| 5. | 177–बांद्रा–वेस्ट | 337391 | 62627 | 18.55 |
| 6. | 186–मुंबादेवी | 341203 | 75076 | 22.02 |

70 सदस्यीय दिल्ली विधानसभा क्षेत्र में पाँच मुस्लिम विधायक है और सात संसदीय निर्वाचन क्षेत्रों में से कोई मुस्लिम सांसद नहीं है। सन् 2001 की जनगणना के अनुसार दिल्ली की कुल आबादी एक करोड़ 78 लाख 2 हजार 9 सौ 76 थी। जिसमें मुस्लिम आबादी 16 लाख 12 हजार 104 रही है।

पुनर्समायोजन परिसीमन 2008 में एक विधानसभा निर्वाचन क्षेत्र 1,96,999 आबादी पर परिसीमित किया गया था। मुस्लिम आबादी के अनुपात से 8 मुस्लिम बहुल विधानसभा निर्वाचन क्षेत्र बनते हैं। लोकतांत्रिक मूल्यों के आधार पर 14 विधानसभा निर्वाचन क्षेत्र में तब्दील हो सकते थे। दिल्ली का एक संसदीय निर्वाचन क्षेत्र 1,96,8996 आबादी पर परिसीमित किया गया है। दिल्ली विधानसभा निर्वाचन क्षेत्र से पाँच मुस्लिम विधायक ज़रूर निर्वाचित हुए हैं परन्तु 70 विधानसभा में से एक भी निर्वाचन क्षेत्र मुस्लिम बहुल नहीं है।

| | | | | |
|---|---|---|---|---|
| 1. | मटियामहल | 184688 | 55183 | 30.01 प्रतिशत |
| 2. | बल्लीमारान | 199178 | 41109 | 22.35 प्रतिशत |
| 3. | ओखला | 189015 | 19227 | 11.12 प्रतिशत |
| 4. | सीलमपुर | 208273 | 86799 | 41.68 प्रतिशत |
| 5. | मुस्तफाबाद | 210574 | 78792 | 37.42 प्रतिशत |

जबकि पाँच विधानसभाओं में मुस्लिम आबादी का प्रतिशत अधिक होने के बावुजूद भी इन क्षेत्रों से कोई मुस्लिम विधायक निर्वाचित नहीं होता है।

| | | | | |
|---|---|---|---|---|
| 1. | कृष्णनगर | 214632 | 68952 | 32.13 प्रतिशत |
| 2. | शाहदरा | 190583 | 61226 | 32.12 प्रतिशत |
| 3. | रोहतासनगर | 218397 | 76908 | 35.21 प्रतिशत |
| 4. | चांदनी चौक | 216423 | 48222 | 22.31 प्रतिशत |
| 5. | घोंडा | 203951 | 68336 | 33.51 प्रतिशत |

# मुर्शिदाबाद संसदीय निर्वाचन क्षेत्र–पश्चिम बंगाल

परिसीमन 2008 में पश्चिम बंगाल के 7 विधानसभा निर्वाचन क्षेत्रों को शामिल कर एक संसदीय निर्वाचन क्षेत्र बनाया गया है। मुर्शिदाबाद जिले में 22 विधानसभा निर्वाचन क्षेत्र तथा 3 संसदीय निर्वाचन क्षेत्र है। सन् 2011के विधानसभा चुनाव में 14 मुस्लिम उम्मीदवार विजयी हुए थे। मुर्शिदाबाद संसदीय निर्वाचन क्षेत्र से 14वीं, 15वीं और 16वीं लोकसभा से लगातार मुस्लिम सांसद निर्वाचित हो रहे हैं।

भारत जनगणना 2001 के अनुसार मुर्शिदाबाद की मुस्लिम आबादी 37, 35, 380 थी। संशोधित परिसीमन 2008 में वर्ष 2001 की जनगणना को लिया गया है। राज्य का एक संसदीय निर्वाचन क्षेत्र 19 लाख 8 हजार 9 सौ 57 आबादी पर परिसीमित किया गया है। लिहाज़ा जिले में मुस्लिम आबादी के अनुपात से तीन मुस्लिम बहुल संसदीय निर्वाचन क्षेत्र बनते हैं। परन्तु इसकी तुलना में मात्र मुर्शिदाबाद को मुस्लिम बहुल संसदीय निर्वाचन क्षेत्र की श्रेणी में रखा गया है। इसमें भी नदिया जिले की 77–करीमपुर विधानसभा निर्वाचन क्षेत्र को जोड़ा गया है। इस जिले की दो विधानसभा 55–फरक्का तथा 56–शमशेरगंज को मालदा संसदीय निर्वाचन क्षेत्र में समायोजित किया गया है। शेष विधानसभा को 9–जंगीपुर संसदीय निर्वाचन क्षेत्र और 10–बहरामपुर संसदीय निर्वाचन क्षेत्र में समायोजित कर दो संसदीय निर्वाचन क्षेत्र बनाए गए हैं। दोनों को इस तरह परिसीमित किया गया है कि यह संसदीय निर्वाचन क्षेत्र मुस्लिम बहुल न रहें। जब कि संख्या बल के अनुपात से तीन मुस्लिम बहुल संसदीय निर्वाचन क्षेत्र अस्तित्व मे आ सकते थे। जैसे...

## वर्तमान

| | 9–जंगीपुर संसदीय निर्वाचन क्षेत्र | | | | 10–बहरामपुर संसदीय निर्वाचन क्षेत्र | | | |
|---|---|---|---|---|---|---|---|---|
| | | कुल आबादी | मुस्लिम आबादी और प्रतिशत | | | कुल आबादी | मुस्लिम आबादी और प्रतिशत | |
| 1. | 57–सूती | 282783 | 186339 | 65.94 | 1.67–बुरवान | 242660 | 103676 | 42.73 |
| 2. | 58–जंगीपुर | 268571 | 148773 | 55.44 | 2.68–कांडी | 265125 | 135194 | 50.99 |
| 3. | 59–रघुनाथगंज | 254429 | 192367 | 75.61 | 3.69–भरतपुर | 260027 | 143337 | 55.12 |
| 4. | 60–सागरदिग्घी | 252293 | 156870 | 62.27 | 4.70–रेजीनगर | 276017 | 173317 | 62.82 |
| 5. | 61–लालगोला | 249148 | 194978 | 78.26 | 5.71–बेलदंगा | 264351 | 125454 | 47.46 |
| 6. | 65–नबाग्राम | 273432 | 140623 | 51.43 | 6.72–बहरामपुर | 279583 | 33950 | 12.14 |
| 7. | 66–खारग्राम | 257519 | 129698 | 50.44 | 7.74–नवदा | 264042 | 18778 | 71.12 |
| | **योग–** | **1838175** | **1149648** | **62.54** | | **1851805** | **902706** | **48.75** |

## वर्ष 2009

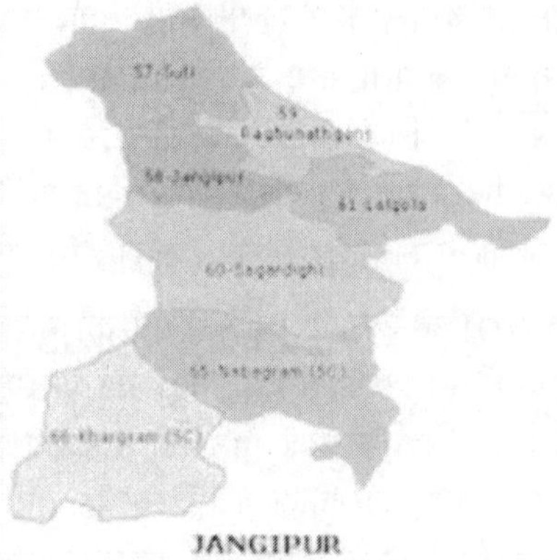


## 9–जंगीपुर संसदीय निर्वाचन क्षेत्र

# वर्तमान

# 11–मुर्शिदाबाद संसदीय निर्वाचन क्षेत्र

| कुल आबादी | मुस्लिम आबादी और प्रतिशत | | |
|---|---|---|---|
| 1.62–भागाबंगोला | 280096 | 238253 | 85.06 |
| 2.63–रानीनगर | 271993 | 220455 | 81.05 |
| 3.64–मुर्शिदाबाद | 284417 | 118469 | 41.65 |
| 4.73–हरिहरपारा | 269300 | 184106 | 68.44 |
| 5.75–दुमकल | 282925 | 250625 | 88.63 |
| 6.76–जलांगी | 283115 | 206665 | 72.99 |
| 7.77–करीमपुर(जिला नदिया) | 272493 | 111863 | 41.05 |
| **योग–** | **1944339** | **1330436** | **68.43** |

जैसे...

**जंगीपुर संसदीय निर्वाचन क्षेत्र**

| कुल आबादी | मुस्लिम आबादी और प्रतिशत | | |
|---|---|---|---|
| 1.55–फरक्का | 254829 | 166341 | 65.35 |
| 2.56–शमशेरगंज | 249914 | 198112 | 79.32 |
| 3.57–सूती | 282783 | 186339 | 65.94 |
| 4.58–जंगीपुर | 268571 | 148773 | 55.44 |
| 5.59–रघुनाथगंज | 254429 | 192367 | 75.61 |
| 6.60–सागरदिग्घी | 252293 | 156870 | 62.27 |
| 7.65–नबाग्रामेब SC | 273432 | 140623 | 51.43 |
| **योग–** | 1836251 | 1189425 | 64.33 |

जैसे...

**मुर्शीदाबाद संसदीय निर्वाचन क्षेत्र**

| कुल आबादी | मुस्लिम आबादी और प्रतिशत | | |
|---|---|---|---|
| 1.61–लालगोला | 249148 | 194978 | 78.26 |
| 2.62–भागाबंगोला | 280096 | 238253 | 85.06 |
| 3.63–रानीनगर | 271993 | 220455 | 81.05 |
| 4.64–मुर्शिदाबाद | 284417 | 118469 | 41.65 |
| 5.66–खारग्रामेब SC | 257519 | 129698 | 50.44 |
| 6.67–बुरवानेब SC | 242660 | 103676 | 42.73 |
| 7.68–कांडी | 265125 | 135194 | 50.99 |
| **योग–** | 1850958 | 1140723 | 61.45 |

जैसे...

**बहरामपुर संसदीय निर्वाचन क्षेत्र**

| | | कुल योग | मुस्लिम आबादी और प्रतिशत | |
|---|---|---|---|---|
| 1. | 69– भरतपुर | 260027 | 143337 | 55.12 |
| 2. | 70– रेजीनगर | 276017 | 173317 | 62.82 |
| 3. | 71–बेलदंगा | 264361 | 125454 | 47.46 |
| 4. | 72–बहरामपुर | 279583 | 33950 | 12.14 |
| 5. | 73–हरिहरपारा | 269300 | 184106 | 68.44 |
| 6. | 74–नवदा | 264042 | 187778 | 71.12 |
| 7. | 75–दुमकल | 282925 | 250625 | 88.63 |
| | **योग–** | **1896245** | **1098567** | **57.96** |

जिला नदिया में 17 विधानसभा और दो संसदीय निर्वाचन क्षेत्र हैं। 12–कृष्णनगर और 13–रानाघाट आरक्षित संसदीय निर्वाचन क्षेत्र हैं। 77–करीमपुर विधानसभा को मुर्शिदाबाद संसदीय निर्वाचन क्षेत्र में जोड़ा गया है। दो आरक्षित विधानसभा 92–कल्याणी और 93–हरिघाटा को 14–बनगांव आरक्षित संसदीय निर्वाचन क्षेत्र में परिसीमित किया गया है।

12–कृष्णनगर संसदीय निर्वाचन क्षेत्र में 78–तेहट्टा से 84–नबाद्वीप तक कुल 7 विधानसभाओं को शामिल किया गया है। कुल आबादी 1872728 और मुस्लिम आबादी 740228 39.53 प्रतिशत है। परिसीमन आयोग तकनीकी आधार पर कृष्णनगर संसदीय निर्वाचन क्षेत्र में मुस्लिम आबादी को बढ़ाकर 50.03 प्रतिशत कर सकता था और फिर यह संसदीय निर्वाचन क्षेत्र मुस्लिम बहुल की श्रेणी में आ जाता। जैसे...

वर्तमान...

**12–कृष्णनगर संसदीय निर्वाचन क्षेत्र**

| | | कुल योग | मुस्लिम आबादी और प्रतिशत | |
|---|---|---|---|---|
| 1. | 78–तेहटटा | 273849 | 103909 | 37.94 |
| 2. | 79–पलाशीपारा | 263107 | 123849 | 47.07 |
| 3. | 80–कालियागंज | 265781 | 147713 | 55.66 |
| 4. | 81–नक्काशीपरारा | 261009 | 133432 | 51.12 |
| 5. | 82–छपरा | 272289 | 156727 | 57.56 |
| 6. | 83–कृष्णनगर उत्तर | 263653 | 25893 | 09.82 |
| 7. | 84–नबाद्वीप | 273040 | 48705 | 17.84 |
| | **योग–** | **1872728** | **740228** | **39.53** |

जैसे...

**वर्ष 2009**

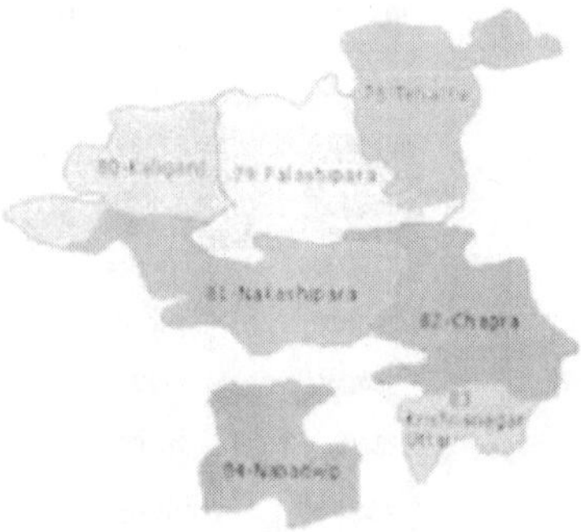

KRISHNANAGAR

**12–कृष्णनगर संसदीय निर्वाचन क्षेत्र**

| | | कुल योग | मुस्लिम आबादी और प्रतिशत | |
|---|---|---|---|---|
| 1. | 76–जलांगी | 283115 | 206665 | 72.99 |
| 2. | 78–तेहटटा | 273849 | 103909 | 37.94 |
| 3. | 79–पलाशीपारा | 263107 | 123849 | 47.07 |
| 4. | 80–कालियागंज | 265781 | 147713 | 55.66 |
| 5. | 81–नक्काशीपरा | 261009 | 133432 | 51.12 |
| 6. | 82–छपरा | 272289 | 156727 | 57.56 |
| 7. | 85–कृष्णनगर दक्षिण | 243785 | 67978 | 27.88 |
| | **योग**– | 1862935 | 940273 | 50.03 |

## जिला नार्थ 24 परगना और साऊथ 24 परगना–पश्चिमबंगाल

नार्थ 24 परगना जिले की 33 और साऊथ 24 परगना की 31 दोनों जिलों की कुल 64 विधानसभा निर्वाचन क्षेत्र हैं और संसदीय निर्चाचन क्षेत्र 9 जिनमें तीन आरक्षित हैं। 9 मुस्लिम बहुल विधानसभा निर्वाचन क्षेत्र जहाँ से मुस्लिम विधायक हैं। 16वीं लोकसभा में 18–बशीरहाट संसदीय निर्वाचन क्षेत्र से इदरीस अली सांसद है। साऊथ 24 परगना जिले के मुस्लिम बहुल 149–कसबा, 153–बेहला पूर्व और 154–बेहला पश्चिम को संसदीय निर्वाचन क्षेत्र 23–कोलकाता दक्षिण में समायोजित किया है। नदिया जिले के दो आरक्षित विधानसभा निर्वाचन क्षेत्र 92–कल्याणी और 93–हरिंगघाटा को नार्थ 24 परगना जिले की 14–बनगांव आरक्षित संसदीय निर्वाचन क्षेत्र में शामिल किया गया है।

2001 की जनगणना के मुताबिक नार्थ 24 परगना और साउथ 24 परगना

जिले की कुल आबादी 1, 73, 91, 118 जिसमें अनुसूचित जाति और जनजाति की आबादी 44, 79, 628 थी। राज्य का एक विधानसभा निर्वाचन 2, 72, 708 आबादी पर परिसीमित किया गया है। जनसंख्या अनुपात से 17 विधानसभा निर्वाचन क्षेत्र अनुसूचित जाति और अनुसूचित जनजातियों के लिए आरक्षित हैं। धर्मनिरपेक्ष और लोकतांत्रिक मूल्यों के आधार पर यह 17 विधानसभा निर्वाचन क्षेत्र 25 सीटों में तब्दील हो सकते थे।

दोनों जिलों में मुस्लिम आबादी 44,60025 है। जिलों की 26 प्रतिशत आबादी के अनुपात से 16 मुस्लिम बहुल विधानसभा निर्वाचन क्षेत्र बनने चाहिए थे। लिहाज़ा इसकी तुलना में 9 मुस्लिम विधायक है। यानी यही निर्वाचन क्षेत्र मुस्लिम बहुल है। संशोधित परिसीमन 2008 में राज्य की एक लोकसभा सीट 19,08957 आबादी पर परिसीमित की गई है। जनसंख्या अनुपात से तीन मुस्लिम बहुल संसदीय निर्वाचन क्षेत्र अस्तित्व में आ सकते थे जब कि 16वीं लोकसभा में सिर्फ एक मुस्लिम सांसद है।

उत्तर दिनाजपुर जिले के 9 विधानसभायें हैं यें जिसमें 4 विधायक मुस्लिम है। 28–छपरा को दार्जिलिंग संसदीय निर्वाचन क्षेत्र में परिसीमित किया और 36–इथर को 6–बलूरघाट संसदीय निर्वाचन क्षेत्र में जोड़ा गया है। हालांकि 302–रायगंज संसदीय निर्वाचन क्षेत्र से 16वीं लोकसभा से सलीम सांसद हैं। परिसीमन आयोग ने इस संसदीय निर्वाचन क्षेत्र में कुल आबादी 1920461 और मुस्लिम आबादी 857938 44.68 प्रतिशत शामिल की है। जबकि रायगंज संसदीय निर्वाचन क्षेत्र में मुस्लिम आबादी 1048309 57.29 प्रतिशत तक बढाई जा सकती थी और रायगंज संसदीय निर्वाचन क्षेत्र मुस्लिम बहुल संसदीय निर्वाचन क्षेत्र की श्रेणी में आ सकता था। जैसे...

वर्तमान...

### 5–रायगंज संसदीय निर्वाचन क्षेत्र

| | | कुल योग | मुस्लिम आबादी और प्रतिशत | |
|---|---|---|---|---|
| 1. | 29–इस्लामपुर | 245919 | 152869 | 62.16 |
| 2. | 30–गोलपोखर | 245430 | 185457 | 75.64 |
| 3. | 31–चकुलिया | 258163 | 154932 | 60.01 |
| 4. | 32–करांगदिग्घी | 287190 | 141757 | 49.36 |
| 5. | 33–हेमताबाद | 287005 | 114729 | 39.98 |
| 6. | 34–कालियागंज | 303378 | 62994 | 20.76 |
| 7. | 35–रायगंज | 293376 | 45200 | 15.41 |
| | **योग–** | **1920461** | **857938** | **44.68** |

## वर्ष 2009

**5–रायगंज संसदीय निर्वाचन क्षेत्र**

जैसे...

### रायगंज संसदीय निर्वाचन क्षेत्र

| | | कुल योग | मुस्लिम आबादी और प्रतिशत | |
|---|---|---|---|---|
| 1. | 28–चोपरा | 271792 | 173689 | 63.91 |
| 2. | 29–इस्लामपुर | 245919 | 152869 | 62.16 |
| 3. | 30–गोलपोखर | 245430 | 185457 | 75.64 |
| 4. | 31–चकुलिया | 258163 | 154932 | 60.01 |
| 5. | 32–करांगदिग्घी | 287190 | 141757 | 49.36 |
| 6. | 33–हेमताबाद | 287005 | 114729 | 39.98 |
| 7. | 36–इथर | 249541 | 124876 | 50.01 |
| | **योग–** | **1845040** | **1048309** | **57.29** |

## मेरठ संसदीय निर्वाचन क्षेत्र–उत्तर प्रदेश

परिसीमन 2008 में उत्तर प्रदेश राज्य की कुल आबादी को मौजूदा संसदीय निर्वाचन क्षेत्रों से विभाजित किया गया और इस तरह राज्य की औसत आबादी पर हर एक सीट को परिसीमित किया गया है। इस तरह राज्य के 80 संसदीय निर्वाचन क्षेत्रों में 5–5 विधानसभाओं से एक संसदीय निर्वाचन क्षेत्र परिसीमित किया गया है। राजनीतिक पक्ष के आधार पर पड़ोसी जिलों की अन्य विधानसभाओं को शामिल कर संसदीय निर्वाचन क्षेत्र बनाया गया है। जबकि जिले में पहले से ही 5 विधानसभाओं से अधिक निर्वाचन क्षेत्र मौजूद थे।

परिसीमन आयोग ने इस तरह से कई संसदीय निर्वाचन क्षेत्रों को परिसीमित किया है। जिसके कारण मुस्लिम बहुल संसदीय निर्वाचन क्षेत्रों का मूल स्वरूप

खत्म हो गया है। मेरठ जिले में 7 विधानसभा निर्वाचन क्षेत्र हैं। मेरठ संसदीय निर्वाचन क्षेत्र में जिले की 4 और दूसरे हापुड़ जिले की एक 59–हापुड़ आरक्षित सीट को समायोजित कर मेरठ संसदीय निर्वाचन क्षेत्र को परिसीमित किया गया है। जिसके कारण क्षेत्रीय जातिगत समीकरण बदल गए।

परिसीमन के पूर्व 14वीं लोकसभा में मोहम्मद शाहिद सांसद थे। मेरठ की शेष 3 विधानसभाओं को अलग–अलग संसदीय निर्वाचन क्षेत्रों में समायोजित कर संसदीय निर्वाचन क्षेत्र परिसीमित किया गया है। जिले की 43–सिवलखास विधानसभा निर्वाचन क्षेत्र मुस्लिम बहुल है। गुल मोहम्मद विधायक हैं। बागपत संसदीय निर्वाचन क्षेत्र में जोड़ा है। 145–हस्तिनापुर आरक्षित विधानसभा को बिजनौर संसदीय निर्वाचन क्षेत्र में और 44–सरधाना विधानसभा को मुजफ्फरनगर संसदीय क्षेत्र में समायोजित किया गया है।

14वीं लोकसभा में राज्य से 11 मुस्लिम सांसद थे। 15वीं लोकसभा में संख्या घटकर 7 रही। परन्तु 16वीं लोकसभा के चुनाव सांप्रदायिक लाइन पर लड़े गए। लिहाज़ा राज्य के 80 संसदीय निर्वाचन क्षेत्रों से एक भी मुस्लिम नहीं है। भारत जनगणना 2001 के अनुसार राज्य में मुस्लिम आबादी 30740158 18.25 प्रतिशत थी।

2012 के राज्य विधानसभा चुनाव में 403 सदस्यीय विधानसभा से 69 विधायक मुस्लिम हैं। राज्य का एक संसदीय निर्वाचन क्षेत्र 20 लाख 77 हजार 4 सौ 74 औसत आबादी पर परिसीमित किया गया है। परिसीमन आयोग के नियमों के मुताबिक 14.79 यानी 15 संसदीय निर्वाचन क्षेत्रों की आबादी है। जो धर्मनिरपेक्ष और लोकतांत्रिक मूल्यों के आधार पर 21 संसदीय निर्वाचन क्षेत्रों में तब्दील हो सकते हैं। यानी राज्य के 80 संसदीय निर्वाचन क्षेत्रों में से 21 स्थानों पर मुस्लिम वर्ग का संवैधानिक और कानूनी हक है।

परिसीमन आयोग तकनीकी रूप से अस्तित्व में दिखाए गए संसदीय निर्वाचन क्षेत्रों के जैसे निर्वाचन क्षेत्रों को परिसीमित करता तो सांप्रदायिक ध्रुवीकरण का असर भी इन स्थानों पर कभी नहीं पड़ता, और 16वीं लोकसभा में राज्य से 20 से अधिक मुस्लिम सांसद रहते। जैसे...

**जिला–मेरठ विधानसभा–7 10–मेरठ संसदीय निर्वाचन क्षेत्र**

| | कुल योग | मुस्लिम आबादी और प्रतिशत | | |
|---|---|---|---|---|
| 1. 43–सिवल खास | 1.46–किथोर | 447599 | 144436 | 32.26 |
| 2. 44–सरधाना | 2.47–मेरठ कैंट | 404726 | 132367 | 32.71 |
| 3. 45–हस्तिनापुर आरक्षित | 3.48–मेरठ | 395003 | 168786 | 42.73 |

| | | | | |
|---|---|---|---|---|
| 4. 46–किठौर | 4.49–मेरठ साऊथ | 426826 | 139269 | 31.71 |
| 5. 47–मेरठ कैंट | 5.59–हापुड़ आरक्षित | 406327 | 104965 | 28.56 |
| 6. 48–मेरठ | | | | |
| 7. 49–मेरठ साऊथ | **योग–** | 20,80,481 | 6,89,823 | 33.94 |

**वर्ष 2009**

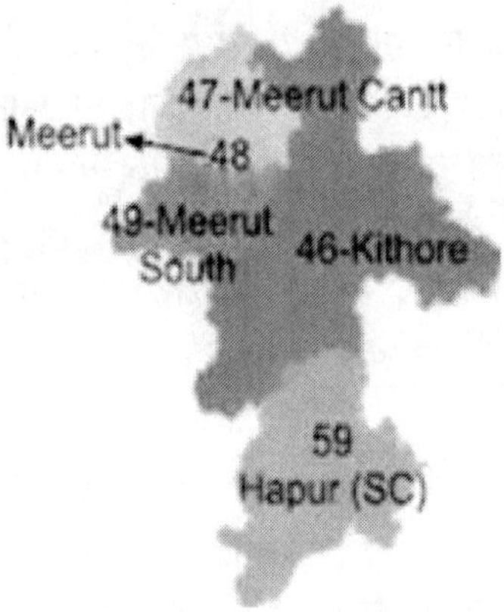


**10–मेरठ संसदीय निर्वाचन क्षेत्र**

**मेरठ संसदीय निर्वाचन क्षेत्र**

| | **कुल आबादी** | **मुस्लिम आबादी और प्रतिशत** | |
|---|---|---|---|
| 1. 40– नौगांव सादत | 372969 | 186126 | 49.91 |
| 2. 41– अमरोहा | 344273 | 178012 | 51.71 |
| 3. 42– हसनपुर | 394522 | 117681 | 29.82 |
| 4. 43– सिवल खास | 434001 | 151143 | 54.82 |
| 5. 44– सरधना | 429246 | 138738 | 32.32 |
| **योग–** | **19,75,011** | **7,71,700** | **43.71** |

## मुज़फ्फरनगर संसदीय निर्वाचन क्षेत्र

उत्तर प्रदेश के जिला मुज़फरनगर में कुल 9 विधानसभा निर्वाचन क्षेत्र और दो संसदीय निर्वाचन क्षेत्र है। मुज़फ्फरनगर संसदीय निर्वाचन क्षेत्र में मेरठ की 44–सरधाना विधानसभा निर्वाचन क्षेत्र को जोड़ा गया है। दूसरा संसदीय निर्वाचन क्षेत्र कैराना के नाम से है। जिसमें सहारनपुर जिले की 2–नकुड और 7–गंगोह को समायोजित कर संसदीय निर्वाचन क्षेत्र बनाया गया है।

मुज़फ्फरनगर जिले से 3 मुस्लिम विधायक हैं। जनगणना 2001 के अनुसार जिले की मुस्लिम आबादी 13 लाख 49 हजार 6 सौ 29 है। दोनों संसदीय निर्वाचन क्षेत्र से 16वीं लोकसभा में कोई मुस्लिम सांसद निर्वाचित नहीं हुआ है।

**जिला मुज़फ्फरनगर विधानसभा–9**

1. 08–कैरान
2. 09–थानाभवन
3. 10–शामली
4. 11 बुढ़ाना
5. 12–चरथावल
6. 13–पुरकाज़ी आरक्षित
7. 14–मुज़फ्फरनगर
8. 15–खतौली
9. 16–मीरापुर

**3–मुज़फ्फरनगर संसदीय निर्वाचन क्षेत्र**

| | कुल योग | मुस्लिम आबादी और प्रतिशत | |
|---|---|---|---|
| 1. 11–बुढ़ाना | 453616 | 180864 | 39.01 |
| 2. 12–चरथावल | 407471 | 10864 | 02.76 |
| 3. 14–मुज़फ्फरनगर | 400288 | 125854 | 31.45 |
| 4. 15–खतौली | 388207 | 48261 | 12.43 |
| 5. 44–सरधाना | 429246 | 138738 | 32.32 |
| **योग–** | **2078828** | **504581** | **23.59** |

## वर्ष 2009

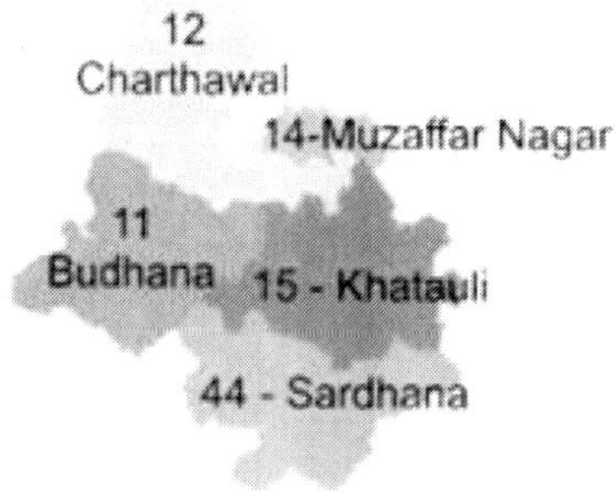


**3–मुज़फ्फरनगर संसदीय निर्वाचन क्षेत्र**

जैसे...

## मुज़फरनगर संसदीय निर्वाचन क्षेत्र

| | | कुल योग | मुस्लिम आबादी और अप्रतिशत | |
|---|---|---|---|---|
| 1. | 08–कैराना | 380466 | 239062 | 62.83 |
| 2. | 10–शामली | 372124 | 120920 | 32.54 |
| 3. | 11–बुढाना | 463616 | 180864 | 39.01 |
| 4. | 14–मुजफ्फरनगर | 400288 | 125854 | 31.45 |
| 5. | 17–नजीबाबाद | 398795 | 297892 | 74.78 |
| | **योग–** | **2005289** | **964592** | **48.12** |

# बिजनौर संसदीय निर्वाचन क्षेत्र

जिला बिजनौर में 8 विधानसभा निर्वाचन क्षेत्र हैं और दो संसदीय निर्वाचन क्षेत्र परिसीमित किए गए हैं। नगीना संसदीय निर्वाचन क्षेत्र अजा. के लिए आरक्षित है। 8 में से दो विधानसभा आरक्षित हैं और तीन विधायक मुस्लिम हैं। बिजनौर

संसदीय निर्वाचन में मुजफ्फरनगर की दो और एक मेरठ की आरक्षित विधानसभा को शामिल कर संसदीय निर्वाचन क्षेत्र परिसीमित किया गया है और जिले की 19–बड़ापुर विधानसभा निर्वाचन क्षेत्र को मुरादाबाद संसदीय निर्वाचन क्षेत्र में जोड़ा गया है।

जनगणना 2001 के अनुसार जिले की मुस्लिम आबादी 13 लाख 6 हजार 3 सौ 29 41.71 प्रतिशत है। नगीना संसदीय निर्वाचन क्षेत्रमें अनुसूचित जाति की आबादी 407566 है और मुस्लिम आबादी 10,22,777 है इस के बावजूद नगीना संसदीय निर्वाचन क्षेत्र को आरक्षित किया गया है। बिजनौर संसदीय निर्वाचन क्षेत्र से कोई भी मुस्लिम सांसद नहीं है।

**4–बिजनौर संसदीय निर्वाचन क्षेत्र**

| | कुल योग | मुस्लिम आबादी | प्रतिशत |
|---|---|---|---|
| 1. 13–पुरकाजी आरक्षित | 362220 | 22505 | 06.21 |
| 2. 16–मीरपुर | 379620 | 102664 | 27.04 |
| 3. 22–बिजनौर | 421735 | 146437 | 34.72 |
| 4. 23–चांदपुर | 381163 | 145674 | 38.21 |
| 5. 45–हस्तिनापुर आरक्षित | 394522 | 117681 | 29.32 |
| **योग–** | **1939260** | **534961** | **27.59** |

**वर्ष 2009**

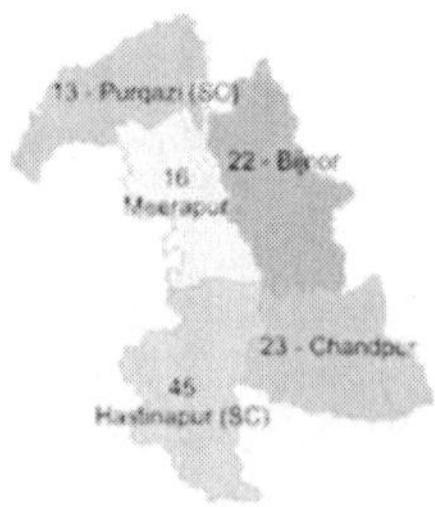


**4–बिजनौर संसदीय निर्वाचन क्षेत्र**

**5–नगीना आरक्षित संसदीय निर्वाचन क्षेत्र**

| | कुल योग | मुस्लिम आबादी | प्रतिशत | अजा आबादी | प्रतिशत |
|---|---|---|---|---|---|
| 1. 17–नजीबाबाद | 398795 | 88227 | 22.12 | 297892 | 74.78 |
| 2. 18–नगीना आरक्षित | 413343 | 94134 | 22.77 | 264523 | 63.99 |
| 3. 20–धामपुर | 358782 | 63851 | 17.81 | 154111 | 42.95 |
| 4. 21–नेथोर आरक्षित | 362373 | 89245 | 19.13 | 154034 | 42.01 |
| 5. 24–नूरपुर | 377001 | 72109 | 4.63 | 152217 | 40.85 |
| **योग–** | **1910294** | **407566** | **21.34** | **1022777** | **52.91** |

**वर्ष 2009**

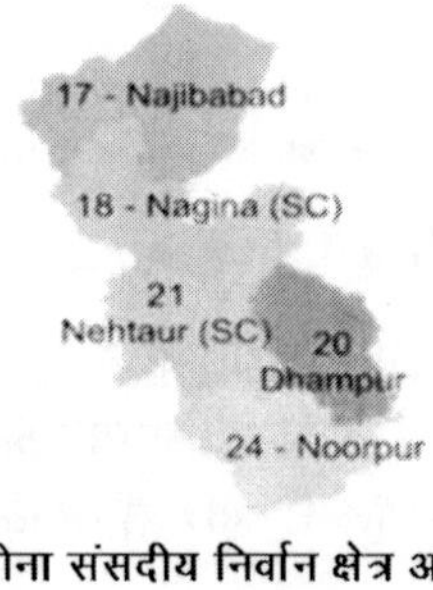


**5–नगीना संसदीय निर्वान क्षेत्र आरक्षित**

# मुरादाबाद संसदीय निर्वाचन क्षेत्र

मुरादाबाद जिले में 9 विधानसभा और दो संसदीय निर्वाचन क्षेत्र हैं। मुरादाबाद और संभल के नाम से परिसीमित किए गए हैं। मुरादाबाद संसदीय निर्वाचन क्षेत्र में बिजनौर जिले की 19–बरहापुर विधानसभा निर्वाचन क्षेत्र को शामिल कर मुस्लिम बहुल संसदीय निर्वाचन क्षेत्र के मूल स्वरूप को परिसीमन के नाम पर ख़त्म कर दिया गया है। जिले से 6 विधायक मुस्लिम हैं। हालांकि 2004 में अज़हर उद्दीन और 2009 में सलमान खुर्शीद यहां से सांसद थे।

भारत जनगणना 2001 के अनुसार जिले में मुस्लिम आबादी 17 लाख 35 हजार 3 सौ 81 45.5 प्रतिशत थी।

**6–मुरादाबाद संसदीय निर्वाचन क्षेत्र**

| | कुल योग | मुस्लिम अबादी | प्रतिशत |
|---|---|---|---|
| 1. 19 बरहापुर | 418127 | 327078 | 78.16 |
| 2. 25–काँठ | 435252 | 152040 | 34.9 |
| 3. 26–ठाकुरद्वारा | 433481 | 224693 | 51.83 |
| 4. 27–मुरादाबाद ग्रागीण | 392213 | 194892 | 49.69 |
| 5. 28–मुरादाबाद नगर | 431950 | 209339 | 48.46 |

**8–संभल संसदीय निर्वाचन क्षेत्र**

| | कुल योग | मुस्लिम अबादी | प्रतिशत |
|---|---|---|---|
| 1. 29–कुन्दरकी | 433290 | 220491 | 50.88 |
| 2. 30–बिलारी | 406571 | 160341 | 39.41 |
| 3. 31–चंदौसी | 427948 | 90552 | 21.15 |
| 4. 32–असमोली | 437391 | 166643 | 38.11 |
| 5. 33–संभल | 412887 | 208391 | 50.47 |
| **योग–** | **2118087** | **846418** | **40.04** |

## वर्ष 2009

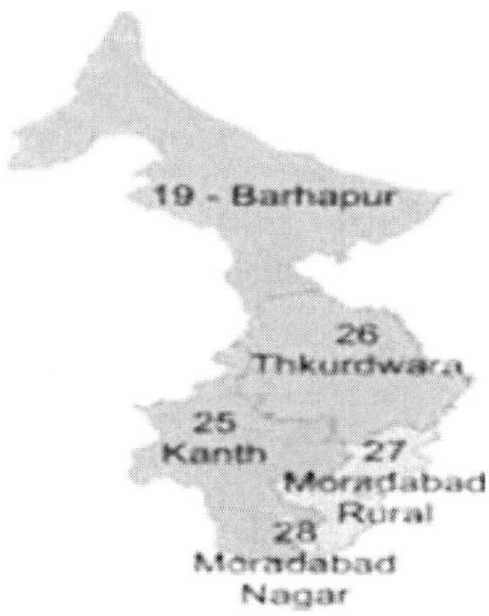


**6–मुरादाबाद संसदीय निर्वाचन क्षेत्र**

जैसे...

## मुरादाबाद संसदीय निर्वाचन क्षेत्र

| | योग | मुस्लिम आबादी | प्रतिशत |
|---|---|---|---|
| 1. 19—बरहापुर | 418127 | 327078 | 78.16 |
| 2. 25—कंथ | 435252 | 152040 | 34.93 |
| 3. 27—मुरादाबाद ग्रामीण | 392213 | 194892 | 49.69 |
| 4. 28—मुरादाबाद नगर | 431950 | 209339 | 48.46 |
| 5. 29—कुंदरकी | 433290 | 220491 | 50.88 |
| **योग—** | **2110832** | **1103840** | **52.85** |

Census of india, 2001, Delimitation Commission of india Order of December 5,2013 and can also be seen at www.eci.nic.in

बिहार में 40 संसदीय निर्वाचन क्षेत्र और 243 विधानसभा निर्वाचन क्षेत्र हैं। 16वीं लोकसभा में 4 मुस्लिम सांसद विजय हुए हैं। सन् 2010 के राज्य विधानसभा चुनाव में 19 विधायक मुस्लिम और दूसरे स्थान पर 33 रहे थे। राज्य में एक संसदीय निर्वाचन क्षेत्र 20 लाख 74 हजार 9 सौ 62 आबादी पर परिसीमित किया गया है। मुस्लिम आबादी के अनुपात से 6.71 यानी परिसीमन आयोग के नियमों के मुताबिक 7 संसदीय निर्वाचन क्षेत्रों की आबादी राज्य में मौजूद है और यह 7 संसदीय निर्वाचन क्षेत्र 11 लोकसभा में तब्दील हो सकते हैं। 14वीं लोकसभा में 4, 15वीं में 5 और 16वीं लोकसभा में 4 मुस्लिम सांसद विजयी हुए हैं।

विधानसभा निर्वाचन क्षेत्र 341557 आबादी पर परिसीमित किया गया है। सन् 2001 की जनगणना के अनुसार राज्य में मुस्लिम आबादी 1,37,22,048 16.53 प्रतिशत थी। जनसंख्या अनुपात से 40 मुस्लिम बहुल विधानसभा निर्वाचन क्षेत्र बनते हैं जो 70 विधानसभाओं में तब्दील हो सकते हैं। जिसकी तुलना में 19 विधायक सदन में हैं।

देश के किसी भी राज्य में परिसीमन से मुस्लिम वर्ग ही सबसे ज्यादा प्रभावित हुआ है। इसका विरोध किसी भी राजनीतिक दल ने नहीं किया। अलबत्ता मुस्लिम वर्ग ने चर्चा ज़रूर की, मगर अपना कोई मजबूत पक्ष किसी राजनीतिक दल अथवा परिसीमन आयोग के पास नहीं रखा। 543 सदस्यीय लोकसभा में मुस्लिम सदस्यों की संख्या क्रमशः 14वीं में 37 15वीं में 29 और 16वीं लोकसभा में 22 है।

## संदर्भ—सूची

1. भारत निर्वाचन आयोग सामान्य चुनाव 2004, 2009.
2. वही, 2009.

3. Election Commission of India No. 4/RTI/DEL/2011/EPS/785 Dated 18th May, 2011.
4. भारत निर्वाचन आयोग सामान्य चुनाव 2009.
5. वही.
6. वही, 1980.
7. वही, 2004.
8. वही, 2009.
9. वही.
10. वही.
11. Election Commission of India No. 4/RTI/DEL/2011/EPS/785 Dated 18th May, 2011.
12. वही.
13. भारत निर्वाचन आयोग सामान्य चुनाव 2009.
14. वही.
15. वही.
16. वही, 2004, 2009.
17. वही, 2009.
18. वही.
19. वही, 2004, 2009.
20. वही.
21. वही, 2004, 2009.
22. वही.
23. वही.
24. परिसीमन अधिनियम, 1972.
25. भारत निर्वाचन आयोग 2009.
26. भारत निर्वाचन आयोग 2004, 2009.
27. वही.
28. वही, 2009.
29. वही.
30. भारत जनगणना 2001.
31. भारत निर्वाचन आयोग 2004, 2009.
32. वही.
33. वही, 2009.
34. वही.

35. वही.
36. वही, 2004.
37. वही.
38. वही.
39. वही, 2009.
40. वही.
41. वही, 2004, 2009.
42. भारत परिसीमन आयोग 2009.
43. वही, 2004, 2009.
44. वही, 2004.
45. वही, 2009.
46. वही, 2004.
47. Changing Face of Electoral India : Delimitation 2008.
48. भारत परिसीमन आयोग 2004.
49. वही, 2009.
50. वही.
51. वही.
52. भारत निर्वाचन आयोग 2004, 2009.
53. वही.
54. वही.
55. भारत जनगणना 2001, और Madhya Pradesh Paper-5 Changing Face of Electoral India : Delimitation 2008.

# 4
# जन आक्रोश के कारण परिसीमन आस्थगित

## खण्ड 'स'

## शांति और लोक व्यवस्था

लोकसभा तथा राज्य विधानसभाओं के निर्वाचनों के प्रयोजनों के लिए प्रत्येक राज्य और संघ राज्यक्षेत्र के प्रादेशिक निर्वाचन क्षेत्रों में विभाजन को वर्ष 2001 में की गई जनगणना के आधार पर अभिनिश्चित किए गए जनगणना के आँकड़ों के आधार पर पुनः समायोजित करने के लिए परिसीमन आयोग स्थापित किया गया था। परिसीमन आयोग ने अभी तक 25 राज्यों/संघ राज्य क्षेत्रों में परिसीमन कार्य को पूरा कर लिया है।[1]

असम के बाबत् परिसीमन कार्य को, श्री राम प्रसाद शर्मा और अन्य बनाम भारत संघ और अन्य (पीआईएल संख्या 62/2007) के मामले में गुवाहाटी उच्च न्यायालय के रोक आदेशों के अनुसरण में निलंबित किया गया था।[2]

गुवाहाटी उच्च न्यायालय (उपर्युक्त याचिका में) के आदेशों पर माननीय उच्चतम न्यायालय के रोक आदेश के परिणामस्वरूप परिसीमन आयोग ने परिसीमन का कार्य पुनः आरंभ कर दिया है जिससे असम राज्य में रहने वाले लोगों की भावनाएं भड़कने की संभावना है जिससे यह आशंका हुई है कि अनेक निर्वाचन–क्षेत्रों में चल रहे परिसीमन के परिणामस्वरूप जनता और उनके प्रतिनिधियों के बीच सहयोग में विघटन, उनकी सीमाओं में परिवर्तन से जनजातियों के विभिन्न समूहों के बीच अन्यसंक्रमण हो सकता है, और असम राज्य में ऐसे अभ्यावेदन प्राप्त हुए हैं कि परिसीमन कार्य को, राज्य में सही जनसंख्या के आधार को परिलक्षित करने के लिए राष्ट्रीय नागरिक रजिस्टर को अद्यतन बनाए जाने तक आस्थगित किया जाए।

असम में परिसीमन कार्य का राज्य के सभी संबंधित वर्गों से कड़ा विरोध हुआ है, और राज्य में राजनीतिक और गैर राजनीतिक संगठनों द्वारा अनेक विरोध, प्रदर्शन, बंद, सड़क जाम आदि हुए हैं। विभिन्न राजनीतिक दलों, ऑल इण्डिया

स्टूडेंट्स यूनियन, आल बोडो स्टूडेंट्स यूनियन, आल कोच राजवंशी स्टूडेंट्स यूनियन आल असम माइनारिटी स्टूडेंट्स यूनियन, आदिवासी स्टूडेंट्स यूनियन जैसे विद्यार्थी निकायों और विभिन्न अन्य जातीय संगठनों ने परिसीमन कार्य का विरोध करते हुए लगभग 113 विरोध प्रदर्शन किए।

असम के शिवसागर, जोरहट और डिब्रूगढ़ के ऊपरी जिलों में प्रत्येक से एक निर्वाचन–क्षेत्र कम करने वाले परिसीमन आयोग के प्रस्ताव का विरोध करने के लिए एक उजानी असम समस्ती सुरक्षा समिति का विशेष रूप से गठन किया गया है। असम राज्य में निर्वाचन–क्षेत्रों के परिसीमन से संबंधित मुद्दे बहुत गंभीर और संवेदनशील प्रकृति के हैं तथा उनका विभिन्न जिलों और विशेषकर उन क्षेत्रों में जो विक्षुब्ध क्षेत्र या अत्यंत संवेदनशील क्षेत्र है, गंभीर विधि और व्यवस्था के कारण लोक व्यवस्था में विघटन हो सकता है।[3]

केन्द्रीय सरकार, सशस्त्र बल (विशेष शक्तियां) अधिनियम, 1958 (1958 का –8) की धारा 3 द्वारा प्रदत्त शक्तियों का प्रयोग करते हुए, विद्यमान विधि और व्यवस्था की स्थिति को ध्यान में रखते हुए, समस्त असम राज्य और अरूणाचल प्रदेश तथा मेघालय के सीमावर्ती असम राज्य में बीस किलोमीटर की पट्टी को, का.आ. 1878 (अ), तारीख 4 नवम्बर, 2007 द्वारा ''विक्षुब्ध क्षेत्र'' घोषित किया गया है।

नेशनल डेमोक्रेटिक फ्रंट ऑफ बोडोलैंड (एनडीएफबी) और यूनाइटेड लिबरेशन फ्रंट ऑफ असम (उल्फा) और उनके विभिन्न खण्डों को, का.आ. 2008 (अ), तारीख 23 नवम्बर, 2006 और 2034 (अ), तारीख 27 नवम्बर, 2006 द्वारा, अन्य बातों के साथ और भारत की संप्रभुता और राज्यक्षेत्रीय अखण्डता को विक्षुब्ध करने के लिए विभिन्न अविधिमान्य और हिंसात्मक क्रियाकलापों में लगे रहने के लिए जिससे स्थानीय व्यक्तियों की भावनाओं का विदोहन होने की संभावना है, और उनके कार्यक्रमों को अग्रसर करने से, लोक व्यवस्था में बड़े पैमाने पर हिंसा और विच्छेदन की संभावना है, दो वर्ष की और अवधि के लिए विधिविरूद्ध क्रियाकलाप (निवारण) अधिनियम, 1967 (1967 का 33) की धारा 3(3) के परन्तुक के साथ पठित धारा 3(1) के अधीन 'विधिविरूद्ध संगम' घोषित कर दिया गया है।

असम राज्य की सरकार ने भी, विधायकों, सांसदों, सभी राजनीतिक दलों, पंचायतों और जनता के नेताओं द्वारा विधानसभा और संसदीय निर्वाचन क्षेत्रों के प्रस्तावित परिसीमन पर भेजी गई घोर आपत्तियों के बाबत केन्द्रीय सरकार को सूचित किया है और सरकार से यह अनुरोध किया है कि जनता के नेताओं, लोगों और स्वदेशी जनजातीय समुदायों की शिकायतों को हल किए बिना कोई

परिसीमन कार्य करने से असम राज्य में विधि और व्यवस्था की गंभीर समस्या पैदा होने की संभावना है।[4]

राज्य सरकार का यह विचार है कि परिसीमन कार्य को प्रास्थगित रखा जाए और राज्य में लोगों के शांतिपूर्ण सहअस्तित्व के हित में तथा उसकी राज्य क्षेत्रीय संप्रभुता और लोक व्यवस्था बनाए रखने में यथापूर्ण स्थिति बनाए रखने का अनुरोध किया है।

अतः अब असम राज्य में गंभीर समस्याओं को ध्यान में रखते हुए और उपरोक्त समस्याओं का निराकरण करने के लिए, राष्ट्रपति, परिसीमन अधिनियम, 2002 (2002 का 33) की धारा 10 क की उप–धारा (1) द्वारा प्रदत्त शक्तियों का प्रयोग करते हुए तथा इस बारे में यह समाधान हो जाने पर कि ऐसी स्थिति उत्पन्न हो गई है जिससे भारत की एकता और अखण्डता को खतरा होने की संभावना है तथा शांति और लोक व्यवस्था को गंभीर खतरा है, असम राज्य में परिसीमन कार्य को तत्काल प्रभाव से और आगे आदेशों तक आस्थगित करते हैं।[5]

मणिपुर के बाबत परिसीमन कार्य को पहले मणिपुर प्रदेश कांग्रेस कमेटी और अन्य राजनीतिक दल बनाम भारत संघ और अन्य में 2001 की जनगणना के जनसंख्या के आंकड़ों को चुनौती देते हुए फाइल की गई रिट याचिका (पीआईएल) सं. 16 की सुनवाई करने के पश्चात् गुवाहाटी उच्च न्यायालय के आदेशों के अनुसरण में निलंबित कर दिया गया था।[6]

मार्च, 2001 में घोषित किए गए जनगणना के अंतिम परिणामों को जो राज्य सरकार अन्य राजनीतिक दलों को स्वीकार नहीं थे, बहाल रखने के लिए नागा पीपुल्स आर्गेनाइजेशन, सेनापति और अन्य बनाम भारत संघ और अन्य (2006 की रिट याचिका (सिविल) सं. 3226) द्वारा तत्प्रतिकूल याचिका फाइल की गई।

गुवाहाटी उच्च न्यायालय के आदेशों पर माननीय उच्चतम न्यायालय के रोक आदेश के परिणामस्वरूप परिसीमन आयोग द्वारा परिसीमन कार्य पुनः प्रारंभ किए जाने से मणिपुर राज्य में रहने वाली जनता के विभिन्न समूहों की इस बारे में आशंका के कारण भावनाएं भड़कने की संभावना है कि अनेक निर्वाचन क्षेत्रों में नए परिसीमन कार्य से नाजुक सामाजिक संतुलन बिगड़ सकता है जिससे विभिन्न जातीय समूहों में अन्यसंक्रमण हो सकता है।[7]

कुछ उप–खण्डों में असामान्य रूप से जनसंख्या की वृद्धि की दर पर विचार करते हुए मणिपुर राज्य के मुख्यमंत्री ने जहाँ वृद्धि दर असामान्य है, वहाँ नए सिरे से जनगणना कराने के लिए और इस कार्य के पूरा होने तक, मणिपुर में परिसीमन

कार्य न किए जाने सितम्बर, 2003 में संबद्ध प्राधिकारियों और परिसीमन आयोग को किया था।

इस मुद्दे की संवेदनशीलता तथा विधि और व्यवस्था में बड़े पैमाने पर विघ्न पड़ने की संभावना को ध्यान में रखते हुए, मणिपुर मंत्रिमंडल ने यह संकल्प पारित किया कि मणिपुर में विधानसभा निर्वाचन क्षेत्रों के संबंध में यथास्थिति बनाई रखी जाए।

मणिपुर राज्य सरकार की दलील यह है कि विधानसभा निर्वाचन क्षेत्रों के चालू परिसीमन से उस राज्य में प्रतिकूल प्रभाव पड़ेगा क्योंकि इससे घाटी से कुछ विधानसभा खण्डों का पहाड़ी क्षेत्रों में अंतरण होगा जबकि वास्तविक जनसंख्या का वितरण कुछ भिन्न है और घाटी से पहाड़ी क्षेत्रों में विधानसभा खण्डों के ऐसे अंतरण से घाटी जिलों में रहने वाले लोगों की भावनाओं पर प्रतिकूल प्रभाव पड़ेगा जिसका मणिपुर राज्य में लोकव्यवस्था पर गंभीर प्रभाव पड़ सकता है।[8]

एक और सेनापति जिले में जनगणना के परिणामों को रद्द किए जाने को चुनौती देते हुए मणिपुर में विभिन्न समूहों द्वारा और दूसरी ओर उन तीन उपखण्डों में जिनमें सीटें घाटी से पहाड़ी क्षेत्रों में चली जाएंगी, पुनः जनगणना की माँग करने वाले अन्य समूहों द्वारा गुवाहाटी उच्च न्यायालय और उच्चतम न्यायालय में मुकदमेबाजी के माध्यम से किए जा रहे परस्पर विरोधी दावों के परिदृश्य में संपूर्ण राज्य में जातीय दंगों के भड़कने के गंभीर खतरे की स्थिति उत्पन्न होने की संभावना है जिसकी वजह से विधि व्यवस्था की समस्या खड़ी हो जाएगी और इससे कानून व्यवस्था भी बिगड़ जाएगी।

मणिपुर राज्य सरकार ने 2001 की जनगणना के आधार पर विधानसभा और संसदीय निर्वाचन क्षेत्रों के प्रस्तावित परिसीमन के संबंध में विधायकों, सांसदों और सभी राजनीतिक दलों, पंचायतों, लोकनेताओं और समुदायों द्वारा कठोर आपत्तियों के संबंध में केन्द्रीय सरकार को संसूचित कर दिया है।

घाटी आधारित विभिन्न गैर सरकारी संगठनों ने मणिपुर में राजनीतिक दलों के साथ समन्वय करके पहले ही चालू परिसीमन कार्यवाही के विरूद्ध विस्तृत प्रचार के साथ विभिन्न रूपों में आंदोलन आरंभ कर दिया है जबकि पहाड़ी जिलों में कुछ गैर सरकारी संगठनों ने 2001 की जनगणना के आधार पर विधानसभा और संसदीय निर्वाचन क्षेत्रों के परिसीमन की मांग करते हुए बंद का आयोजन किया है जिसके कारण घाटी और पहाड़ियों में रह रहे समुदायों के बीच हिंसक झड़पें होने की संभावना है जिससे विरोध और व्यवस्था की स्थिति गंभीर रूप से अस्त–व्यस्त हो जाएगी तथा समुदायों के बीच शांतिपूर्ण सौहार्द्र को भी खतरा पैदा हो जाएगा।[9]

मणिपुर के मेटी उग्रवादी संगठनों और उसके सभी गुटों, विंगों और संगठन के मोर्चों को जिन्हें (13 नवम्बर, 2007 के का.आ. 1922 (क) द्वारा) विधि विरूद्ध क्रियाकलाप (निवारण) अधिनियम, 1967 (1967 का 33) धारा 3(3) के परंतुक के साथ पठित धारा 3(1) के अधीन भारत की प्रभुता और क्षेत्रीय अखण्डता को नुकसान पहुँचाने के आशय से विभिन्न अवैध और हिंसक क्रियाकलापों में लगे रहने के कारण दो वर्ष की और अवधि के लिए "विधि विरूद्ध संगम" घोषित किया गया है। अपने कार्यक्रम को अग्रसर करने में बड़े पैमाने पर हिंसा में सम्मिलित करने के लिए स्थानीय जनता की भावनाओं को भड़काने का अवसर प्राप्त हो सकता है।

राज्य सरकार ने, सशस्त्र बल विशेष शक्तियां अधिनियम 1958 (1958 का 28) की धारा 3 द्वारा प्रदत्त शक्तियों का प्रयोग करते हुए तथा विधि और व्यवस्था को ध्यान में रखते हुए, संपूर्ण मणिपुर राज्य को, इंफाल नगरपालिका क्षेत्र को छोड़कर, विक्षुब्ध क्षेत्र घोषित कर दिया है। मणिपुर राज्य सरकार ने राज्य में जनजातीय और अन्य समुदायों के शांतिपूर्ण सौहार्द्र के हित में तथा उनकी प्रादेशिक अखण्डता तथा शांतिपूर्ण सौहार्द्र के हित में तथा उनकी प्रादेशिक अखण्डता तथा शांति और लोक व्यवस्था बनाए रखने के हित में यथास्थिति बनाए रखने का अनुरोध किया है।

अतः अब, मणिपुर राज्य में गंभीर, स्थिति को ध्यान में रखते हुए और उपरोक्त समस्याओं का निराकरण करने के लिए, राष्ट्रपति, परिसीमन अधिनियम, 2002 (2002 का 33) की धारा 10क की उप–धारा (1) द्वारा प्रदत्त शक्तियों का प्रयोग करते हुए और इस बारे में समाधान हो जाने पर कि ऐसी स्थिति उत्पन्न हो गई है जिससे भारत की एकता और अखंडता को खतरा पैदा होने की संभावना है तथा शांति और लोक व्यवस्था को गंभीर खतरा है, मणिपुर राज्य में परिसीमन कार्य को तत्काल प्रभाव से और आगे आदेशों तक आस्थगित करते हैं।[10] इसके प्रयोग के बारे में देखें परिशिष्ट–6, 7

मणिपुर राज्य में रहने वाली जनता के विभिन्न समूहों की इस बारे में आशंका के कारण भावनाएं भड़कने की संभावना है कि अनेक निर्वाचन क्षेत्रों में नए परिसीमन कार्य से नाजुक सामाजिक संतुलन बिगड़ सकता है। जिससे विभिन्न जातीय समूहों में अन्यसंक्रमण हो सकता है। इस बाबत राज्य के मुख्यमंत्री ने सितंबर, 2003 में संबद्ध प्राधिकारियों और परिसीमन आयोग को लिखा था और मणिपुर मंत्रिमंडल ने यह संकल्प पारित किया था कि मणिपुर में विधान सभा निर्वाचन क्षेत्रों के संबंध में यथास्थिति बनाई रखी जाए।[11]

अरूणाचल प्रदेश में परिसीमन कार्य को आस्थागित किए जाने का कारण यह

बताया गया था कि परिसीमन के परिणामस्वरूप जनता और उसके प्रतिनिधियों के बीच संबंध विच्छेद हो सकता है, और उसकी सीमाओं के परिवर्तन से जनजातियों के विभिन्न जातीय और मूलवंशी समूहों का अन्यसंक्रमण हो सकता है।[12]

संविधान (सत्तासीवां संशोधन) अधिनियम, 2003 पारित होने के शुरूआत में ही परिसीमन कार्य के गुण–दोष के आधार पर स्थानीय राजनीतिक दल और विभिन्न संगठनों ने लोकहित में मुकदमा उच्च न्यायालय में दाखिल किया और गुवाहाटी उच्च न्यायालय के रोक आदेशों के अनुसरण में परिसीमन कार्य को निलंबित कर दिया गया था। गुवाहाटी उच्च न्यायालय (उपर्युक्त याचिका में) के आदेशों पर माननीय उच्चतम न्यायालय के रोक आदेश के परिणामस्वरूप परिसीमन आयोग ने परिसीमन का कार्य पुनः आरंभ कर दिया है।[13]

अनुच्छेद 329 में यह कहा गया है कि निर्वाचन की प्रक्रिया प्रारंभ हो जाने पर न्यायालय उसमें हस्तक्षेप नहीं कर सकते हैं। उसी प्रकार न्यायालय को इस बात की अधिकारिकता नहीं होगी कि वे अनुच्छेद 243ट के अधीन निर्वाचन क्षेत्रों के परिसीमन या स्थानों के आबंटन से संबधित किसी विधि की विधिमान्यता की परीक्षा करें।[14] इस प्रकार यह स्पष्ट हो जाता है कि संपन्न किए गए परिसीमन कार्य को माननीय न्यायालय में भी चुनौती नहीं दी जा सकती और न ही कोई याचिका ही दायर की जा सकती है।

अन्ततोगत्वा ऐसी विषम स्थिति में तथ्य तो यह है कि जन आक्रोश के कारण ही परिसीमन की संपूर्ण कार्यवाहियों को आस्थगित किया गया है। यद्यपि जनआक्रोश का एक ही मुद्दा था कि परिसीमन में जिन अनियमितताओं से विसंगतियाँ हुई हैं, उन अनियमितताओं और विसंगतियों को दूर किया जाए। इसीलिए जन–साधारण ने अनेक विरोध, धरना, प्रदर्शन, बंद, सड़क जाम जैसे कृत्यों को अंजाम दिया ताकि उनके मूल अधिकारों को किसी भी परिस्थितियों में छीना न जा सके। "इस जनआक्रोश को ही सरकार ने भारत की एकता और अखण्डता को खतरा होने की संभावना व्यक्त की तथा शांति और लोक व्यवस्था को गंभीर खतरा बताया है।"[15] इससे यह तथ्य उजागर होता है कि ऐसी विसंगतिपूर्ण परिसीमन कार्यवाही, जिसमें जनहित पर कुठाराघात हो, का विरोध शांतिपूर्ण ढंग से संवैधानिक सीमा में किया जा सकता है।

भारत निर्वाचन आयोग ने पत्र क्रमांक / 4 / आरटीआई / 15 / 2013 / (परिसीमन प्रकोष्ट) / 807 19 अगस्त 2013 से सूचित किया है कि विधि एवं न्याय मंत्रालय द्वारा जारी 8 फरवरी 2008 के आदेश के अनुसार असम अरूणाचल प्रदेश नागालैंड एवं मणिपुर राज्य के संदर्भ में परिसीमन कार्य आस्थगित कर दिया गया

है। अतः आयोग इन राज्यों में परिसीमन कार्य के लिए कोई भी समय सीमा निर्धारित करने की स्थिति में नहीं है। इस संबंध में अपेक्षित आदेश सरकार द्वारा पारित किए जाने हैं।[16]

गौरतलब है कि सरकार ने 10 दिसम्बर 2013 को संसदीय/विधानसभा निर्वाचन क्षेत्रों की कुछ सीटों की पुनः समायोजन के लिए निर्वाचन आयोग को सीमित अधिकार के प्रावधान वाले एक विधेयक को राज्य सभा में फिर पेश किया। इस विधेयक के पारित होने के पश्चात् ही उत्तर प्रदेश राज्य में अनुसूचित जनजातियों के लिए आयोग की 13 जनवरी 2014 की अधिसूचना सं.282/उ.प्र./अजा/अजजा/2014 के अनुसार उत्तर प्रदेश राज्य में 402–ओबरा एवं 403–दुद्धी विधानसभा निर्वाचन क्षेत्रों को अनुसूचित जनजातियों के लिए आरक्षित किया गया है। इस के पूर्व राज्य में 85 सीटें अनुसूचित जातियों के लिए आरक्षित थी।[17]

आम चुनाव के दौरान 1 मई 2014 को असम हिंसा में मुस्लिमों की हत्याओं में मरने वालों की संख्या 41 हो गई है। लोगों का आरोप है कि हिंसा कांग्रेस से गठबंधन के सहयोगी बोडोलैंड पीपुल्स फ्रंट की बदले की कार्यवाही है। क्योंकि लोकसभा चुनाव में उन्होंने गैर बोडो उम्मीदवार को वोट दिया, इसलिए मुस्लिम अल्पसंख्यकों की हत्या की गई।[18]

असम में इस तरह की सांप्रदायिक हिंसा का लंबा इतिहास है, हालांकि इसकी शुरूआत बाहरी लोगों के खिलाफ आंदोलन से हुई थी। सन् 1983 में हुए भीषण नेल्ली हत्याकांड को दूसरे विश्व युद्ध के बाद दुनिया का सबसे बड़ा हत्याकांड कहा जाता है, इसमें मरने वालों की तादाद अलग–अलग सूत्रों के हवाले से दो हजार से पाँच हजार बताई जाती है। उस हत्याकांड में ज्यादातर मरने वाले भी मुस्लिम थे। सन् 2012 के जुलाई में बोडो उग्रवादियों ने बड़ी हिंसा को अंजाम दिया था। जिसमें बांग्लाभाषी मुस्लिम समुदाय के 80 लोगों की मौत हो गई थी। इसके बाद से अब तक असम में सांप्रदायिक हत्याओं का सिलसिला चल रहा है। ज्यादातर बांग्लाभाषी नागरिक मुसलमान हैं, इसलिए इस असंतोष ने सांप्रदायिक रंग ले लिया है। अपनी–अपनी राजनीतिक विचारधारा के मुताबिक, इन्हें शरणार्थी या घुसपैठिया कहा जाता है। संघ परिवार में बांग्लादेश से आए मुसलमानों को घुसपैठिया और हिंदुओं को शरणार्थी कहने का रिवाज है।[19]

## 1971 से पहले आने वाले बांग्लादेशी भारतीय : कोर्ट

अपने ऐतिहासिक फैसले में मेघालय हाई कोर्ट ने कहा कि 24 मार्च 1971 से पहले राज्य में बस गए बांग्लादेशी भारतीय नागरिक हैं। इसी के साथ अदालत

ने उनके नाम को मतदाता सूची में शामिल करने का आदेश दिया है। यह फैसला 40 से अधिक उन शरणार्थियों की याचिका पर आया है, जिन्हें जिला प्रशासन ने यह कहते हुए मतदाता सूची में पंजीकरण से वंचित कर दिया कि उनकी नागरिकता संदिग्ध है।[20]

उपायुक्त ने इन शरणार्थियों के नागरिकता प्रमाणपत्र भी ज़ब्त कर लिए थे, जिसके ख़िलाफ उन्होने कोर्ट में याचिका दायर की थी। सभी याचिकाकर्ता मेघालय के रि–भोई जिले स्थित आमजोंग गाँव के निवासी हैं। यह गाँव असम सीमा के नज़दीक है। न्यायमूर्ति एस.आर. सेन ने 15 मई 2014 को अपने आदेश में जिला उपायुक्त पूजा पांडे को याचिकाकर्ताओं को प्रमाणपत्र लौटाने तथा अगले चुनाव से पहले उनके नाम मतदाता सूची में शामिल करने का निर्देश दिया।[21]

न्यायमूर्ति सेन ने कहा कि दोनों देशों के बीच इस बात की स्पष्ट समझ है कि किसे रहने दिया जाए और किसे बांग्लादेश वापस भेजा जाए।[22]

साल 1988 में 14वें संविधान के जरिये श्रीलंका सरकार ने देश में बसे भारतीय मूल के लोगों को नागरिकता प्रदान की थी।[23] तब उस संविधान संशोधन की आलोचनाओं पर प्रतिक्रिया देते हुए तत्कालीन राष्ट्रपति जे.आर. जयवर्द्धने ने आलोचकों से पूछा था कि क्या वे मुझसे यह चाहते हैं कि मैं इन लोगों को हिन्द महासागर के हवाले कर दूँ?

श्रीलंका राजनीति के दिग्गज राजनेता का वह कथन आज एक बार फिर प्रासंगिक हो उठा हैं। ख़ासकर इतवार की रात 15 जून 2014 को एलूथगामा और बेरुवला में भड़की हिंसा को देखते हुए। जैसा कि राष्ट्रपति जयवर्द्धन का आशय था, कोई भी समुदाय देश के दूसरे समुदाय को ख़त्म नहीं कर सकता, इसलिए एक ही रास्ता है कि उन उपायों की तलाश की जाए, जिनकी मदद से सभी शांति व भाईचारे के साथ रह सकें।... श्रीलंका पहले ही मानवाधिकारों के हनन के मामले में संयुक्त राष्ट्र की जांच के कगार पर है। संयुक्त राष्ट्र ने इस बारे में जो प्रस्ताव मार्च 2014 में पारित किया था, उसमें यह कहा गया था कि श्रीलंका में धार्मिक असहिष्णुता बढ़ रही है। ऐसे में इतवार की सांप्रदायिक घटनाओं ने इस धारणा को और मजबूत ही किया है।[24]

## संदर्भ–सूची

1. RTI पत्र 1 अगस्त 2011 विधि और न्याय मंत्रालय (विधायी विभाग) नई दिल्ली और भारत का राजपत्र अधिसूचना सं. 187 (S.O.283) (E) दिनांक 8.2.2008.

2. वही.
3. वही.
4. वही.
5. वही.
6. RTI पत्र 1 अगस्त 2011 विधि और न्याय मंत्रालय (विधायी विभाग) नई दिल्ली और भारत का राजपत्र अधिसूचना सं. 190 (S.O.286) (E) दिनांक 8.2.2008.
7. वही.
8. वही.
9. वही.
10. वही.
11. वही, RTI पत्र 1 अगस्त 2011 विधि और न्याय मंत्रालय (विधायी विभाग) नई दिल्ली.
12. वही.
13. वही.
14. भारत का संविधान एक–परिचय (पंचायतें) पृष्ठ–285.
15. भारत का राजपत्र अधिसूचना सं.187 (S.O.283) (E) दिनांक 8.2.2008.
16. भारत निर्वाचन आयोग के पत्र क्रमांक 14/RTI/15/2013/ 'परिसीमन' प्रकोष्ठ/807 19 अगस्त 2013 से सूचित किया है कि विधि एवं न्याय मंत्रालय द्वारा जारी 8 फरवरी 2008 के आदेश अनुसार परिसीमन आस्थगित।
17. भारत निर्वाचन आयोग के 13 जनवरी 2014 की अधिसूचना संख्या 282/उ.प्र/अजा/अजजा/2014 के अनुसार उत्तर प्रदेश राज्य में 402–ओबरा एवं 403 दुद्धी विधानसभा निर्वाचन क्षेत्रा को अनुसुचित जनजतियों के लिए आरिक्षत किया जाता है।
18. दैनिक हिन्दुस्तान, नई दिल्ली, 4 मई 2014.
19. दैनिक हिन्दुस्तान, नई दिल्ली, 6 मई 2014 तथा 8.
20. दैनिक हिन्दुस्तान, नई दिल्ली, 22 मई 2014.
21. दैनिक हिन्दुस्तान, नई दिल्ली, 22 मई 2014.
22. दैनिक हिन्दुस्तान, नई दिल्ली, 22 मई 2014.
23. दैनिक हिन्दुस्तान, नई दिल्ली, 18 जून 2014 (विदेशी अखबार में द डेली मिरर् श्रीलंका).
24. वहीं।

# द्वितीय खण्ड

## शक्तिहीन अल्पसंख्यक मंत्रालय

# 5
# मेवात का भौगोलिक परिसीमन

## मेवाती योद्धा और राज्य पुनर्गठन आयोग

मेजर पाऊलेट के अनुसार 1857 में प्राचीन मेवात प्रदेश की प्रशासनिक स्थिति भरतपुर के डींग से लेकर रेवाड़ी के कुछ ऊपरी भाग अर्थात कोट–कासिम तक वर्णित किया जाता है। यह संपूर्ण क्षेत्र अरावली पर्वत से घिरा हुआ है, जो उत्तर से दक्षिण तक लगभग 100 मील व पूर्व से पश्चिम से लगभग 75 मील क्षेत्र में फैला हुआ है। मेवात की भौगोलिक स्थिति समय–समय पर बदलती रही है। सन् 1891 की जनगणना के अनुसार उत्तर प्रदेश के 49 जिलों में मेव मुस्लिम आबाद थे।[1] उल्लेखनीय है कि, जिला गुड़गांव का कुल क्षेत्रफल लगभग 1939 वर्ग मील और जनसंख्या लगभग 6, 62, 500 थी। कुल जनसंख्या का 67 प्रतिशत हिन्दू तथा 30 प्रतिशत मुसलमान थे मगर मेव कुल जनसंख्या का छठा हिस्सा अर्थात 1, 10, 400 थे जिनके पास जिले के दक्षिणी भाग की भूमि का एक बड़ा भाग था, जो मेवात कहलाता था। सन् 1842 में मेवात क्षेत्र का राजस्व 11 लाख 14 हजार रूपए आंका गया था।[2]

1857 के स्वाधीनता–संग्राम के केन्द्र हिन्दी भाषी प्रदेश रहे थे। इसलिए ब्रिटिश कार्यकाल में ही मुस्लिम बहुल विशालतम भू–भाग "मेवात" क्षेत्र को अनेक प्रशासनिक भागों में बाँटकर उसकी राजनीतिक एवम् आर्थिक शक्ति को कमजोर कर दिया गया था।[3]

आजादी के बाद सबसे पहले तत्कालीन उप प्रधानमंत्री सरदार वल्लभभाई पटेल के पक्षपातपूर्ण रवैए के कारण 30 मार्च 1949 को राजस्थान के अस्तित्व के समय मेवात क्षेत्र को खंडित करने की साजिश रची गयी थी। सन् 1857 के मेवात की दो ताकतवर रियासतें भरतपुर और अलवर को दो जिलों में बांट दिया गया। फिर आगे भी मेवात को खंड–खंड में विभाजित करने का सिलसिला चलता रहा, जो थमा नहीं, और अब भी जारी है![4] जिसके परिणामस्वरूप यह मुस्लिम बहुल क्षेत्र सदा ही राजनीतिक, आर्थिक और सामाजिक विकास की मुख्य धारा से कभी भी नहीं जुड़ सका और आज भी पिछड़ेपन का दंश झेल रहा है।

22 दिसम्बर 1953 को गठित राज्य पुनर्गठन आयोग ने अपनी रिपोर्ट 30 सितंबर 1955 को सौंपी थी। इसके तीनों सदस्यों जस्टिस फजल अली, हृदयनाथ कुंजरू और के.एम. पणिक्कर की निष्पक्षता पर किसी को संदेह नहीं था, तब विपक्ष कमजोर था और कांग्रेस का वर्चस्व था। फिर भी आयोग की रिपोर्ट आने के बाद मुंबई, अहमदाबाद और कई अन्य स्थानों पर दंगे भड़के थे।[5] आयोग की रिपोर्ट के पश्चात् जो नए राज्यों का पुनर्गठन किया गया था। उस समय राजनीतिक पक्ष को ध्यान में रखकर मेवात को कई राज्यों में बांट दिया गया और उसके वास्तविक भौगोलिक स्वरूप को मिटा दिया गया।[6]

1 नवंबर 1966 को पंजाब विभाजन के फलस्वरूप भाषाई प्रांतों के पुनर्गठन की नीति के अधीन ''हरियाणा'' का जन्म हुआ।[7] मेवात का एक बड़ा भू–भाग हरियाणा में जोड़ दिया गया। हरियाणा सरकार ने चार अप्रैल, 2005 में मेवात को जिले का स्वरूप देकर ''मेवात'' नाम से जिला गठित किया है। जिसका मुख्यालय ''नूंह'' है। हरियाणा सरकार ने ऐसा करके उन मेवाती योद्धाओं का मखौल उड़ाया है जिनके नाम के डर से दिल्ली के दरवाजे बंद हो जाया करते थे।[8]

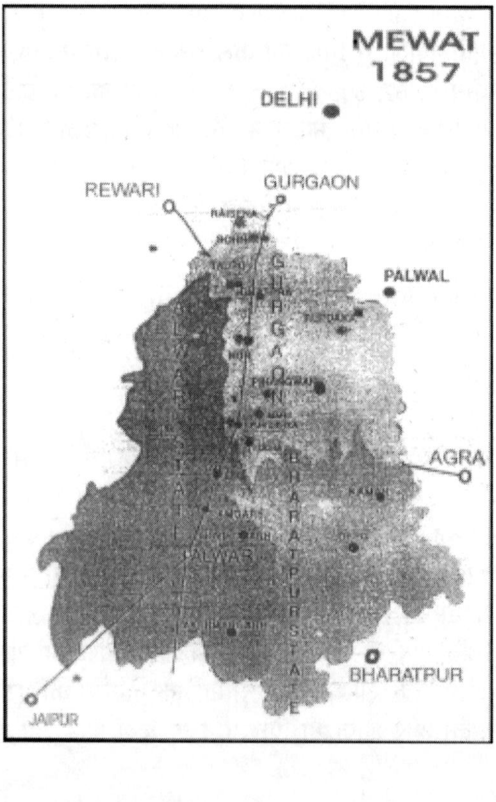

अब मेवात की सीमाएं देश के चार राज्यों से मिलती हैं। राजस्थान (जिला भरतपुर, अलवर) हरियाणा, (जिला गुड़गांव, फरीदाबाद, पलवल, मेवात) दिल्ली, (भोगल, ओखला, हौजरानी) और उत्तर प्रदेश के (जिला मथुरा के लेहचोरा, सांचोली, दोसरस, मंडोरा, हातियाका, जिला अलीगढ़ के, बिसम्बरा, करहारी, छौंकड़वास, बाबूगढ़, जंगहावली, नंगलाजहांनू, मेहंदीपुर, मेवगढ़ी, किशोरपुर, जिला बुलंदशहर के, उदला, मेवला, चिड़ावल) आदि क्षेत्र को जो भौगोलिक रूप से पूरा एक राज्य था उसे चार राज्यों में विभाजित किया गया जिसके कारण कभी भी भविष्य में 'मेवात राज्य' की कोई मांग न उठे और इसीलिए उसके भौगोलिक स्वरूप को ही मिटाकर मुसलमानों को लोकतांत्रिक तरीकों से भी वंचित कर दिया गया। जैसा कि स्वाभाविक है राज्य बनने से फायदा मुसलमानों को ही होता। किन्तु दुर्भाग्य की बात है कि उनकी करीब दो करोड़ की आबादी को चार राज्यों में परिसीमन की आड़ में बाँट दिया गया जिससे पाँच से सात संसदीय निर्वाचन क्षेत्रों का स्थायी नुकसान हो गया। इस तरह के परिसीमन की वजह से मेवाती मुसलमान राजनीतिक रूप से एकदम पिछड़ गए और इसी वजह से इन 68 वर्षों में मेवात क्षेत्र का विकास नहीं हो पाया। इस कृत्य के पीछे आशंका उपजी है कि मेवात को चार राज्यों की सीमा में विभाजित करने की एकमात्र मंशा यही हो सकती है कि कहीं उसे भौगोलिक परिस्थितियों के आधार पर राज्य का दर्जा न देना पड़े। मेवात को राज्य का दर्जा मिलने पर लोकतांत्रिक मूल्यों के आधार पर एक मुस्लिम बहुल विधानसभा अस्तित्व में आ जाती। अब भी समय है कि मेवात की सीमाओं को चार राज्यों से एक राज्य में पुनर्गठित किया जा सकना संभव है।

भारत का परिसंघ पारंपरिक परिसंघ प्रणाली से भिन्न है क्योंकि इसमें संसद को यह शक्ति दी गई है कि वह इकाइयों के राज्य क्षेत्र या उनकी अखण्डता में अर्थात् राज्यों में बिना उनकी सम्मति या सहमति के परिवर्तन कर दे। जहाँ परिसंघ प्रणाली स्वतंत्र राज्यों के बीच संविदा या करार का परिणाम है वहाँ यह स्पष्ट है कि करार को उसके पक्षकारों की सम्मति के बिना बदला नहीं जा सकता। इसी कारण अमेरिकी परिसंघ को ''अविनाशी राज्यों का अविनाशी संघ'' कहा गया है। अमेरिका की राष्ट्रीय सरकार के लिए नए राज्यों की रचना करके या विद्यमान राज्यों की सीमाओं को उनके विधानमण्डल की सम्मति के बिना परिवर्तित करके अमेरिका का मानचित्र संभव नहीं है। किन्तु भारत का परिसंघ स्वतंत्र राज्यों के बीच प्रसंविदा का परिणाम नहीं है। इसलिए राज्यों के संविधान में लेखबद्ध प्रारंभिक पुनर्गठन को बनाए रखने के लिए कोई विशेष कारण नहीं है। हमारे संविधान के निर्माताओं ने संसद को सादी प्रक्रिया से राज्यों का पुनर्गठन

करने के लिए शक्ति दी है। संक्षेप में यह है कि प्रभावित राज्य अपना मत अभिव्यक्त कर सकते हैं किन्तु वे संसद की इच्छा का विरोध नहीं कर सकते।[9]

इससे संबंधित उपबंध संविधान के अनुच्छेद 3 और 4 में है। अनुच्छेद 3 इस प्रकार है :

संसद विधि द्वारा–

(क) किसी राज्य में से उसका राज्यक्षेत्र अलग करके अथवा दो या दो से अधिक राज्यों को या राज्यों के भागों को मिलाकर अथवा किसी राज्यक्षेत्र को किसी राज्य के भाग के साथ मिलाकर नए राज्य का निर्माण कर सकेगी,

(ख) किसी राज्य का क्षेत्र बढ़ा सकेगी,

(ग) किसी राज्य का क्षेत्र घटा सकेगी,

(घ) किसी राज्य की सीमाओं में परिवर्तन कर सकेगी,

(ड.) किसी राज्य के नाम में परिवर्तन कर सकेगी।

परन्तु इस प्रयोजन के लिए कोई विधेयक राष्ट्रपति की सिफारिश के बिना और जहाँ विधेयक में अन्तर्विष्ट परिस्थापना का प्रभाव राज्यों में से किसी के क्षेत्र, सीमाओं या नाम पर पड़ता है वहाँ जब तक उस राज्य के विधानमण्डल द्वारा उस पर अपने विचार, ऐसी अवधि के भीतर जो निर्देश में विनिर्दिष्ट की जाए या ऐसी अतिरिक्त अवधि के भीतर जो राष्ट्रपति द्वारा उसे निर्देशित नहीं कर दिया गया है और इस प्रकार विनिर्दिष्ट या अनुज्ञात अवधि समाप्त नहीं हो गई है, संसद के किसी सदन में पुनःस्थापित नहीं किया जाएगा।[10]

अनुच्छेद 4 में यह उपबंध है कि ऐसे अनुपूरक, अनुषंगी और परिणामिक उपबंध भी होंगे जो उस विधि को प्रभावित करने के लिए आवश्यक है और उस विधि द्वारा संविधान की पहली और चौथी अनुसूची का संशोधन किया जा सकेगा। इसके लिए अनुच्छेद 368 द्वारा विहित संविधान के लिए विधि बनाने की विशेष प्रक्रिया नहीं अपनानी होगी। इस प्रकार यह अनुच्छेद यह दर्शाता है कि हमारा संविधान कितना लचीला है। सादे बहुमत से और सामान्य विधायी प्रक्रिया से संसद नए राज्य बना सकती है या विद्यमान राज्यों की सीमाओं में परिवर्तन आदि करके भारत के राजनैतिक मानचित्र को बदल सकती है। ऐसी विधि बनाने के लिए केवल यही शर्तें अधिकथित हैं।[11]

इसलिए मेवात के विकास के लिए अब मेवात को भी बुंदेलखंड विकास प्राधिकरण की मुहिम में शामिल किया जाना चाहिए। पिछले दिनों आर्थिक रूप से पिछड़े बुंदेलखंड के लिए 'बुंदेलखंड' विकास प्राधिकरण का गठन करने की

माँग केन्द्र से की गई थी। सरकार ने भी इसे मानने का संकेत दिया था। यह भी कहा था कि यह प्राधिकरण राज्य सरकार के अधीन नहीं होगा। लेकिन घोषणा के तुरंत बाद से ही सन्नाटा है। उत्तर प्रदेश और मध्य प्रदेश की गैर कांग्रेसी सरकारों ने इस घोषणा के ख़िलाफ आवाज़ बुलंद की और केन्द्र ख़ामोश हो गया।[12]

छत्तीसगढ़, झारखंड और उत्तराखंड जब राज्य बने थे तब एक उम्मीद जागी थी कि जल्द ही बुंदेलखंड के राज्य बनने का रास्ता भी साफ हो जाएगा। लेकिन ऐसा हो नहीं सका। कारण कि उत्तर प्रदेश और मध्य प्रदेश दोनों नहीं चाहते थे कि उनका बंटवारा हो। इसके पीछे मध्य प्रदेश के छत्तीसगढ़ या उत्तर प्रदेश के उत्तराखंड खोकर बड़े राजस्व से हाथ धो लेने जैसा मसला नहीं है। यह विशुद्ध राजनीतिक स्वार्थ है जो बुंदेलखंड को दो राज्यों में बांटकर पिछड़ा बना रहने के लिए मजबूर कर रहा है।[13]

अलग बुंदेलखंड राज्य की माँग वैसे भी नई नहीं है। उत्तर प्रदेश के झांसी, ललितपुर, महोबा, हमीरपुर और मध्य प्रदेश के दतिया, शिवपुरी, गुना, ग्वालियर और भिंड को मिलाकर यह राज्य बनाने की आवाज उठाई गई थी। माँग करने वालों का तर्क है कि बुंदेलखंड भी समृद्ध राज्य बन सकता है बशर्ते कि उसे उत्तर प्रदेश और मध्य प्रदेश के चंगुल से छुड़ाया जाए। अभी तक कांग्रेस ने भी इस मसले पर अपने पत्ते नहीं खोले थे, लेकिन राहुल गांधी की सक्रियता और बुंदेलखंड राज्य के समर्थन के बाद कांग्रेस कुछ 6 कदम आगे बढ़ी है और आशा की किरण जन्मी है।[14]

बुंदेलखंड के लिए प्राधिकरण बनाने की घोषणा का विचार न तो मुख्यमंत्री उत्तर प्रदेश मायावती को पसंद आया और न मुख्यमंत्री मध्य प्रदेश शिवराजसिंह चौहान को। मायावती ने तकनीकी और संवैधानिक, कारणों से इसका विरोध करने का फैसला किया है। उधर, शिवराजसिंह ने इसे राज्यों के मामले में केन्द्र का हस्तक्षेप बताया। जबकि, उत्तर प्रदेश के प्रभारी और तत्कालीन मुख्यमंत्री मध्य प्रदेश दिग्विजय सिंह ने कहा कि संविधान की धारा 263 के तहत यह प्राधिकरण गठित किया जा रहा है।[15] इससे देश के संघीय ढांचे पर कोई असर नहीं पड़ेगा। दिग्विजय सिंह का तो यह भी कहना है कि मध्य प्रदेश और उत्तर प्रदेश की सरकारें बगैर समझे इस प्रस्ताव का विरोध कर रही हैं।[16] दोनों राज्यों के प्रतिनिधियों को इस प्राधिकरण में शामिल कर और योजनाओं के क्रियान्वयन में उनकी सलाह ली जाएगी। उत्तर–पूर्व के सातों राज्यों में भी इसी तरह के प्राधिकरण बने हुए हैं। इस प्राधिकरण को सिर्फ बुंदेलखंड के लिए पचास हजार करोड़ रूपए हर साल दिए जाएंगे। कांग्रेस महासचिव राहुल गांधी ने इस तरह का प्राधिकरण बनाने का भी प्रस्ताव दिया था। उनका कहना था कि बुंदेलखंड के विकास के लिए अलग प्राधिकरण बनाने से इस पिछड़े इलाके का विकास हो सकता है।[17]

पहली बार बुंदेलखंड के ललितपुर से सांसद और मंत्री बने प्रदीप जैन 'आदित्य' बुंदेलखंड पर हो रही राजनीति से काफी दुःखी है। इस भू–भाग की पिछले 20 वर्षों से उत्तर प्रदेश सरकार ने अवहेलना की है। जब केन्द्र सरकार कुछ करना चाहती है तो राज्य सरकार अड़ंगा लगा रही है। ग्रामीण विकास राज्यमंत्री प्रदीप जैन ने कहा 5 वर्षों से बुंदेलखंड क्षेत्र सूखा पड़ा है, लेकिन राज्य सरकार ने कुछ नहीं किया। अब जब राहुल गांधी के प्रयास से केन्द्र द्वारा विकास प्राधिकरण बनाने की बात हुई तो मायावती सरकार ने अड़ंगा लगा दिया। प्राधिकरण की बात न उत्तर प्रदेश सरकार मानने को तैयार है और न ही मध्य प्रदेश सरकार।[18]

## बुंदेलखंड को मिलेंगे 4310 करोड़

विशेष पैकेज, मद से बाहर नहीं ख़र्च की जा सकेगी राशि बुंदेलखंड के विकास के लिए केन्द्र सरकार पहली किश्त के रूप में 4310 करोड़ रूपए देने जा रही है। इस विशेष पैकेज का पूरा लाभ आम लोगों को मिल सके, इसलिए केन्द्र इस राशि के खर्च की निगरानी व समीक्षा खुद करेगी।[19]

इसमें किसानों की ऋण माफी और फसल बीमा के लिए 580 करोड़ रूपए का प्रावधान किया गया है। इसी तरह जल प्रबंध के लिए 1300 करोड़ रूपए, सिंचाई सुविधाओं के विस्तार के लिए 1,118 करोड़ रूपए, उद्यानिकी के लिए 50 करोड़ रूपए एवं वनभूमि उन्यन के लिए 242 करोड़ रूपए की व्यवस्था की गई है। केन्द्र सरकार ने मध्य प्रदेश और उत्तर प्रदेश के बुंदेलखण्ड के जिलों में इस पैकेज को अलग–अलग स्वरूप में तय किया है। बुंदेलखंड में मध्य प्रदेश के छह और उत्तर प्रदेश के सात जिले आते हैं।[20]

## बुंदेलखंड को मिला विशेष दर्जा

कृषि क्षेत्र के कुल खर्च का 90 फीसदी भार उठाएगी ने बुंदेलखंड को कृषि संबंधी कार्य के लिए 'विशेष' क्षेत्र का दर्जा दे दिया है। मध्य प्रदेश और उत्तर प्रदेश दोनों राज्यों के जिले बुंदेलखंड में शामिल हैं। योजना आयोग ने इस क्षेत्र में लगातार पड़ रहे सूखे को देखते हुए विशेष दर्जे पर मोहर लगा दी है। इसके तहत केन्द्र सरकार यहाँ केन्द्रीय योजनाओं के अंतर्गत कृषि पर होने वाले ख़र्च का 90 फीसदी खुद वहन करेगी, जबकि राज्य सरकार को महज़ 10 फीसदी राशि ही ख़र्च करनी होगी।[21]

आयोग की सचिव सुधा पिल्लई के नेतृत्व में हाल ही में हुई एक उच्चस्तरीय बैठक में तय किया गया कि सिंचाई संबंधी योजना पर बुंदेलखंड में होने वाले खर्च का 90 फीसदी केन्द्र वहन करेगा। फिलहाल इस क्षेत्र के अधिकांश जिले पूरी तरह मानसून पर निर्भर हैं।

## तीन साल में खर्च होंगें 1600 करोड़

प्रदेश में बुंदेलखंड जिले के छह जिलों में विकास के लिए केन्द्र सरकार से म.प्र. को 3760 करोड़ रूपए मिल रहे हैं। इसमें से 2160 करोड़ रूपए पूर्व से जारी योजनाओं के होंगे। प्रदेश को 1600 करोड़ रुपए अतिरिक्त मिलेंगे जो तीन साल में जलग्रहण क्षेत्र प्रबंधन, सिंचाई, कृषि, पशुपालन, उद्यानिकी तथा वन संबंधी योजनाओं में खर्च किए जाने हैं। यह जानकारी मुख्यमंत्री शिवराजसिंह चौहान की अध्यक्षता में 1 जनवरी 2011 को मंत्रालय में बुंदेलखंड पैकेज के संबंध में आयोजित बैठक में दी गई।

## अब यहाँ ये होगा–

यहाँ सिंचाई का संजाल बिछ सकता है। साथ ही सूखे हुए भूमिगत जलाशयों को भी नया जीवन दिया जा सकता है।

## विशेष दर्जे के मायने–

विकास कामों के लिए केन्द्र की ओर से न केवल भरपूर धन दिया जाता है, बल्कि कई तरह की रियायतें भी मिलती है।[22]

## बुंदेलखण्ड के लिए सौगात की झड़ी

राहुल गांधी की पहल पर केन्द्र द्वारा पिछले वर्ष बुंदेलखण्ड को विशेष दर्जा देना ही एक तरह से उत्तर प्रदेश राज्य में चुनावी शंखनाद था।[23] इसके ठीक 18 माह बाद पुनः 7 मई, 2011 को विकास के नाम पर बुंदेलखण्ड के द्वार पर रैली द्वारा दस्तक देना और प्रधानमंत्री मनमोहन सिंह द्वारा बांदा की इस रैली में तोहफों और सौगात की झड़ी लगाना।[24] केवल आमजन को मुख्य मुद्दा नए ''राज्य का गठन'' से दिग्भ्रमित करना माना जा सकता है। पेयजल व्यवस्था के लिए 200 करोड़ रूपए की सौगात, झांसी में खुलेगा केन्द्रीय कृषि विश्वविद्यालय, बुंदेलखण्ड के सभी जिलों में खुलेंगे केन्द्रीय विद्यालय, झांसी मेडिकल कालेज का होगा उच्चीकरण, मिलेगी सभी सुविधाएं, योजना आयोग के तहत बुंदेलखण्ड परामर्श समिति का गठन। यह सब कवायद चुनाव का ही आगाज़ है।[25]

केंद्र सरकार जो संदेश देना चाहती है, वह साफ है कि हम उत्तर प्रदेश को आगे ले जाना चाहते हैं, लेकिन लखनऊ में बैठी सरकार इसमें बाधा बन रही है। अब हमको यानी कांग्रेस को वोट देना चाहिए। यह रैली तब हुई है, जब उत्तर प्रदेश के दो बड़े नेता मायावती और मुलायम सिंह यादव लोक लेखा समिति में कांग्रेस के साथ खड़े हैं। ऐसे में रैली का सीधा–सा अर्थ यह है कि जमीन पर उनमें कोई युद्ध–विराम नहीं हुआ है।[26]

पूरे देश में कहीं के भी मुकाबले में उत्तर प्रदेश में कांग्रेस का दाँव बहुत बड़ा है। यहाँ पार्टी 1989 से सत्ता से बाहर है पार्टी को अगर राष्ट्रीय स्तर पर अपने पुराने दौर में लौटना है, तो शुरूआत उत्तर प्रदेश से ही करनी होगी। राहुल गांधी की सबसे ज्यादा सक्रियता उत्तर प्रदेश में ही दिखायी पड़ती है। वह पिछले कई साल से बसपा सरकार के काम–काज पर उंगली उठा रहे हैं लेकिन उप–चुनाव के नतीजों से ऐसा नहीं लगता है कि मतदाताओं पर इसका कुछ असर पड़ा है।[27]

उत्तर प्रदेश को लेकर कांग्रेस के चिंतित होने के बहुत से कारण भी हैं। 15वीं लोकसभा चुनाव में पार्टी लगभग 100 विधानसभा क्षेत्रों में आगे रही थी। पार्टी अब इसी आधार पर अपना विस्तार करके प्रदेश की दूसरी बड़ी ताकत बनना चाहती है। कांग्रेस को उम्मीद है कि अगर उसने पूरा दम लगा दिया, तो वह बहुजन समाज पार्टी का गणित बिगाड़ सकती है।[28] विकास का मुद्दा उठाकर वह जातीय और समुदाय के परंपरागत वोटों के सहारे राहुल गांधी को प्रधानमंत्री की कुर्सी तक पहुँचाना चाहती है। लोकसभा चुनाव में उसे इसी का फायदा मिला था और वह अब उसी फार्मूले को दोहराना चाहती है... 2014 मिशन के रूप में!

जनवरी 1835 में मेवात के नवाब शमशुद्दीन अहमद खां का अंग्रेजों से विवाद होने पर नवाब शमशुद्दीन अहमद खां के एक सैनिक करीम खां मेव रंगाला द्वारा उस समय के रेजिडेंट विलियम फ्रीजर का कत्ल किया गया।[29] जिसके कारण 3, अक्टूबर 1835 को मेवात की नवाबियत को समाप्त कर अंग्रेजों ने मेवात को अपनी छावनी के रूप में तब्दील कर दिया।[30] जिसका नतीजा 1857 के भयंकर विद्रोह के रूप में सामने आया। दिल्ली में 1857 की जंग समाप्त होने के उपरांत भी नवंबर 1859 तक मेवात में शांति स्थापित नहीं हो सकी।[31] जिसकी परिणति 15 अगस्त 1947 को आजादी के रूप में हुई। सन् 1935 में अनेक रेजिमेंट थी, जिनमें सिर्फ मुस्लिम मेव सैनिक ही हुआ करते थे। सन् 1945 तक मेव रेजिमेंटों को आहिस्ता–आहिस्ता ख़त्म किया गया और उन रेजिमेंटो के मुस्लिम सैनिकों का समावेश गोरखा, मराठा और सिख रेजिमेंट में किया गया... जहाँ कल कहीं मेवात नाम से अनेक रेजिमेंट थी, अब भारत गणराज्य की सेना में ढूंढने पर भी एक मेव मुस्लिम सैनिक नहीं मिलता।[32]

1947 के पूर्व मेव और मीणा जातियों को क्रिमीनल एक्ट के अंतर्गत निरूद्ध किया जाता था। इस एक्ट को आजादी के बाद 1952 में रद्द किया गया और मीणा जाति को अनुसूचित की सूची में रखा गया जबकि मेव और मीणा एक ही जनजाति के दो समूह थे।[33] काबिले ज़िक्र है कि हजरत उमर (रजि.) का कौल है...

***"अपने इतिहास को दोहराते रहा करो कहीं ऐसा न हों, तुम बाबुल के लोगों की तरह भूला दिए जाओ"***

मेवात के विकास के लिए भी बुंदेलखंड की तर्ज पर ही 'मेवात विकास प्राधिकरण' का गठन संविधान के (अनुच्छेद 262 और 263) के तहत किया जाए। अनुच्छेद 262 में एक विशेष वर्ग के विवादों के न्यायिकेतर अधिकरण द्वारा न्यायनिर्णयन की व्यवस्था है।[34]

(i) संविधान के (अनुच्छेद 263) में प्रशासनिक निकाय और अन्वेषण और सिफारिश के माध्यम से अन्तरराज्यीक विवादों के निवारण की व्यवस्था है।[35] इस प्रकार–

(ii) यदि किसी समय राष्ट्रपति को यह प्रतीत होता है कि ऐसी परिषद की स्थापना से लोकहित की सिद्धि होगी तो वह अन्तर्राज्यिक विवादों की जाँच करने और सलाह देने के लिए अन्तर्राज्य परिषद् स्थापित कर सकेगा (अनुच्छेद 263 (क))।[36]

इस संबंध में यह उल्लेख करना उचित होगा कि अन्तर्राज्यिक विषयों पर सलाह देने के लिए सलाहकारी निकाय भी कानूनी प्राधिकारी के अधीन स्थापित किए गए हैं।[37]

इसके लिए कांग्रेस के युवा तुर्क राहुल गांधी को ही पहल करना चाहिए। चूंकि बुंदेलखंड से बदतर स्थिति मेवात क्षेत्र की है। मेवात के इस विशालतम भू–भाग को अभी तक रेल मार्ग से भी नहीं जोड़ा गया है। आज मेवात का जो भी पिछड़ापन है, उसके लिए सिर्फ कांग्रेस महासचिव राहुल गांधी के पूर्वज ही ज़िम्मेदार हैं। उनके पूर्वजों द्वारा अतीत में की गई भूल को वे वर्तमान में सुधार सकते हैं...मेवात को विकास प्राधिकरण का तोहफा देकर!

## संदर्भ–सूची

1. मेवात एक खोज श्रृंखला भाग–3 (क्रांति की शुरूआत और मेवात) पृष्ठ–40, 41 और 87 (संग्राम 1857) लेखक–सिद्दीक अहमद मेव.
2. वही,पृष्ठ–7.
3. मेवात एक खोज श्रृंखला भाग–3 'संग्राम 1857 (लेखक–सिद्दीक अहमद मेव) भूमिका पृष्ठ–5.
4. वही, पृष्ठ–6.
5. वही, पृष्ठ–7.
6. भारत का संविधान–एक परिचय (आचार्य डॉ.दुर्गादास बसु) पृष्ठ–260.
7. 'मेवात एक खोज' श्रृंखला भाग–3 (लेखक–सिद्दीक अहमद मेव) पृष्ठ–6, 7.
8. वही.
9. भारत का संविधान–एक परिचय (संघ का राज्यक्षेत्र) पृष्ठ–70.
10. वही.
11. वही.
12. नई दुनिया इन्दौर, 12, 13 सितम्बर 2009.
13. वही.
14. वही.
15. वही.
16. पत्रिका, इन्दौर 28 अक्टूबर 2009, नई दुनिया इन्दौर 28 अक्टूबर 2009.
17. वही.
18. वही.
19. वही.
20. वही.

21. दैनिक भास्कर, इन्दौर 3 फरवरी 2010.
22. वही.
23. (बुंदेलखण्ड के लिए तोहफों की झड़ी) हिन्दुस्तान नई दिल्ली, 7 मई 2011,राष्ट्रीय सहारा उर्दू नई दिल्ली 7 मई, 2011.
24. वही.
25. वही.
26. हिन्दुस्तान नई दिल्ली, 9 मई 2011.
27. वही.
28. वही.
29. 'मेवात एक खोज' श्रृंखला भाग–3 संग्राम 1857 (लेखक–सिद्दीक अहमद मेव).
30. वही, पृष्ठ–6 '1857 में मेवात की प्रशासकीय स्थिति'.
31. वही, पृष्ठ–9.
32. वही.
33. वही, पृष्ठ–1.
34. भारत का संविधान–एक परिचय (अंतर राज्य संबंध) पृष्ठ–353.
35. वही.
36. वही.
37. वही.

# 6

# अल्पसंख्यक बहुल 90 जिलों की राजनीतिक स्थिति

## केन्द्रीय सरकार और अल्पसंख्यक मुस्लिम नीति

आजादी के बाद पहली बार ईमानदार कोशिश भारत की संविधान सभा एवम् उसके बाहर राजनीतिक गलियारे में हुई थी। संविधान सभा में ऐसे अनेक मुस्लिम राजनीतिज्ञ थे जिनकी पृष्ठभूमि मुस्लिम लीग की थी।[1] जेडएच लारी, मोहम्मद इस्माईल खां, बी. पोरकर साहिब, तजम्मुल हुसैन, बेगम एजाज़ रसूल आदि सदस्यों ने धर्मनिरपेक्षता के प्रश्न पर बहस में बढ़चढ़कर हिस्सा लिया था। तजम्मुल हुसैन ने संविधान सभा में अल्पसंख्यकों के अधिकारों पर बोलते हुए 26 मई, 1950 को जो कहा था, वह नई शुरूआत का संकेत था।[2] उनके अनुसार "हम राष्ट्र के साथ घुलमिलकर एक होना चाहते हैं... हम किसी तरह लघु नहीं हैं! हममें आपस में कोई फर्क नहीं है! हम अल्पसंख्यक नहीं हैं! अल्पसंख्यक शब्द अंग्रेजों का निकाला हुआ है! उन्होंने अल्पसंख्यक वर्ग की रचना की थी...अंग्रेज लोग यहाँ से चले गए, उनके साथ अल्पसंख्यक वर्ग भी चले गए! इस शब्द को आप अपने शब्दकोष से हटा दीजिए"। जब तजम्मुल हुसैन बोल रहे थे तो सभा में खूब–खूब की वाह–वाही एवं तालियों से समर्थन व शाबाशी दी जा रही थी।[3]

परन्तु यह सब अल्पकालिक सिद्ध हुआ राजनीतिक ने अल्पसंख्यक और बहुसंख्यक अवधारणाओं एवं विभाजनों को न सिर्फ बनाए रखा बल्कि उसे और भी समृद्ध एवं शक्तिशाली बनाया और आज भारत में धर्मनिरपेक्षता का प्रश्न हिन्दू–मुस्लिम विवाद में उलझकर रह गया है! हुसैन ने जो बात कही थी उसके नीतिहार्क को आज समझने की आवश्यकता है...

इसी परिपेक्ष्य में, पाठकों को पंचवर्षीय योजना (2008–2012) के अन्तर्गत देश के 640 जिलों में से चयनित 90 अल्पसंख्यक जिलों Minority Concentration Districts (MCDs) की वास्तविक और राजनीतिक स्थिति से रूबरू कराना चाहती हूँ...जिसका ब्यौरा आगे तालिका में क्रमवार दिया गया है–

## असम

1. असम के 27 जिलों से 13 जिलों को Minority Concentration Districts के अन्तर्गत शामिल किया गया है और इन में सिर्फ पाँच जिलों को संसदीय निर्वाचन क्षेत्र में तब्दील किया है।[4] गौरतलब है कि इन पाँच संसदीय निर्वाचन क्षेत्रों में से भी दो को आरक्षित किया गया है।[5] असम से 14वीं, 15वीं और 16वीं लोकसभा 2014 में दो ही मुस्लिम सांसद विजयी हुए हैं।[6]
2. उल्लेखनीय है कि असम, अरूणाचल प्रदेश, नागालैंड और मणिपुर राज्यों में परिसीमन कार्य को तत्काल प्रभाव से और आगे आदेशों तक आस्थगित किया गया हैं और परिसीमन अधिनियम, 2002 की धारा 10 ख के अधीन झारखण्ड राज्य के बाबत् परिसीमन आयोग द्वारा किए गए अंतिम आदेशों को उस राज्य में होने वाले लोकसभा या विधानसभा के लिए प्रत्येक निर्वाचन के संबंध में वर्ष 2026 तक आकृत कर दिया है।[7]
3. यदि असम में परिसीमन 2008 क्रियान्वित होता तो यकीनन मुस्लिम वर्ग की सघन आबादी के लिहाज से राज्य में इस वर्ग की लोकसभा और राज्य विधानसभा की संख्या में ज़रूर बढ़ोत्तरी होती। परन्तु देश की सुरक्षा का मामला जो था।[8]

गौरतलब है कि परिसीमन आयोग के अधिनियम, 2002 के खण्ड 9 (1) (घ) के अंतर्गत अजा/अजजा के लिए सीटों का आरक्षण उन निर्वाचन क्षेत्रों में किया जाएगा जिनमें उनकी कुल आबादी सर्वाधिक है।[9] अब राज्य के विभिन्न हिस्सों में अजा/अजजा के लिए वितरित किए जाने वाले निर्वाचन क्षेत्रों का वितरण किस प्रकार किया जाएगा। जबकि इन सभी राज्यों में परिसीमन कार्य को आकृत और आस्थगित किया गया है।[10]

Sources :

1. भारत का राजपत्र असाधारण नई दिल्ली, मंगलवार, फरवरी 19, 2008
2. www.com.minorityaffairsgov.in
3. Election Commissin of India-General Election 2004-2009

## List of Minority Concentration Districts

### CATEGORY – 'A'

List of Districts which have both socio-economic and basic amenities parameters below national average.

| Minority Concentration | नाम संसदीय निर्वाचन क्षेत्र | नाम / स्थिति 2004 | पार्टी | संसदीय निर्वाचन क्षेत्र | नाम / स्थिति 2009 | पार्टी |
|---|---|---|---|---|---|---|
| कोकराझार | कोकराझार | आरक्षित | IND | 5–73 | आरक्षित | BPF |
| धुबरी | धुबरी | अनवर हुसैन | INC | 4–17 | मौलाना अजमल बद्रुद्दीन | AUDF |
| गोलपाड़ा | – | लोकसभा नहीं | – | 0 0 | लोकसभा नहीं | – |
| बोंगईगांव | – | लोकसभा नहीं | – | 0 0 | लोकसभा नहीं | – |
| बारपेटा | बारपेटा | ए. एफ. गुलाम उस्मानी | INC | 6–157 | इस्लाम हुसैन | INC |
| दारांग | – | लोकसभा नहीं | – | 0 0 | लोकसभा नहीं | – |
| मेरीगांव | – | लोकसभा नहीं | – | 0 0 | लोकसभा नहीं | – |
| नैगांव | नैगांव | राजेन गोहैन | BJP | 10–139 | राजेन गोहैन | BJP |
| कछार | – | लोकसभा नहीं | | 0 0 | लोकसभा नहीं | – |
| करीमगंज | करीमगंज | आरक्षित | INC | 1–481 | आरक्षित | INC |
| हैलाकंडी | – | लोकसभा नहीं | – | 0 0 | लोकसभा नहीं | |
| कामरूप | – | लोकसभा नहीं | | 0 0 | लोकसभा नहीं | |
| नार्थ कछार | – | लोकसभा नहीं | | 0 0 | लोकसभा नहीं | |
| 13 जिले 5 संसदीय क्षेत्र 2 आरक्षित 2 मुस्लिम सांसद विजयी हुए थे। | | | | परिसीमन नहीं हुआ। 2 मुस्लिम सांसद निर्वाचित हुए। | | |

1. www.comminorityaffairs.gov.in,
2. ElectionCommission of india-GeneralElection2004-2009

## बिहार

1. बिहार के 38 जिलों में से 7 जिलों को Concentration Districts के अन्तर्गत शामिल किया हुआ है।[11] 14वीं लोकसभा 2004 में इन सात जिलों के छह संसदीय क्षेत्र थे जिला पश्चिम चंपारन को संसदीय निर्वाचन क्षेत्र में परिवर्तित नहीं किया गया था और अररिया को आरक्षित वर्ग के लिए रखा गया था।[12] सात Concentration Districts के पांच सामान्य संसदीय क्षेत्र से केवल दो मुस्लिम सांसद निर्वाचित हुए थे।[13]
2. परिसीमन 2008 में पश्चिम चंपारन जिले को संसदीय निर्वाचन क्षेत्र में तब्दील किया गया है और अररिया आरक्षित क्षेत्र को अब सामान्य श्रेणी में रखा गया है।[14] इस तरह सात Concentration Districts संसदीय निर्वाचन क्षेत्र में से सिर्फ किशनगंज संसदीय निर्वाचन क्षेत्र से मुस्लिम सांसद निर्वाचित हुआ है।[15]

## झारखण्ड

1. परिसीमन अधिनियम 2002 की धारा 10 ख के अधीन झारखण्ड राज्य के बाबत परिसीमन आयोग द्वारा किए गए अंतिम आदेशों को उसे राज्य में होने वाले लोकसभा या विधानसभा के लिए प्रत्येक निर्वाचन के संबंध में वर्ष 2026 तक आकृत कर दिया गया है।[16]
2. झारखण्ड के 24 जिलों में से चार जिले Minority Concentration Districts के अन्तर्गत चयनित किए गए हैं।[17] जिला रांची को संसदीय क्षेत्र में तब्दील किया है। शेष तीन जिले साहिबगंज, पकौड़, गुमला को अन्य संसदीय क्षेत्र में समायोजित किया गया है।[18] रांची संसदीय क्षेत्र से 14 वीं और 15वीं लोकसभा के लिए सुबोधकांत सहाय निर्वाचित हुए हैं।[19]

1. www.com.minorityaffairs.gov.in
2. Election Commission of India-General Election 2004-2009

## List of Minority Concentration DistrictS

## CATEGORY –'A'

List of Districts which have both socio-economic and basic amenities parameters below national average.

| Minority Concentration | | | नाम संसदीय निर्वाचन क्षेत्र | नाम / स्थिति 2004 | पार्टी | संसदीय निर्वाचन क्षेत्र | नाम / स्थिति 2009 | पार्टी |
|---|---|---|---|---|---|---|---|---|
| बिहार | | | | | | | | |
| 17-17 | 1 | अररिया | अररिया | आरक्षित | BJP | 22–445 | प्रदीप सिंह | BJP |
| 18-18 | 2 | किशनगंज | किशनगंज | तस्लीमुद्दीन | RJD | 23–264 | मौलाना असरारुल हक | RJD |
| 19-19 | 3 | पूर्णिया | पूर्णिया | उदय सिंह | BJP | 24 –459 | उदय सिंह | BJP |
| 20-20 | 4 | कटिहार | कटिहार | विपिन कुमार चौधरी | BJP | 25 –91 | विपिन कुमार चौधरी | BJP |
| 21-21 | 5 | सीतामढ़ी | सीतामढ़ी | सीताराम यादव | RJD | 11–385 | डा0 अर्जुन राम | RJD |
| 22-22 | 6 | पश्चिम चंपारन | – | लोकसभा नहीं | | | | |
| झारखण्ड | | | | | | | | |
| 24-24 | 1 | साहिबगंज | | लोकसभा नहीं | – | 0 0 | लोकसभा नहीं | – |
| 25-25 | 2 | पाकौड | – | लोकसभा नहीं | – | 0 0 | लोकसभा नहीं | – |
| 77-4 | 3 | रांची | रांची | सुबोधकांत सहाय | INC | 08–393 | सुबोधकांत सहाय | INC |
| 78-5 | 4 | गुमला | – | लोकसभा नहीं | – | 0 0 | लोकसभा नहीं | – |
| | | | | | | | | |
| 4 जिले 1 ससंदीय क्षेत्र मुस्लिम नहीं | | | | | | परिसीमन नही हुआ 4 जिले 1 ससंदीय क्षेत्र मुस्लिम नही | | |

1. www.comminorityaffairs.gov.in
2. Election Commission of india-General Election 2004-2009.

## उत्तर प्रदेश

1. भारत सरकार ने Minority Concentration Districts के अन्तर्गत उत्तर प्रदेश के 70 जिलों में से 23 जिलों को चिहिनांकित किया है।[20] जो मुस्लिम बहुल हैं। इन 23 जिलों में से 2004 के चुनाव तक 18 जिले संसदीय निर्वाचन क्षेत्र में परिवर्तित थे शेष 5 जिले (MCD's) की श्रेणी में जरुर हैं, लेकिन वह संसदीय निर्वाचन क्षेत्र में परिवर्तित नहीं थे।[21] राजनीतिक पक्ष को ध्यान में रखकर तब उन्हें अन्य संसदीय क्षेत्रों में समायोजित किया गया था।[22]
2. 2004 के चुनाव तक इन 23 जिलों के दो संसदीय क्षेत्र बाराबंकी और बिजनौर आरक्षित थे और छह जिलों को संसदीय क्षेत्र में परिवर्तित नहीं किया गया था। इस प्रकार कुल 15 संसदीय क्षेत्रों से 6 मुस्लिम सांसद निर्वाचित हुए थे।[23]
3. 2008 के संशोधित परिसीमन में MCD's के 21 जिलों के 18 संसदीय निर्वाचन क्षेत्र गठित किए गए हैं और अब चार संसदीय क्षेत्रों को आरक्षित किया गया है बुलन्दशहर, बाराबंकी, शाहजहांपुर, बहराइच।[24] बलरामपुर संसदीय क्षेत्र की पुरानी पहचान को मिटाया गया।[25] गौरतलब हैं कि 2009 के संसदीय चुनाव में इन 18 संसदीय निर्वाचन क्षेत्रों में से केवल तीन मुस्लिम सांसद ही निर्वाचित हुए हैं।[26]
4. यह कैसी विडंबना है कि कांग्रेस ने पंचवर्षीय योजना (2008–2012) के अन्तर्गत इन सभी जिलों को एमसीडी में भी शामिल किया है, और ये जिले बुलन्दशहर, बाराबंकी, शाहजहांपुर, बहराइच संसदीय नियमों के अनुसार संसदीय निर्वाचन क्षेत्र में भी तब्दील है।[27] लिहाजा पुनर्समायोजन परिसीमन 2008 में हुआ है फिर भी परिसीमन आयोग ने इन जिलों को आरक्षित वर्ग की श्रेणी में रखा है।[28] इन चार संसदीय निर्वाचन क्षेत्रों के अलावा भी राज्य के 13 और आरक्षित संसदीय क्षेत्र हैं जहाँ मुस्लिम वर्ग खुले रुप से प्रभावित हुआ है।[29]

Sources :

1. Election Commission of India General Election 2004-2009
2. www.com.minorityaffairs.gov.in
3. Election Commissin of India- General Election 2004-2009

## List of Minority Concentration Districts

### CATEGORY –'A'

List of Districts which have both socio-economic and basic amenities parameters below national average.

2004 की स्थिति 2009 की स्थिति

| उत्तर प्रदेश | | | | | | | |
|---|---|---|---|---|---|---|---|
| Minority Cpmcemtratopm Dostrocts Sl. No. | | संसदीय निर्वाचन क्षेत्र 2004 | नाम /स्थिति 2004 | पार्टी | संसदीय निर्वाचन क्षेत्र और नम्बर2004/2009 | नाम/स्थिति 2009 | पार्टी |
| 20-1 | बुलन्दशहर | बुलन्दशहर | कल्याण सिंह | BJP | 74–46 | आरक्षित | SP |
| 31-2 | बदायूं | बदायूं | सलीम इकबाल शेरवानी | SP | 6–534 | धर्मेन्द्र यादव | SP |
| 32-3 | बाराबंकी | बाराबंकी | आरक्षित | BSP | 25–341 | आरक्षित | INC |
| 37-4 | खीरी | खीरी | रविप्रकाश वर्मा | SP | 11–282 | ज़फर अली नकवी | INC |
| 34-5 | शाहजहांपुर | शाहजहांपुर | कुंवर जितिन प्रसाद | INC | 10–262 | आरक्षित | SP |
| | | | | | | | |
| 36-7 | रामपुर | रामपुर | जयाप्रदा नहाटा | SP | 4–277 | जयाप्रदा नहाटा | SP |
| 37-8 | ज्योतिवा फूले नगर | – | 2004 लोकसभा नहीं | – | | 2009 लोकसभा नहीं | – |
| 38-9 | बरेली | बरेली | संतोष गंगवार | BJP | 8–29 | अरूण प्रवीण सिंह | BJP |
| 39-10 | पीलीभीत | पीलीभीत | मैनका गांधी | BJP | 9 –128 | वरूण गांधी | BJP |
| 40-1 | बहराइच | बहराइच | रूबाब सैयदा | SP | 27–209 | आरक्षित | INC |
| 41-12 | श्रावस्ती | – | | – | | विनय पाण्डे | INC |
| 42-13 | बलरामपुर | बलरामपुर | ब्रिजभूषण सिह | BJP | 28–0 | विलोपित | – |
| 43-14 | सिद्धार्थनगर | – | 2004 लोकसभा नहीं | – | | 2009 लोकसभा नहीं | – |
| | | | | | | | |
| | Category 'B' Sub Category 'B1' | | | | | | |
| 3-1 | लखनऊ | लखनऊ | अटल बिहरी बाजपेई | BJP | 16–492 | लालजी टण्डन | BJP |
| 64-2 | सहारनपुर | सहारनपुर | रसीद मसूद | SP | 80–359 | जगदीश सिंह | BJP |
| 65-3 | मेरठ | मेरठ | मो0 शाहिद | BSP | 76–13 | राजेन्द्र अग्रवाल | BJP |
| 66-4 | मुजफ्फरनगर | मुजफ्फरनगर | चौ0 मुनव्वर हुसैन | SP | 78–360 | कदीर राणा | BSP |
| 67-5 | बागपत | बागपत | अजीत सिंह | RLD | 77–427 | अजीत सिंह | RLD |
| 68-6 | गाजियाबाद | – | 2004 लोकसभा नहीं | – | | राजनाथ सिंह | BJP |
| 21 जिले 17 संसदीय क्षेत्र 2 आरक्षित 6 मुस्लिम सांसद विजयी हुए थे। | | | | | 21 जिले 18 संसदीय क्षेत्र 4 आरक्षित 3 मुस्लिम सांसद विजयी | | |

1. www.comminorityaffairs.gov.in,
2. ElectionCommission of india-GeneralElection2004-2009

## पश्चिम बंगाल

1. पश्चिम बंगाल के 19 में से 12 जिले Concentration Districts के अंतर्गत आते हैं।[30] 14वीं लोकसभा में इन 12 जिलों के कुल 28 संसदीय निर्वाचन क्षेत्र थे। पाँच आरक्षित और पाँच मुस्लिम सांसद विजयी हुए थे।[31] संशोधित परिसीमन 2008 के बाद हुए 15वीं लोकसभा में इन 12 जिलों के 5 संसदीय निर्वाचन क्षेत्रों को विलोपित किया और इतने ही नए संसदीय निर्वाचन क्षेत्र बने। छह मुस्लिम सांसद विजयी हुए थे।[32] दो मुस्लिम बहुल संसदीय निर्वाचन क्षेत्रों को विलोपित किया। 22–कोलकाता नार्थ और 40–कटवा।[33]
2. पश्चिम बंगाल राज्य में 2001 की जनगणना के अनुसार मुस्लिम जनसंख्या 2 करोड़ 2 लाख 24 हजार 543 25.25 प्रतिशत है।[34]

1. www.com.minorityaffairs.gov.in
2. Election Commission of India General Election 2004-2009.
3. Census of India 2001.

## List of Minority Concentration Districts

## CATEGORY –'A'

List of Districts which have both socio-economic and basic amenities parameters below national average.

2004 की स्थिति | 2009 की स्थिति

| Minority Concentration Districts Sl. No. | | नाम संसदीय निर्वाचन क्षेत्र 2004 | नाम / स्थिति 2004 | पार्टी | संसदीय निर्वाचन और नम्बर 2004 / 2009 | नाम / स्थिति 2009 | पार्टी | |
|---|---|---|---|---|---|---|---|---|
| | **पश्चिम बंगाल** | | | | | | | |
| 45-45 | उत्तर दिनाजपुर | रायगंज | प्रियरंजनदास मुंशी | INC | 5-102 | प्रियरंजनदास मुंशी | INC | |
| 46-46 | दक्षिण दिनाजपुर | बलूरघाट | आरक्षित | RSP | 6-237 | प्रशांत कुमार | RSP | |
| 47-47 | मालदा | मालदा | गनीखान चौधरी | INC | 7-93<br>0-291 | 1. दक्षिण मालदा अब्दुल हासिम खान<br>2. उत्तर मालदा–मौसमनूर | INC<br>INC | |
| 48-48 | मुर्शिदाबाद | मुर्शिदाबाद तीन | अब्दुल मन्नान हसन | INC | 9-156 | अब्दुल मन्नान | INC | |
| 49-49 | बिरभूम | बिरभूम दो | आरक्षित | CPM | 42-388 | शताब्दी राय | AITC | |
| 50-50 | नदिया | नवादीप दो | आरक्षित | CPM | 11-00 | विलोपित | – | |
| 51-51 | नार्थ 24 परगना | बशीर हाट चार | अजय | CPI | 14-159 | हाजी नुरुल इस्लाम | AITC | |
| 52-52 | वर्धमान | वर्धमान, कटवा चार | मेहबूब जाहिदी | CPM | 40-147 | प्रोफेसर शेख सैदूल हक | CPI | वर्धमान–दुर्गापुर के नाम से |
| 53-53 | कूचबीहार | कूचबीहार | आरक्षित | AIFB | 1-287 | आरक्षित | AIFB | |
| | **ओडिशा** | | | | | | | |
| 29-29 | गजापट्टी | – | 2004 लोकसभा नहीं | – | 00 | 2009 लोकसभा नहीं | – | |
| | **पश्चिम बंगाल** | | | **CATEGORY 'B' Sub-Category 'B1'** | | | | |
| 71-18 | हावड़ा | हावड़ा, उलबेरिया दो | हन्नान मुल्ला | CPM | 25-16 | सुल्तान अहमद | AITC | |
| 72-19 | साउथ 24 परगाना | जायनगर चार | आरक्षित | RSP | 15-242 | आरक्षित | IND | |
| 73-20 | कोलकाता | कोलकाता तीन | मो0 सलीम | CPM | 22-0 | विलोपित | – | |
| | | | कोलकाता की तीन लोकसभा हैं। 2004<br>1. कोलकाता नार्थ वेस्ट CPM<br>2. कोलकाता नार्थ ईस्ट से एक मुस्लिम सांसद विजयी हुआ था। CPM<br>3. कोलकाता साउथ AITC | | | | संशोधित परिसीमन 2008 में कोलकाता की दो लोकसभा सीट बनाई गई हैं।<br>1. कोलकाता साउथ AITC<br>2. कोलकाता नॉर्थ AITC | |
| | 12 जिले 28 संसदीय निर्वाचन क्षेत्र 5 आरक्षित 5 मुस्लिम सांसद विजयी हुए थे। | | 12 जिले 28 संसदीय निर्वाचन क्षेत्र 6 मुस्लिम सांसद विजयी हुए। | | | | | |

1.www.comminorityaffairs.gov.in, 2. Election Commission of india-General Election2004-2009.

## दिल्ली / हरियाणा

दिल्ली के 9 जिलों में से दिल्ली ईस्ट नार्थ जिले को MCD's के अंतर्गत शामिल किया हुआ है दिल्ली प्रदेश के 7 संसदीय निर्वाचन क्षेत्र में से एक भी मुस्लिम सांसद नहीं है।[35] सन् 2001 की जनगणना अनुसार दिल्ली की मुस्लिम आबादी 16 लाख 12 हजार 104 है।[36]

हरियाणा के 21 जिलों में से दो जिले गुड़गांव और सिरसा MCD's के अंतर्गत आते है। 493–सिरसा संसदीय क्षेत्र आरक्षित है। राज्य में दस संसदीय निर्वाचन क्षेत्र हैं और कोई मुस्लिम सांसद नहीं है।[37]

## अंडमान / मध्य प्रदेश / कर्नाटक

अंडमान द्वीप को भी MCD's के अंतर्गत शामिल किया है। मध्य प्रदेश के 51 जिलों में से केवल भोपाल को MCD's के अंतर्गत लिया गया है। 29 संसदीय क्षेत्रों में से एक भी मुस्लिम सांसद नहीं है।[38] वर्ष 1995 के विधानसभा में राज्य की 320 सदस्यीय विधानसभा से एक भी मुस्लिम सदस्य निर्वाचित नही हुआ था और 2004 में 230 सदस्यीय राज्य विधानसभा से दो मुस्लिम विधायक निर्वाचित हुए थे बुरहानपुर / उत्तर भोपाल उल्लेखनीय है कि 2008 के परिसीमन के कारण 2009 के चुनाव में एक मुस्लिम विधायक उत्तर भोपाल से निर्वाचित हुआ है।[39]

कर्नाटक के 27 जिलों में से गुलबर्गा और बीदर जिले को MCD's के अंतर्गत लिया गया है। सन् 2004 के चुनाव में राज्य के 28 संसदीय क्षेत्र में से 2–गुलबर्गा संसदीय क्षेत्र से इकबाल अहमद सरहदगी विजयी हुए थे। सन् 2008 के परिसीमन में अब 205–गुलबर्गा को आरक्षित किया गया है। राज्य के 28 संसदीय क्षेत्रों में से एक भी मुस्लिम सांसद निर्वाचित नहीं हुआ है।[40]

Sources :

1. www.com.minorityaffairs.gov. in
2. Election Commission of India General Election 2004-2009
3. Census of India 2001

## List of Minority Concentration Districts

### Category 'B'

### Sub-Category 'B-1'

List of Districts which have both socio-economic and basic amenities parameters below national average.

2004 की स्थिति    2009 की स्थिति

| Minority Concentration Districts Sl.No. | | संसदीय निर्वाचन क्षेत्र 2004 | नाम / स्थिति 2004 | पार्टी | संसदीय निर्वाचन क्षेत्र और नम्बर 2004 / 2009 | नाम / स्थिति 2009 | पार्टी | |
|---|---|---|---|---|---|---|---|---|
| | **दिल्ली** | | | | | | | |
| 57-4 | देहली नार्थ –ईस्ट | देहली नार्थ –ईस्ट | संदीप दीक्षित | INC | 4–12 | जय प्रकाश | INC | |
| | **हरियाणा** | | | | | | | |
| 58-5 | गुडगांव | – | 2004 लोकसभा नहीं | INC | 0–363 | इन्द्रजीत सिंह राय | INC | |
| 59-6 | सिरसा | थ्सरसा | आरक्षित | INC | 10–493 | आरक्षित | INC | |
| | **कर्नाटक** | | | | | | | |
| 60-7 | गुलबर्गा | गुलबर्गा | इकबाल अहमद सरहदगी | INC | 2–205 | आरक्षित | INC | |
| 61-8 | बिदर | बिदर | आरक्षित | BJP | 1–443 | एन. धरम सिंह | INC | |
| | **मध्य प्रदेश** | | | | | | | |
| 62-9 | भोपाल | भोपाल | कैलाश जोशी | BJP | 19–180 | कैलाश जोशी | BJP | |

1. www.comminorityaffairs.gov.in,
2. Election Commission of india-GeneralElection2004-2009

## List of Minority Concentration Districts
### CATEGORY –'B'
### Sub-Category 'B-1'

List of Districts which have both socio-economic and basic amenities parameters below national average.

2004 की स्थिति   2009 की स्थिति

| महाराष्ट्र | | | | | | | | |
|---|---|---|---|---|---|---|---|---|
| Minority Concentration Districts Sl.No. | | नाम संसदीय निर्वाचन क्षेत्र 2004 | नाम / स्थिति2004 | पार्टी | नम्बर संसदीय निर्वाचन क्षेत्र | नाम / स्थिति 2009 | पार्टी | |
| 26-26 | परभणी | परभणी | तुकाराम पाटील | शिवसेना | 31–119 | गणेशराव नागोराव | शिवसेना | |
| 80-7 | बुलढाणा | बुलढाणा | आनन्दराव अडसुल | शिवसेना | 18–161 | प्रतापराव गणपतराव | शिवसेना | |
| 81-8 | वाशिम | वाशिम | पुण्डलिकराव गवली | शिवसेना | 20–325 | भावना गवली पाटिल | शिवसेना | यवतमहल–वाशिम |
| 82-9 | हिंगोली | हिंगोली | सूर्यकान्त पाटील | NCP | 29–530 | सुभाष बापूराव | शिवसेना | |
| | जम्मू कश्मीर | | | | | | | |
| 76-3 | लेह (लद्दाख) | लेह (लद्दाख) | थुप्सलान चेवांग | IND | 4–203 | हसनखान | IND | |
| | केरल | | | | | | | |
| 79-6 | वायनाड | – | 2004 लोकसभा नहीं है | – | 0–409 | एम.आई. शाहनवाज | INC | |
| | अंडमान द्वीप | | | | | | | |
| 74-1 | निकोबार | निकोबार | मनोरंजन भक्त | INC | 1–373 | विष्णुराय पाड़ा | BJP | |
| | उत्तराखण्ड | | | | | | | |
| 69-1 | उधमसिंहनगर | – | 2004 लोकसभा नही | – | 0 0 | 2004 लोकसभा नही | – | – |
| 70-2 | हरिद्वार | – | 2009 लोकसभा नही | – | 0 0 | 2009 लोकसभा नही | – | – |

1. www.comminorityaffairs.gov.in,
2. Election Commission of india-General Election2004-2009.

# संदर्भ–सूची


1. नई दुनिया। इन्दौर 16 नवम्बर 2010.
2. वही, लेखक–(राकेश सिन्हा) इण्डिया पॉलीसी फाऊंडेशन के मानद निर्देशक हैं।
3. वही.
4. www.com minority affairs gov.in और भारत निर्वाचन आयोग 2009.
5. वही.
6. वही.
7. परिसीमन अधिनियम 2002 की धारा 10 ख (और संदर्भ 8 भी).
8. भारत का राजपत्र असाधारण नई दिल्ली, मंगलवार फरवरी 19, 2008.
9. परिसीमन अधिनियम, 2002 के खण्ड–9 (1) (घ).
10. भार का राजपत्र असाधारण नई दिल्ली, मंगलवार फरवरी 19, 2008.
11. www.com minority affairs.gov.in
12. भारत निर्वाचन आयोग 2004.
13. वही.
14. भारत निर्वाचन आयोग 2009.
15. वही.
16. परिसीमन अधिनियम, 2002 की धारा 10 ख.
17. www.com minority affairs.gov.in
18. भारत निर्वाचन आयोग 2004, 2009.
19. वही.
20. www.com minority affairs.gov.in
21. भारत निर्वाचन आयोग 2009.
22. वही.
23. भारत निर्वाचन आयोग 2004, 2009.
24. वही.
25. वही.
26. वही.
27. www.com minority affairs.gov.in
28. परिसीमन अधिनियम, 2002.
29. भारत निर्वाचन आयोग 2009.
30. www.com minority affairs.gov.in
31. भारत निर्वाचन आयोग 2009.
32. वही.

33. भारत निर्वाचन आयोग 2004, 2009.
34. भारत जनगणना 2001.
35. www.com minority affairs.gov.in
36. भारत जनगणना 2001.
37. भारत निर्वाचन आयोग 2009.
38. वही.
39. वही.
40. भारत निर्वाचन आयोग 2004, 2009.
41. भारत निर्वाचन आयोग 2009.
42. वही.
43. वही.
44. परिसीमन अधिनियम, 2002 (3 जून 2002).
45. भारत निर्वाचन आयोग 2009.

# तृतीय खण्ड

## लोकतंत्र और संवैधानिक संस्था

# 7
# महाराष्ट्र विधानसभा

1 मई 1960 को महाराष्ट्र राज्य के अस्तित्व में आने के बाद से अब तक राज्य विधानसभा के 10 चुनाव हो चुके हैं और 11वां चुनाव 13 अक्टूबर 2009 को सम्पन्न हुआ है।[1] दो विधानसभा वाले महाराष्ट्र विधानमण्डल की विधानसभा का पहला चुनाव 1962 दूसरा 67 में, तीसरा 1972 में और चौथा चुनाव 1978 में हुआ था। पाँचवा चुनाव अपने निर्धारित समय से पहले 1980 में हुआ था।[2] महाराष्ट्र विधानसभा के लिए छठवां चुनाव 1985, सातवां 1990, आठवां 1995 में नवां 1999 में, दसवां चुनाव 2004 और मौजूदा 11वां चुनाव 2009 को सम्पन्न हुआ।[3] विधानसभा के परिणाम 22 अक्टूबर 2009 को घोषित हुए।[4] 288 सदस्यीय महाराष्ट्र विधानसभा में दो बार 1978 और 1980 के चुनाव में 15 मुस्लिम विधायक विधानसभा की जीनत बने थे।[5] 1962, 1967 और 1972 के विधानसभा चुनाव में मुस्लिम विधायकों की संख्या संतोषजनक नहीं रही।[6] सन् 1985 में 10 और 1990 में 7 मुस्लिम विजयी हुए थे।[7] सन् 1995 के विधान सभा चुनाव में 9 और 1999 में 13 मुस्लिमों ने जीत हासिल की थी।[8] सन् 2004 में 11 थे और 2009 के मौजूद विधानसभा में भी 11 मुस्लिम विधायक निर्वाचित हुए हैं।[9] अलबत्ता अबु आसिम आजमी दो स्थान 136–भिवंडी पश्चिम और 171–मानखुर्द–शिवाजी नगर विधानसभा क्षेत्र से विजयी हुए थे।[10] भिवंड़ी पश्चिम विधानसभा क्षेत्र से आजमी ने त्यागपत्र दे दिया है और उनका पुत्र फरहान आजमी 24 जनवरी, 2010 को हुए उप चुनाव में हार गया हैं। अब सदन में मुस्लिम सदस्यों की संख्या 10 है।[11]

महाराष्ट्र विधानसभा में अब तक सिर्फ एक मुस्लिम महिला आयशा इकबाल 1972 में मालेगांव से निर्वाचित होकर सदन में पहुँची थी। इनके बाद कोई दूसरी मुस्लिम महिला अब तक विधायक नहीं बन सकी।[12] इसी तरह 78 सदस्सीय विधान परिषद् में सिर्फ दो मुस्लिम महिलाएँ लतीफा काज़ी और फौज़िया तहसीन खान ही प्रवेश पा सकी हैं।[13] फौज़िया खान फिलहाल विधान परिषद की सदस्य हैं।[14] उन्हें 2 नवम्बर 2009 को मुख्यमंत्री अशोक चौहान ने अपने मंत्रिमण्डल में राज्य मंत्री बनाया था।[15] राज्य का पहला चुनाव 1962 में हुआ और मौजूदा

ग्यारहवां चुनाव 2009 को सम्पन्न हुआ है।[16] इन 47 वर्षों में महाराष्ट्र राज्य की 288 सदस्यीय विधानसभा में अब तक कुल 76 मुस्लिम विधायक विभिन्न राजनीतिक दलों से निर्वाचित होकर सदन में पहुँचे हैं और राज्य के करोड़ों–करोड़ मुसलमानों का प्रतिनिधित्व किया है।[17]

2009 के विधानसभा चुनाव में विभिन्न राजनीतिक दलों के जो ग्यारह मुस्लिम विधायक निर्वाचित हुए हैं, वे राज्य के चार जिलों से ही निर्वाचित हुए हैं।[18] मुंबई से पाँच, थाणे से दो, नासिक, औरंगाबाद और कोल्हापुर से एक–एक विधायक है।[19] राज्य के 16 जिले ऐसे भी हैं जिनकी विधानसभाओं से मुस्लिम प्रत्याशी विजयी होते रहे हैं।[20] इस संशोधित परिसीमन में देश के किसी भी मुस्लिम बहुल निर्वाचन क्षेत्र में सरसरी नजर डालने पर निर्वाचन क्षेत्रों में परिसीमन की बर्बरता सहज देखी जा सकती है। शहरी हो या ग्रामीण क्षेत्र परिसीमन इस तरह किया गया है कि कोई भी मुस्लिम उम्मीदवार पर्याप्त मुस्लिम आबादी होने के बावुजूद भी लोकतांत्रिक मूल्यों के आधार पर चुनाव में निर्वाचित नहीं हो सके और देश के सभी निर्वाचित सदनों में मुस्लिम वर्ग का प्रतिनिधित्व शून्य जैसा बना रहे जबकि लोकतंत्र में हार और जीत का फैसला संख्या बल पर निर्भर होता है। मगर लोकतांत्रिक धर्मनिरपेक्ष देश भारत में हार और जीत का फैसला परिसीमन पर निर्भर है।[21]

मुंबई की 36 विधानसभा सीटों में से गत चुनाव में 6 मुस्लिम विधायक विभिन्न राजनीतिक दलों से निर्वाचित हुए थे।[22] इस बार संशोधित परिसीमन के कारण मुंबई से सिर्फ पाँच मुस्लिम सदस्य सदन में पहुँचे हैं।[23] गौरतलब है कि 15वीं लोकसभा में राज्य की 48 संसदीय सीट में से एक भी मुस्लिम सांसद किसी भी राजनीतिक दल से निर्वाचित नहीं हुआ है।[24] 14वीं लोकसभा में एक सांसद अब्दुल रहमान अंतुले 3–कोलाबा सीट से निर्वाचित हुए थे।[25]

2004 में महाराष्ट्र राज्य की 288 सीट में से 40 सीटें आरक्षित वर्ग की थी।[26] अनुसूचित जाति की 18 और अनुसूचित जनजाति 32 कुल = 40 संशोधित परिसीमन 2008 में अजा–29 अजजा–24 यानी 14 आरक्षित सीटें और बढ़ी कुल = 54 हैं।[27]

## विधानसभा निर्वाचन क्षेत्रों का परिसीमन निर्देश तथा प्रक्रिया आबादी

1. विधानसभाओं के लिए अनुसूचित जाति तथा अनुसूचित जनजाति के लिए आरक्षित किए जाने वाली सीटों की संख्या की गणना 2001 जनगणना के आधार पर फिर से गणना की जाएगी।[28]

2. राज्य में प्रत्येक निर्वाचन क्षेत्रों से परिसीमन किया जाएगा कि जहाँ तक व्यवहारिक होगा, सभी निर्वाचन क्षेत्रों की आबादी पूरे राज्य में एक समान होगी।[29]
3. तथापि, परिसीमन आयोग ने यह आंतरिक निर्णय लिया है कि चूंकि निर्वाचन क्षेत्रों को सभी मामलों में एकदम समान आबादी के रुप में परिसीमित नहीं किया जा सकेगा, यदि भौगोलिक विशेषता, संचार साधन, लोक सुविधा, क्षेत्रों की समीपता तथा इस तरह चाही गई प्रशासकीय इकाइयों को टूटने से बचाने की आवश्यकता होगी, राज्य जिला औसत में दस प्रतिशत तक कम अथवा ज्यादा तक का अंतर आयोग को मान्य होगा।[30]

उल्लेखनीय है कि, परिसीमन आयोग ने परिसीमन के बाबत अपने निर्देशों में स्वयं विरोधाभास निर्देश दिए हैं। कंडिका (2) में स्पष्ट कहा गया है कि विधानसभा निर्वाचन क्षेत्रों की आबादी पूरे राज्य में एक समान होगी। कंडिका (3) में आतंरिक निर्णय लिया और कहा चूंकि निर्वाचन क्षेत्रों को सभी मामलों में, एक दम समान आबादी के रुप में परिसीमित नहीं किया जा सकेगा और इसी कंडिका में आगे कहा गया, है कि, राज्य/जिला औसत से 10 प्रतिशत तक कम अथवा ज्यादा तक का अंतर आयोग को मान्य होगा।[31]

गौरतलब है कि परिसीमन 2008 में राज्य के परिसीमनकर्त्ताओं ने उपर्युक्त निर्देशों का तकनीकी लाभ उठाया और राजनीतिक दलों को लाभ पहुँचाने की नियत से परिसीमन किया है। इसी तारतम्य में... 14 आरक्षित सीटों को बढ़ाने के लिए परिसीमन आयोग ने निम्नानुसार कार्यवाही की

1. 54 सीटों में बदली हुई भौगोलिक सीमाओं के साथ परिसीमन किया
2. 11 पुरानी आरक्षित सीटों की पहचान को मिटा दिया
3. 9 आरक्षित सीटों को सामान्य सीटों में परिवर्तित किया
4. 9 नई सीटों का गठन किया
5. 25 सीटों को सामान्य वर्ग से आरक्षित वर्ग में परिवर्तित किया।

जैसा कि 14 आरक्षित सीटों को बढ़ाने के लिए 54 आरक्षित और अनेक सामान्य सीटों को प्रभावित किया है और राज्य विधानसभा सीटों की कुल संख्या 288 बरकरार है।[32]

लिहाज़ा परिसीमन आयोग के आन्तरिक निर्णय और नियम 10 प्रतिशत से कम या अधिक के अनुमत्य अंतर का लाभ उठाया गया है और बदली हुई

भौगोलिक सीमाओं के साथ परिसीमन किया। जिसके कारण राज्य की मुस्लिम बहुल विधानसभा ही अधिकतर प्रभावित हुई है। जैसे 272–मीरज से गत चुनाव में धतुरे हफीज़ हुसैन विजयी हुए थे।[33] 2008 के परिसीमन में 281–मीरज के नाम से आरक्षित है। 183–पाथरी से दुर्रानी अब्दुल्ला खान विजयी हुए थे। 179–बासथ सामान्य को विलोपित किया और 98–पाथरी का पुनर्गठन किया गया।[34] 2009 में 98–पाथरी से दुर्रानी चुनाव हार गए।[35] जिला अकोला की 110–बोरगांव मन्जु विधानसभा को विलोपित किया और इसका एक भाग 29–बालापुर और 30–अकोला पश्चिम विधानसभा में समायोजित किया गया। यद्यपि 29–बालापुर से खतीब परिवार की रजिया बेगम को 1590 मतों के अंतर से हार का मुँह देखना पड़ा और 30–अकोला पश्चिम से अजहर हुसैन खान चुनाव हार गए है।[36]

महाराष्ट्र के 16 जिले ऐसे भी हैं जहाँ की विधानसभाओं से मुस्लिम वर्ग के प्रत्याशी 2004 के चुनाव तक बराबर निर्वाचित होते रहे हैं। सन् 2009 के चुनाव संशोधित परिसीमन के तहत हुए हैं। इस चुनाव में इन जिलों से एक भी मुस्लिम प्रत्याशी किसी भी राजनीतिक दल से विजयी नहीं हुआ है। कुछ विधानसभा निर्वाचन क्षेत्र तो ऐसे भी हैं जहाँ से मुस्लिम वर्ग के प्रत्याशी लगातार पाँच बार विजयी हुए हैं। देखे तालिका :

| क्रमांक | जिला / विधानसभा क्षेत्र | नाम | वर्ष |
|---|---|---|---|
| 1. | अकोला | खान अजहर हुसैन | 1978, 1980 |
| 2. | औरंगाबाद | अब्दुल अज़ीम | 1978, 1980 |
| 3. | नांदेड | एडवोकेट नूर उल्लाहखान | 1978 |
| 4. | श्रीवर्धन | अब्दुल शकूर | 1978, 80, 85 |
| 5. | अहमद नगर | मोहम्मद इस्माईल असीर | 1980 |
| 6. | जलगांव (भुसावल) | यासीन बागवान | 1980 |
| 7. | पूणे | अमीनउद्दीन पेनवाला | 1980 |
| 8. | नागपुर मध्य | हाजी अनीस अहमद | 1980, 85, 99, 2004 |
| 9. | परभणी (पाथरी) | दुर्रानी अब्दुल्ला खान | 1980, 2004 |
| 10. | बीड | सिराज अहमद देशमुख | 1985, 1990 |
| 11. | उस्मानाबाद (उमरगा) | काजी अब्दुल खालिद | 1985, 90, 99 |
| 12. | रत्नागिरी (संगमेश्वर) | मूसाअली मोडक | 1985 |
| 13. | थाणे अम्बरनाथ | साबिर शेख | 1990, 95, 99 |
| 14. | जालना (परतूर) | अब्दुल कदीर देशमुख | 1985 |
| 15. | मीरज | हफीज धतूरे | 1999, 2004 |
| 16. | खेतवाड़ी | के.एन. खान | 1978 |
| 17. | चिंचपोकली | शेख शमीम अहमद | 1980, 95 |
| 18. | अम्बोली | हाफिज मोहम्मद युसुफ | 1980 |

**स्रोत** : 1. उर्दू टाईम्स मुंबई, 18 अक्टूबर 2009.

# महाराष्ट्र विधानसभा
## (मुस्लिम विधायक)

| विधान सभा निर्वाचन क्षेत्र का नंबर और नाम 2004 | | पार्टी | | विधान सभा निर्वाचन क्षेत्र का नंबर और नाम 2009 | | पार्टी |
|---|---|---|---|---|---|---|
| 1. 20—उमरखाडी | बशीर मूसा पटेल | NCP | | 1. 104—सिल्लोड़ | अब्दुल सत्तार | INC |
| 2. 26—नागपाड़ा | डॉ सैयद अहमद | INC | | 2. 114—मालेगांव | मुफ़्ती मोहम्मद इस्नाईल | JJS |
| 3. 36—बांद्रा | बाबा जियाउद्दीन | INC | | 3. 136—भिवंड़ी पश्चिम | अब्दुल रसीद | SP |
| 4. 46—ट्राम्बे | अब्राहनी युसुफ | INC | | 4. 137—भिवंड़ी उत्तर | अबु आसिम आजमी | SP |
| 5. 48—नेहरू नगर | नवाब मलिक | NCP | | 5. 162—मलाड़ पश्चिम | असलमशेख | INC |
| 6. 49—कुर्ला | मोहम्मद आरिफ नसीम खान | INC | | 6. 168—चाँदवली | मोहम्मद आरिफ नसीमखान | INC |
| 7. 73—मालेगांव | शेख रसीद | INC | | 7. 171—मानखुर्द—शिवाजी नगर | अबु आसिम आजमी | SP |
| 8. 136—नागपुर नध्य | अनीस अहमद | INC | | 8. 172—अणुशक्तिनगर | नवाब मलिक | NCP |
| 9. 183—पाथरी | अब्दुल्ला खान | NCP | | 9. 177—बांद्रा पश्चिम | बाबा जियाउद्दीन | INC |
| 10. 272—मीरज | हफ़ीज़ धतूरे | INC | | 10.186—मुंबादेवी | अमीन पटेल | INC |
| 11. 286—कागल | मुशर्रफहसन | NCP | | 11. 273 कागल | मुशर्रफ हसन | NCP |

**स्रोत** : 1. भारत निर्वाचन आयोग, महाराष्ट्र राज्य विधान चुनाव 2004
2. महाराष्ट्र शासन राजपत्र, असाधारण अक्टूबर 25, 2009

## महाराष्ट्र विधानसभा
(आरक्षित वर्ग 2004)

### आरक्षित 40 सीट

आरक्षित से सामान्य भाग–प्रथम

| विधानसभा निर्वाचन क्षेत्र का नंबर और नाम 2004 | | पार्टी 2004 | विधानसभा निर्वाचन क्षेत्र का नंबर और नाम 2004 | | पार्टी 2004 | विधानसभा निर्वाचन क्षेत्र का नंबर और नाम 2004 | | | पार्टी 2004 | विधानसभा निर्वाचन क्षेत्र का नंबर और नाम 2009 / 2009 | | पार्टी 2004 |
|---|---|---|---|---|---|---|---|---|---|---|---|---|
| 1-35 | धराबी | INC | 21-133 | नागपुर नार्थ | INC | 1 | 59 | वाड़ा | BJP | 1-90-17 | चालीसगांव | BJP |
| 2-59 | वाडा | BJP | 22-145 | तिरोला | NCP | 2 | 64 | जवाहर | CPM | 2-145-64 | तिरोला | NCP |
| 3-62 | पालधर | SHS | 23-151 | अरमोरी | INC | 3 | 77 | सुरगाणा | CPM | 3-174-91 | मुखेड़ | SHS |
| 4-63 | डहानु | NCP | 24-152 | गढचिरोली | BJP | 4 | 83 | त्लोदे | INC | 4-176-97 | गंगाखेड़ | BJP |
| 5-64 | जवाहर | CPM | 25-153 | सिरोची | NCP | 5 | 84 | अकरानी | INC | 5-218-249 | नार्थ सोलापुर | SHS |
| 6-65 | शाहपुर | NCP | 26-161 | रालेगांव | INC | 6 | 153 | सिरोंची | NCP | 6-227-189 | करजत | BJP |
| 7-66 | इगतपुरी | SHS | 27-162 | केलापुर | BJP | 7 | 162 | कैलापुर | BJP | 7-248-212 | पार्वती | INC |
| 8-68 | देवलाली | SHS | 28-174 | मुखेड़ | SHS | 8 | 205 | हैर | BJP | 8-276-288 | जत | BJP |
| 9-76 | डिंडोरी | NCP | 29-176 | गंवाहखेड | BJP | 9 | 207 | कलंब | SHS | 9-259-258 | मान | NCP |
| 10-77 | सुरगाणा | CPM | 30-201 | कैज | NCP | 10 | 219 | मंगलवेढ़े | NCP | | | |
| 11-78 | कलवण | NCP | 31-205 | हैर | BJP | 11 | 279 | वड़गांव | JSS | | | |
| 12-79 | बागलान | IND | 32-207 | कलंब | SHS | | | | | | | |
| 13-80 | साकरी | INC | 33-218 | नार्थ शोलापुर | SHS | | | | | | | |
| 14-81 | नवापुर | INC | 34-219 | मंगलवेढ़े | NCP | | | | | | | |
| 15-82 | नंदुरबार | NCP | 35-227 | करजत | BJP | | | | | | | |

| | | | | | | | | | | | |
|---|---|---|---|---|---|---|---|---|---|---|---|
| 16-83 | तलोदा | INC | 36-239 | नगर अकोले | NCP | | | | | | |
| 17-84 | अकरानी | INC | 37-248 | पार्वती | INC | | | | | | |
| 18-90 | चालीसगांव | BJP | 38-259 | मान | NCP | | | | | | |
| | | | | | | | | | | | |
| 20-119 | मेलघाट | BJP | 40-279 | वड़गांव | JSS | | | | | | |
| | | | | | | | | | | | |
| 40 (–) | | | | | | 11 (–) | | | | | |
| | | | | | | | | | 9 (–) | | |

1. Election Commission of India–State Election Maharashtra, 2004.
2. महाराष्ट्र शासन राजपत्र, असाधारण अक्टूबर–25, 2009.

# महाराष्ट्र विधानसभा

## (आरक्षित वर्ग 2009)

**भाग–द्वितीय आरक्षित सीट–54**

**सामान्य से आरक्षित**

**नए विधानसभा गठित**

| विधान सभा निर्वाचन क्षेत्र का नम्बर और नाम 2004 / 2009 | | पार्टी 2004 | विधान सभा निर्वाचन क्षेत्र का नम्बर और नाम 2004 / 2009 | | पार्टी 2004 | विधान सभा निर्वाचन क्षेत्र का नम्बर और नाम 2004 / 2009 | | पार्टी 2009 |
|---|---|---|---|---|---|---|---|---|
| 1-35-178 | धराबी | INC | 1-49-174 | कुर्ला | INC | 1-1 | अक्कलकुआं | INC |
| 2-62-130 | पालधर | SHS | 2-56-140 | अंबरनाथ | NCP | 2-63 | अर्जुनी मोरगांव | BJP |
| 3-63-128 | डहानु | NCP | 3-60-134 | भिवंडी ग्रामीण | SHS | 3-69 | अहेरी | IND |
| 4-65-135 | शाहपुर | INC | 4-85-2 | शाहदा | BJP | 4-80 | अरनी | INC |
| 5-66-127 | इगतपुरी | SHS | 5-86-9 | शिरपुर | INC | 5-90 | देगलूर | INC |
| 6-68-126 | देवलाली | SHS | 6-93-10 | चोपडा | SHS | 6-129 | विक्रमगढ़ | BJP |
| 7-76-122 | डिंडोरी | NCP | 7-98-12 | भुसावल | NCP | 7-131 | बायसर | BVA |
| 8-78-117 | कलवण | NCP | 8-106-25 | मेहकर | SHS | 8-206 | पिंपरी | NCP |
| 9-79-116 | बागलान | IND | 9-116-32 | मुर्तिजापुर | NCP | 9-278 | हतकनानगे | SHS |
| 10-80-05 | साकरी | INC | 10-118-40 | दर्यापुर | SHS | | | |
| 1-81-041 | नवापुर | INC | 11-126-71 | चन्द्रपुर | INC | | 9 (+) | |
| 12-82-03 | नंदुरबार | NCP | 12-131-51 | डमरेद | INC | | | |
| 13-114-34 | वाशिम | INC | 13-143-61 | भण्डारा | NCP | | | |
| 14-119-41 | मेलघाट | BJP | 14-148-66 | अमगांव | BJP | | | |
| 15-133-57 | नागपुर नार्थ | INC | 15-167-82 | उमरखेड | BJP | | | |

| | | | | | | | | | | |
|---|---|---|---|---|---|---|---|---|---|---|
| 16-151-67 | अरमोरी | INC | | 16-187-102 | बदनापुर | NCP | | | | |
| 17-152-68 | गढ़चिरोली | BJP | | 17-193-108 | औरंगाबाद वेस्ट | INC | | | | |
| 18-161-77 | रालेगांव | INC | | 18-204-237 | उदगीर | BJP | | | | |
| 19-201-232 | कैज | NCP | | 19-212-240 | उमरगा | SHS | | | | |
| 20-239-216 | अकोले | NCP | | 20-220-247 | मोहोल | NCP | | | | |
| | | | | 21-233-220 | श्रीरामपुर | INC | | | | |
| 20 (+) | | | | 22-251-214 | पुणे कैंटोमेन्ट | INC | | | | |
| | | | | 23-258-255 | फलटन | NCP | | | | |
| | | | | 24-272-281 | मिरज | INC | | | | |
| | | | | 25 (+) | | | | | | |

1. Election Commission of India – State Election Maharashtra, 2004.
2. महाराष्ट्र शासन राजपत्र, असाधारण अक्टूबर–25, 2009.

## गोश्वारा
## आरक्षित वर्ग महाराष्ट्र

| 2004 स्थिति–40 | | |
|---|---|---|
| 1. आरक्षित विधानसभा | 40 | |
| 2. विलोपित | (–) | 11 |
| 3. आरक्षित से सामान्य | (–) | 09 |
| **शेष पुरानी–** | **20** | 20 |
| 2009 की स्थिति –54 | | |
| 1. पुरानी विधानसभा | 20 | |
| 2. सामान्य से आरक्षित | (+) | 25 |
| 3. नए विधानसभा गठित | (+) | 09 |
| 4. कुल आरक्षित विधानसभा सीट | 54 | |

1. 2004 प्रभावित सीटें–20
2. 2009 प्रभावित सीटें–34–कुल प्रभावित सीटें = 54
3. 14 आरक्षित सीटों को बढ़ाने के लिए 54 विधानसभा निर्वाचन क्षेत्रों को प्रभावित किया गया है।

1. Election Commission of India – State Election Maharastra, 2004.
2. महाराष्ट्र शासन राजपत्र, असाधारण अक्टूबर–25, 2009.

# संदर्भ–सूची

1. मुंबई पुनर्गठन अधिनियम,1960 द्वारा मुंबई राज्य को गुजरात और महाराष्ट्र दो राज्यों में विभाजित कर दिया गया मुंबई राज्य से महाराष्ट्र बनाया गया है। भारत का संविधान एक–परिचय (आचार्य डॉ. दुर्गादास बसु) राज्य विधानमण्डल पृष्ठ–260, 261.
2. उर्दू टाइम्स मुंबई 18,23 अक्टूबर, 2009.
3. वही.
4. वही.
5. वही.
6. वही.
7. वही.

8. भारत निर्वाचन आयोग–महाराष्ट्र राज्य विधान सभा चुनाव 2004.
9. महाराष्ट्र शासन राजपत्र असाधारण अक्टूबर 25, 2009.
10. वही.
11. 24 जनवरी 2010 को हुए उपचुनाव में.
12. उर्दू टाइम्स मुंबई,18 अक्टूबर 2009.
15. 13 से 15 वही.
16. महाराश्ट्र शासन राजपत्र, असाधारण अक्टूबर 25, 2009.
17. उर्दू टाइम्स मुंबई, 18 अक्टूबर, 2009.
18. महाराष्ट्र शासन राजपत्र, असाधारण अक्टूबर 25, 2009.
19. वही.
20. उर्दू टाइम्स मुंबई 18 अक्टूबर, 2009.
21. Maharashtra Paper-5 Changing Face of Electoral India : Delimitation 2008.
22. भारत निर्वाचन आयोग, महाराष्ट्र राज्य विधानसभा चुनाव 2004.
23. महाराष्ट्र शासन राजपत्र, असाधारण अक्टूबर, 25 2009.
24. भारत निर्वाचन आयोग, साधारण लोकसभा चुनाव 2009.
25. वही, 2004.
26. भारत निर्वाचन आयोग, महाराष्ट्र राज्य विधानसभा चुनाव 2004.
27. Maharashtra Paper-5 Changing Face of Electoral India : Delimitation 2008.
28. परिसीमन अधिनियम, 2002 कण्डिका–9 का (ग).
29. वही.
30. वही, (प्रशासनिक इकाइयों)
31. परिसीमन अधिनियम, 2002 कण्डिका (2) और (3).
32. Maharashtra Paper-5 Changing Face of Electoral India : Delimitation 2008.
33. भारत निर्वाचन आयोग महाराष्ट्र विधानसभा चुनाव 2004.
34. वही.
35. Maharastra Paper-5 Changing Face of Electoral India : Delimitation 2008.
36. वही, और महाराष्ट्र राजपत्र असाधारण अक्टूबर 25, 2009.

## अतिरिक्त संदर्भ

1. दैनिक भास्कर नागपुर, 23 अक्टूबर 2009.
2. हिन्दुस्थान, अकोला 23 अक्टूबर 2008.

# 8
# बिहार विधानसभा

बिहार में 13वीं राज्य विधानसभा के चुनाव फरवरी 2005 में सम्पन्न हुए थे और किसी भी राजनीतिक दल को बहुमत नहीं मिला था। खण्डित जनादेश के कारण राज्य में नई सरकार का गठन नहीं हुआ।[1] इस राजनीतिक संकट को समाप्त करने के लिए रामविलास पासवान ने राजनीतिक गलियारे में एक आवाज़ लगाई थी बिहार का मुख्यमंत्री मुस्लिम हो पासवान की मशा थी कि कांग्रेस और राजद को साथ लेकर बिहार का राजनीतिक संकट टाला जा सकता है और मुस्लिम मुख्यमंत्री का नाम आने से कांग्रेस/राजद दोनों ही राजनीतिक दल अपने किसी भी मुस्लिम विधायक या नेता का नाम मुख्यमंत्री के लिए ज़रुर पेश कर देंगे और राज्य में दोबारा चुनाव की स्थिति भी निर्मित नहीं होगी।

गौरतलब है कि इस चुनाव में विभिन्न राजनीतिक दलों के 24 मुस्लिम विधायक भी निर्वाचित हुए थे।[2] मगर पासवान की यह आवाज़ कांग्रेस/राजद को रास नहीं आई। राज्य में फिर दोबारा नवम्बर 2005 को चुनाव हुए और इसके नतीजे चौकाने वाले ही आए। इस चुनाव में जनतादल (यूनाइटेड) और भारतीय जनता पार्टी के गठबंधन को भारी सफलता मिली, उसके 93 विधायकों के स्थान पर 146 विधायक हो गए, लेकिन मुस्लिम विधायकों की संख्या 24 के स्थान पर 16 रह गई। यानी एक मुश्त तैंतीस प्रतिशत मुस्लिम विधायक सदन में कम हो गए।[3] केवल मुस्लिम मुख्यमंत्री के नाम की चर्चा के कारण इस तरह के चुनाव नतीजों का आना देश के लिए अच्छे संकेत नहीं हैं। राजनीतिक नज़रिए से देखा जाए तो नवम्बर 2005 के बिहार चुनाव (14 वीं राज्य विधानसभा) देश और राज्य के मुसलमानों के लिए गहन आत्ममंथन का विषय है।[4] यदि भविष्य में और ऐसे चुनाव नतीजों की पुनरावृत्ति होती है तो यकीनन देश में इससे लोकतांत्रिक धर्मनिरपेक्षता का ताना–बाना ही दरक उठेगा।

2010 के राज्य विधानसभा चुनाव में सबसे ख़ास बात यह रही है कि परिसीमन 2008 के कारण बदली हुई भौगोलिक सीमाओं के साथ 42 विधानसभा सीटों की नई पहचान बनी है और 40 सीटों की पुरानी पहचान को मिटाया गया है।[5] हालांकि, राज्य विधानसभा सीटों की कुल संख्या 243 बरकरार है, और पहले से आरक्षित 38 अनुसूचित जातीय सीटों के अलावा इस बार अनुसूचित जनजाति

(आदिवासी) के लिए भी 2 सीट को सुरक्षित किया गया है। अब राज्य में आरक्षित वर्ग की 40 सीटें हैं।[6] 2 आरक्षित सीटों को बढ़ाने के लिए परिसीमन आयोग ने निम्नानुसार परिसीमन किया है।[7]

1. 36 सीटों में बदली हुई भौगोलिक सीमाओं के साथ परिसीमन किया।
2. 7 पुरानी आरक्षित सीटों की पहचान को मिटाया।
3. 10 आरक्षित सीटों को सामान्य वर्ग में परिवर्तित किया।
4. 14 सामान्य सीटों को आरक्षित वर्ग में परिवर्तित किया।
5. 5 नई आरक्षित सीटों का पुर्नगठन और नाम में बदलाव किया।

नए परिसीमन के तहत मनुहारी और कटारिया सामान्य सीट को अब आदिवासी वर्ग के लिए आरिक्षत किया गया है।[8] गौरतलब है कि 13वीं और 14वीं दोनों राज्य विधानसभाओं के चुनाव में मनुहारी सामान्य विधानसभा से मुस्लिम वर्ग के मुबारक हुसैन निर्वाचित हुए थे, और चार मुस्लिम बहुल विधानसभाओं को विलोपित किया गया है। इनमें दो विधानसभा निर्वाचन क्षेत्र ऐसे भी हैं जहाँ से फरवरी 2005 और अक्टूबर 2005 के चुनाव में मुस्लिम प्रत्याशी शाहिद अली खान विजयी हुए थे। 72–पुपरी से महबूब आलम, 144–बारसोई मुनाफ आलम, 79–पांडोल और 208–विक्रमगंज विधानसभा से फरवरी 2005 में क्रमशः नियाज अहमद और अखलाख अहमद दोनों RJD से विजयी हुए थे।[9]

2005 के चुनाव में बिहार राज्य के 9 विधानसभा क्षेत्र ऐसे थे जहाँ की विधानसभा में कुल जनसंख्या का मुस्लिम प्रतिशत अनुसूचित जाति की कुल जनसंख्या से अधिक है और उन विधानसभा क्षेत्रों को अनुसूचित जाति के लिए आरक्षित रखा गया था।[10] परिसीमन 2008 में भी उन 9 विधानसभाओं में से 5 विधानसभाओं को अभी भी आरक्षित वर्ग में ही रखा गया है और बाकी 4 विधानसभाओं को सामान्य वर्ग में परिवर्तित किया गया है।[11] इसके बरअक्स बिहार की 9 तहसीलें ऐसी भी हैं जहाँ अनुसूचित जाति की जनसंख्या तालिका में दिए गए आँकड़ों के अनुसार मुस्लिम वर्ग की कुल जनसंख्या से कहीं अधिक है लिहाजा इन तहसीलों में से केवल एक तहसील गुरुआ को ही सामान्य विधानसभा में परिवर्तित किया गया है।[12] शेष तहसीलों को परिसीमन का तकनीकी हवाला बताकर आस–पास की विधानसभाओं में समायोजित किया गया है।

13वीं राज्य विधानसभा में मुस्लिम विधायकों की कुल संख्या 24 थी जो 14वीं विधानसभा में 16 रह गई और अब 15वीं राज्य विधानसभा में 19 विधायक हैं।[13] राज्य में इस बार लालूप्रसाद यादव और रामविलास पासवान का चुनाव गठबंधन था।

# बिहार विधानसभा
## आरक्षित वर्ग 2005

| आरक्षित विधानसभा—38 | | विलोपित | आरक्षित से सामान्य वर्ग में तब्दील प्रथम—भाग |
|---|---|---|---|
| विधान सभा निर्वाचन क्षेत्र का नम्बर और नाम 2005 | विधान सभा निर्वाचन क्षेत्र का नम्बर और नाम 2005 | विधान सभा निर्वाचन क्षेत्र का नम्बर और नाम 2005 | विधान सभा निर्वाचन क्षेत्र का नम्बर और नाम 2005/2010 |
| 1. 2—बगहा | 21. 140—कुरहा | 1. 4 शिकारपुरा | 1.2 4— बगह |
| 2. 4—शिकारपुरा | 22. 155—धुरैया | 2. 69 मजोरगंज | 2.17 17— पिपरा |
| 3. 17—पिपरा | 23. 166—अलौली | 3. 101 सिंघिया | 3 76 33— खजौली |
| 4. 22—भोर | 24. 171—सिकन्दरा | 4. 115 कुमारखण्ड | 4.114 45—छत्तापुर |
| 5. 30—मेरवा | 25. 174—बरबिघा | 5. 206 शहर | 5.126 50— महुआ |
| 6. 12—गरखा | 26. 177—राजगीर | 6. 219 देव | 6. 88 82— दरभंगा ग्रामीण |
| 7. 49—पातेपुर | 27. 186—फतवा | 7. 237 फतेहपुर | 7. 94 132—वारिस नगर |
| 8. 50—महुआ | 28. 193—फुलवारी | | 8. 30 135— मेरवा |
| 9. 58—साकरा | 29. 202—राजपुर | | 9. 174 170—बाग्बीघा |
| 10. 60—बूचहा | 30. 206—शहर | | 10.186185—फतवा |
| 11. 69—मजोरगंज | 31. 211—मोहानिया | | |
| 12. 76—खजौली | 32. 215—चेनारी | (–) 7 | (–) 10 |
| 13. 88—दरभंगा ग्रामीण | 33. 219—देव | | |
| 14. 94—वारिस नगर | 34. 233—ईमामगंज | | |
| 15. 101—सिंघिया | 35. 235—बोधगया | | |
| 16. 109—बखरी | 36. 236—बाराछट्टी | | |
| 17. 114—छत्तापुर | 37. 237—फतेहपुर | | |
| 18. 115—कुमारखण्ड | 38. 240—राजौली | | |
| 19. 126—बनमक्खी | | | |
| 20. 127—रानीगंज | **38** | | |

**स्रोत** : राज्य निर्वाचन आयोग बिहार : 2005/2010

2005 की स्थिति—

| | |
|---|---|
| 1. आरक्षित विधानसभा | 38 |
| 2. विलोपित (–) | 07 |
| 3. आरक्षित से सामान्य (–) | 10 |
| 4. शेष | 21 |

## बिहार विधानसभा

### आरक्षित वर्ग 2010

| द्वितीय–भाग नए आरक्षित विधानसभा गठित | सामान्य से आरक्षित वर्ग में तब्दील | आरक्षित विधानसभा–40 |
|---|---|---|
| विधानसभा निर्वाचन क्षेत्र का नम्बर और नाम 2010 | विधानसभा निर्वाचन क्षेत्र का नम्बर और नाम 2005/2010 | विधानसभा निर्वाचन क्षेत्र का नम्बर और नाम 2005/2010 |
| 1. 37–राजनगर | 1–3–2 रामनगर | 1–.22–103 –भोर |
| 2. 78–कुशेश्वर स्थान | 2–19–13 हरसिध्दी | 2–42–119 –गरखा |
| 3. 127–राजा पाकड़ | 3–31–107 दरौली | 3–49–130–पातेपुर |
| 4. 195–आज्ञावान | 4–68–24 बाथनाह | 4–58–92– साकरा |
| 5. 222–कुटुंबा | 5–70–74 सोनबर्षा | 5–60–91– बुचहा |
| (+) 5 | 6–93–16 कल्याणपुर | 6–109–147–बखरी |
| | 7–100–139–रोसेरा | 7–126–59– बनमक्खी |
| | 8–113–44 त्रिवेणीगंज | 8–127–47–रानीगंज |
| | 9–116–72 सिंघहेश्वर | 9–140–69 –कुरहा |
| | 10–146–67 मनिहारी | 10–155–160– धुरैया |
| | 11. 147–154–पिरपाईन्ति | 11–166–148– अलौली |
| | 12. 158–162–कटोरिया | 12. 177–173–राजगीर |
| | 13. 187–189–मसौरही | 13. 193–188–फुलवारी |
| | 14. 226–218–मखदूमपुर | 14. 202–202 –राजपुर |
| | (+) 14 | 15. 211–204–मोहानियां |
| | | 16. 215–207 चेनारी |
| | | 17. 233–227 ईमामगंज |
| | | 18. 236–228 बाराछट्टी |
| | | 19. 235–229 बोधगया |
| | | 20. 240–235 रजौली |
| | | 21. 171–240 सिकंदरा |

**स्रोत** : राज्य निर्वाचन आयोग बिहार : 2005/2010

2010 की स्थिति–

| | | |
|---|---|---|
| 1. शेष विधानसभा | | 21 |
| 2. नए गठित | (+) | 05 |
| 3. सामान्य से आरक्षित | (–) | 14 |
| 4. योग | | 40 |

## गोश्वारा

### आरक्षित वर्ग, बिहार

| 2005 की स्थिति–38 | | |
|---|---|---|
| 1 | आरक्षित विधानसभा | 38 |
| 2 | विलोपित | (–) 7 |
| 3 | आरक्षित से सामान्य वर्ग में तब्दील | (–) 10 |
| 4 | शेष पुरानी आरक्षित विधानसभा सीट | 21 |
| 5 | अजा 38 | |
| 6 | अजजा 00 | |

| 2010 की स्थिति–40 | | |
|---|---|---|
| 1 | शेष पुरानी विधानसभा | 21 |
| 2 | सामान्य से आरक्षित वर्ग में तब्दील | (+) 14 |
| 3 | नए आरक्षित विधानसभा गठित | (+) 5 |
| 4 | अजा 38 | |
| 5 | अजजा 02 | |
| 6 | योग | 40 |

1. 2005 प्रभावित सीटें–17
2. 2010 प्रभावित सीटें–19 कुल प्रभावित सीटें 36
3. 02 आरक्षित सीटें बढ़ाने के लिए 36 विधानसभा निर्वाचन क्षेत्रों को प्रभावित किया गया है।

**स्रोत** : राज्य निर्वाचन आयोग बिहार : 2005/2010.

## संदर्भ–सूची

1. राज्य निर्वाचन आयोग बिहार 2005.
2. वही.
3. वही.
4. वही.
5. Bihar Paper-5 Changing Face of Electoral India : Delimitation 2008.

6. वही.
7. वही.
8. वही.
9. राज्य निर्वाचन आयोग बिहार 2005/2010.
10. वही.
11. भारत जनगणना 2001.
12. वही.
13. राज्य निर्वाचन आयोग बिहार 2005/2010.

# 9
# पश्चिम बंगाल विधानसभा

2006 के चुनाव में पश्चिम बंगाल राज्य की 294 सदस्यीय विधानसभा से 46 मुस्लिम सदस्य विभिन्न राजनीतिक दलों से निर्वाचित हुए थे और आरक्षित सीट 76 थीं। 59 अजा/अजजा 17 = कुल 76 संशोधित परिसीमन 2008 में आरक्षित वर्ग की 8 सीटें और बढ़ी हैं।[2] अजा 68 अजजा 16 कुल = 84 गौरतलब है कि परिसीमन आयोग ने इन 8 सीटों को बढ़ाने के लिए 54 आरक्षित विधानसभा निर्वाचन क्षेत्रों में फेरबदल कर निम्नानुसार बदलाव किया है।[3]

1.54 सीटों में बदली हुई भौगोलिक सीमाओं के साथ परिसीमन किया

2.10 पुरानी आरक्षित सीटों की पहचान को मिटा दिया

3.13 आरक्षित सीटों को सामान्य सीटों में परिवर्तित किया

4.11 नई आरक्षित सीटों का गठन किया

5.20 सीटों को सामान्य वर्ग से आरक्षित वर्ग में तब्दील किया हालांकि राज्य विधानसभा सीटों की कुल संख्या 294 बरकरार है।[4]

वामदल से 34 मुस्लिम विधायक सदन में पहुँचे थे।[5] संशोधित परिसीमन 2008 में परिसीमनकर्त्ताओं ने इन मुस्लिम बहुल विधानसभाओं की पहचान को मिटाया है। **6–सिताई और 93–स्वरुपनगर** को आरक्षित वर्ग में परिवर्तित किया और निम्न पाँच विधानसभाओं को विलोपित किया।[6] इस प्रकार संशोधित परिसीमन की प्रथम दृष्टियों में ही मुस्लिम वर्ग की सात विधानसभा सीटों का नुकसान किया गया है और अनेक मुस्लिम बहुल विधानसभाओं में परिसीमन आयोग के नियम दस प्रतिशत से कम या अधिक के अनुमत्य अंतर के प्रावधान अनुसार विधानसभाओं को परिसीमित किया गया है जिसके कारण मुस्लिम बहुल विधानसभाएं ही प्रभावित हुई हैं।[7]

**विधानसभा निर्वाचन क्षेत्र का नम्बर और नाम 2006**

1. 19–क्रान्ति
2. 51–औरंगाबाद
3. 114–गार्डन रीच
4. 144–बाड़ा बाजार
5. 225–खड़गपुर ग्रामीण

**स्रोत** : पश्चिम बंगाल पेपर–5 चेंजिंग फेस ऑफ इलेक्टोरल इण्डिया : डिलिमिटेशन 2008

2006 में 224–खड़गपुर टाउन और 225–खड़गपुर ग्रामीण के नाम से दो विधानसभा क्षेत्र अस्तित्व में थी और ग्रामीण विधानसभा मुस्लिम बहुल थी।[8] संशोधित परिसीमन 2008 में खड़गपुर ग्रामीण को विलोपित किया और नई पहचान के साथ 224–खड़गपुर सदर और 228–खड़गपुर का पुनर्गठन किया गया है।[9]

गौरतलब है कि 2001 की जनगणना के अनुसार राज्य के नौ तहसील मुख्यालय ऐसे हैं, जहाँ उनकी कुल आबादी में मुस्लिम आबादी का प्रतिशत सर्वाधिक है फिर भी इन्हें आरक्षित वर्ग के लिए रखा गया था। आयोग को संशोधित परिसीमन 2008 में पुनः परिसीमन का मौका मिला। इसके बावुजूद भी आयोग ने आठ विधानसभाओं में से पांच को अभी भी आरिक्षत वर्ग में ही रखा है।[10]

चूँकि, आयोग ने कुछ एक तहसीलों को विधानसभा में ज़रुर परिवर्तित किया हुआ है और कुछ एक तहसीलों में जातिगत समीकरण बिगाड़ने के लिए अतिरिक्त आबादी को जोड़ा है... इस अतिरिक्त आबादी को जोड़ने का काम सिर्फ राजनीतिक पक्ष को ध्यान में रखकर किया जाता है, यहां मुसलमानों का हित गौण होता है।

| **विधान सभा निर्वाचन क्षेत्र का नम्बर और नाम 2011** | **कुल जनसंख्या का मुस्लिम प्रतिशत** | **कुल जनसंख्या का अजा प्रतिशत** |
|---|---|---|
| 1–066–खारग्राम | 51.3 प्रतिशत | 23.6 प्रतिशत |
| 2–128–बसंती | 41.2 प्रतिशत | 38.6 प्रतिशत |
| 3–174–संकराईल | 31.9 प्रतिशत | 25.2 प्रतिशत |
| 4–135–केशपुर | 26.6 प्रतिशत | 25.1 प्रतिशत |
| 5–287–नानूर | 32.5 प्रतिशत | 31.1 प्रतिशत |
| **स्रोत** : भारत जनगणना 2001 (विस्तार पत्रक संलग्न है।) | | |

परिसीमन अधिनियम 2002 के खण्ड 9(1) घ के अंतर्गत, अजा/अजजा वर्ग के लिए सीटों का आरक्षण उन क्षेत्रों में किया जाएगा जिनमें उनकी कुल आबादी सर्वाधिक है।[11] अतएव, राज्य के सभी विधानसभा निर्वाचन क्षेत्रों के परिसीमन के बाद, अजा/अजजा के लिए निर्वाचन क्षेत्रों को आरक्षित किए जाने वाले निर्वाचन क्षेत्र वे होंगे जहाँ निर्वाचन क्षेत्रों की कुल आबादी में उनकी आबादी का प्रतिशत संबन्धित जिले में अजा/अजजा सीटों की संख्या के बराबर घटते क्रम में सबसे अधिक है।[12]

लिहाजा अजा/अजजा की आरक्षित सीटों के बाबत स्पष्ट नियम होने के बावुजूद भी संशोधित परिसीमन में घोर लापरवाही के लक्षण अथवा परिसीमन नियमों के विपरीत कर्मकाण्ड देखे जा सकते हैं। सन् 2001 की जनगणना के अनुसार राज्य की तीन तहसीलें ऐसी हैं जहाँ कुल जनसंख्या का अजा प्रतिशत अधिक है। मगर इन तहसीलों को विधानसभा में तब्दील ही नहीं किया गया है।[13] जबकि इन सभी तहसीलों को संशोधित परिसीमन 2008 में आरक्षित विधानसभा में परिवर्तित किया जा सकता था।

| नाम तहसील | कुल जनसंख्या का अजा. प्रतिशत |
|---|---|
| 1—हल्दीबारी | 61.9 प्रतिशत |
| 2—कालीबाडी | 50.8 प्रतिशत |
| 3 बमनगोला | 49.9 प्रतिशत |

**स्रोत : भारत जनगणना 2001.**

संशोधित परिसीमन 2008 में जो नए आरक्षित विधानसभा निर्वाचन क्षेत्रों का पुनर्गठन किया है, उसमें दस विधानसभा क्षेत्र ऐसे हैं जिनकी अजा./आबादी का प्रतिशत कुल आबादी के प्रतिशत से कम होने के बावुजूद भी उन विधानसभाओं को आरक्षित किया गया है। यहाँ कौन से आंतरिक निर्णयों का पालन किया गया है।[14]

| विधान सभा निर्वाचन क्षेत्र का नम्बर और नाम 2011 | कुल जनसंख्या | SC's जनसंख्या | ST's जनसंख्या | SC's प्रतिशत | ST's प्रतिशत |
|---|---|---|---|---|---|
| 1—25—मातीग्राम नक्सलबारी | 273099 | 81682 | 45438 | 29.91 | 16.64 |
| 2—33—हेमताबाद | 287005 | 102603 | 17400 | 35.75 | 6.06 |
| 3—67—बुरवान | 242660 | 54760 | 1399 | 22.57 | 0.58 |
| 4—98—स्वरुपनगर | 259389 | 78132 | 425 | 30.12 | 0.16 |
| 5—122—मिनाखान | 263342 | 80128 | 18381 | 30.43 | 6.98 |
| 6—209—हलदिया | 277011 | 62617 | 1836 | 22.60 | 0.66 |
| 7—231—घातल | 305253 | 82058 | 6183 | 26.88 | 2.03 |
| 8—247—सलतोरा | 264385 | 88281 | 28071 | 33.39 | 10.62 |
| 9—266—वर्धमान उत्तर | 282619 | 95394 | 26826 | 33.75 | 9.49 |
| 10—289—सेनथाई | 272827 | 86813 | 27405 | 31.82 | 10.04 |

**स्रोत** : पश्चिम बंगाल पेपर—5 चेजिंग फेस ऑफ इलेक्टोरल इंडिया : डिलिमिटेशन : 2008

जैसा कि 2008 में हुए परिसीमन के सूक्ष्म अध्ययन से मालूम हुआ है कि, परिसीमन राजनीतिक पक्ष को ध्यान में रखकर किया गया है और एक विशेष समुदाय मुसलमानों को राजनीतिक रुप से नुकसान पहुँचे। इसी षडयंत्रा के तहत बदली हुई भौगोलिक सीमाओं के साथ परिसीमन किया गया है।[15]

2006 में 9–तूफानगंज आरक्षित विधान सभा थी और 2001 की जनगणना के अनुसार उसकी कुल जनसंख्या 1,67,455 अजा. वर्ग की जनसंख्या 84,790 50.6 प्रतिशत थी। संशोधित परिसीमन 2008 में 85,793 अतिरिक्त सामान्य आबादी को जोड़कर अजा. वर्ग का घनत्व 45.38 किया गया और अब आरक्षित तूफानगंज को सामान्य वर्ग में परिवर्तित किया गया है।[16]

गत चुनाव में 85–बोनगांव विधानसभा सामान्य वर्ग की श्रेणी में थी। कुल आबादी 3,44,044 अजा./आबादी 1,61,918, 47.1 प्रतिशत संशोधित परिसीमन 2008 में बोनगाँव विधानसभा की भी शल्य चिकित्सा की गई और अब बोनंगाव की 2 आरक्षित विधानसभा गठित की गई है।[17] 95–बोनगाँव उत्तर और 96–बोनगांव दक्षिण। दोनों विधानसभा की कुल आबादी 5,31,267 में अजा की मूल आबादी 1,72,163 में और 71,552 अजा. आबादी को जोड़कर आयोग के क्रूर नियम औसत अंतर 10 प्रतिशत से कम या अधिक के अनुमत्य अंतर का तकनीकी लाभ लिया और बोनगाँव सामान्य विधानसभा को अब दो आरक्षित विधानसभा में परिवर्तित किया गया है।[18]

91–राजरहट आरक्षित विधानसभा को अब दो सामान्य विधानसभा क्षेत्रों में परिवर्तित किया है। संशोधित परिसीमन 2008 में 115–राजरहट टाउन और 117–राजरहट गोपालपुर के नाम से पुनर्गठित की गई है।[19] जबकि अजा./अजजा. की आबादी 1,10,208 होने के बावुजूद भी सामान्य वर्ग की अतिरिक्त आबादी को जोड़ा और आरक्षित से सामान्य में परिवर्तित किया।[20]

**स्रोत** : पश्चिम बंगाल पेपर–5 चेजिंग फेस ऑफ इलेक्टोरल इंडिया : डिलिमिटेशन : 2008

# पश्चिम बंगाल विधानसभा
## (आरक्षित वर्ग 2006)

आरक्षित विधानसभा—76

भाग—प्रथम

| विधानसभा निर्वाचन क्षेत्र का नंबर और नाम | | विधानसभा निर्वाचन क्षेत्र का नंबर और नाम | | | विधानसभा निर्वाचन क्षेत्र का | | | विलोपित | | | आरक्षित से सामान्य वर्ग में | |
|---|---|---|---|---|---|---|---|---|---|---|---|---|
| | | | | | | | | विधानसभा निर्वाचन क्षेत्र का नम्बर | | | विधानसभा निर्वाचन क्षेत्र का | |
| 1–1 मेखलीगंज | AIFB | 27–84 | बगदाह | AITC | 52–221 | गरबेता पश्चिम | CPM | 1 79 | हंसखली | CPM | 1.9 | 9 तूफानगंज |
| 2–2 सितलकुची | CPM | 28–91 | राजरहाट | CPM | 53–226 | केशिअरी | CPM | 2 154 | तालतोला | CPM | 2.31 | 35 रायगंज |
| 3–3 मथभंगा | CPM | 29–97 | हरोआ | CPM | 54–229 | नयाग्राम | CPM | 3.205 | सूथाता | CPM | 3.53 | 60 सागर दिगही |
| 4–9 तूफान गंज | CPM | 30–98 | संदेशखली | CPM | 55–232 | बिनपुर | JKP(N) | 4.247 | इंदपुर | CPI | 4.91 | 115 राजरहाट न्यूटाउन |
| 5–10 कुमारग्राम | RSP | 31–98 | दिंगालगंज | CPM | 56–233 | बदुंआन | CPM | 5.249 | गंगाजल घाटी | CPM | | गंगाजलघाटी |
| 6–11 कालचीनी | RSP | 32–100 | गोसबा | RSP | 57–235 | बलरामपुर | CPM | 6.263 | उखरा | CPM | 5.97 | 121 हरोआ |
| 7–13 फलकटा | CPM | 33–101 | बसंती | RSP | 58–240 | पारा | CPM | 7.266 | कानकसा | CPM | 6.109 | 147 सोनारपुर द/उ |
| 8–14 मदारी हाट | RSP | 34–102 | कुल्टाली | IND | 59–241 | रघुनाथपुर | CPM | 8.287 | राजनगर | AIFB | 8.124 | 133 कुल्पी |
| 9–15 धूपगुड़ी | CPM | 35–105 | कंनिग पश्चिम | CPM | 60–242 | काशीपुर | CPM | | | | 9.193 | 202 खानकुल |
| 10–16 नागरकाता | CPM | 36–109 | सोनारपुर | CPM | 61–245 | रायपुर | CPM | | | | 10.235 | 239 बलरामपुर |
| 11–17 मैनागुड़ी | RSP | 37–110 | विष्णुपुर | CPM | 62–246 | रानीबंध | CPM | | | | 11.242 | 244 काशीपुर |

| | | | | | | | | | | | | |
|---|---|---|---|---|---|---|---|---|---|---|---|---|
| 12–28 माल | CPM | 38–121 | मगराहट ईस्ट | CPM | 63–247 | इंदपुर | CPI | | | | 12.282 | 271 केतुग्राम |
| 13–21 राजगंज | CPM | 39–122 | मंदिर बाजार | CPM | 64–249 | गंगाजल घाटी | CPM | | 8 (–) | | 13.290 | 290 मयूरेश्वर |
| 14–26 फंसिदेवा | CPM | 40–124 | कुल्पी | CPM | 65–255 | इंदस | CPM | | | | 14.292 | 292 हंसान |
| 15–31 रायगंज | INC | 41–154 | तालतोला | CPM | 66–256 | सोनामुखी | CPM | | | | | |
| 16–32 कालिमागंज | CPM | 42–169 | संकराईल | AITC | 67–263 | उखरा | CPM | | | | | |
| 17–33 खुशमंदी | RSP | 43–170 | उलूबेरिया नार्थ | CPM | 68–266 | कानकसा | CPM | | | | | |
| 18–36 तपन | RSP | 44–188 | बालागढ़ | CPM | 69–267 | ओसग्राम | CPM | | | | = 54 | |
| 19–39 हबीबपुर | CPM | 45–191 | धनेखली | AIFB | 70–272 | खंडाघोष | CPM | | | | | |
| 20–40 गजोल | BM | 46–193 | खानकुल | CPM | 71–274 | जमालपुर | IND | | | | 2006 की स्थिति | |
| 21–45 मालदाह | CPM | 47–195 | गोघाट | AIFB | 72–282 | केतुग्राम | CPM | | | | 1. आरक्षित विधानसभा | 76 |
| 22–53 सागर दिगही | CPM | 48–197 | घातल | CPM | 73–283 | नानूर | CPM | | | | 2. विलोपित | (–) 08 |
| 23–66 खारग्राम | CPM | 49–205 | सूथाता | CPM | 74–287 | राजनगर | AIFB | | | | 3. आरक्षित से सामान्य | (–) 14 |
| 24–47 कृष्णगंज | CPM | 50–209 | खजूरी | WBSP | 75–290 | ममूरेश्वर | | | | | | |
| 25–79 हंसखली | CPM | 51–219 | केशपुर | CPM | 76–292 | हासन | INC | | | | | |
| 26–80 रानाघाट ईस्ट | CPM | | | | | | | | | | | |

# पश्चिम बंगाल विधानसभा
## (आरक्षित वर्ग 2011)

भाग—द्वितीय

आरक्षित विधान सभा—84

| नए आरक्षित विधानसभा | | सानान्य से आरक्षित | | | | | | | | |
|---|---|---|---|---|---|---|---|---|---|---|
| विधानसभा निर्वाचन क्षेत्र का नम्बर और नाम 2011 | | विधानसभा निर्वाचन क्षेत्र का नम्बर और नाम 2006/2011 | | पार्टी 2006 | विधानसभा निर्वाचन क्षेत्र क नम्बर और नाम 2006/2011 | | पार्टी 2006 | विधानसभा निर्वाचन क्षेत्र का नम्बर और नाम 2006/2011 | | पार्टी 2006 |
| 1–25 | मोतीग्रा नक्सलबारी | 1–4–3 | कूचबिहार उतर | AIFB | 1–1–1 | मेखलीगंज | AIFB | 29–105–138 | कनिग पश्चिम | CPM |
| 2–33 | हेमताबाद | 2–6–6 | सिताइ | INC | 2–2–5 | सितलकुची | CPM | 30–191–197 | धनेखली | AIFB |
| 3–90 | रानाघाट दक्षिण | 3–20–17 | जलपईगुडी | INC | 3–3–2 | माताभंगा | CPM | 31–110–146 | विष्णुपुर पूर्व | CPM |
| 4–92 | कल्याणी | 4–35–41 | गंगा नमपुर | CPM | 4–10–10 | कुमारग्राम | RSP | 32–121–141 | मगराहाट पूर्व | CPM |
| 5–96 | बोनगाँव दक्षिण | 5–57–65 | नबाग्राम | CPM | 5–11–11 | कालचीनी | RSP | | | |
| 6–122 | मिनाखान | 6–67–67 | बरवान | RSP | 6–13–13 | फलकटा | CPM | 33–122–243 | मंदिर बाजार | CPM |
| 7–209 | हलदिया | 7–83–93 | हरि घाट | CPM | 7–14–14 | मदारीहाट | RSP | 34–169–174 | नंकराईल | AITC |
| 8–247 | सलतोरा | 8–85–95 | बोनगाँव उत्तर | AITC | 8–15–15 | धूपगुडी | CPM | 35–170–177 | उलूबेरिया उत्तर | CPM |
| 9–266 | वर्धमान उत्तर | 9–86–97 | गयाघाट | AITC | 9–16–21 | नगरकाता | CPM | 36–188–191 | बालागढ़ | CPM |
| 10–289 | सेन्थिया | 10–93–98 | स्वरुप नगर | CPM | 10–17–16 | मैनागुडी | ESP | 37–195–201 | गोघाट | AIFB |
| | | 11–103–136 | जायनगर | IND | 11–18–20 | माल | CPM | 38–197–231 | घातल | CPM |
| 10 (+) | | 12–104–137 | बरूईपुर | CPM | 12–26–27 | फसिदेवा | CPM | 39–209–215 | खेजूरी | WBSP |

| | | 13–194–200 | आरामबाग | CPM | | 13–28–18 | राजगंज | CPM | 40–219–235 | केशपुर | CPM |
|---|---|---|---|---|---|---|---|---|---|---|---|
| 2011 की स्थिति<br>1.नए गठित विधानसभा +10<br>2. सामान्यसे आरक्षित +20<br>3.शामिल +54<br>4 योग + 84 | | 14–196–232 | चन्द्राकुना | CPM | | 14–32–34 | कालियागंज | CPM | 41–226–223 | केशिआरी | CPM |
| | | 15–234–243 | मानबाजार | CPM | | 15–33–37 | खुशमंडी | RSP | 42–229–220 | नयाग्राम | CPM |
| | | 16–254–256 | कोतुलपुर | CPM | | 16–36–40 | तपन | RSP | 43–232–237 | बिनपुर | JKP(N) |
| | | 177–273–261 | रैना | CPM | | 17–39–43 | हबीबपुर | CPM | 44–233–238 | बादुआन | CPM |
| | | 18–276–264 | कलना | CPM | | 18–40–44 | गाजोल | CPM | 45–240–245 | पारा | CPM |
| | | 19–269–274 | गल्सी | AIFB | | 19–45–50 | मालदाह | CPM | 46–245–250 | रायपुर | CPM |
| | | 20–286–284 | दुबराजपुर | AIFB | | 20–66–66 | खारग्राम | CPM | 47–246–249 | रानीबंध | CPM |
| | | | | | | 21–74–68 | कृष्णागंज | CPM | 48–255–257 | इंदस | CPM |
| | | | | | | 22–80–89 | रानाघाट पूर्व | CPM | 49–256–258 | सोनामुखी | CPM |
| | | | 20 (+) | | | 23–84–94 | बगदा | AITC | 50–267–273 | ओसग्राम | CPM |
| | | | | | | 24–98–123 | संदेशखली | CPM | 51–272–259 | खंडाघोष | CPM |
| | | | | | | 25–99–126 | हिंगलाजगंज | CPM | 52–274–262 | जमालपुर | IND |
| | | | | | | 26–100–127 | गोसाबा | RSP | 53–283–287 | नानूर | CPM |
| | | | | | | 27–101–128 | बंसती | RSP | 54–241–246 | रघुनाथपुर | CPM |
| | | | | | | 28–102–129 | कुल्टाली | IND | | | |
| | | | | | | 54 | (+) | | | | |
| | | | | | | | | | | | |

***Sources :*** 1. Election Commission of India, Assembly Elections West Bengal 2006.

2. Changing face of Electroal India-Delimitatio.

## गोश्वारा
## आरक्षित वर्ग, पश्चिम बंगाल

| 2006 की स्थिति–76 | | |
|---|---|---|
| 1. | आरक्षित विधानसभा | 76 |
| 2. | विलोपित | (–) 8 |
| 3. | आरक्षित से सामान्य | (–) 14 |
| 4. | शेष पुरानी आरक्षित विधानसभा सीट | 54 |
| 5. | अजा 59 | = 76 |
| 6. | अजजा 17 | |

| 2011 की स्थिति–84 | | |
|---|---|---|
| 1. | शेष पुरानी विधानसभा | 54 |
| 2. | सामान्य से आरक्षित | (+) 20 |
| 3. | नए विधानसभा गठित | (+) 10 |
| 4. | कुल आरक्षित विधानसभा सीट | 84 |
| 5. | अजा 16 | = 84 |
| 6. | अजजा 68 | |

1. 2006 प्रभावित सीटें–22
2. 2011 प्रभावित सीटें–30 कुल = 52

***Sources :*** 1. Election Commission of India 2006.
2. Changing Face oral Electrol Indial : Delimitation -2008

## संदर्भ–सूची


1. पश्चिम बंगाल राज्य विधानसभा चुनाव 2006 http:/www.indian-elections.com/essembly-election/west-bengal 2006.
2. West-Bengal Paper-5 Changing Face of Electoral India : Delimitation 2008.
3. वही.
4. वही.
5. पश्चिम बंगाल राज्य विधानसभा चुनाव 2006.

6. West-Bengal Paper-5 Changing Face of Electoral India : Delimitation 2008.
7. पश्चिम बंगाल राज्य विधानसभा चुनाव 2006.
8. वही.
9. West-Bengal Paper-5 Changing Changing Face of Electoral India : Delimitation 2008.
10. वही.
11. परिसीमन अधिनियम 1972 (1972 का 76) खण्ड–3 अनुच्छेद 239–क की धारा (2) परिसीमन अधिनियम 2002 खण्ड 9 (1) परिसीमन का (घ).
12. वही.
13. भारत जनगणना 2001.
14. West-Bengal Paper-5 Changing Face of Electoral India : Delimitation 2008.
15. वही.
16. वही.
17. भारत जनगणना 2001.
18. वही.
19. West-Bengal Psaper-5 Changing Face of Electoral India : Delimitation 2008.
20. वही।

# 10
# उत्तर प्रदेश विधानसभा

2007 के चुनाव में राज्य की 403 सदस्यीय विधानसभा में से 55 मुस्लिम विधायक विभिन्न राजनीतिक दलों से निर्वाचित हुए थे और 89 सीटें आरक्षित थी।[1] संशोधित परिसीमन 2008 में विधानसभाओं के लिए आरक्षित सीटों की संख्या 2001 की जनगणना के आधार पर निर्धारित की गई है।[2] लिहाज़ा अब राज्य में आरक्षित वर्ग के लिए 85 सीटों का प्रावधान किया गया है।[3] इस प्रकार कई राज्यों में अजा/अजजा वर्ग की सीटें बढ़ी हैं और कहीं कम भी की गई हैं।[4] परिसीमन आयोग ने राज्य में चार आरक्षित सीटों को कम करने के लिए निम्नानुसार परिसीमन किया है–

1. 110 सीटों में बदली हुई भौगोलिक सीमाओं के साथ परिसीमन किया
2. 35 पुरानी आरक्षित सीटों की पहचान को मिटाया
3. 22 आरक्षित सीटों को सामान्य वर्ग में परिवर्तित किया
4. 27 सामान्य सीटों को आरक्षित वर्ग में परिवर्तित किया
5. 26 नई आरक्षित विधानसभाओं का पुनर्गठन और नाम में बदलाव किया

राज्य की आरक्षित सीटों के अलावा अन्य सामान्य सीटों में भी आमूल–चूल परिवर्तन किए गए हैं।[5] कुछ एक सामान्य सीटों को विलोपित किया गया और कुछ नई विधानसभाओं का गठन किया गया है। इस केंचुली परिसीमन के कारण मुस्लिम वर्ग को 2009 के लोकसभा चुनाव की भाँति ही राज्य विधानसभा चुनाव में भी राजनीतिक नुकसान होना निश्चित है।[6]

विगत चुनाव में राज्य से जो 55 मुस्लिम विधायक निर्वाचित हुए हैं, परिसीमन आयोग ने विशेषतौर से उन सभी मुस्लिम बहुल विधानसभाओं के जातिगत समीकरण बिगाड़ दिए हैं और आयोग के नियम राज्य/जिला औसत से 10 प्रतिशत से कम या अधिक के अनुमत्य अंतर मान्य होगा। इसी का तकनीकी लाभ लिया और बदली हुई भौगोलिक सीमाओं के साथ परिसीमन किया है कि, पाँच मुस्लिम बहुल विधानसभाओं को अब आरक्षित वर्ग में परिवर्तित किया गया है और

134–चारदा आरक्षित विधानसभा की पहचान को मिटाया।[7] राज्य की आरक्षित–89 सीटों में से केवल 134–चारदा विधानसभा से मुस्लिम वर्ग के प्रत्याशी शब्बीर अहमद विजयी हुए थे।[8]

विधानसभा निर्वाचन क्षेत्र का नंबर और नाम 2007 / 2012

1. 44–129–पूरणपुर
2. 55–140–श्रीनगर
3. 189–341–सलेमपुर
4. 257–255–सोरांव
5. 341–87–आगरा केंटोंमेन्ट

राज्य के तीन जिले ऐसे भी हैं जहाँ कि, मुस्लिम बहुल विधानसभाओं को विलोपित किया गया है।[9] (बिजनौर) 3–अफजलगढ़, (मुरादाबाद) 13–बाहजोई और बरेली की 39–करवर विधानसभा से 2007 में मुस्लिम वर्ग के प्रत्याशी विजयी हुए थे।[10] मुस्लिम बहुल 9 सीटों की पुरानी पहचान को मिटाया गया है और अन्य 45 मुस्लिम बहुल विधानसभाओं के जातिगत समीकरण बिगाड़ दिए गए हैं।[11] गौरतलब है कि जिन आरक्षित और सामान्य विधानसभाओं को विलोपित किया है उन की आबादी को मुस्लिम बहुल विधानसभा में समायोजित किया गया है।[12] परिसीमन के बाद कुल 403 सीटों में से 147 नए विधानसभा निर्वाचन क्षेत्र बने और इतने ही विलोपित किए गए[13] क्योंकि 1995 से अब तक राज्य में लगभग 20 नए जिले बन गए है। परिसीमन आयोग के दिशा–निर्देश 'आबादी' की कण्डिका–5 के अंतर्गत सहायक कण्डिका–1 के मुताबिक जिले के सभी निर्वाचन क्षेत्रों को उस एक जिले की एक क्षेत्रीय सीमा के अंदर सीमित किया जाएगा। दूसरे शब्दों में, किसी भी विधानसभा निर्वाचन क्षेत्र को सामान्यतः उस एक जिले से अधिक विस्तारित नहीं किया जाएगा।[14] गौरतलब है कि उपरोक्त कण्डिका के अनुसार जिन राज्यों में जिले कम हैं, वहाँ विधानसभा निर्वाचन क्षेत्रों को एक जिले में विस्तारित करने की पूरी संभावना रहती है। जिसके कारण आबादी का मूल स्वरूप प्रभावित होता ही है।[15]

पश्चिम बंगाल राज्य में आबादी के लिहाज़ से जिलों की संख्या कम है। नार्थ 24 परगना जिले में कुल 33 विधानसभा निर्वाचन क्षेत्र हैं और संसदीय निर्वाचन क्षेत्रों की संख्या 9 है। ऐसी स्थिति में निर्वाचन क्षेत्रों को एक जिले में पुनर्समायोजित करने यानी उनकी भौगोलिक सीमा में बदलाव करने के पूरे अवसर बने रहते हैं। इन जिलों में ऐसा ही परिसीमन किया गया है।[16]

आठ विधानसभा / तहसीलें ऐसी भी हैं जहाँ मुस्लिम वर्ग की कुल जनसंख्या का प्रतिशत 18.1 से लेकर 49.2 अनुपात होने के बावुजूद भी इन विधानसभाओं को 2007 तक आरक्षित वर्ग के लिए रखा गया था।[17]

| विधानसभा निर्वाचन क्षेत्र का नंबर और नाम 2007 | कुल जनसंख्या का मुस्लिम प्रतिशत |
|---|---|
| 1. 004 नगीना | 26.8 प्रतिशत |
| 2. 005 नजीबाबाद | 49.2 प्रतिशत |
| 3. 034 फरीदपुर | 23.0 प्रतिशत |
| 4. 143 मनकापुर | 18.1 प्रतिशत |
| 5. 161 खलीलाबाद | 32.1 प्रतिशत |
| 6. 358 कोयल | 26.8 प्रतिशत |
| 7. 375 हापुड़ | 28.6 प्रतिशत |
| 8 390 जानसठ | 23.0 प्रतिशत |

गौरतलब है कि 2001 की जनगणना के अनुसार राज्य की नौ तहसील/विधानसभा ऐसी हैं जहाँ कुल जनसंख्या का अनुसूचित जाति प्रतिशत 35.2 से लेकर अधिकतम 49.3 होने के बावुजूद भी इन विधानसभा/तहसील क्षेत्रों को 2007 तक सामान्य वर्ग के लिए रखा गया था और चार तहसीलों को विधानसभा में परिवर्तित ही नहीं किया गया था।[18]

परिसीमन 2008 में भी इन आरक्षित बहुल विधानसभा/तहसील को सामान्य वर्ग में रखना और कुछ एक को विधानसभा में तब्दील ही नहीं किया गया। गोया मुसलमानों को राजनीतिक रुप से और अधिक कमजोर करने का षड्यंत्र का ही एक हिस्सा है।[19]

| विधानसभा निर्वाचन क्षेत्र का नंबर और नाम 2007 | कुल जनसंख्या का अनुसूचित जाति प्रतिशत |
|---|---|
| 1. 065 मिश्रिक | 37.9 प्रतिशत |
| 2. 068 संडीला | 37.4 प्रतिशत |
| 3. 070 हरदोई | 40.2 प्रतिशत |
| 4. 125 हैदरगढ़ | 35.9 प्रतिशत |
| 5. 201 लालगंज | 42.4 प्रतिशत |

| क्रमांक नाम तहसील | कुल जनसंख्या का अनुसूचित जाति प्रतिशत |
|---|---|
| 1. मनिहारन | 49.3 |
| 2. घोरावल | 44.7 |
| 3. बक्सी का तालाब | 35.7 |
| 4. थरौली | 35.3 |

इस तरह के परिसीमन से 2026 वर्ष तक जो भी राजनीतिक नुकसान होना है वह सिर्फ मुस्लिम वर्ग का होगा।[20] 2008 के परिसीमन में निम्न तीन तहसीलों को विधानसभा में तब्दील तो किया गया है। मगर परिसीमन नियमों के विपरीत उन्हें सामान्य वर्ग के लिए ही रखा गया है और तहसील थरौली को अभी भी विध ानसभा में तब्दील नहीं किया है।[21] जबकि वहाँ कुल जनसंख्या का अजा. प्रतिशत 35.3 विद्यमान है।[22]

| विधानसभा निर्वाचन क्षेत्र का नंबर और नाम 2012 | कुल जनसंख्या का अनुसूचित जाति प्रतिशत |
|---|---|
| 1. 169– बक्सी का तालाब | 35.7 |
| 2. 399–मनिहारन | 49.3 |
| 3. 400–घोरावल | 44.7 |

परिसीमन अधिनियम 1972 (1972 का 76) खण्ड–3 के अंतर्गत गठित परिसीमन आयोग के संदर्भ अनुच्छेद 239 क की धारा (2) के अंतर्गत प्रत्येक विधानसभा निर्वाचन क्षेत्र को इस तरह से परिसीमित किया जाएगा कि वह पूर्ण रुप से एक ही संसदीय निर्वाचन क्षेत्र में आए जिसमें अनुसूचित जातियों के लिए आरक्षित सीटों को राज्य के विभिन्न हिस्सों में इस तरह से वितरित किया जाए कि जहाँ तक व्यवहारिक होगा, उन क्षेत्रों में उनकी आबादी कुल आबादी के अनुपात में सबसे अधिक हो तथा (घ) जिन निर्वाचन क्षेत्रों में अनुसूचित जनजातियों के लिए सीटें आरक्षित हैं। वह जहाँ तक व्यवहारिक होगा, उन क्षेत्रों में स्थित होगी जहाँ कुल आबादी के अनुपात में उनकी आबादी सबसे अधिक होगी।[23]

लिहाज़ा इसके बावुजूद भी कई निर्वाचन क्षेत्रों में परिसीमन नियम और दिशा–निर्देशों के विपरीत विशेषतौर पर मुस्लिम बहुल क्षेत्रों के मामलें में पक्षपात किया गया है। परिसीमनवादियों और राजनीतिक दलों के आपसी तालमेल के कारण आयोग ने गैर ज़रुरी आंतरिक निर्णय लेकर मुस्लिम बहुल क्षेत्रों में बदली

हुई भौगोलिक सीमाओं के साथ राजनीतिक पक्ष को आधार बनाकर परिसीमन किया है।[24]

संशोधित परिसीमन 2008 में राज्य की जो 26 नई आरक्षित विधानसभाओं का पुनर्गठन किया गया है, उनमें से 12 विधानसभा क्षेत्र ऐसे हैं, जहाँ कुल जनसंख्या का अनुसूचित जाति प्रतिशत कम होने के बावुजूद भी उन विधानसभाओं को आरक्षित वर्ग में रखा गया है।[25]

## उत्तर प्रदेश

| विधान सभा निर्वाचन क्षेत्र का नम्बर और नाम 2012 | | कुल जनसंख्या जनगणना 2001 | Scs जनसंख्या | Scs प्रतिशत |
|---|---|---|---|---|
| 1—122 | फरीदपुर | 383771 | 61607 | 16.05 |
| 2—129 | पूरणपुर | 459665 | 82872 | 18.03 |
| 3—192 | कायमगंज | 453459 | 88653 | 19.55 |
| 4—198 | कन्नौज | 468433 | 98660 | 21.06 |
| 5—282 | बल्हा | 382137 | 69081 | 18.08 |
| 6—294 | बलरामपुर | 450482 | 66131 | 14.68 |
| 7—300 | मनकापुर | 381669 | 69403 | 18.18 |
| 8—303 | कपिलवस्तु | 475097 | 86299 | 18.16 |
| 9—335 | रामकोला | 407608 | 80506 | 19.75 |
| 10—341 | सलेमपुर | 371677 | 73196 | 19.69 |
| 11—385 | अजगरा | 406042 | 85877 | 21.15 |
| 12—394 | ओरई | 427319 | 97496 | 22.82 |

संशोधित परिसीमन 2008 में मुसलमानों को दोहरी परिसीमन की मार पड़ी हैं।[26] मुस्लिम बहुल विधानसभा क्षेत्रों को आरक्षित किया जाना और राज्य में जो अन्य विधानसभाएं आरक्षित होती हैं, वहाँ भी मुस्लिम वर्ग प्रभावित होता ही है।[27]

***Sources :*** 1. Census of India 2001.

2. Election Commission of India, State Election 2007 Uttar Pradesh.
3. Changing Face of Electoral India : Delimitation 2008.

# उत्तर प्रदेश
## (विधानसभा–आरक्षित वर्ग)

**उत्तर प्रदेश–2007**

**आरक्षित विधानसभा–89** **भाग– प्रथम**

| विधानसभा निर्वाचन क्षेत्र का नम्बर और नाम 2007 | | पार्टी | विधानसभा निर्वाचन क्षेत्र का नम्बर और नाम 2007 | | पार्टी | विधानसभा निर्वाचन क्षेत्र का नम्बर और नाम 2007 | | पार्टी |
|---|---|---|---|---|---|---|---|---|
| 1–4 | नगीना | BSP | 41–180 | हटा | BJP | 82–369 | शिकारपुर | BSP |
| 2–5 | नजीबाबाद | BSP | 42–199 | सरायमीर | SP | 83–375 | हापुड़ | BSP |
| 3–11 | गंगेश्वरी | BJP | 43–200 | मेहनागढ़ | BSP | 84–378 | हस्तिनापुर | BSP |
| 4–14 | चंदौसी | BJP | 44–203 | मोहम्मदाबाद गोहना | BSP | 85–383 | सिवलखास | BSP |
| 5–23 | शाहबाद | BJP | 45–205 | रसड़ा | BSP | 86–390 | जानसठ | BSP |
| 6–27 | बिल्सी | BSP | 46–218 | जखानिया | BSP | 87–393 | चारथवल | BSP |
| 7–34 | फरीदपुर | BSP | 47–219 | सादत | BSP | 88–399 | नागल | BSP |
| 8–42 | बरखेड़ा | BJP | 48–222 | चंदौली | BSP | 89–401 | हरोरा | BSP |
| 9–45 | पोवायन | SP | 49–176 | महाराजगंज | SP | 89 | | |
| 10–51 | मोहम्मदी | BJP | 50–223 | चकिया | BSP | | | |
| 11–53 | पायला | BSP | 51–233 | भदोही | BSP | | | |
| 12–61 | सिधावली | BSP | 52–236 | केराकट | BSP | | | |
| 13–64 | हरगाँव | BSP | 53–240 | शाहगंज | SP | | | |
| 14–66 | मछरेहटा | SP | 54–244 | दूधी | BSP | | | |
| 15–67 | बेनीगंज | BSP | 55–245 | राबर्ट्सगंज | BSP | | | |
| 16–69 | अहिरोरी | BSP | 56–250 | छावनी | BSP | | | |
| 17–71 | बावन | BSP | 57–251 | मेजा | BSP | | | |
| 18–77 | शफीपुर | SP | 58–262 | छैल | BSP | | | |
| 19–82 | हसनगंज | BSP | 59–263 | मंझनपुर | BSP | | | |
| 20–83 | मलिहाबाद | SP | 60–264 | सिरातु | BSP | | | |
| 21–90 | मोहनलाल गंज | RSBP | 61–266 | किशनपुर | BSP | | | |
| 22–91 | बछरावन | INC | 62–272 | सिसामऊ | INC | | | |
| 23–97 | सलोन | INC | 63–279 | भोगनीपुर | BSP | | | |

| | | | | | |
|---|---|---|---|---|---|
| 24–99 | बिहार | IND | 34–283 | बिलहौर | BSP |
| 25–107 | जगदीशपुर | INC | 35–286 | अजीतमाल | BSP |
| 26–112 | कादीपुर | BSP | 66–287 | लखाना | BSP |
| 27–116 | जहांगीरगंज | BSP | 67–292 | कन्नौज | SP |
| 28–121 | सुहावल | SP | 68–299 | माणिकपुर | BSP |
| 29–124 | सिद्दौर | BSP | 69–308 | चरखारी | BSP |
| 30–128 | फतेहपुर | BSP | 70–313 | बबीना | BSP |
| 31–134 | चारदा | SP | 71–314 | मऊरानी पुर | BSP |
| 32–137 | इकावना | BSP | 72–316 | किशनी | SP |
| 33–143 | मनकापुर | SP | 73–321 | किरनी | BSP |
| 34–148 | दिक्सर | BSP | 74–334 | जलेसर | BJP |
| 35–151 | नगर ईस्ट | BSP | 75–338 | टूंडला | BSP |
| 36–161 | खलीलाबाद | BSP | 76–339 | एतमादपुर | BSP |
| 37–162 | हैन्सा बाजार | SP | 77–343 | आगरा वेस्ट | BSP |
| 38–163 | बांसगांव | BSP | 78–346 | गोवर्धन | RLD |
| 39–167 | मान्डेरा बाजार | INC | 79–353 | सासनी | BSP |
| 40–178 | नवरंगिया | BJP | 80–358 | कोयल | BSP |
| | | | 81–362 | जेवर | BSP |

## विलोपित

## आरक्षित से सामान्य

| विधानसभा निर्वाचन क्षेत्र का नम्बर और नाम 2007 | | पार्टी | विधानसभा निर्वाचन क्षेत्र का नम्बर और नाम 2007/2012 | | पार्टी 2007 |
|---|---|---|---|---|---|
| 1–11 | गंगेश्वरी | BJP | 1–5–17 | नजीबाबाद | BSP |
| 2–23 | शाहबाद | BJP | 2–27–114 | बिल्सी | BSP |
| 3–66 | मछरेटा | SP | 3–42–128 | बरखेड़ा | BJP |
| 4–67 | बेनीगंज | BSP | 4–51–144 | मोहम्मदी | BJP |
| 5–69 | अहिरोरी | BSP | 5–53–137 | पालिया | BSP |
| 6–71 | बावन | BSP | 6–161–313 | खलीलाबाद | SP |
| 7–99 | बिहार | IND | 7–240–365 | शाहगंज | BSP |
| 8–116 | जहांगीरगंज | BSP | 8–245–401 | राबर्ट्सगंज | BSP |
| 9–121 | सोहाबल | SP | 9–251–259 | मेजा | BSP |
| 10–124 | सिद्दौर | BSP | 10–264–251 | सिरातु | BSP |
| 11–134 | चारदा | SP | 11–272–213 | सिसामाऊ | INC |
| 12–137 | इकावना | BSP | 12–279–208 | भोगनीपुर | BSP |
| 13–148 | दिक्सर | BSP | 13–313–222 | बबीना | BSP |
| 14–151 | नगर ईस्ट | BSP | 14–358–75 | कोयल | BSP |
| 15–162 | हैन्सा बाजार | SP | 15–369–69 | शिकारपुर | BSP |

| | | | | | | |
|---|---|---|---|---|---|---|
| 16–178 | नवरंगिया | BJP | | 16–362–63 | जेवर | BSP |
| 17–180 | हटा | BJP | | 17–308–231 | चरखारी | BSP |
| 18–199 | सरायमीर | SP | | 18–205–358 | रसड़ा | BSP |
| 19–219 | सादत | BSP | | 19–233–392 | भदोही | BSP |
| 20–222 | चंदौली | BSP | | 20–262–253 | छैल | BSP |
| 21–266 | किशनपुर | BSP | | 21–299–237 | माणिकपुर | BSP |
| 22–128 | फतेहपुर | BSP | | 22–283–43 | सिवलखास | BSP |
| 23–286 | अजीतमाल | BSP | | | | |
| 24–287 | लखाना | BSP | | | | |
| 25–316 | कौंच | BSP | | | | |
| 26–167 | मन्दिरबाजार | INC | | | 22( -) | |
| 27–339 | एतमादपुर | BSP | | | | |
| 28–343 | आगरा वेस्ट | BSP | | | | |
| 29–346 | गोवर्धन | RLD | | | | |
| 30–353 | सासनी | BSP | | | | |
| 31–390 | जानसठ | BSP | | | | |
| 32–393 | चारथवल | BSP | | | | |
| 33–399 | नागल | BSP | | | | |
| 34–401 | हरोरा | BSP | | | | |
| 35–82 | हसनगंज | BSP | | | | |
| | | | | | | |
| | 35(-) | | | | | |

## उत्तर प्रदेश आरक्षित
## विधानसभा 2012

**भाग–द्वितीय**

**नए विधानसभा गठित सामान्य से आरक्षित** **आरक्षित सीट–85**

| क्रमांक और नाम विधानसभा क्षेत्र 2012 | | विधानसभा निर्वाचन क्षेत्र का नंबर और नाम 2007/2012 | | विधानसभा निर्वाचन क्षेत्र का नंबर और नाम 2007/2012 | | पार्टी | विधानसभा निर्वाचन क्षेत्र का नंबर और नाम 2007/2012 | | पार्टी |
|---|---|---|---|---|---|---|---|---|---|
| 1–6 | रामपुर–मनिहारन | 1–24–112 | बिसौली | 1–4–18 | नगीना | BSP | 19–218–273 | जखानिया | BSP |
| 2–13 | पुरकाजी | 2–44–129 | पुरणपुर | 2–14–31 | चंदौसी | BSP | 20–225–383 | चकिया | BSP |
| 3–21 | नेथौर | 3–55–140 | श्रीनगर | 3–34–122 | फरीदपुर | BSP | 21–236–372 | केराकट | BSP |
| 4–38 | मिल्क | 4–65–153 | मिश्रिक | 4–45–134 | पोवायन | SP | 22–244–403 | दूधी | BSP |
| 5–39 | धनौरा | 5–125–272 | हैदरगढ | 5–61–152 | सिधावली | BSP | 23–250–395 | छान्वी | BSP |
| 6–85 | बलदेव | 6–120–273 | मिलकीपुर | 6–64–147 | हरगांव | BSP | 24–263–252 | मनझनपुर | BSP |

| | | | | | | | | | |
|---|---|---|---|---|---|---|---|---|---|
| 7–90 | आगराग्रामीण | 7–140–294 | बलरामपुर | 7–77–163 | शफीपुर | SP | 25–283–209 | बिल्होर | BSP |
| 8–143 | करता | 8–179–335 | रामकोला | 8–83–168 | मलिहाबाद | SP | 26–292–198 | कन्नौज | SP |
| 9–157 | गोपामऊ | 9–189–341 | सलेमपुर | 9–90–176 | मोहनलाल गंज | RSBP | 27–314–224 | मऊरानीपुर | BSP |
| 10–158 | संडी | 10–201–351 | लालगंज | 10–91–177 | बछरावन | INC | 28–321–109 | किशनी | SP |
| 11–160 | बालामऊ | 11–220–374 | सैदपुर | | | | 29–334–106 | जलेसर | BJP |
| 12–201 | भरथना | 12–231–394 | ओरई (Aurai) Sant Kabir Nagar | 11–97–181 | सलोन | INC | 30–338–95 | टूंडला | SP |
| 13–205 | रसूलाबाद | | | 12–107–184 | जगदीशपुर | INC | 31–375–69 | हापुड | BSP |
| 14–227 | मेहरोनी | 13–243–369 | मछलीशहर | 13–112–191 | कादीपुर | BSP | 32–378–45 | हस्तिनापुर | BSP |
| 15–245 | बाबागंज | 14–253–264 | बरा | 14–143–300 | मानकपुर | SP | | | |
| 16–265 | कोरावं | 15–257–255 | सोरांव | 15–163–327 | बासगाँव | BSP | | | |
| 17–269 | जैदपुर | 16–265–243 | खागा | 16–176–318 | महाराजागंज | SP | | | |
| 18–279 | अलापुर | 17–278–218 | घाटमपुर | 17–200–352 | मेहनागढ | BSP | | | |
| 19–282 | बल्हा | 18–285–204 | औरैया (Auraiya) Auraiya District | 18–203–355 | मोहम्मदाबाद गोहना | BSP | | | |
| 20–303 | कपिलवस्तु | 19–297–192 | कायमगंज | | | | | | |
| 21–311 | महादेवा | 20–304–234 | नारायनी | | | | | 32 | |
| 22–314 | धनघटा | 21–307–229 | रथ | | | | | | |
| 23–325 | खजानी | 22–317–221 | उरई (Orai) Jalone | | | | | | |
| 24–265 | बैलथारोड़ | 23–341–87 | आगरा कैंटोमेन्ट | | | | | | |
| 25–385 | अजगरा | 24–352–78 | हाथरस | | | | | | |
| | | 25–359–77 | इगलास | | | | | | |
| | | 26–361–71 | खैर | | | | | | |
| | | 27–363–70 | खुर्जा | | | | | | |
| | | 28–84–164 | मेहन | | | | | | |
| | | (+)27 | | | | | | | |

## गोशवारा
## आरक्षित वर्ग, उत्तर प्रदेश

| **2007 की स्थिति–89** | |
|---|---|
| 1. आरक्षित विधानसभा | 89 |
| 2. विलोपित | (–) 35 |
| 3. आरक्षित से सामान्य | (–) 22 |
| शेष पुरानी आरक्षित विधानसभा सीट | 32 |

| **2012 की स्थिति–85** | |
|---|---|
| 1. पुरानी विधानसभा | 32 |
| 2. सामान्य से आरक्षित | (+) 28 |
| 3. नए विधानसभा गठित | (+) 25 |
| 4. कुल आरक्षित विधानसभा सीट | 85 |

1. 2007 प्रभावित सीटें–57.

2. 2012 प्रभावित सीटें–53 कुल प्रभावित सीटें–110.

3. 4 आरक्षित सीटें कम करने के लिए 110 विधानसभा.

निर्वाचन क्षेत्रों को प्रभावित किया गया है।

***Sources :*** 1. Census of India 2001.
2. Election Commission of India, State Election 2007 Uttar Pradesh.
3. Changing Face of Electoral India : Delimitation 2008.

**नोट** : निर्वाचन आयोग की 13 जनवरी 2014 की अधिसूचना सं. 282 / 2014 के अनुसार राज्य में अरक्षित सीटों की कुल संख्या 84 और 2–86 होगी।

# संदर्भ–सूची

1. भारत निर्वाचन आयोग, उत्तर प्रदेश राज्य विधानसभा चुनाव 2007ण
2. परिसीमन अधिनियम, 2002 (2001 की जनगणना के आधार पर)ण
3. Uttar Pradesh Paper-5 Changing Face of Electoral India : Delimitation 2008.
4. वही.
5. वही.
6. भारत निर्वाचन आयोग सामान्य लोकसभा चुनाव 2009.
7. भारत निर्वाचन आयोग, उत्तर प्रदेश राज्य विधानसभा चुनाव 2007.
8. वही.
9. Uttar Pradesh Paper-5 Changing Face of Electoral India : Delimitation 2008.
10. वही.
11. वही.
12. वही तथा दैनिक भास्कर इन्दौर–खण्डवा 29 जनवरी 2012.
13. विधानसभा तथा संसदीय निर्वाचन क्षेत्रों का परिसीमन दिशा–निर्देश तथा प्रक्रिया कण्डिका–5.
14. भारत जनगणना 2001.
15. West-Bengal Paper-5 Changing Face of Electoral India : Delimitation 2008.
16. वही.
17. भारत निर्वाचन आयोग, उत्तर प्रदेश राज्य विधानसभा चुनाव 2007 और भारत की.
18. जनगणना 2001.
19. वही.
20. वही.
21. वही.
22. भारत जनगणना 2001.
23. परिसीमन अधिनियम 1972 (1972 का 76) खण्ड–3 अनुच्छेद 239–क की धारा (2) परिसीमन अधिनियम 2002 खण्ड 9 (1) परिसीमन का (घ).
24. वही.
25. Uttar Pradesh Paper-5 Changing Face of Electoral India : Delimitation 2008 और भारत की जनगणना 2001.
26. वही.
27. वही।

# चतुर्थ खण्ड

## लोकतंत्र और स्वायत्त संस्था

# 11
# दिल्ली नगरनिगम विभाजन का रहस्य

MCD के विभाजन के पीछे क्या राज है ?

1946 में दिल्ली में म्युनिसीपल कमेटी बनी थी। कमेटी का अध्यक्ष शेख हबीबुर्रहमान को चुना गया था। 12 साल बाद संसदीय एक्ट के अनुसार 7 अप्रैल 1958 में दिल्ली नगरनिगम की स्थापना की गई थी। नगरनिगम की पहली महापौर अरुणा आसफ अली और उपमहापौर लालारामचरण अग्रवाल चुने गए थे। तब 34 वार्डो से 80 पार्षद होते थे और छह एल्डरमैन नियुक्त होते थे।

वर्ष 1967 में पार्षदों की संख्या बढ़ाकर 100 कर दी गई जबकि छह एल्डरमैन उस समय भी नियुक्त होते थे। उसके बाद 1993 में हुए चुनाव में इनकी संख्या 100 से बढ़ाकर 134 कर दी गई लेकिन उसके बाद से एल्डरमैन की नियुक्ति नहीं की गई। वर्ष 2007 में हुए निगम के चुनाव में पार्षद और वार्डो की संख्या फिर से बढ़ाकर एकदम दोगुनी यानी 272 कर दी गई।

भारतीय जनता पार्टी और कांग्रेस पार्षद जिस प्रकार एमसीडी के विभाजन पर आपस में सिरफुटव्वल कर रहे हैं यह सिर्फ दिखावा है। दिल्ली की मुख्यमंत्री शीला दीक्षित ने भारतीय जनता पार्टी के प्रस्ताव के पश्चात् ही निगम को विभाजित किए जाने संबंधित प्रक्रिया की शुरुआत की है। वरिष्ठ भाजपा नेता प्रो. विजय कुमार मल्होत्रा व वरिष्ठ कांग्रेस नेता स्व. दीपचंद बंधु कमेटी द्वारा इस बाबत् पूर्व में की गई सिफारिशों को मानते हुए निगम को पाँच हिस्सों में बांटने और प्रत्येक विधानसभा क्षेत्र में छह–छह निगम वार्ड बनाए जाने की सिफारिश की है। इन कमेटियों का मत था कि 40 से 50 हज़ार की आबादी पर एक वार्ड होना चाहिए।

इसी परिप्रेक्ष्य में शीला दीक्षित कैबिनेट ने निगम को पाँच हिस्सों में बांटने और वार्ड 408 करने के प्रस्ताव को सैद्धांतिक रुप से माना था। गौरतलब है कि एमसीडी का गठन डीएमसी एक्ट 1957 के तहत किया गया है। इस एक्ट में महानगर प्रबंधन परिषद (म्युनिसिपल मैनेजमेन्ट काउंसिल) गठन किए जाने का प्रावधान है।

डॉ. अशोक वालिया की अध्यक्षता वाली समिति की रिपोर्ट 7 अप्रैल 2011 को मंत्रिमण्डल के समक्ष पेश की गई। उसमें एक प्रकार से नगरनिगम की चाबी मुख्यमंत्री के हाथों में थमा दी गई है। रिपोर्ट में निगम को पाँच हिस्सों में बांटने की सिफारिश तो की गई है एक मेट्रोपोलिटीन मैनेजमेन्ट काऊंसिल भी बनाने की बात कही गई है। जिसकी अध्यक्ष मुख्यमंत्री होंगी। डॉ. वालिया कमेटी ने अपनी रिपोर्ट में यह भी कहा है कि पाँच नगरनिगम में पाँच महापौर और पाँच आयुक्त होंगे। दिल्ली सरकार के शहरी विकास विभाग के तहत् स्थानीय स्वायता शासन विभाग भी होगा। इसमें एक प्रमुख आयुक्त होगा। सभी पाँच निगमों के आयुक्त इस प्रमुख आयुक्त को रिपोर्ट करेंगे।

इस बीच दिल्ली सरकार ने एसपी मारवाह को बतौर सलाहकार नियुक्त कर विभिन्न निगम क्षेत्रों के परिसीमन (Delimitation) का रास्ता साफ कर दिया है और के. धर्मराजन की अगुवाई में एक समिति बनाकर नया दिल्ली म्युनिसिपल कारपोरेशन एक्ट (एनडीएमसी एक्ट) लिखने की कवायद भी शुरु कर दी गई है।

निगम विभाजन के पीछे मुख्यमंत्री शीला दीक्षित का मुख्य तर्क यह है कि निगम के बेहतर संचालन के लिए यह आवश्यक है कि इसका विभाजन किया जाए निगम 97 प्रतिशत दिल्ली के काम कर रहा है। नई दिल्ली और दिल्ली कैंट विधान सभा क्षेत्र एमसीडी के अधिकार क्षेत्र में नहीं है। वर्तमान में एमसीडी के 12 जोन हैं। बडी संख्या में लोग प्रतिदिन विभिन्न सेवाओं के लिए निगम कार्यालय जाते हैं। इन लोंगों के संतुष्टास्तर को बेहतर बनाए जाने की आवश्यकता है।

अगर यदि मुख्यमंत्री की मंशा अवाम को राहत पहुँचाने की नियत से निगम को विभाजित किया जाना है तो ठीक ही है। लिहाज़ा सरकार निगम विभाजन विषय पर श्वेत पत्र भी जारी कर सकती है ताकि अवाम को सरकार की नियत का पता चल सके। वैसे भी शीला कैबिनेट ने 7 फरवरी 2011 को स्ट्रीट लाईट व्यवस्था के बेहतर रख–रखाव के संबंध में एक मसौदा पेश किया गया था। तब नवगठित हाईपावर कमेटी गठित करते समय यह तर्क दिया गया था कि कमेटी निगम के काम–काज को ध्यान में रखते हुए अपनी रिपोर्ट तैयार करेगी और हर पहलू पर गौर करेगी। यदि मुख्यमंत्री की कथनी और करनी में थोड़ी भी सच्चाई है तो वह निगम विभाजन पर श्वेत पत्र जारी कर सकती है। ऐसा करने से वह अवाम और राजनीतिक विरोधियों को भी अपने पक्ष में कर सकती हैं।

एमसीडी के उपर फिलहाल 2200 करोड़ रुपए का कर्ज़ है और पिछले तीन महीनों में एमसीडी के अधिकांश कर्मचारियों को वेतन नहीं मिला है। सरकार ने निगम विभाजन की जो नीति बनाई है उसके विकास में बाधा उत्पन्न होगी। अनेक एजेंसियाँ बनने से सामाजिक–आर्थिक और निगम विभाजन का ख़र्च बढ़ेगा।

अब नए प्रस्ताव को गृह मंत्रालय की मंजूरी चाहिए। स्वीकृति मिलते ही वार्डों का परिसीमन किए जाने की प्रक्रिया फिर से शुरु हो जाएगी। दिल्ली सरकार ने परिसीमन के लिए पूरी तैयारी कर रखी है। इसके लिए सेवानिवृत्त आईएएस एसपी मारवाह की देखरेख में सभी वार्डों का परिसीमन कार्य जून–जुलाई माह (2011) में पूरा किया जाएगा।

दिल्ली सरकार चाहती है कि पंचायतों की तर्ज पर एमसीडी का चुनाव हो। यानी अब तक निगम चुनाव विभिन्न राजनीतिक दलों द्वारा अपने–अपने चुनाव चिह्न पर लड़ा जाता है। निर्दलीय प्रत्याशियों को ही चुनाव कार्यालय द्वारा चुनाव चिह्न जारी किया जाता है। दिल्ली सरकार का मत है कि इस चुनाव में चुनाव कार्यालय द्वारा सभी प्रत्याशियों को अपने हिसाब से चुनाव चिह्न आबंटित किया जाए। इसलिए उसे केन्द्रीय गृह मंत्रालय से स्वीकृति लेनी होगी।

वर्ष 2003 में भी एमसीडी में भाजपा की ही सरकार थी। जिसके कारण दिल्ली सरकार यानी भारतीय राष्ट्रीय कांग्रेस अपना अपमान महसूस कर रही थी। एमसीडी से भाजपा को बेदखल करने के लिए ही वर्ष 2007 में हुए एमसीडी चुनाव में पार्षद और वार्डो की संख्या फिर से बढ़ाकर एकदम दोगुनी यानी 272 कर दी गई थी और इसके साथ ही राजनीतिक पक्ष को ध्यान में रखकर प्रत्येक वार्ड में बदली हुई भौगोलिक सीमाओं के साथ जातिगत परिसीमन किया गया था। फिर भी कांग्रेस को राजनीतिक रुप से कोई लाभ नहीं हुआ। लिहाजा एमसीडी में पुनः भाजपा की वापसी हुई थी।

वर्ष 2003 में 136 सदस्यीय परिषद थी जिस में मुस्लिम पार्षदों की संख्या आठ थी और 2007 में वार्डों की संख्या दोगूनी होने के बाद भी सिर्फ तीन पार्षद और बड़े यानी 272 वार्डों में कुल ग्यारह मुस्लिम पार्षद विजयी हुए थे। गौरतलब है कि 70 सदस्यीय दिल्ली विधानसभा में पाँच मुस्लिम विधायक हैं और दिल्ली के सात संसदीय निर्वाचन क्षेत्र में से एक भी मुस्लिम सांसद नहीं है। अलबत्ता राज्यसभा से परवेज़ हाशमी जरुर सांसद हैं।

इन पाँच विधानसभा निर्वाचन क्षेत्रों में से कुल आठ मुस्लिम पार्षद विजयी हुए हैं। 21–मटियामहल विधानसभा निर्वाचन क्षेत्र के वार्ड (क्रमांक 83 बाजार सीताराम शहरी क्षेत्र) से महमूद जिया कांग्रेस और वार्ड (क्रमांक 84 तुर्कमान गेट शहरी क्षेत्र) से उबेद इकबाल लोक जनशक्ति पार्टी से विजयी हुए हैं। 22–बल्लीमारन विधानसभा निर्वाचन क्षेत्र के वार्ड (क्रमांक 88 (कसाबपुरा) सदर पहाडगंज) से मोहम्मद इस्माईल भाजपा से विजयी हुए है।

तीन विधानसभा निर्वाचन क्षेत्र ऐसे भी हैं जहाँ से कोई मुस्लिम विधायक निर्वाचित नहीं हुए लेकिन इन विधानसभा निर्वाचन क्षेत्रों से एक–एक मुस्लिम

पार्षद जरुर विजयी हुए हैं। 10–सुल्तानपुर माजरा के वार्ड (क्रमांक 39 सुल्तानपुर माजरा) से नफीशा खातून कांग्रेस 20–चांदनी चौक के वार्ड (क्रमांक 79 जामा मस्जिद शहरी क्षेत्र ) से खुर्रम इकबाल लोकजन शक्ति पार्टी और 41–जंगपुरा विधानसभा निर्वाचन क्षेत्र के वार्ड (क्रमांक 154 हज़रत निज़ामुद्दीन शहरी क्षेत्र) से फरहाद सूरी कांग्रेस से विजयी हुए है। 54–विधानसभा निर्वाचन क्षेत्र से 2 मुस्लिम पार्षद विजयी हुए हैं। वार्ड क्रमांक 205 ज़ाकिर नगर से शोएब दानिश और वार्ड क्रमांक 206 ओखला से जमालुद्दीन इंजीनियर कांग्रेस से पार्षद हैं।

वर्ष 2012 में होने वाले एमसीडी चुनाव को दृष्टिगत रखते हुए कांग्रेस पुनः एक बार और सक्रिय हो गई। इसलिए एमसीडी को प्रत्यक्ष रुप से हासिल करने की नीयत से उसका विभाजन राजनीतिक पक्ष को ध्यान में रखकर किया गया है। 19 अप्रैल 2011 को एमसीडी विभाजन के विषय पर मुस्लिम पार्षद भी लामबंद नज़र आए हैं। विभिन्न राजनीतिक दलों के सभी ग्यारह मुस्लिम पार्षदों ने दिल्ली प्रदेश कांग्रेस के कार्यालय में उपस्थित होकर अपना विरोध दर्ज कराया है। इन सभी पार्षदों का तर्क था कि मुख्यमंत्री निगम को कमजोर करना चाहती हैं, इससे भाजपा को ही फायदा होगा। गौरतलब है कि इन ग्यारह पार्षदों में से एक भाजपा दो लोक जनशक्ति पार्टी और शेष कांग्रेस के हैं। यह कैसी विडम्बना है कि मुस्लिम पार्षदगण भी एमसीडी विभाजन का विरोध राजनीतिक पक्ष को ध्यान में रखकर कर रहे हैं...जबकि विरोध इस बात का होना चाहिए था कि विभाजन से भविष्य में मुसलमानों को किस प्रकार का राजनीतिक नुकसान होगा। जैसा कि विगत 2007 का एमसीडी परिसीमन हमारे सामने विद्यमान है। 136 वार्ड के स्थान पर 272 वार्ड का सृजन किया गया था तब मुसलमानों को संख्या बल के लिहाज़ से और राजनीतिक दृष्टि से कितना लाभ मिला था? क्या परिसीमन राजनीतिक पक्ष को ध्यान में रखकर किया गया था ? जबकि दिल्ली के दो विधानसभा क्षेत्र 22–बल्लीमारान और 65–सीलमपुर ऐसे हैं जहाँ से मुस्लिम विधायक तो निर्वाचित हुए हैं। लेकिन इन दोनों विधानसभा निर्वाचन क्षेत्रों से सिर्फ एक–एक मुस्लिम पार्षद निर्वाचित हुआ है। ''यह कैसा लोकतंत्र है'' राजनीतिक पक्ष को ध्यान में रखकर परिसीमन की आड़ में ऐसी राजनीतिक स्थिति निर्मित की जाती है।

अब निगम विभाजन में एक विधानसभा निर्वाचन क्षेत्र से छः पार्षद होंगे और 40 हजार की आबादी पर एक वार्ड होगा। आने वाले वार्ड परिसीमन में मुस्तैदी के साथ हम सब की यह ज़िम्मेदारी होनी चाहिए कि मुस्लिम बहुल विधानसभा और मुस्लिम बहुल निर्वाचन क्षेत्रों से अधिक से अधिक मुस्लिम बहुल वार्डो का सृजन कराया जाए और हमें परिसीमन की केंचुली फांस को भी भलीभाँति समझना

होगा। पहला काम परिसीमन में मुस्लिम बहुल निर्वाचन क्षेत्रों को आरक्षित वर्ग में तब्दील होने से रोकना होगा। तब ही मुस्लिम बहुल वार्डों की संख्या बढ़ेगी।

दिल्ली एमसीडी विभाजन को लेकर कांग्रेस में विवाद बढ़ गया है। इस मामले पर कांग्रेस संगठन बंटवारे का विरोध कर रहा है, वहीं दिल्ली सरकार अपने फैसले पर अडिग है। 25 अप्रैल 2011 को हुई दिल्ली कार्यकारिणी की बैठक में एमसीडी विभाजन और वार्डों की संख्या में बढ़ोत्तरी किए जाने के फैसले पर कडी आपत्ति जताते हुए इस संबंध में एक प्रस्ताव सर्वसम्मति से पारित किया गया। दिल्ली प्रदेश कांग्रेस मुख्यालय पर हुई इस बैठक की अध्यक्षता कांग्रेस के दिल्ली प्रभारी वीरेन्द्रसिंह ने की और प्रदेश कांग्रेस अध्यक्ष जयप्रकाश अग्रवाल भी उपस्थित थे।

प्रदेश कांग्रेस ने इस मामले पर दिल्ली के निगम पार्षदों की भी राय ली। इन पार्षदों ने भी दिल्ली सरकार के निर्णय का विरोध किया। विरोध करने वाले पार्षदों में निगम बंटवारे के लिए बनी ग्रुप ऑफ मिनिस्टर्स के क्षेत्र के पार्षद भी शामिल हुए थे। कांग्रेस के 73 निगम पार्षदों में से 65 पार्षद शामिल हुए। निगम विभाजन के मसले पर करीब चार घंटे तक विचार–विमर्श किया गया। दिल्ली सरकार का कहना है कि निगम का बंटवारा किया जाना चाहिए लेकिन सीटों की संख्या में बढोत्तरी न की जाए।

दिल्ली में हुए 3 से 14 अक्टूबर 2010 तक कॉमनवेल्थ खेल में खेल आयोजन समिति के अध्यक्ष सुरेश कलमाडी की गिरफ्तारी के बाद दिल्ली सरकार में भी बेचैनी का आलम है। ध्यान रहे कि खेलों में भ्रष्टाचार के छीटों से दिल्ली सरकार के दामन में भी दाग लगे हुए हैं।

कॉमनवेल्थ खेल की समाप्ति के तुरंत बाद प्रधानमंत्री मनमोहन सिंह ने पिछले वर्ष अक्टूबर में पूर्व सीजी वी.के. शुंगलू की अध्यक्षता में दो सदस्यीय टीम को जांच का काम सौंपा था। शुंगलू अब तक पाँच रिपोर्ट दे चुके हैं। शुंगलू कमेटी ने दिल्ली सरकार पर सीधे–सीधे आरोप लगाए हैं कि अधिकारियों की मिलीभगत से ठेकेदारों को करोड़ों का फायदा पहुँचाया गया। खुद शीला दीक्षित के ख़िलाफ शुंगलू कमेटी ने तल्ख टिप्पणियाँ की हैं। सरकार में सूत्र मान रहे हैं कि दिल्ली सरकार के कामकाज से जुडी रिपोर्ट पर भी प्रधानमंत्री कार्यालय यदि सीबीआई जांच का फैसला करता है तो दीक्षित के लिए पद पर बने रहना मुश्किल होगा। शुंगलू रिपोर्ट ने शीला दीक्षित व दिल्ली सरकार के उपराज्यपाल तेजिन्दर खन्ना को खेलों पर हुए ज़्यादा ख़र्च का दोषी माना है। गृह मंत्रालय को इस रिपोर्ट पर चूंकि तीन माह में अपनी सिफारिश देनी है इसलिए दीक्षित के पास सफाई का पर्याप्त मौका है।

दिल्ली सरकार एमसीडी विभाजन के लिए जिस तरह उतावली दिख रही है ऐसा लगता है कि दस माह के बाद होने वाले निगम चुनाव में ज़रुर उसे फायदा होने वाला है। 70 सदस्यीय दिल्ली विधानसभा में कांग्रेस के 41 विधायक हैं। भाजपा 24 बसपा 2 और अन्य 3 विधायक हैं।

डॉ. वालिया कमेटी ने अपनी रिपोर्ट में निगम विभाजन को जिन पाँच भागों में बाँटने का निर्णय लिया है, वह शत–प्रतिशत राजनीतिक पक्ष को ध्यान में रखकर किया गया है। 68 विधानसभा निर्वाचन क्षेत्रों को जिस तरह से पाँच भागों में परिसीमित किया गया है, उससे साफ जाहिर होता है कि जातिगत समीकरण बैठाने की नियत से ही कवायद की जा रही है।

## पूर्वी दिल्ली नगर निगम

**प्रथम भाग**—में 16 विधानसभा निर्वाचन क्षेत्र हैं। 56—त्रिलोकपुरी से लेकर लगत 70—करावल नगर विधानसभा निर्वाचन क्षेत्र तक इस भाग में कांग्रेस की 10 भाजपा 5 और बसपा की एक विधानसभा सीट को शामिल किया गया है।

## मध्य दिल्ली नगर निगम

**द्वितीय भाग**—में 13 विधानसभा निर्वाचन क्षेत्र हैं। 2—बुराडी 3—तिमारपुर के बाद 15—शकूरबस्ती लगत 24—पटेलनगर और 39—राजेन्द्रनगर विधानसभा निर्वाचन क्षेत्र को शामिल किया गया है। इस में कांग्रेस 9 भाजपा और लोक जनशक्ति पार्टी की एक विधानसभा सीट को मिलाकर मध्य नगर निगम का गठन किया जाना प्रस्तावित है।

## उत्तरी दिल्ली नगर निगम

**तृतीय भाग**—में भी 13 विधानसभा निर्वाचन क्षेत्र शामिल किए गए है। 1—नरेला 4—आदर्शनगर 5—बादली 6—रिठाला 26—मादीपुर और 7—बवाना से लेकर लगत 14—शालीमार विधानसभा निर्वाचन क्षेत्र तक कुल 14 विधानसभाओं को समायोजित किया गया है। जिनमें कांग्रेस 8 और भाजपा की 5 विधानसभा सीटें शामिल हैं।

## पश्चिम दिल्ली नगर निगम

**चतुर्थ भाग**—12 विधानसभा निर्वाचन क्षेत्र की सबसे छोटी नगरनिगम होगी। 25— मोतीनगर और 97—राजौरी गार्डन विधानसभा से लगत 37—पालम विधानसभा निर्वाचन क्षेत्र शामिल है। कांग्रेस 4 भाजपा 7 और 35—नजफगढ़ निर्दलीय समर्थित विधानसभा निर्वाचन क्षेत्र को शामिल कर निगम का गठन किया जाना प्रस्तावित है।

## दक्षिण दिल्ली नगर निगम

**पंचम भाग**–41–जंगपुरा विधानसभा निर्वाचन क्षेत्र से लेकर लगत 54–ओखला विधानसभा तक कुल 14 विधानसभाओं को शामिल किया गया है। कांग्रेस 9 भाजपा 3 और बसपा की एक 53–बदरपुर विधानसभा भी शामिल है।

एमसीडी विभाजन को यदि भौगोलिक नजरिए से देखा जाए तो साफ जाहिर होता है कि वर्ष 2012 के निगम चुनाव में कांग्रेस को पांच भाग में से चार भागों में परिसीमन का लाभ मिल सकता है। भारतीय जनता पार्टी के लिए पश्चिम दिल्ली नगर निगम को इस तरह परिसीमित किया गया है कि वह भौगोलिक रुप से भाजपा समर्थित स्वमेव बन गई है। 12 विधानसभा निर्वाचन क्षेत्रों में से भाजपा 7 कांग्रेस 4 और एक निर्दलीय विधानसभा निर्वाचन क्षेत्र को समायोजित किया गया है।

पूर्वी दिल्ली नगर निगम में दो मुस्लिम बहुल विधानसभा निर्वाचन क्षेत्र 65–सीलमपुर और 69–मुस्तफाबाद को शामिल किया गया है। दोनों विधानसभाओं से कांग्रेस के मुस्लिम प्रत्याशी विजयी हुए हैं।

मध्य दिल्ली नगर निगम मे जातिगत समीकरण के लिहाज़ से 21–मटियामहल और 22–बल्लीमारान मुस्लिम बहुल विधानसभा निर्वाचन क्षेत्र को जोड़ा गया है।

दक्षिणी दिल्ली नगर निगम में 54–ओखला मुस्लिम बहुल विधानसभा के साथ जंगपुर, तुगलकाबाद और बदरपुर मुस्लिम/अजा क्षेत्रों को शामिल कर जातिगत समीकरण बनाए गए हैं। दिल्ली की मुस्लिम आबादी को परिसीमन के नाम पर तीन भागों में बांट दिया गया है।

एमसीडी विभाजन में मुस्लिम मतदाताओं को जिस प्रकार विभाजित किया गया है अल्पसंख्यक हितों से वंचित कर परिसीमनवादियों ने अपनी उसी घृणित एवं दूषित मानसिकता को दोहराया है जिससे मुसलमानों को किसी भी निर्वाचित सदन में पर्याप्त प्रतिनिधित्व करने से वंचित किया जा सके। ऐसे अनेक उदाहरण इस शहर के मुस्लिम बहुल क्षेत्रों में निर्वाचन क्षेत्रों के परिसीमन के समय दोहराए गए हैं ऐसा सत्तारुढ़ दल ने केवल अपनी पार्टी के हितों को ध्यान में रखकर किया है यहाँ मुसलमानों का हित गौण है।

आख़िर सच सामने आ ही गया। यानी एमसीडी विभाजन के पीछे राज की पर्तें खुलनी शुरु हो ही गई। अगले निगम चुनाव में महिलाओं का प्रतिनिधित्व बढ़ाने की तैयारियाँ दिल्ली सरकार ने पूर्ण कर ली हैं। इस मसौदे के तहत पचास प्रतिशत सीटों पर महिलाओं का कब्जा होगा और उनका रुतबा बढ़ेगा। मुख्यमंत्री

शीला दीक्षित ने 24 अप्रैल 2011 को यह घोषणा प्रदेश कांग्रेस कार्यालय में महिला कार्यकारिणी सम्मेलन को संबोधित करते हुए की। मुख्यमंत्री ने कहा कि महिलाओं की भागीदारी बढ़ाने से नागरिक सेवाओं में सुधार होगा। नए प्रारुप में एमसीडी सीटों की संख्या 408 किए जाने की योजना है। पचास प्रतिशत सीटें यानी 204 सीटें महिलाओं की होंगी। वर्तमान में सीटों की संख्या 272 है।

मुख्यमंत्री शीला दीक्षित ने कहा कि राजधानी की महिला हर क्षेत्र में शिखर तक पहुँची और हमारा प्रयास रहेगा कि स्थानीय निकायों में भी महिलाएं महत्त्वपूर्ण भूमिका निभाएं क्योंकि उनमें इंसानियत सेवा और करुणा की भावना है।

लिहाज़ा इन भावनात्मक शब्दों के साथ क्या शीला दीक्षित सरकार इस पचास प्रतिशत महिला आरक्षण के भीतर पिछडे और मुस्लिम समुदाय के लिए आरक्षण का प्रावधान करेंगी ? बुनियादीतौर पर हमारा संविधान धार्मिक आधार पर आरक्षण की इजाजत नहीं देता। मगर संविधान के अनुच्छेद 16 (1) में राज्यधीन नियोजकों में सभी नागरिकों के अवसर की समता के सिद्धांत को स्वीकार करते हुए अनुच्छेद 16 (4) में समताकरण के सिद्धांत को स्वीकार किया गया है। यदि राज्य की राय में राज्याधीन सेवाओं में नागरिकों के किसी वर्ग का पर्याप्त प्रतिनिधित्व नहीं है तो वह नियुक्ति या पदों के आरक्षण के लिए उपबंध कर सकती है। सुप्रीम कोर्ट ने भी समताकरण के सिद्धांत को स्वीकार करते हुए 11 मई 2010 को एक अहम फैसला सुनाया। पाँच जजों की संविधान पीठ ने अपने फैसले में कहा कि पंचायत और स्थानीय निकाय चुनाव में राज्य सरकारें अपने स्तर पर आरक्षण तय कर सकती हैं।

25 अप्रैल 2011 को हुई दिल्ली प्रदेश कार्यकारिणी की बैठक में कार्यकारिणी के करीब 150 सदस्यों और उपस्थित 65 पार्षदों ने भी दिल्ली सरकार के एमसीडी विभाजन के निर्णय का विरोध किया था। विरोध करने वालों में निगम बंटवारे के लिए बनी ग्रुप ऑफ–मिनिस्टर्स के क्षेत्र के पार्षद भी शामिल थे और एक सप्ताह के भीतर ही प्रदेश कांग्रेस अध्यक्ष व सांसद जयप्रकाश अग्रवाल और मुख्यमंत्री शीला दीक्षित की सहमति के बाद निगम में दस लोगों को एल्डरमैन नियुक्त किया गया। उपराज्यपाल तेजेन्द्र खन्ना ने इस बाबत आदेश जारी कर दिए हैं। जिन कांग्रेसी नेताओं का चयन किया गया है। उनमें मुस्लिम वर्ग के साथ–साथ पूर्वांचल के लोगों की भावनाओं का भी पूरा ख़्याल रखा गया है। उनमें डॉ. परवेज़ मियां गोस्वामी एस.के. पुरी पूर्व मुख्यमंत्री चौ. हीरासिंह की पुत्री सांगवाल हरिकृष्ण जिंदल संजय गहलोत लालचंद चंदौलिया कोकला नायर एम.दुग्गल, योगेश कुमार चौधरी, और अब्दुल कय्यूम शामिल हैं। सन् 1997 मे भाजपा ने अपने निगम कार्यकाल में

इन सदस्यों का चुनाव किया था अब 14 साल बाद दोबारा इनका चयन किया गया है। जबकि निगम के कार्यकाल में सिर्फ दस माह बाकी हैं।

सरकार ने इन्हें नगर निगम में भेज तो दिया है लेकिन इनके पास न कोई पावर होगी और न ही इन्हें किसी प्रकार का बजट या फंड मिलेगा। दिल्ली सरकार की इस कवायद को अपने पार्टी नेताओं को उपकृत करना माना जा रहा है। हालांकि डीएमसी एक्ट 1957 के प्रावधान के मुताबिक नामांकित सदस्य किसी न किसी फील्ड में माहिर होने चाहिए ताकि उनके अनुभव का लाभ एमसीडी को मिल सके। लेकिन अब पार्टी अपने नेताओं को पुरस्कृत करने के लिए एमसीडी में उनका नामांकन करती है।

एमसीडी विभाजन के पीछे दिल्ली सरकार की मंशा अब किसी से छिपी हुई नहीं है। जिस तरह से 68 विधानसभा निर्वाचन क्षेत्रों को पांच हिस्सों में बांटना प्रस्तावित है, इससे साफ जाहिर है कि जातिगत समीकरण बैठाने की कवायद की गई है।

तकनीकी रुप से एक मुस्लिम बहुल नगरनिगम अस्तित्व में आ सकता है...

मध्य दिल्ली नगरनिगम में आने वाले विधानसभा निर्वाचन क्षेत्र क्रमांक 19–सदरबाजार 20–चांदनी चौक 21–मटियामहल 22–बल्लीमारन 23–करोलबाग 24–पटेल नगर कुल छः विधानसभा निर्वाचन क्षेत्र और दक्षिण दिल्ली नगरनिगम में आने वाले विधानसभा निर्वाचन क्षेत्र क्रमांक 41–जंगपुरा 52–तुगलकाबाद 53–बदरपुर और 54–ओखला कुल चार विधानसभाओं को मिला कर इस प्रकार मध्य और दक्षिण भाग के कुल दस विधानसभा निर्वाचन क्षेत्रों की एक मुस्लिम बहुल नगरनिगम दक्षिण–पश्चिम नगरनिगम के नाम से तकनीकी रुप से अस्तित्व में आ सकता है। गौरतलब है कि दक्षिण मध्य दिल्ली की शेष 17 विधानसभाओं को मिलाकर उत्तर पश्चिम नगर निगम के नाम से एक निगम का गठन किया जा सकता है। वैसे भी वार्डों के परिसीमन का अधिकार दिल्ली सरकार के पास नहीं है यह अधिकार केन्द्र के सरकार नुमाइंदे और एक तरह से दिल्ली सरकार के मुखिया उपराज्यपाल के पास है। अब दिल्ली के राज्यसभा सदस्य परवेज़ हाशमी दिल्ली विधानसभा के पाँचों मुस्लिम सदस्य और सभी ग्यारह मुस्लिम पार्षदों को चाहिए कि इस तरह के प्रस्ताव पर पहले स्वयं राजनीतिक पक्ष को ध्यान में रखकर चिंतन मनन करें और फिर कांग्रेस संगठन के पास मजबूत पक्ष रखें। पाँच नगरनिगम के अस्तित्व में आने से एक निगम मुस्लिम बहुल बन सकती है। जिससे मुस्लिम बहुल जनसंख्या वाले क्षेत्रों का तेज़ी से विकास होगा और भविष्य में रोजगार के अवसर भी उपब्धल हो सकते हैं। परिसीमन जैसे संवेदनशील

(Sensitive) मामले में दिल्ली की सभी मुस्लिम संस्थाओं को विशेष ध्यान देने की ज़रुरत है। गौरतलब है कि वर्ष 2026 की पहली जनगणना यानी वर्ष 2031 तक संसदीय और राज्य विधानसभाओं का परिसीमन आकृत किया गया है। लिहाजा जो स्थिति आज संसदीय और राज्य विधानसभाओं की है, वह वर्ष 2026 तक रहेगी। नगर निगम के परिसीमन में अभी किसी प्रकार की कोई तकनीकी और संवैधानिक बाधा नहीं है। इसलिए धर्मनिरपेक्ष राजनीतिक दलों को भी चाहिए कि निगम विभाजन में मुसलमानों को उनकी आबादी के अनुपात से प्रतिनिधित्व मिले। अंततोगत्वा कब तक मुस्लिम वर्ग परिसीमन के दंश का जहर पीते रहेगें?

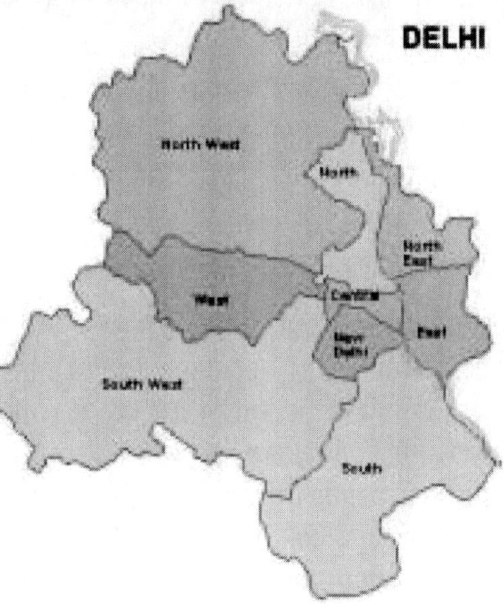


एमसीडी परिषद के अभी हाल 272 पार्षद हैं। और इनमें से सिर्फ ग्यारह मुस्लिम वर्ग से हैं। जब कि मुस्लिम आबादी का प्रतिशत 11.69 के अनुपात से 32 वार्ड मुस्लिम बहुल बनते हैं। चूंकि विगत परिसीमन में भी मुस्लिम वर्ग को कोई ख़ास राजनीतिक लाभ नहीं हुआ था। अलबत्ता आठ पार्षद के स्थान पर ग्यारह ज़रुर हुए थे। किन्तु अपने उद्देश्यों के प्रति अटल रहे परिसीमनवादियों ने वही किया जिससे मुस्लिम वर्ग के हितों को रौंदा जा सके।

विगत परिसीमन में मामूली फेरबदल करने पर यानी चतुर सीमा उत्तर–पूर्व और पश्चिम–दक्षिण में बदलाव करने से शहर के अनेक मुस्लिम बहुल वार्ड प्रभावित हो गए हैं। इस तरह संसदीय निर्वाचन क्षेत्र और राज्य विधानसभाओं की चतुर सीमा में मामूली बदलाव फेरबदल करने से उन निर्वाचन क्षेत्रों की स्थिति भी अजब–गजब बन जाती है। देश का मुस्लिम वर्ग इस सिथति से अभी तक बेख़बर है।

एमसीडी वार्ड विभाजन की प्रक्रिया माह जून–जुलाई 2011 तक पूरी होने की संभावना है। नए प्रस्ताव के तहत पाँच महापौर (Mayor) और एक विधानसभा निर्वाचन क्षेत्र में छह पार्षद होंगे जो 40 हजार की आबादी पर अब एक वार्ड होगा। इस तरह वार्डों की संख्या 408 होगी।

2001 की जनगणना के अनुसार दिल्ली में मुसलमानों की आबादी 16, 12, 104 है। लिहाजा चालीस हजार की आबादी पर जब एक वार्ड पुनर्गठित होगा तो मुस्लिम वार्ड और बढ़ेगें। चूंकि जब माह जून–जुलाई में वार्डों के परिसीमन की प्रक्रिया होगी तब मौजूदा आबादी के ही आंकड़े शामिल किए जाएंगे। लिहाज़ा मुस्लिम वार्डो की संख्या बढ़ने की प्रबल संभावना है।

बहरहाल मुस्लिम वर्ग को वार्ड विभाजन के समय अपना मजबूत पक्ष तथ्यों पर आधारित आंकड़ों की संख्या के साथ दिल्ली के मुखिया उपराज्यपाल के समक्ष रखना होगा। इसके लिए मुस्लिम वर्ग को न्यायालय में जाने पर भी गुरेज़ नहीं करना चाहिए। बल्कि अभी से तैयारी में जुट जाना चाहिए।

**एमसीडी के तीन टुकड़े और महिला आरक्षण को मंजूरी** : दिल्ली नगरनिगम को अब तीन हिस्सों में बाँटा जाएगा। निगम पार्षदों की संख्या में तो कोई वृद्धि नहीं होगी, पर हर दूसरा पार्षद अब महिला होगी। निगम की पचास फीसदी सीटें अब महिलाओं के लिए आरक्षित होगी। दिल्ली सरकार ने निगम पुनर्गठित संबंधित मसौदे को मंजूरी प्रदान कर दी है।

मसौदे के मुताबिक उत्तरी दिल्ली सबसे बड़ा कार्पोरेशन होगा। इसके अतिरिक्त दक्षिणी दिल्ली व पूर्वी दिल्ली के लिए अलग–अलग दो निगमों का गठन किया जाएगा। यह मसौदा 31 मई, 2011 को मुख्यमंत्री शीला दीक्षित की अध्यक्षता में कैबिनेट की बैठक में रखा गया जिसे सर्वसम्मति से पारित कर दिया गया। अब जल्द ही इस बाबत प्रारुप तैयार कर गृह मंत्रालय की मंजूरी ली जाएगी। बाद में मसौदे को विधानसभा से पारित किया जाएगा।

विभाजन मसौदा लागू होने के पश्चात् इन तीनों नगर निगमों के को–आर्डिनेशन का कार्य दिल्ली सरकार के प्रधान सचिव, शहरी विकास विभाग संभालेंगे। नए प्रारुप में भी वार्डों की संख्या 272 ही रहेगी। मुख्यमंत्री ने कहा कि एमसीडी के विशाल आकार के कारण जनता की आकांक्षाएं पूरी नहीं हो पा रही थी। इसलिए निगम के पुनर्गठन का फैसला लिया गया है। मसौदे में एमसीडी क्षेत्र से संबंधित 68 विधानसभा निर्वाचन क्षेत्र के संबंध में प्रावधान किया गया।

दिल्ली की 68 विधानसभा सीटों के आधार पर यह मसौदा तैयार किया गया है। ये विधानसभा सीटें एमसीडी के दायरे में आती हैं। नई दिल्ली व छावनी की

सीट इसके दायरे से बाहर है। नए बनने वाले पूर्वी दिल्ली निगम में 16 विधानसभाएं होंगी जबकि उत्तर व दक्षिणी निगमों में 26–26 विधानसभा सीटों को रखा गया है। पुनर्गठन के लिए बनाई गई समिति डीएमसी एक्ट 1957 में संशोधन के अपने सुझाव देगी। तीन एमसीडी बन जाने से स्थानीय निकाय प्रशासन के कामकाज में बेहद सुधार आएगा और जल्द ही दिल्ली को विश्व स्तरीय शहर बनाया जा सकेगा। मुख्यमंत्री ने कहा कि इच्छा शक्ति का अभाव है। इस वजह से गंभीरता नहीं नज़र आती है। महिलाओं को पचास फीसदी आरक्षण एक ऐतिहासिक निर्णय है। इससे महिला शक्तिकरण को और मज़बूती मिलेगी।

कहाँ है कितनी आबादी

विधानसभा सीट–26 आबादी–92, 84, 883

**उत्तरी दिल्ली क्षेत्र** : नरेला, बुराडी, तिमारपुर, आदर्शनगर, बादली, रिठाला, मुंडका, किराडी, मुस्तफाबाद, बवाना, रोहिणी, मंगोलपुरी, शकूरपुर, त्रिनगर, वजीरपुर, चांदनी चौक, माडल टाऊन, मटियामहल, करोलबाग, पटेलनगर, मोतीबाग, राजेन्द्रनगर।

विधानसभा सीट–26 आबादी–49, 17, 186

**दक्षिणी दिल्ली क्षेत्र** : मादीपुर, राजौरी गार्डन, हरीनगर, तिलकनगर, जनकपुरी, विकासपुरी, उत्तमनगर, द्वारका, मटियाला, नजफगढ़, बिजासन, पालम, जंगपुरा, मालवीय नगर, आर.के. पुरम, महरौली, छत्तरपुर, देवली, अंबेडकर नगर, ग्रेटर कैलाश, संगमविहार, कालकाजी, तुगलकाबाद, बदरपुर, ओखला।

विधानसभा सीट–16 आबादी–32, 29, 373

**पूर्वी दिल्ली क्षेत्र** : त्रिलोकपुरी, कोंडली, पटपडगंज, लक्ष्मीनगर, कृष्णा नगर, विश्वासनगर, गांधीनगर, शाहदरा, सीमापुरी, रोहताशनगर, सीलमपुर, घोडा, बाबरपुर, गोकुलपुरी, मुस्तफाबाद, करावलनगर।

मुख्यमंत्री शीला दीक्षित ने 21 जून 2011 को केन्द्रीय गृह मंत्री पी. चिदंबरम् से मुलाकात की और दिल्ली नगर निगम (एमसीडी) को तीन हिस्सों में बांटने के प्रस्ताव को जल्द मंजूरी देने का आग्रह किया, ताकि विधानसभा के मानसून सत्र में प्रस्तावित विभाजन का विधेयक पेश किया जा सके।

**निगम एक नज़र में**

**'1 फरवरी 2011 की स्थिति में'**

विभागों की संख्या : 38
जोन की संख्या : 12
स्वास्थ्य केन्द्र : 306
स्कूल : 1800

**कर्मचारियों का आँकड़ा**

'ए' वर्ग के पद : 2063
'बी' वर्ग के पद : 30673
'सी' वर्ग के पद : 11074
'डी' वर्ग के पद : 89623
कुल पदों की संख्या : 133433
भरे हुए पदों की संख्या : 99509

एमसीडी के चुनाव अगले वर्ष के प्रारंभ में होने वाले हैं। शीला दीक्षित पहले ही कह चुकी हैं कि सरकार चुनाव से पूर्व विभाजन की प्रक्रिया को पूरा करना चाहती है। दिल्ली सरकार की ओर से तैयार प्रस्ताव में एक नया निकाय दिल्ली नगर निकाय प्राधिकार (डीएमए) गठित करने का उल्लेख है जो तीन नगर

निकायों के मध्य समन्वय स्थापित करेगा। मंत्रिमंडल ने पिछले महीने एमसीडी को तीन भागों में विभाजित करने के लिए दिल्ली नगर निकाय अधिनियम, 1957 में संशोधन करने के लिए चार सदस्यीय समिति गठित की थी। विधेयक के अनुसार उत्तर और दक्षिण दिल्ली के नए निकाय में 104–104 वार्ड होंगे जबकि पूर्वी दिल्ली में 64 वार्ड होंगे।

निगम विभाजन के लिए बनाई गई समिति द्वारा बनाए गए ड्राफ्ट कानून के बाद यह निर्णय लिया गया है। इसके तहत दिल्ली में पूर्वी दिल्ली, उत्तरी दिल्ली व दक्षिणी दिल्ली निगम काम करेंगे। इसके अतिरिक्त नई दिल्ली पालिका परिषद् व छावनी विधिवत् काम करते रहेंगे। इस प्रारुप में एक विधायक के अधिकार क्षेत्र में चार वार्ड आएंगे। इस प्रक्रिया में पुनः परिसीमन की आवश्यकता नहीं रहेगी। इसी व्यवस्था में 272 ही निगम वार्ड रहेंगे। मुख्यमंत्री ने कहा कि इससे स्थानीय निकाय की व्यवस्था को बेहतर बनाने में मदद हासिल होगी। इन निकायों के संचालन के लिए तीन महापौर व तीन स्थायी समितियां बनाई जाएंगी। इस के अतिरिक्त वित्तीय संबंधित मामलों का निर्णय चौथा वित्तीय आयोग करेगा। जिन निगम के जितने धन की आवश्यकता होगी, वह उपलब्ध कराया जाएगा।

मुख्यमंत्री ने कहा कि इसकी मदद से दिल्ली की निगम, स्कूल, स्वास्थ्य, साफ–सफाई समेत अन्य आम जन की व्यवस्थाओं को बेहतर बनाने में मदद हासिल होगी। नया प्राधिकरण सीधे दिल्ली सरकार के अधिकार क्षेत्र में काम करेगा।

## दिल्ली नगरनिगम चुनाव में भाजपा पुनः काबिज़

दिल्ली में विभाजन के बाद तीन नगर निगमों के चुनाव में भाजपा ने कांग्रेस को करारी शिकस्त देते हुए पर्चम फहराया है। उत्तर और पूर्वी नगर निगम में भाजपा ने अपने बूते पर बहुमत हासिल किया, जबकि दक्षिण दिल्ली में सबसे बड़ी पार्टी के रूप में उभरी है। वहाँ भी निर्दलियों की मदद से वह सत्ता में काबिज़ होने की स्थिति में है।

यह चुनाव परिणाम दिल्ली में पिछले 14 वर्षो से सत्तारुढ़ कांग्रेस और मुख्यमंत्री के लिए ज़बरदस्त झटका है। श्रीमती दीक्षित ने ही दिल्ली नगरनिगम को तीन हिस्सों में बांटा था। हालाँकि भाजपा के लिए भी परिणाम पिछले चुनाव की तुलना में उत्साहवर्धक नहीं रहे हैं। भाजपा को 272 में से सिर्फ 138 सीटे मिली हैं, जो वर्ष 2007 की तुलना में 26 कम हैं। उस समय एकीकृत नगरनिगम के चुनाव में भाजपा को 164 सीटें मिली थी। जबकि कांग्रेस की स्थिति सुधरी है और उसकी सीट 64 से बढ़कर 78 तक पहुँच गयी है। भाजपा को उत्तर और

पूर्व नगर निगमों में स्पष्ट बहुमत मिला है जबकि दक्षिण दिल्ली में 104 सदस्यीय सदन में 44 सीटें मिली है, जो बहुमत से 9 कम है। यहाँ 14 वार्डो से निर्दलीय प्रत्याशी विजयी हुए हैं।

उत्तर दिल्ली में भाजपा को 104 में से 59 सीटें मिली है, जबकि कांग्रेस को 29 और अन्य को 16 सीटें मिली हैं। पूर्वी दिल्ली में भाजपा ने 64 में 35 सीटें जीती हैं, जबकि कांग्रेस को 19 और अन्य के खाते में 10 सीटें गयी हैं।

2007 में 11 मुस्लिम पार्षद थे। इस चुनाव में तीनों नगर निगमों में मुस्लिम पार्षदों की संख्या 14 है।

2001 की जनगणना के अनुसार दिल्ली की आबादी 1,37,82,976 थी और मुस्लिम आबादी 16 लाख 12 हजार 104 रही। एक वार्ड 50670 औसत आबादी पर परिसीमित है। लिहाज़ा 31.81 वार्ड मुस्लिम बहुल बनते है। धर्मनिरपेक्ष और लोकतांत्रिक मूल्यों के आधार पर ये 32 वार्ड 40 मुस्लिम बहुल वार्डो में तब्दील हो सकते है। तीनों निगम में 40 मुस्लिम पार्षद होने चाहिए जिसकी तुलना में विभिन्न राजनीतिक दलों के 14 पार्षद है।

# 12
# सारणी और मानचित्र (MAP)

विधानसभा तथा संसदीय निर्वाचन क्षेत्रों का परिसीमन दिशा–निर्देश तथा प्रक्रिया की कण्डिका–3 के अनुसार संसदीय तथा विधानसभाओं के लिए अनुसूचित जातियों (अजा) तथा अनुसूचित जनजातियों (अजजा) के लिए आरक्षित किए जाने वाली सीटों की संख्या 2001 जनगणना के आधार पर फिर से गणना की जाएगी।

14वीं लोकसभा तक 543 सदस्यीय लोकसभा में अजा/अजजा के लिए 120 संसदीय निर्वाचन क्षेत्र आरक्षित थे। (अजा 84 अजजा 47 = 120) पुनर्समायोजन 2008 में 2001 जनगणना के आधार पर गणना करने से अजा/अजजा के लिए 11 स्थान और बढ़ाए गए। 543 सदस्यीय लोकसभा में 131 स्थान आरक्षित हैं। (अजा 84 अजजा 47 = 131) परिसीमन आयोग ने 11 सीटों को बढ़ाने के लिए 499 संसदीय निर्वाचन क्षेत्रो मे फेरबदल और बदलाव किए हैं। जिससे वर्तमान निर्वाचन क्षेत्रों का भौगोलिक स्वरूप बदल गया है। आबादी के लिहाज़ से प्रत्येक राज्य विधानसभाओं में आरक्षित स्थानों की संख्या बढाई गई है और कहीं कम भी की गई है। 403 सदस्यीय उत्तर प्रदेश विधानसभा में 89 सीटें अनुसूचित जातियों के लिए आरक्षित थी। गणना में जनसंख्या अनुपात से 85 सीटें आरक्षित की गई है। 4 आरक्षित सीटों को कम करने के लिए 110 विधानसभा निर्वाचन क्षेत्रों में चार तरह के बदलाव किए गए हैं।

प्रथम, कुछ एक सीटों को विलोपित किया गया।

द्वितीय, सामान्य से आरक्षित वर्ग में तब्दील किया गया।

तृतीय, आरक्षित वर्ग से सामान्य में तब्दील किया गया।

चतुर्थ, कुछ एक नए विधानसभा निर्वाचन क्षेत्रों का पुनर्समायोजन किया गया।

इस तरह के बदलाव से सबसे ज्यादा मुस्लिम वर्ग प्रभावित हुआ है। पाठकगण को परिसीमन की विसंगतियों को सहजता से समझाने के लिए निर्वाचन क्षेत्रों के मानचित्रों का संग्रहण किया गया है।

परिसीमन के जरिए विधानसभा और संसदीय निर्वाचन क्षेत्रों के मूल भौगोलिक स्वरूप को किस तरह बदला गया है। संबंधित मानचित्रों को देख कर स्वयं मंथन

कर सकते हैं कि, पुनर्समायोजन के पूर्व और बाद के निर्वाचन क्षेत्रों के भौगोलिक स्वरूप में क्या अंतर है।

## पश्चिम बंगाल

**1.** वर्ष 2006 के राज्य विधानसभा चुनाव में 19–क्रांति, 51–औरंगाबाद, 114–गार्डन रीच, 144–बड़ा बाजार और 225–खड़गपुर ग्रामीण विधानसभा निर्वाचन क्षेत्र से मुस्लिम विधायक थे। परिसीमन 2008 में कुल पाँच मुस्लिम बहुल विधानसभा निर्वाचन क्षेत्रों को विलोपित किया। यानी पुरानी पहचान को मिटा दिया गया है।

**वर्ष 2006**

19–क्रांति सामान्य

**वर्ष 2006**

51–औरंगाबाद सामान्य

**वर्ष 2006**

144–बड़ा बाजार सामान्य

**वर्ष 2006**

225–खड़गपुर ग्रामीण सामान्य

**2.** 6–सिताई विधानसभा आरक्षित 2006 में 6–सिताई सामान्य विधानसभा के नाम से अस्तित्व में थी। इस विधानसभा से डॉ. मोहम्मद फजल हक विधायक थे। परिसीमन 2008 में भी 6–सिताई के नाम से ही आरक्षित किया गया है।

**वर्ष 2006**

6–सिताई सामान्य

**वर्ष 2011**

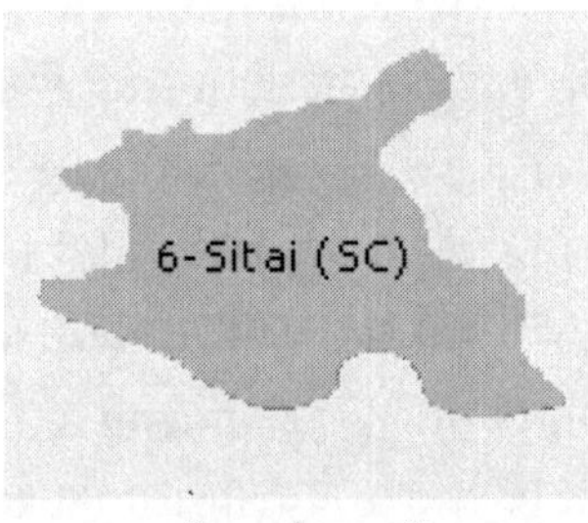


6–सिताई आरक्षित

**3.** 98–स्वरूपनगर विधानसभा आरक्षित वर्ष 2006 के चुनाव में 93–स्वरूपनगर सामान्य विधानसभा से मुस्तफा बिन कासिम CPM से विधायक थे। परिसीमन में इस विधानसभा निर्वाचन क्षेत्र को 98–स्वरूपनगर के नाम से आरक्षित वर्ग के लिए तब्दील किया गया है।

## भारत जनगणना 2001

| कुल | मुस्लिम | प्रतिशत | अजा. | प्रतिशत | अजजा. | प्रतिशत |
|---|---|---|---|---|---|---|
| 2,59,389 | 1,23,814 | 47.43 | 78,132 | 30.12 | 425 | 0.016 |

**वर्ष 2006**

93–स्वरूपनगर सामान्य

**वर्ष 2011**

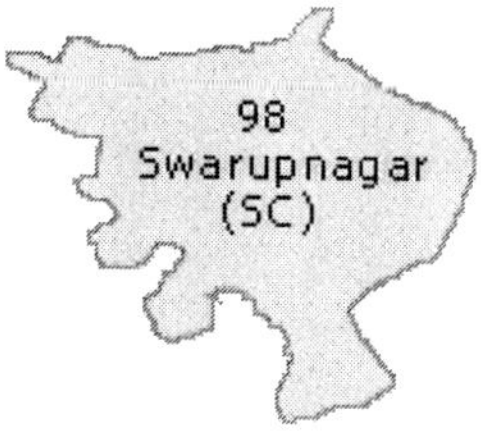


98–स्वरूपनगर आरक्षित

**4.** 65–नबाग्राम विधानसभा आरक्षित परिसीमन के पूर्व यह विधानसभा सामान्य 57–नबाग्राम निर्वाचन क्षेत्र के नाम से थी। परिसीमन 2008 में इस विधानसभा को अनूसूचित जाति के लिए आरक्षित किया गया है। जबकि विधानसभा में मुस्लिम आबादी का प्रतिशत 51.43 है। निर्वाचन क्षेत्रों के परिसीमन की कण्डिका–1 की सहायक कण्डिका–ख में कहा गया है कि प्रत्येक विधानसभा निर्वाचन क्षेत्र को इस तरह परिसीमित किया जाएगा कि वह पूर्णरूप से एक ही संसदीय निर्वाचन क्षेत्र में आए जिसमें अनुसूचित जातियों के लिए आरक्षित सीटों को राज्य के विभिन्न हिस्सों में इस तरह से विकसित किया जाएगा कि जहाँ तक व्यवहारिक होगा, उन क्षेत्रों मे उनकी आबादी कुल आबादी के अनुपात में सबसे अधिक हो।

## भारत जनगणना 2001

| कुल | मुस्लिम | प्रतिशत | अजा. | प्रतिशत | अजजा. | प्रतिशत |
|---|---|---|---|---|---|---|
| 2,73,432 | 1,40,623 | 51.43 | 65,708 | 24.03 | 15,365 | 05.65 |

**वर्ष 2011**

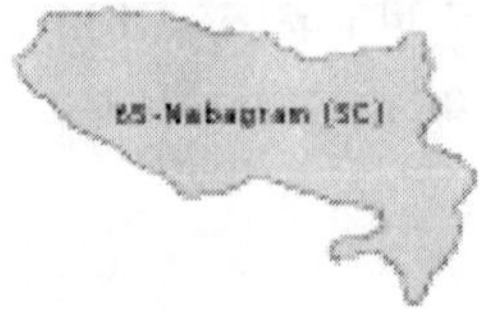


65–नबाग्राम आरक्षित

**5.** 66–खारग्राम विधानसभा आरक्षित परिसीमन 2008 के पूर्व भी 66–खारग्राम विधानसभा निर्वाचन क्षेत्र आरक्षित थी। जबकि इस विधानसभा निर्वाचन क्षेत्र में कुल आबादी का मुस्लिम प्रतिशत 50.44 है।

## भारत जनगणना 2001

| कुल | मुस्लिम | प्रतिशत | अजा. | प्रतिशत | अजजा. | प्रतिशत |
|---|---|---|---|---|---|---|
| 2,57,519 | 1,29,698 | 50.44 | 60,767 | 23.61 | 2866 | 01.12 |

**वर्ष 2011**

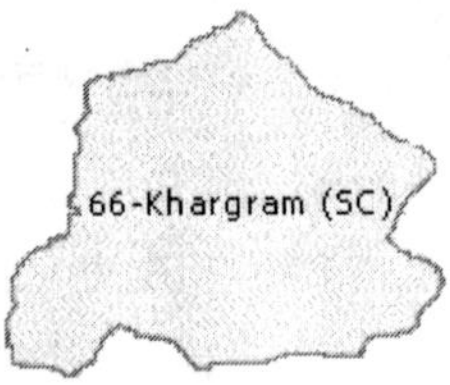


66–खारग्राम आरक्षित

**6.** 122 मीनाखान विधानसभा आरक्षित परिसीमन 2008 में 122–मीनाखान विधानसभा निर्वाचन क्षेत्र के नाम से पुनर्समायोजन किया गया है। इस नवगठित विधानसभा में 52.38 प्रतिशत मुस्लिम आबादी को समायोजित कर आरक्षित किया है।

## भारत जनगणना 2001

| कुल | मुस्लिम | प्रतिशत | अजा. | प्रतिशत | अजजा. | प्रतिशत |
|---|---|---|---|---|---|---|
| 2,63,342 | 1,37722 | 52.38 | 80,128 | 30.43 | 18,318 | 6.98 |

**वर्ष 2011**

122–मीनाखान आरक्षित

**7.** 141–मगराहट पूर्व विधानसभा आरक्षित परिसीमन के पहले भी 121–मगराहट पूर्व आरक्षित थी। नए परिसीमन में इसे पुनः 141–मगराहट पूर्व के नाम से पुनर्समायोजित किया गया है। इस विधानसभा में 47.47 मुस्लिम आबादी को शामिल किया गया है।

## भारत जनगणना 2001

| कुल | मुस्लिम | प्रतिशत | अजा | प्रतिशत | अजजा. | प्रतिशत |
|---|---|---|---|---|---|---|
| 2,62,092 | 1,24,402 | 47.47 | 94,748 | 36.15 | 59 | 0.02 |

**वर्ष 2011**

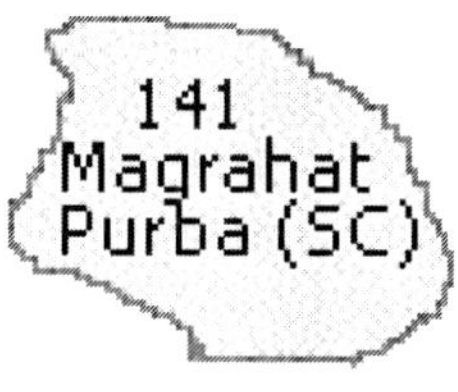


141–मगराहट पूर्वआरक्षित

## महाराष्ट्र

**1.** 174–कुर्ला विधानसभा आरक्षित 2004 के राज्य विधानसभा चुनाव में 49–कुर्ला विधानसभा निर्वाचन क्षेत्र से मोहम्मद आरिफ नसीम खान विधायक थे। परिसीमन में इस विधानसभा को आरक्षित वर्ग में तब्दील किया गया है।

**वर्ष 2009**

174–कुर्ला आरक्षित

**2.** 281–मीरज विधानसभा आरक्षित परिसीमन के पूर्व 272–मीरज विधानसभा से हफीज धतूरे विधायक थे। परिसीमन में इस विधानसभा को पुनर्समायोजन कर 281–मीरज विधानसभा निर्वाचन क्षेत्र के नाम से आरक्षित किया गया है।

**वर्ष 2009**

281–मीरज आरक्षित

**3.** 107–औरंगाबाद विधानसभा वर्ष 2004 तक औरंगाबाद शहर के दो विधानसभा क्षेत्र थे। 193–औरंगाबाद पश्चिम और 194–औरंगाबाद पूर्व परिसीमन 2008 में शहर के तीन विधानसभा क्षेत्र अस्तित्व में आए हैं। सन् 2001 की जनगणना के मुताबिक मुस्लिम आबादी 5,69,516 19.07 प्रतिशत थी। परिसीमन में तीनों विधानसभा में मुस्लिम आबादी को बराबर–बराबर विभाजित किया गया है।

## 107–औरंगाबाद मध्य

| कुल | मुस्लिम | प्रतिशत | अजा. | अजजा. |
|---|---|---|---|---|
| 3,03,368 | 87,751 | 28.93 | 46,448 | 3,655 |

## 108–औरंगाबाद पश्चिम आरक्षित

| कुल | मुस्लिम | प्रतिशत | अजा. | अजजा. |
|---|---|---|---|---|
| 3,15,935 | 76,700 | 24.28 | 59,254 | 4,614 |

## 109–औरंगाबाद पूर्व

| कुल | मुस्लिम | प्रतिशत | अजा. | अजजा. |
|---|---|---|---|---|
| 3,04,419 | 88,055 | 28.93 | 39,853 | 2,954 |

**वर्ष 2009**

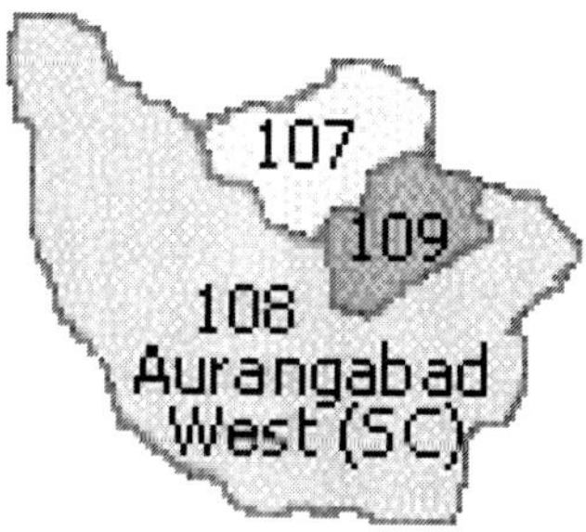


107–औरंगाबाद मध्य

108–औरंगाबाद पश्चिम आरक्षित

109–औरंगाबाद पूर्व

## उत्तर प्रदेश

1. वर्ष 2007 के राज्य विधानसभा चुनाव में 44–पूरणपुर, 55–श्रीनगर, 189–सलेमपुर, 257–सोरांव 341–आगरा कैंटोंमेन्ट विधानसभा निर्चिन क्षेत्र से मुसिल्म विधायक थे। परिसीमन 2008 में कुल पांच मुस्लिम बहुल विधानसभा निर्वाचन क्षेत्रों को पुनर्समायोजित कर आरक्षित किया गया है। इसके अलावा 3–अफजलगढ़ 13–करपर और 134–चारदा विधानसभा निर्वाचन क्षेत्रों को परिसीमन में विलोपित किया। कुल 9 मुस्लिम बहुल विधानसभा की पुरानी पहचान को मिटाया गया है।

**वर्ष 2012**

129—पूरणपुर आरक्षित

**वर्ष 2012**

140—श्रीनगर आरक्षित

**वर्ष 2012**

225—सोरांव आरक्षित

**वर्ष 2012**

341—सलेमपुर आरक्षित

**2.18—नगीना विधानसभा आरक्षित** : 18—नगीना विधानसभा निर्वाचन क्षेत्र में मुस्लिम आबादी का 63.99 प्रतिशत होने के बावुजूद भी इस विधानसभा को पुनर्समायोजन में आरक्षित किया गया है।

**निर्वाचन क्षेत्रों के परिसीमन की कण्डिका—1 की सहायक कण्डिका**—ख में कहा गया है कि प्रत्येक विधानसभा निर्वाचन क्षेत्र को इस तरह परिसीमित किया जाएगा कि वह पूर्ण रूप से एक ही संसदीय निर्वाचन क्षेत्र में आए जिसमें अनुसूचित जातियों के लिए आरक्षित सीटों को राज्य के विभिन्न हिस्सों में इस तरह से विकसित किया जाएगा कि जहाँ तक व्यवहारिक होगा, उन क्षेत्रों में उनकी आबादी कुल आबादी के अनुपात में सबसे अधिक हो।

**भारत जनगणना 2001**

| कुल | मुस्लिम | प्रतिशत | अजा. | प्रतिशत | अजजा. |
|---|---|---|---|---|---|
| 413343 | 264523 | 63.99 | 94134 | 22.77 | 8 |

**वर्ष 2012**

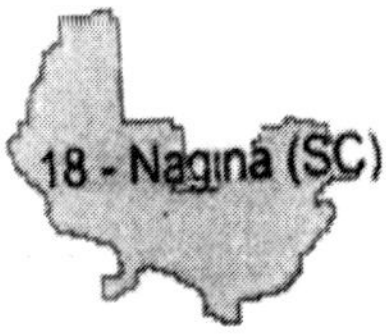


18—नगीना आरक्षित

## बिहार

**1.162—कटारिया विधानसभा आरक्षित** : पुनर्समायोजन के पूर्व 2005 में 158—कटारिया विधानसभा सामान्य से मुस्लिम विधायक थे और 243 सदस्सीय विधानसभा में 38 सीटें आरक्षित थी। परिसीमन में आदिवासी वर्ग के लिए दो सीटें और बढ़ाई गई हैं। इन दो सीटों को बढ़ाने के लिए 36 विधानसभा निर्वाचन क्षेत्रों में पुनर्समायोजन के तहत बदलाव किया है। जिसमें चार मुस्लिम बहुत सीटों को विलोपित किया। 72—पुपरी, 79—पांडोल, 144—बारसोई और 208—बिक्रमगंज विधानसभा निर्वाचन क्षेत्र शामिल हैं।

**वर्ष 2010**

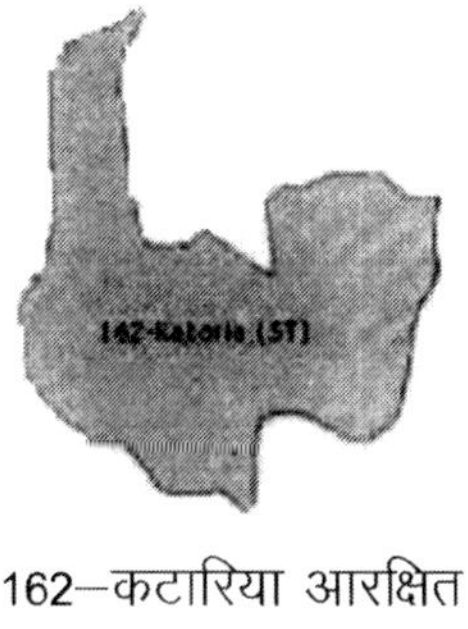

162—कटारिया आरक्षित

## लोकसभा निर्वाचन क्षेत्र

पुनर्समायोजन 2008 में मुस्लिम बहुल संसदीय निर्वाचन क्षेत्रों को विलोपित किया और कुछ एक निर्वाचन क्षेत्रों को आरक्षित वर्ग में तब्दील किया गया है।

3–कोलाबा, 12–शाहबाद की पुरानी पहचान को मिटाया और 27–बहराइच, 2–गुलबर्गा को आरक्षित किया है।

**वर्ष 2009**

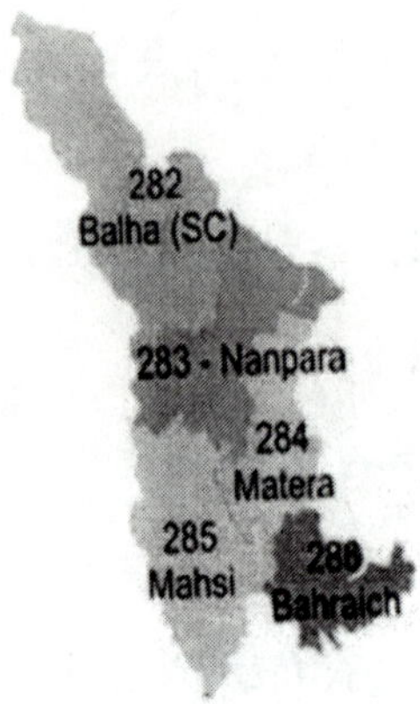


209–बहराइच आरक्षित

**वर्ष 2009**

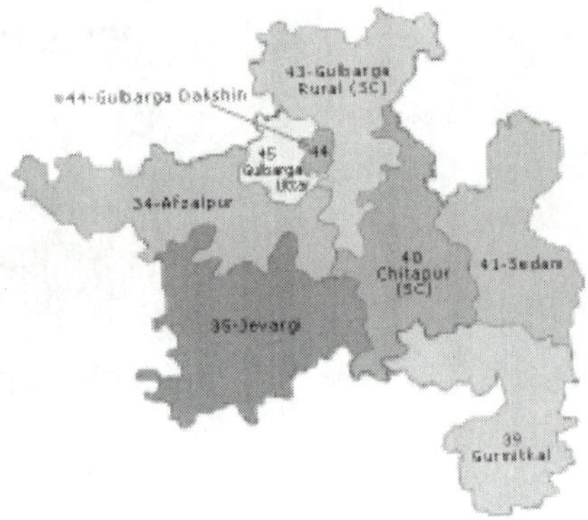


2005–गुलबर्गा आरक्षित

## सारणी

संसदीय और विधानसभा निर्वाचन क्षेत्रों का पुनर्समायोजन करते समय मुख्य रूप से आबादी को ही आधार बनाया जाता है। पाठकगण को परिसीमन की बारिकियों से रूबरू कराने के लिए राज्यों की वास्तविक आबादी को विभिन्न सारणियों में दर्शाया गया है। परिसीमन 2008 में भारत जनगणना 2001 के आँकड़े शामिल किए गए हैं। देश में मुस्लिम समुदाय की वास्तविक आबादी कितनी है। संसदीय/ विधानसभा के निर्वाचन क्षेत्रों में उनकी आबादी को किस तरह परिसीमित कर विभाजित किया और मुस्लिम मतों की शक्ति को विघटित किया गया है।

दिल्ली, महाराष्ट्र, उत्तर प्रदेश और पश्चिम बंगाल के प्रत्येक विधानसभा निर्वाचन क्षेत्रों में कुल आबादी को शामिल कर निर्वाचन क्षेत्रों का पुनर्समायोजन किया गया है। संसदीय और विधानसभा निर्वाचन क्षेत्र में कुल आबादी के साथ अनुसूचित/अनुसूचित जनजातियों की कितनी आबादी को शामिल किया गया है। इसके साथ ही राजनीतिक पक्ष को ध्यान में रखकर कितनी आबादी किस समुदाय में समायोजित की गई है? राज्यवार संसदीय/विधानसभा के आँकड़े और प्रतिशत सारणी में दर्शाया गया है। जिसमें अनुसूचित/अनुसूचित जनजाति

के साथ प्रत्येक निर्वाचन क्षेत्र में मुस्लिम आबादी कितनी समायोजित की गई है यह भी दर्शाया गया है।

परिसीमन 2008 में अनुसूचित/अनुसूचित जनजातियों के लिए 543 सदस्यीय लोकसभा में 131 संसदीय निर्वाचन क्षेत्रों को पुनर्समायोजित कर आरक्षित किया गया है। इसके पूर्व 14वीं लोकसभा तक 120 संसदीय निर्वाचन क्षेत्र आरक्षित थे। देश में 1, मार्च 2001 की जनगणना के अनुसार देश की कुल आवादी 1, अरब 2 करोड 70 लाख 15 हजार 247 रही। जिसमें अनुसूचित जाति की आबादी 16,66,35,700 प्रतिशत 16.02 और अनुसूचित जनजाति 8,43,26,240 प्रतिशत 8.02 कुल 25,09,61,940 थी। परिसीमन 2008 में एक संसदीय निर्वाचन क्षेत्र 18 लाख 91 हजार 372 औसत आबादी पर परिसीमित किया गया है। लिहाज़ा लोकतांत्रिक मूल्यों के आधार पर यह 131 संसदीय निर्वाचन क्षेत्र 150 लोकसभा सीटों में तब्दील हो सकते हैं। देश में गुरिलग वर्ग के साथ अनुसूचित/अनुसूचित जनजातियां भी परिसीमन के रडार पर है।

मध्य प्रदेश की 230 सदस्यीय विधानसभा में 82 सीटें आरक्षित हैं। साल 2013 के राज्य विधानसभा चुनाव में भाजपा ने 166 सीटों पर विजय प्राप्त की थी जिसमें 59 सीटें आरक्षित वर्ग से हैं और 57 सीटों पर भा.रा.कां. विजयी हुई जिसमें आरक्षित 19सीटें शामिल हैं। बसपा 3 और थांदला आरक्षित सीट से निर्दलीय विजयी हुआ था।

भारत जनगणना 2001 के अनुसार राज्य की आबादी 60348023 रही। जिसमें अनुसचित जनजातियों की आबादी 2,13,88,651 थी। राज्य विधानसभा की एक सीट 2,62,382 औसत आबादी पर परिसीमित की गई है। लिहाज़ा परिसीमन आयोग के नियमों के मुताबिक 'आबादी' की सहायक कण्डिका–3 के अनुसार अजा/अजजा की आबादी के आधार पर 82 विधानसभा सीटें आरक्षित की गई हैं। मगर लोकतांत्रिक मूल्यों के आधार पर ये 82 सीटें पुनर्समायोजित कर 120 विधानसभा निर्वाचन क्षेत्रों में तब्दील किए जा सकते थे। गौरतलब है कि राज्य में साधारण बहुमत से सरकार बनाने के लिए 116 सदस्यों की दरकार है। अभी तक राज्य में इस वर्ग का कोई मुख्यमंत्री नहीं बना है। इतना ही नहीं बल्कि (अनुच्छेद 330, 332, 334) की आड़ में अनुसूचित/अनुसूचित जातियों को भी राजनीतिक रूप से कमजोर ही किया जा रहा है।

**राज्यों में विधानसभा निर्वाचन क्षेत्रों का गठन राज्य की कुल आबादी को मौजूदा विधानसभा की सीटों में विभाजित किया और इस तरह राज्य की औसत आबादी पर हर एक सीट को परिसीमित किया है।**

| क्रमांक | राज्य का नाम | भारत जनगणना 2001 | मुस्लिम आबादी और प्रतिशत | | विधानसभा की कुल सीटें | चुनाव वर्ष | विधानसभा में मुस्लिम सदस्य | औसत आबादी पर एक सीट परिसीमित | वास्तविक मुस्लिम सदस्य होना चाहिए |
|---|---|---|---|---|---|---|---|---|---|
| 1 | 2 | 3 | 4 | | 5 | 6 | 7 | 8 | 9 |
| 1 | मध्य प्रदेश | 60348023 | 3841449 | 6.37 | 230 | 2008 | 1 | 262382 | 22 |
| 2 | दिल्ली | 13782476 | 1612104 | 11.69 | 70 | 2009 | 5 | 196999 | 12 |
| 3 | महाराष्ट्र | 96878627 | 10270485 | 10.60 | 288 | 2009 | 10 | 336384 | 45 |
| 4 | बिहार | 82998509 | 13722048 | 16.53 | 243 | 2010 | 19 | 341557 | 66 |
| 5 | असम | 26655528 | 8240611 | 30.92 | 126 | 2011 | 26 | 211551 | 48 |
| 6 | पश्चिम बंगाल | 80176197 | 20240543 | 25.25 | 294 | 2011 | 59 | 272708 | 113 |
| 7 | उत्तर प्रदेश | 166197921 | 30740158 | 18.25 | 403 | 2012 | 69 | 412402 | 115 |

उत्तर प्रदेश राज्य में मौजूदा विधानसभा की एक सीट 412401 औसत आबादी पर पुनर्समायोजित की गई है। लिहाज़ा राज्य में मुस्लिम आबादी के अनुपात से विधानसभा की कुल 75 सीटें बनती हैं। गौरतलब है कि ये सभी 75 सीटें सिर्फ मुस्लिम आबादी पर आधारित हैं। यदि इन निर्वाचन क्षेत्रों को धर्मनिरपेक्ष और लोकतांत्रिक मूल्यों के आधार पर परिसीमित किया जाए तो यही 75 निर्वाचन क्षेत्र 115 विधानसभा सीटों में तब्दील हो सकते हैं। जहाँ से मुस्लिम उम्मीदवार किसी भी कोण से निर्वाचित होगा यानी उत्तरप्रदेश राज्य की मौजूदा 403 सदस्यीय विधानसभा में फिलहाल जनसंख्या अनुपात से 115 मुस्लिम सदस्य होने चाहिए। इस प्रकार मध्यप्रदेश में 22, दिल्ली 12, महाराष्ट्र 45, बिहार 66, असम 48, और पश्चिम बंगाल की 294 सदस्यीय विधानसभा में से 113 मुस्लिम सदस्य होने चाहिए। शेष राज्यों की स्थिति भी इसी प्रकार रहेगी।

**स्रोत :** 1. भारत जनगणना 2001

2. भारत निर्वाचन आयोग राज्य मध्यप्रदेश, दिल्ली, महाराष्ट्र, बिहार, असम, पश्चिम बंगाल, उत्तर प्रदेश, 2008, 2009, 2010, 2011, 2012

3. चैंजिंग फेस ऑफ इलेक्टोरल इण्डिया : डिलिमिटेशन 2008

**राज्यों में संसदीय निर्वाचन क्षेत्रों का गठन राज्य की कुल आबादी को मौजूदा संसदीय निर्वाचन सीटों से विभाजित किया और इस तरह राज्य की औसत आबादी पर हर एक सीट को परिसीमित किया गया है।**

| क्र. | राज्य का नाम | कुल आबादी भारत जनगणना 2001 | मुस्लिम आबादी | मुस्लिम आबादी का प्रतिशत | राज्य में लोकसभा की कुल सीटें | 15वीं लोकसभा में मुसिल्म सदस्यों की संख्या | औसत आबादी पर एक सीट | अन्य |
|---|---|---|---|---|---|---|---|---|
| 1 | 2 | 3 | 4 | 5 | 6 | 7 | 8 | 9 |
| 1 | उत्तर प्रदेश | 166197921 | 30740150 | 18.60 | 80 | 7 | 2077474 | 00 |
| 2 | बिहार | 82998509 | 13722048 | 16.53 | 40 | 3 | 2074962 | 00 |
| 3 | पश्चिम बंगाल | 80176197 | 20240543 | 25.25 | 42 | 6 | 1908957 | 00 |
| 4 | महाराष्ट्र | 96878627 | 10270485 | 10.60 | 48 | 00 | 2018304 | 00 |
| 5 | असम | 26655528 | 8240611 | 30.92 | 14 | 2 | 1903966 | परिसीमन आगे आदेशों तक आस्थगित |
| 6 | मध्य प्रदेश | 60348023 | 3841449 | 6.37 | 29 | 00 | 2080966 | 00 |
| 7 | केरल | 31841374 | 7863342 | 24.70 | 20 | 3 | 1592068 | 00 |
| 8 | कर्नाटक | 52850562 | 6463127 | 12.23 | 28 | 00 | 1887520 | 00 |
| 9 | दिल्ली | 13782976 | 1612104 | 11.70 | 7 | 00 | 1968996 | 00 |
| 10 | जम्मू कश्मीर | 10070300 | 6793240 | 67.45 | 6 | 4 | 1678383 | परिसीमन आकृत वर्ष 2026 की पहली जनगणना यानी वर्ष 2031 तक स्थिर |
| 11 | आंध्र प्रदेश | 75728400 | 6986656 | 9.22 | 42 | 1 | 1803036 | 00 |
| 12 | तमिलनाडु | 62111390 | 3470647 | 5.58 | 39 | 2 | 1600145 | 00 |
| 13 | राजस्थान | 56473300 | 4788227 | 8.47 | 25 | 00 | 2258932 | 00 |
| 14 | हरियाणा | 21083900 | 1222916 | 5.80 | 10 | 00 | 2108390 | 00 |
| 15 | गुजरात | 50597200 | 4592852 | 9.07 | 26 | 00 | 1940040 | 00 |
| 16 | झारखण्ड | 26946070 | 3731308 | 13.84 | 14 | 00 | 1924719 | परिसीमन आकृत वर्ष 2026 की पहली जनगणना यानी वर्ष 2031 तक स्थिर |
| 17 | उत्तराखण्ड | 8489100 | 1012141 | 11.92 | 5 | 00 | 1697820 | 00 |
| 18 | ओडिशा | 36707900 | 761985 | 2.07 | 21 | 00 | 1747995 | 00 |
| 19 | छत्तीसगढ़ | 20834530 | 409651 | 1.96 | 11 | 00 | 1894048 | 00 |
| 20 | मणिपुर | 2294480 | 190936 | 8.32 | 2 | 00 | 1147240 | 00 |
| 21 | लक्षद्वीप | 61300 | 57903 | 94.45 | 1 | 1 | 61300 | 00 |

**स्रोत :** 1. भारत जनगणना 2001

2. भारत निर्वाचन आयोग 2008

3. पेपर–5 चैंजिंग फेस ऑफ इलेक्टोरल इण्डिया : डिलिमिटेशन 2008

उत्तर प्रदेश राज्य में मौजूदा लोकसभा निर्वाचन क्षेत्र की एक सीट 20 लाख 77 हजार 474 औसत आबादी पर गठित की गयी है। लिहाज़ा राज्य में मुस्लिम आबादी के अनुपात में 20 संसदीय निर्वाचन क्षेत्र मुस्लिम बहुत बनते हैं। इसकी तुलना में 15वीं लोकसभा से राज्य के 80 संसदीय निर्वाचन क्षेत्रों से महज 7 सांसद विजयी हुए। जबकि 14वीं लोकसभा में 11 मुस्लिम सांसद थे। गौरतलब है कि 14वीं लोकसभा 2004 में 543 सदस्यीय सदन में 37 मुस्लिम सांसद थे। दरअसल परिसीमन के कारण 15वीं लोकसभा 2009 में 29 सांसद ही निर्वाचित हुए हैं।

देश में 1 मार्च 2001 की जनगणना के अनुसार कुल आबादी एक अरब 2 करोड़ 70 लाख 15 हजार 247 है। मुस्लिम आबादी (151 million) 15 करोड़ 10 लाख रही। इस आबादी के अनुपात से 80 मुस्लिम बहुल संसदीय निर्वाचन क्षेत्र बनते हैं, जो शत प्रतिशत मुस्लिम आबादी पर आधारित हैं।

उल्लेखनीय है कि यदि इन 80 संसदीय निर्वाचन क्षेत्रों को धर्मनिरपेक्षता और लोकतांत्रिक मूल्यों के आधार पर परिसीमित किया जाए तो यही 80 संसदीय निर्वाचन क्षेत्र 122 लोकसभा सीटों में तब्दील हो सकते हैं, यानी मौजूदा 543 सदस्यीय लोकसभा में से हाल–फिलहाल 122 संसदीय निर्वाचन क्षेत्रों पर मुस्लिम वर्ग का... संवैधानिक और कानूनी हक है...

**स्रोत** : 1. भारत जनगणना 2001

2. भारत निर्वाचन आयोग 2008

3. पेज–5 चैंजिंग फेस ऑफ इलेक्टोरल इण्डिया : डिलिमिटेशन 2008

# पश्चिम बंगाल विधानसभा
## (मुस्लिम विधायक)
### 2006

| विधानसभा निर्वाचन क्षेत्र का नम्बर और नाम 2006 | | | पार्टी |
|---|---|---|---|
| 1–6 | सिताई | नूर मोहम्मद फजल | INC |
| 2–8 | नताबारी | तमशेर अली | CPM |
| 3–19 | क्रांति | फजलुल करीम | CPM |
| 4–27 | चोपड़ा | अनवारूल हक | CPM |
| 5–28 | इस्लामपुर | मो. फारूक | CPM |
| 6–37 | कुमारगंज | मेफूजा खातून | CPM |
| 7–41 | खरबा | महबूब हक | INC |
| 8–42 | हरिशचन्द्रपुर | तजम्मुल हुसैन | AIFB |
| 9–47 | माणिकचक | असीमा चौधरी | CPM |
| 10–48 | सुजापुर | रूबीनूर | INC |
| 11–50 | फरक्का | मैनुल हक | INC |
| 12–51 | औरंगाबाद | तुआब अली | CPM |
| 13–52 | सूती | आनेआलम मैन | CPM |
| 14–54 | जंगीपुर | अबुल हसनात | RSP |
| 15–55 | लालगोला | अबू हेना | INC |
| 16–56 | भागाबगोला | चांद मोहम्मद | WBSP |
| 17–59 | जालागी | युनुस सरकार | CPM |
| 18–60 | दुमका | अनीसुर्रहमान | CPM |
| 19–61 | नावदा | अबु तोहेर खान | INC |
| 20–62 | हरिहरपारा | इंसार अली बिस्वास | CPM |
| 21–64 | बेलदंगा | मो0 रिफत उल्लाह | RSP |
| 22–68 | भरतपुर | ईद मोहम्मद | RSP |
| 23–71 | नक्काशीपारा | कल्लोल खान | AITC |
| 24–73 | छपरा | शमशुल इस्लाम | CPM |
| 25–89 | अमदगा | अब्दुल सत्तार | CPM |

| | | | |
|---|---|---|---|
| 26–92 | देगागा | डॉ0 मुर्तजा हुसैन | AIFB |
| 27–93 | स्वरूपनगर | मुस्तफा बिन कासिम | CPM |
| 28–94 | बदुरिया | मोहम्मद सलीम गंज | CPM |
| 29–106 | कर्निग ईस्ट | अब्दुल रज्जाक | CPM |
| 30–107 | भगर | अराबुल इस्लाम | AITC |
| 31–114 | गार्डन रीच | अब्दुल खालिफ | INC |
| 32–115 | महेश टाला | मुर्सालीन मौला | CPM |
| 33–120 | मगराहाट वेस्ट | डॉ0 अबुल हसनात | CPM |
| 34–144 | बड़ा बाजार | मो0 शोराब | RJD |
| 35–152 | बल्ली गंज | एहमद जावेदखान | AITC |
| 36–153 | इटाली | हाशिम हलीम | CPM |
| 37–173 | बगनानू | अकील अली खान | CPM |
| 38–189 | पाडुआ | शेख मजीद अली | CPM |
| 39–203 | मोएना | शे. मजीबुर्रहमान | CPM |
| 40–206 | नंदीग्राम | इलियास मोहम्मद शेख | CPI |
| 41–219 | देबरा | शेख जहांगीर करीम | CPM |
| 42–225 | खड़गपुर ग्रामीण | नजमुल हक | CPM |
| 43–268 | भातर | सैयद मोहम्मद मशी | CPM |
| 44–269 | गल्सि | महबूब मण्डल | AIFB |
| 45–278 | मंतेश्वर | चौधरी मो0 हिदायत उल्ला | CPM |
| 46–294 | मुरारई | इलाही मो0 कमर | CPM |

**294 संसदीय विधानसभा में**

**राजनीतिक दलवार मुस्लिम विधायक**

| | | | |
|---|---|---|---|
| 1–26 | CPM | 2–04 | RSP |
| 3–03 | AIFB | 4–01 | CPI |
| 5–07 | INC | 6–03 | AITC |
| 7–02 | अन्य | **कुल** | **46** |

***Source :*** 1. Electiom Commission of India : 2006.

## उत्तर प्रदेश विधानसभा
## (मुस्लिम विधायक 2007)

| विधानसभा निर्वाचन क्षेत्र का नम्बर और नाम 2007 | | | पार्टी |
|---|---|---|---|
| 1–3 | अफजलगढ़ | मोहम्मद गाजी | BSP |
| 2–6 | बिजनौर | शाहनवाज | BSP |
| 3–7 | चांदपुर | इकबाल | BSP |
| 4–8 | कंथ | रिजवान एहमद खान | BSP |
| 5–9 | अमरोहा | महबूब अली | SP |
| 6–10 | हसनपुर | फरहत हसन | BSP |
| 7–12 | संभल | इकबाल महमूद | SP |
| 8–13 | बाहजोई | अकील उर्रहमान खान | BSP |
| 9–15 | कुंदरकी | अकबर हुसैन | BSP |
| 10–18 | मुरादाबाद ग्रामीण | उस्मान हक | SP |
| 11–20 | सुरटांडा | नवाब काजिम अली खान | SP |
| 12–21 | रामपुर | मोहम्मद आज़म खान | SP |
| 13–29 | उसेहट | मुस्लिम खान | BSP |
| 14–38 | भोजीपुरा | शाजिल इस्लाम अंसारी | BSP |
| 15–39 | कावर | सुल्तान बेग | SP |
| 16–41 | पीलीभीत | रियाज एहमद | SP |
| 17–43 | बीसलपुर | अनीस अहमद खान | BSP |
| 18–44 | पूरणपुर | अर्शद खान | BSP |
| 19–55 | श्रीनगर | आर.ए. उस्मानी | SP |
| 20–62 | लहाडपूर | मोहम्मद जमीर अंसारी | BSP |
| 21–68 | संडीला | अब्दुल मन्नान | BSP |
| 22–72 | पीहानी | दाऊद एहमद | BSP |

| | | | |
|---|---|---|---|
| 23–73 | शाहबाद | आसिफ | BSP |
| 24–89 | सरोजनीनगर | मोहम्मद इर्शाद खान | BSP |
| 25–122 | रुदौली | अब्बास अली जैदी | SP |
| 26–126 | मसौली | फरीद किदवई | BSP |
| 27–130 | कैसरगंज | गुलाम मोहम्मद खान | BSP |
| 28–133 | नानपारा | वारिस अली | BSP |
| 29–134 | चारदा | शब्बीर एहमद | SP |
| 30–136 | बहराइच | डॉ0 निशार एहमद शाह | SP |
| 31–138 | गैनसारी | अलाउद्दीन | BSP |
| 32–142 | सदुल्ला नगर | आरिफ अनवर हाशमी | SP |
| 33–145 | गोंडा | मोहम्मद जलील खान | BSP |
| 34–154 | डुमरियागंज | तौफीक एहमद | BSP |
| 35–159 | खैसरहा | मोहम्मद ताबिश खान | BSP |
| 36–160 | मेंदावल | अब्दुल कलाम | SP |
| 37–189 | सलेमपुर | चौधरी फसिह वासीर | SP |
| 38–204 | मऊ | मुख्त्यिार अंसारी | IND |
| 39–214 | मोहम्मदाबाद | सिगबत उल्लाह अंसारी | SP |
| 40–217 | गाजीपुर | शादाब फातिमा | SP |
| 41–227 | वाराणसी नार्थ | हाजी अब्दुल खान अंसारी | SP |
| 42–238 | जौनपुर | जावेद अंसारी | SP |
| 43–257 | सोरांव | मोहम्मद मुजतबा सिद्दीकी | BSP |
| 44–295 | कमालगंज | ताहिर हुसैन सिद्दीकी | BSP |
| 45–331 | कासगंज | हसरत उल्लाह | BSP |
| 46–335 | फिरोजाबाद | नासिर उद्दीन | BSP |
| 47–341 | आगरा कैंटोन्मेन्ट | जुल्फिकार एहमद भुट्टो | BSP |

| | | | |
|---|---|---|---|
| 48—357 | अलीगढ़ | जमीर उल्लाह | SP |
| 49—368 | बुलंदशहर | मोहम्मद अलीम खान | BSP |
| 50—377 | किथोर | शाहिद मंजूर | SP |
| 51—381 | मेरठ | हाजी याकूब | UPUDF |
| 52—385 | बागपत | कोकब एहमद खान | RLD |
| 53—391 | मोरना | कदीर राणा | RLD |
| 54—396 | थानाभवन | अब्दुल वारिस खान | RLD |
| 55—403 | मुजफ्फराबाद | इमरान मसूद | IND |

403 सदस्यीय विधानसभा में
दलवार मुस्लिम विधायक

| | |
|---|---|
| 1. BSP | 29 |
| 2. SP | 20 |
| 3. RLD | 03 |
| 4. अन्य | 03 |
| योग : | 55 |

**स्रोत** : भारत निर्वाचन आयोग 2007

## पश्चिम बंगाल विधानसभा
## (मुस्लिम विधायक 2011)

| विधानसभा निर्वाचन क्षेत्र का नम्बर और नाम 2011 | | | पार्टी |
|---|---|---|---|
| 1—2 | अमदंगा | शफीकुर्रहमान | TMC |
| 2—9 | बदुरिया | अब्दुल गफ्फार काज़ी | INC |
| 3—14 | बेसनबनगर | ईशा ख़ान चौधरी | INC |
| 4—35 | बशीरहाट उत्तर | मुस्तफा बिन कासिम | CPM |
| 5—38 | बेलदंगा | शफी उज्जमान शेख | INC |
| 6—41 | भागाबंगोला | चांद मोहम्मद | SP |
| 7—44 | भरतपुर | शेख ईद मोहम्मद | RSP |

| 8–56 | कनिंग पूर्वा | अब्दुर रज्जाक गोला | CPM |
|---|---|---|---|
| 9–58 | चाकुलिया | अली इमरान रम्ज | AIFB |
| 10–59 | चंपदानी | मुजफ्फर खान | TMC |
| 11–60 | चंचल | आसिफ महबूब | INC |
| 12–63 | चंदीताला | स्वाती खांडेकर | TMC |
| 13–65 | छपरा | रुकबानूर रहमान | TMC |
| 14–77 | देदंगा | एम. नुरूज्जमान | TMC |
| 15–83 | दुमकल | अनीसुर्रहमान | CPM |
| 16–94 | फरक्का | मैनुल हक | INC |
| 17–101 | गोलपोंखर | मोहम्मद गुलाम रब्बानी | INC |
| 18–109 | हरिहरपारा | इंसार अली बिस्वास | CPM |
| 19–113 | हरिशचंद्रपुर | ताजमुल हुसैन | AIFB |
| 20–114 | हरोआ | जुल्फिकार मौला | TMC |
| 21–121 | इस्लामपुर | अब्दुल करीम चौधरी | TMC |
| 22–124 | जगतबबल्लावपुर | अब्दुल कासिम मौला | TMC |
| 23–126 | जलंगी | अब्दुल रज्जाक मण्डल | CPM |
| 24–129 | जमुरिया | जहांनारा खान | CPM |
| 25–131 | जंगीपुर | मोहम्मद सोहराब | INC |
| 26–139 | कालीगंज | नसरुद्दीन | TMC |
| 27–149 | कसबा | जावेद खान | TMC |
| 28–156 | केतुग्राम | शेख शाहनवाज | TMC |
| 29–157 | खानाकुल | इकबाल अहमद | TMC |
| 30–159 | खडगपुर | नजमुल हक | CPM |
| 31–164 | कोलकता पोर्ट | बॉबी हाकिम | TMC |
| 32–171 | कुमारगंज | महमूदा बेगम | TMC |

| | | | |
|---|---|---|---|
| 33—175 | लाबपुर | मुनिरुल इस्लाम | TMC |
| 34—176 | लालगोला | अबु हिना | INC |
| 35—179 | मगराहाट पश्चिम | ग्यासुद्दीन मौला | TMC |
| 36—184 | मलातीपुर | अब्दुर रहीम बक्षी | RSP |
| 37—188 | मंगलकोट | शाहजहान चौधरी | CPM |
| 38—197 | मेमारी | अब्दुल हासेम मण्डल | TMC |
| 39—198 | मेतिया बुर्ज | मुमताज बेगम | TMC |
| 40—200 | मोनतेश्वर | चौधरी मोहम्मद हिदायतुल्ला | CPM |
| 41—201 | मोथाबारी | सबीना यास्मीन | INC |
| 42—203 | मुरारई | नूरे आलम चौधरी | TMC |
| 43—209 | नक्काशीपारा | कल्लोल खान | TMC |
| 44—212 | नंदीग्राम | फिरोजा बीबी | TMC |
| 45—214 | नावदा | अबू ताहेर खान | INC |
| 46—220 | पालासीपारा | एम.एस. सादी | CPM |
| 47—221 | पंचला | गुलशन मलिक | TMC |
| 48—223 | पांडूआ | शेख अमजद हुसैन | CPM |
| 49—225 | पंसकुरा पश्चिम | शेख डॉ0 उमर अली | TMC |
| 50—234 | पुरसुराह | शेख परवेज़ रहमान | TMC |
| 51—236 | रघुनाथ गंज | अखरुज्जमान | INC |
| 52—251 | रानीगंज | मोहम्मद सोहराब अली | TMC |
| 53—252 | रानीनगर | फिरोजा बेगम | INC |
| 54—255 | रेजीनगर | हुमायूं कबीर | INC |
| 55—262 | शमशेरगंज | तुआब अली | CPM |
| 56—277 | सोनारपुर | फिरदौसी बेगम | TMC |
| 57—279 | सुजापुर | अबु नासर खान | INC |

| | | | |
|---|---|---|---|
| 58–281 | सूती | ईमानी बिस्वास | INC |
| 59–292 | उलूबेरिया पूर्वा | हैदर अजीज सफवी | TMC |

294 सदस्यीय विधानसभा में
दलवार मुस्लिम विधायक

| | |
|---|---|
| 1. CPM | 12 |
| 2. RSP | 02 |
| 3. AIFB | 02 |
| 4. INC | 15 |
| 5. TMC | 27 |
| 6. SP | 01 |
| योग : | 59 |

**स्रोत** : भारत निर्वाचन आयोग 2011.

## उत्तर प्रदेश विधानसभा
## (मुस्लिम विधायक 2012)

| क्र. | जिला | कुल सीटें | भारत जनगणना 2001 | | विधान सभा निर्वाचन क्षेत्र का नम्बर और नाम 2012 | | पार्टी |
|---|---|---|---|---|---|---|---|
| | | | मुस्लिम आबादी | प्रतिशत | | | |
| 1 | 2 | 3 | 4 | 5 | 6 | 7 | 8 |
| 1. | सहारनपुर | 7 | 11,32,919 | 49.11 | 00 | 00 | 00 |
| 2. | मुज़फ्फ़रनगर | 9 | 13,49,629 | 38.09 | 1.11–बुढ़ाना | नवाजिश आलम खान | SP |
| | | | | | 2.12–चिरथावल | नूर सलीम राणा | BSP |
| | | | | | 3.16–नीरापुर | जमील एहमद कास्मी | BSP |
| 3. | बिजनौर | 8 | 13,06,329 | 41.71 | 4.17–नजीबाबाद | तस्लीम | BSP |
| | | | | | 5.19–बढापुर | मोहम्मद गाजी | BSP |
| | | | | | 6.23–चांदपुर | इकबाल | BSP |
| 4. | मुरादाबाद | 9 | 17,35,381 | 45.54 | 7.25–कांथ | अनीसुर्रहमान | P-P |
| | | | | | 8.27–मुरादाबाद देहात | शमी उल हक | SP |
| | | | | | 9.28–मुरादाबाद नगर | मो. युसुफ अंसारी | SP |
| | | | | | 10.28–कुंदरकी | मोहम्मद रिजवान | SP |
| | | | | | 11.30–बिलारी | मोहम्मद इरफान | SP |
| | | | | | 12.33–संभल | इकबाल महमूद | SP |
| 5. | रामपुर | 5 | 9,45,277 | 49.14 | 13.35–चमरवा | अली युसुफ अली | BSP |

| | | | | | | | |
|---|---|---|---|---|---|---|---|
| | | | | | 14.37—रामपुर | आज़म खान | SP |
| 6. | ज्योति बा फूलेनगर | 4 | 5,90,308 | 39.38 | 15.40—नावगांव सादत | अशरफ अली खान | SP |
| | | | | | 16.41—अमरोहा | महबूब अली | SP |
| | | | | | 17.42—हसनपुर | कमाल अख्तर | SP |
| 7. | मेरठ | 7 | 9,75,715 | 32.18 | 18.43—सिवल खास | गुल मोहम्मद | SP |
| | | | | | 19.46'किथोर | शाहिद मंजूर | SP |
| 8. | बागपत | 3 | 2,87,871 | 24.73 | 00 | 00 | 00 |
| 9. | गाजियाबाद | 8 | 7,82,915 | 23.62 | 20.53—लोनी | जाकिर अली | BSP |
| | | | | | 21.54—मुरादनगर | वाहब चौधरी | BSP |
| 10. | गौतमबुद्धनगर | 3 | 1,56,415 | 14.15 | 00 | 00 | 00 |
| 11. | बुलंदशहर | 7 | 6,13,660 | 20.39 | 22.65—बुलंदशहर | मोहम्मद अलीम खान | BSP |
| | | | | | 23.66—सियाना | दिलनवाज खान | INC |
| 12. | अलीगढ़ | 7 | 5,31,956 | 17.78 | 24.75—कोयल | जमीर उल्लाह खान | SP |
| | | | | | 25.76—अलीगढ़ | जफर आलम | SP |
| 13. | महामायानगर | 3 | 1,34,851 | 10.09 | 00 | 00 | 00 |
| 14. | मथुरा | 5 | 1,67,628 | 08.08 | 00 | 00 | 00 |
| 15. | आगरा | 9 | 3,23,634 | 08.94 | 00 | 00 | 00 |

| 1 | 2 | 3 | 4 | 5 | 6 | 7 | 8 |
|---|---|---|---|---|---|---|---|
| 16. | फिरोज़ाबाद | 5 | 2,60,414 | 12.51 | 00 | 00 | 00 |
| 17. | एटा | 7 | 3,19,386 | 11.57 | 26.102—पटियाली | नजीबा खान जीनत | SP |
| 18. | मैनपुरी | 4 | 84,577 | 05.30 | 00 | 00 | 00 |
| 19. | बदायूँ | 6 | 6,54,797 | 21.33 | 27.114—बिल्सी | मर्सरत अली | BSP |
| | | | | | 28.115—बदायूँ | आबिद रजा खान | SP |
| 20. | बरेली | 9 | 12,26,386 | 33.89 | 29.118—बेहडी | अताउर्रहमान | BSP |
| | | | | | 30.119—मीरगंज | सुल्तान बेग | BSP |
| | | | | | 31.120—भोजीपुरा | शाहजल इस्लाम | IMC |
| 21. | पीलीभीत | 4 | 3,90,773 | 22.61 | 32.127—पीलीभीत | हाजी रियाज अहम्द | SP |
| 22. | शाजहांपुर | 6 | 4,55,049 | 18.46 | 00 | 00 | 00 |
| 23. | खीरी | 8 | 6,12,638 | 19.10 | 00 | 00 | 00 |
| 24. | सीतापुर | 9 | 6,96,126 | 19.23 | 33.148—लहाडपुर | जासमीर अंसारी | BSP |
| 25. | हरदोई | 8 | 4,45,419 | 13.11 | 34.155—शाहबाद | बाबू खान | SP |
| 26. | उन्नाव | 6 | 2,96,780 | 10.99 | 35.162—बांगरमऊ | बदलू खान | SP |
| 27. | लखनऊ | 9 | 7,48,687 | 20.52 | 36.171—लखनऊ वेस्ट | मोहम्मद रिहान | SP |
| 28. | रायबरेली | 7 | 3,40,129 | 11.84 | 37.178—तिलोई | डॉ. मोहम्मद मुस्लिम | INC |

| 29. | सुल्तानपुर | 8 | 5,24,642 | 16.32 | 38.187–इसौली | अबरार अहमद | SP |
|---|---|---|---|---|---|---|---|
| 30. | फर्रुखाबाद | 4 | 2,32,599 | 14.81 | 39.195–भोजपुर | जमाल उद्दीन सिद्दीकी | SP |
| 31. | कन्नौज | 3 | 2,19,104 | 15.78 | 00 | 00 | 00 |
| 32. | इटावा | 3 | 95,926 | 07.16 | 00 | 00 | 00 |
| 33. | औरैया | 3 | 83,919 | 07.09 | 00 | 00 | 00 |
| 34. | कानपुर देहात | 4 | 1,45,525 | 09.31 | 00 | 00 | 00 |
| 35. | कानपुर नगर | 10 | 6,53,881 | 15.69 | 40.213–सीषामऊ | हाजी इरफान सोलंकी | SP |
| 36. | जालौन | 3 | 1,46,317 | 10.06 | 00 | 00 | 00 |
| 37. | झांसी | 4 | 1,29,785 | 08.40 | 00 | 00 | 00 |
| 38. | ललितपुर | 2 | 28,796 | 02.95 | 00 | 00 | 00 |
| 39. | हमीरपुर | 2 | 83,064 | 08.36 | 00 | 00 | 00 |
| 40. | महोबा | 2 | 47,335 | 06.24 | 00 | 00 | 00 |
| 41. | बांदा | 4 | 1,26,203 | 08.40 | 00 | 00 | 00 |
| 42. | चित्रकूट | 2 | 27,168 | 03.39 | 00 | 00 | 00 |
| 43. | फतेहपुर | 6 | 3,07,047 | 13.30 | 41.240–फतेहपुर | सैयद कासम हसन | SP |
|  |  |  |  |  | 42.242–हुसैनगंज | मोहम्मद आसिफ | BSP |
| 44. | प्रतापगढ़ | 7 | 5,89,197 | 19.25 | 43.244–रामपुरख़ास | काज़िम अली खान | INC |

| 1 | 2 | 3 | 4 | 5 | 6 | 7 | 8 |
|---|---|---|---|---|---|---|---|
| 45. | कौशाम्बी | 3 | 1,74,698 | 13.70 | 44.253—चाईल | मो. आसिफ जाफरी | BSP |
| 46. | इलाहाबाद | 12 | 6,27,735 | 12.72 | 45.254—फाफामऊ | मुख्त्यार अंसारी | SP |
| | | | | | 46.256—फूलपुर | सईद अहमद | SP |
| | | | | | 47.263—इलाहाबाद द. | काजी परवेज अहमद | SP |
| 47. | बाराबंकी | 7 | 5,89,197 | 19.25 | 48.266—कुर्सी | फरीद महफूज किदवई | SP |
| 48. | फैजाबाद | 4 | 3,04,434 | 17.89 | 00 | 00 | 00 |
| 49. | अंबेडकर | 5 | 3,32,212 | 16.39 | 49.278—टांडा | अजीम उल हक | SP |
| 50. | बहराइच | 7 | 8,29,361 | 30.70 | 50.284—मटेरा | यासर शाह | SP |
| | | | | | 51.286—बहराइच | डॉ. वकार अहमद | SP |
| 51. | श्रावस्ती | 2 | 3,01,117 | 35.18 | 52.290—श्रावस्ती | मोहम्मद रमजान | SP |
| 52. | बलरामपुर | 4 | 6,17,675 | 12.72 | 53.291—तुलसीपुर | अब्दुल मशहूद खान | SP |
| | | | | | 54.293—उतरौला | आरिफ अनवर हाशमो | SP |
| 53. | गोंडा | 7 | 5,32,585 | 19.26 | 00 | 00 | 00 |
| 54. | सिद्धार्थनगर | 5 | 6,00,336 | 29.43 | 55.306—डुमरियागंज | कमाल युसुफ मलिक | PP |
| 55. | बस्ती | 5 | 3,06,540 | 14.70 | 00 | 00 | 00 |
| 56. | संतकबीरनगर | 3 | 3,41,154 | 24.02 | 56.313—खलीलाबाद | डॉ. मोहम्मद अय्यूब | PP |

| | | | | | | | |
|---|---|---|---|---|---|---|---|
| 57. | महाराजगंज | 5 | 3,57,822 | 16.46 | 00 | 00 | 00 |
| 58. | गोरखपुर | 9 | 3,44,960 | 09.15 | 00 | 00 | 00 |
| 59. | कुशीनगर | 7 | 4,87,674 | 16.86 | 00 | 00 | 00 |
| 60. | देवरिया | 7 | 3,08,731 | 11.38 | 57.338—पत्थरदेवा | शाकिर अली | SP |
| | | | | | 58.339—रामपुर कारखाना | फसिहा बशीर | SP |
| 61. | आजमगढ़ | 4 | 5,93,907 | 15.07 | 59.344—गोपालपुर | वसीम अहमद | SP |
| | | | | | 60.346—मुबारकपुर | शाह आलम उर्फ गुड्डू | BSP |
| | | | | | 61.348—निजामाबाद | आलम बदी आज़मी | SP |
| | | | | | 62.350—दीदारगंज | आरिफ शेख | SP |
| 62. | मऊ | 4 | 3,53,003 | 19.04 | 63.356—मऊ | मुख्त्यार अंसारी | KAD |
| 63. | बलिया | 7 | 1,81,553 | 06.57 | 64.359—सिकंदरपुर | जियाउद्दीन रिजवी | SP |
| 64. | जौनपुर | 9 | 3,99,186 | 10.20 | 65.366—जौनपुर | नदीम जावेद | INC |
| 65. | गाजीपुर | 7 | 3,00,327 | 09.89 | 66.377—जहूराबाद | सैयदा शादाब फातिमा | SP |
| | | | | | 67.378—मोहम्मदाबाद | सिगबत उल्लाह अंसारी | KAD |
| 66. | चंदौली | 4 | 1,68,281 | 10.25 | 00 | 00 | 00 |
| 67. | वाराणसी | 8 | 4,97,516 | 15.85 | 00 | 00 | 00 |
| 68. | संतरविदास नगर | 3 | 1,9,621 | 11.96 | 68.392—भदोही | जाहिद बेग | SP |

| 1 | 2 | 3 | 4 | 5 | 6 | 7 | 8 |
|---|---|---|---|---|---|---|---|
| 69. | मिर्जापुर | 5 | 1,58,204 | 07.63 | 00 | 00 | 00 |
| 70. | सोनभद्र | 4 | 79,102 | 05.26 | 00 | 00 | 00 |

403 सदस्यीय विधानसभा में दलवार मुस्लिम विधायक

| | |
|---|---|
| 1. SP | 43 |
| 2. BSP | 15 |
| 3. INC | 04 |
| 4. PP | 03 |
| 5. KAD | 02 |
| 6. IMC | 01 |
| **योग :** | **68** |

**स्रोत :** 1. भारत जनगणना 2001
2. चैंजिंग फेस ऑफ इलेक्टोरल इण्डिया : डीलिमिटेशन 2008
3. राज्य निर्वाचन आयोग, उत्तर प्रदेश 2012

## बिहार विधानसभा 2010
## (मुस्लिम प्रत्याशी जीते)—19 और 33 दूसरे स्थान पर)

| विधान सभा निर्वाचन क्षेत्र का नम्बर और नाम 2010 | | | पार्टी |
|---|---|---|---|
| 1-81 | अलीनगर | अब्दुल बारी सिद्धीकी | RJD |
| 2-56 | अमूर | सबा जफर | BJP |
| 3-49 | अररिया | जाकीर हुसैन खान | LJSP |
| 4-52 | बहादुरगंज | मो. तोसीफ आलम | RJD |
| 5-161 | बांका | जावेद इकबाल | RJD |
| 6-35 | बिसफी | डॉ. फैयाज अहमद | RJD |
| 7-201 | दुमराव | डॉ. दाउद अली | JDU |
| 8-79 | गोराबउराम | डॉ. इजहार अहमद | JDU |
| 9-58 | जोखीहाट | सरफराज आलम | JDU |
| 10-16 | कल्याणपुर | रजिया खातून | JDU |
| 11-58 | कसबा | मो. फारूक आलम | INC |
| 12-54 | किशनगंज | डॉ. मो. जावेद | INC |
| 13-55 | कूचाधमन | अख्तरुल ईमन | RJD |
| 14-77 | महिषी | डॉ. अब्दुल गफूर | RJD |
| 15-145 | साहेबपुर कमाल | परवीन अमान उल्लाह | JDU |
| 16-22 | शेवहर | शर्फुद्दीन | JDU |
| 17-53 | ठाकुरगंज | नौशाद आलम | LJSP |
| 18-26 | सुरसंद | शाहिद अली खान | JDU |
| 19-133 | समस्तीपुर | अख्तरुल इस्लाम शाहीन | RJD |
| 243 दरम्यीय विधानसभा में | | | |
| 2010 के बिहार विधानसभा चुनाव में 19 मुस्लिम विधायक विभिन्न राजनीतिक दलों से निर्वाचित हुए हैं। | | | |

| विधान सभा निर्वाचन क्षेत्र का नम्बर और नाम 2010 | | | पार्टी |
|---|---|---|---|
| 1-56 | अमूर | अब्दुल जलील | INC |
| 2-52 | बहादुरगंज | मो. मसवर आलम | JDU |
| 3-57 | बाईसी | नासर अहमद | INC |
| 4-27 | बाजपट्टी | मो. अनवारुल हक | RJD |
| 5-65 | बलरामपुर | मेहबूब आलम | CPI |
| 6-68 | बरारी | मो. शकूर | NCP |
| 7-100 | बरौली | मो. नेमत उल्लाह | RJD |
| 8-110 | बरहाडिया | मो. मुबीन | RJD |
| 9-232 | बेलागंज | मो. अमजद | JDU |
| 10-72 | बिहार शरीफ | आफरीन सुल्ताना | RJD |
| 11-7 | चंपाटिया | एजाज हुसैन | BSP |
| 12-45 | छत्तापुर | अकील एहमद | RJD |
| 13-61 | दमदाह | इर्शाद अहमद | INC |
| 14-230 | गया टाउन | जलल उद्दीन | CPI |
| 15-101 | गोपालगंज | रियाजुल हक | RJD |
| 16-84 | हयागहाट | डॉ. शाहनवाज एहमद | LJSP |
| 17-95 | कांटी | मोहम्मद इसराईल | RJD |
| 18-86 | केवटी | फराज फातिमा | RJD |
| 19-183 | कुमराह | मो. कमाल परवेज | LJSP |
| 20-36 | मधुबनी | नैयर आजम | RJD |
| 21-165 | मुंगेर | शबनम परवीन | RJD |
| 22-94 | मुजफ्फरपुर | मोहम्मद जमाल | LJSP |
| 23-12 | नरकटिया | यास्मीन साबिर अली | LJSP |
| 24-158 | नाथनगर | अबु कैसर | RJD |
| 25-184 | पटनासाहिब | परवेज एहमद | INC |
| 26-66 | परनपुर | इशरत परवीन | NCP |
| 27-224 | रफीगंज | मोहम्मद निहाल उद्दीन | RJD |
| 28-9 | सिकता | खुर्शीद फिरोज एहमद | JDU |
| 29-196 | तरारी | आबिद रिजवी | RJD |
| 30-21 | ढाका | फैसल रहमान | JDU |
| 31-83 | दरभंगा | सुल्तान एहमद | RJD |
| 32-82 | दरभंगा ग्रामीण | अशरफ हुसैन | JDU |
| 33-76 | सिमरी बख्तियारपुर | चौधरी मेहबूब अली | INC |

2010 के विधानसभा चुनाव में कुल 33 प्रत्याशी दूसरे नंबर पर रहे। दो विधानसभा क्षेत्र 50–बहादुरगंज और 56–अमूर से प्रतिद्वंद्वी मुस्लिम ही थे लिहाज़ा 31 मुस्लिम प्रत्याशी दूसरे नंबर पर रहे हैं। इनमें से 17 प्रत्याशी तो बहुत ही कम अंतर से चुनाव हारे हैं।

**Source :** State Election Commission of Bihar 2005/2010

## राष्ट्रीय राजधानी क्षेत्र दिल्ली

### विधानसभा निर्वाचन क्षेत्र मुस्लिम आबादी और अनुसूचित जाति का प्रतिशत

| विधानसभा निर्वाचन क्षेत्र का नाम और नंबर क्रमांक | भारत जनगणना 2001 | | | | |
|---|---|---|---|---|---|
| | कुल | मुस्लिम | प्रतिशत | अनुसूचित जाति | प्रतिशत |
| 1. नरेला | 201265 | 9563 | 4.75 | 43070 | 21.40 |
| 2. बुराड़ी | 187210 | 12701 | 6.78 | 30659 | 16.38 |
| 3. तिमारपुर | 208917 | 16915 | 8.09 | 38583 | 18.47 |
| 4. आदर्शनगर | 178265 | 7412 | 4.16 | 28166 | 15.80 |
| 5. बादली | 208694 | 33601 | 16.11 | 38603 | 18.50 |
| 6. रिठाला | 200084 | 12128 | 6.06 | 20135 | 10.06 |
| 7. बवाना (अजा) | 208392 | 7754 | 3.72 | 50591 | 24.28 |
| 8. मुंडका | 206873 | 15276 | 7.38 | 40154 | 19.41 |
| 9. किराडी | 200954 | 14377 | 7.16 | 32930 | 16.39 |
| 10. सुल्तानपुर माजरा (अजा) | 194771 | 13610 | 6.99 | 85990 | 44.15 |
| 11. नागलोई जाट | 201457 | 13992 | 6.91 | 41717 | 20.71 |
| 12. मंगोलपुरी (अजा) | 212923 | 13394 | 6.31 | 72739 | 34.16 |
| 13. रोहिणी | 197159 | 10435 | 5.29 | 11534 | 5.85 |
| 14. शालीमारबाग | 187219 | 11583 | 5.32 | 17132 | 9.15 |
| 15. शकूर बस्ती | 217494 | 10205 | 5.45 | 23568 | 10.84 |
| 16. त्रिनगर | 195941 | 11677 | 6.11 | 30145 | 15.38 |
| 17. वजीरपुर | 217594 | 17345 | 7.97 | 48774 | 22.42 |
| 18. मॉडलटाऊन | 196821 | 17259 | 8.86 | 36694 | 18.83 |
| 19. सदरबाजार | 217202 | 31480 | 15.31 | 35238 | 16.22 |
| 20. चांदनी चौक | 216623 | 48222 | 22.31 | 31568 | 14.59 |
| 21. मटियामहल | 184488 | 55183 | 30.01 | 27353 | 14.81 |
| 22. बल्लीमारान | 190178 | 41109 | 22.35 | 41065 | 21.39 |
| 23. करोलबाग (अजा) | 224778 | 5891 | 2.62 | 84439 | 37.57 |
| 24. पटेलनगर (अजा) | 208589 | 6232 | 3.01 | 47875 | 22.95 |
| 25. मोतीनगर | 208173 | 8947 | 4.31 | 22844 | 10.97 |
| 26. मादीपुर (अजा) | 202997 | 8762 | 4.32 | 59132 | 29.13 |

| विधानसभा निर्वाचन क्षेत्र का नाम और नंबर | भारत जनगणना 2001 | | | | |
|---|---|---|---|---|---|
| | कुल | मुस्लिम | प्रतिशत | अनुसूचित जाति | प्रतिशत |
| 27. राजौरी गार्डन | 202239 | 7843 | 3.87 | 23743 | 11.74 |
| 28. हरिनगर | 183808 | 8938 | 4.86 | 13036 | 7.09 |
| 29. तिलकनगर | 177374 | 8921 | 5.02 | 14750 | 8.32 |
| 30. जनकपुरी | 204737 | 9526 | 4.65 | 18451 | 9.01 |
| 31. विकासपुरी | 212708 | 12722 | 5.99 | 28009 | 13.17 |
| 32. उत्तमनगर | 177128 | 8311 | 4.69 | 13170 | 7.44 |
| 33. द्वारका | 176196 | 8854 | 5.02 | 23405 | 13.28 |
| 34. मटियाला | 201167 | 8986 | 4.47 | 28584 | 14.21 |
| 35. नजफगढ़ | 202195 | 8604 | 4.26 | 30664 | 15.17 |
| 36. बिजवासन | 187799 | 8611 | 4.95 | 31477 | 16.76 |
| 37. पालम | 190826 | 8411 | 4.41 | 19448 | 10.19 |
| 38. दिल्ली कैंट | 195122 | 8189 | 4.19 | 31439 | 16.11 |
| 39. राजेन्द्रनगर | 204459 | 18233 | 8.92 | 43984 | 21.51 |
| 40. नई दिल्ली | 232158 | 9522 | 4.1 | 42668 | 18.38 |
| 41. जंगपुरा | 199988 | 29336 | 14.67 | 31852 | 15.93 |
| 42. कस्तूरबा नगर | 185271 | 25663 | 14.11 | 20376 | 11.00 |
| 43. मालवीय नगर | 175153 | 24261 | 14.11 | 17330 | 9.89 |
| 44. आर के पुरम | 185996 | 8100 | 4.35 | 26970 | 14.50 |
| 45. महरौली | 178139 | 24675 | 13.82 | 26834 | 15.06 |
| 46. छतरपुर | 162573 | 22519 | 13.87 | 25396 | 15.62 |
| 47. देवली (अजा) | 211125 | 30429 | 14.41 | 56106 | 26.57 |
| 48. अंबेडकर नगर (अजा) | 183588 | 25429 | 13.85 | 57713 | 31.44 |
| 49. संगम विहार | 184513 | 3267 | 1.78 | 25147 | 13.63 |
| 50. ग्रेटर कैलाश | 189100 | 18676 | 9.87 | 18270 | 9.66 |
| 51. कालकाजी | 186520 | 18421 | 9.88 | 23476 | 12.59 |
| 52. तुगलकाबाद | 169361 | 31634 | 18.68 | 37843 | 22.34 |
| 53. बदरपुर | 197544 | 15580 | 7.89 | 24877 | 12.59 |
| 54. ओखला | 189015 | 19227 | 11.12 | 13463 | 7.12 |

| विधानसभा निर्वाचन क्षेत्र का नाम और नंबर | भारत जनगणना 2001 | | | | |
|---|---|---|---|---|---|
| | कुल | मुस्लिम | प्रतिशत | अनुसूचित जाति | प्रतिशत |
| 55. त्रिलोकपुरी (अजा) | 210903 | 23423 | 10.15 | 66594 | 31.58 |
| 56. कोंडली (अजा) | 181943 | 18035 | 9.91 | 50496 | 27.75 |
| 57. पटपड़गंज | 200960 | 22458 | 11.81 | 26035 | 12.96 |
| 58. लक्ष्मीनगर | 191043 | 37438 | 19.6 | 16449 | 8.61 |
| 59. विश्वासनगर | 184106 | 37733 | 20.51 | 23823 | 12.94 |
| 60. कृष्णा नगर | 214632 | 68952 | 32.13 | 17355 | 8.09 |
| 61. गांधीनगर | 205167 | 24394 | 11.92 | 22091 | 10.77 |
| 62. शाहदरा | 190583 | 61226 | 32.12 | 31704 | 16.64 |
| 63. सीमापुरी (अजा) | 210314 | 36545 | 17.38 | 60934 | 28.97 |
| 64. रोहताश नगर | 218397 | 76908 | 35.21 | 43431 | 19.89 |
| 65. सीलमपुर | 208273 | 86799 | 41.68 | 18470 | 8.87 |
| 66. घोंडा | 203951 | 68336 | 33.51 | 26381 | 12.93 |
| 67. बाबरपुर | 203725 | 50715 | 25.01 | 13136 | 6.45 |
| 68. गोकलपुर (अजा) | 196825 | 56429 | 28.67 | 73996 | 37.59 |
| 69. मुस्तफाबाद | 210574 | 78792 | 37.42 | 26522 | 12.60 |
| 70. करावलनगर | 200248 | 59777 | 29.85 | 16659 | 8.32 |

## MAHARASHTRA

| PARLIAMENTARY CONSTITUENCIES IN THE STATE OF MAHARASHT | | | | | | |
|---|---|---|---|---|---|---|
| AVERAGE PER P.C. | | | | | | |
| RANGE | | 2220136-1816475 | | | | |
| No. & Name of Parliamentary Constituency | ASSEMBLY THEIR NUMBERS CONSTITUENCIES & THEIR NUMBERS | 2001 CENSUS POPULATION | | | | As % of the total |
| | | Total | Muslims | SCs | STs | Muslims |
| **1. Nandurbar (ST)** | | | | | | |
| | 1. Akkalkuwa (ST) | 314241 | 13857 | 3885 | 280275 | 4.41 |
| | 2. Shahada (ST) | 349869 | 22992 | 12839 | 211105 | 6.62 |
| | 3. Nandurbar (ST) | 332962 | 23186 | 21067 | 100696 | 6.96 |
| | 4. Nawapur (ST) | 314637 | 11180 | 3621 | 267498 | 3.55 |
| | Sakri (ST) | 327028 | 10085 | 12034 | 168437 | 3.14 |
| | 9. Shirpur (ST) | 337553 | 17838 | 18312 | 136886 | 5.34 |
| | **P.C. TOTAL** | **1976290** | **99138** | **71758** | **1164897** | **5.02** |
| **2. Dhule** | | | | | | |
| | 6. Dhule Rural | 378030 | 10793 | 29058 | 67479 | 2.86 |
| | 7. Dhule City | 341755 | 92939 | 26740 | 13672 | 27.24 |
| | 8. Sindkheda | 323581 | 17811 | 22958 | 57090 | 5.51 |
| | 114. Malegaon Central | 332226 | 250439 | 5173 | 1352 | 75.42 |
| | 115. Malegaon Outer | 351420 | 81337 | 28466 | 49119 | 23.15 |
| | 116. Baglan (ST) | 311395 | 7674 | 17178 | 107288 | 2.54 |
| | **P.C. TOTAL** | **2038407** | **460993** | **129573** | **296000** | **22.62** |
| **3. Jalgaon** | | | | | | |
| | 13. Jalgaon City | 368618 | 62351 | 22128 | 16448 | 16.91 |
| | 14. Jalgaon Rural | 340379 | 32612 | 24566 | 56320 | 9.61 |
| | 15. Amalner | 314454 | 21982 | 23291 | 37720 | 6.99 |
| | 16. Erandol | 302944 | 31568 | 19513 | 32428 | 10.42 |
| | 17. Chalisgaon | 356808 | 25986 | 34423 | 29274 | 7.32 |
| | 18. Pachora | 325676 | 33622 | 26933 | 27959 | 10.32 |
| | **P.C. TOTAL** | **2008879** | **208121** | **150854** | **200149** | **10.36** |
| **4. Raver** | | | | | | |
| | 10. Chopda (ST) | 351739 | 41368 | 23612 | 96653 | 11.76 |
| | 11. Raver | 352179 | 75118 | 30076 | 57823 | 21.33 |
| | 12. Bhusawal (SC) | 325527 | 48935 | 32461 | 16035 | 15.03 |
| | 19. Jamner | 325710 | 41470 | 21251 | 29406 | 12.73 |
| | 20. Muktainagar | 318656 | 40296 | 28523 | 35885 | 12.65 |
| | 21. Malkapur | 314234 | 49581 | 19859 | 17000 | 15.78 |
| | **P.C. TOTAL** | **1988045** | **296768** | **155782** | **252802** | **14.93** |

| | | | | | |
|---|---|---|---|---|---|
| **5. Buldhana** | | | | | |
| 22. Buldhana | 295427 | 42260 | 37585 | 19466 | 14.31 |
| 23. Chikhli | 305866 | 41026 | 42258 | 10846 | 13.41 |
| 24. Sindkhed Raja | 322911 | 26304 | 42663 | 2229 | 8.15 |
| 25. Mehkar (SC) | 326025 | 34131 | 58426 | 15362 | 10.46 |
| 26. Khamgaon | 329337 | 46982 | 20007 | 12481 | 14.35 |
| 27. Jalgaon (Jamod) | 338680 | 45145 | 20825 | 37772 | 13.33 |
| **P.C. TOTAL** | **1918246** | **235848** | **221764** | **98156** | **12.35** |
| **6. Akola** | | | | | |
| 28. Akot | 331671 | 60878 | 34797 | 24484 | 18.44 |
| 29. Balapur | 321818 | 63773 | 24420 | 21319 | 19.82 |
| 30. Akola West | 319455 | 87239 | 27218 | 7069 | 27.31 |
| 31. Akola East | 333531 | 41418 | 37632 | 28586 | 12.42 |
| 32. Murtijapur (SC) | 323779 | 42964 | 44372 | 19072 | 13.39 |
| 33. Risod | 334045 | 26026 | 56467 | 29186 | 7.81 |
| **P.C. TOTAL** | **1964299** | **322298** | **224906** | **129716** | **16.41** |
| **7. Amravati (SC)** | | | | | |
| 37. Badnera | 308285 | 58773 | 64677 | 15380 | 19.06 |
| 38. Amravati | 318203 | 66153 | 41556 | 10211 | 20.89 |
| 39. Teosa | 312569 | 32576 | 64501 | 20913 | 10.42 |
| 40. Daryapur (SC) | 342936 | 48593 | 80183 | 21168 | 14.17 |
| 41. Melghat (ST) | 334972 | 16805 | 28619 | 199882 | 5.02 |
| 42. Achalpur | 319424 | 71328 | 53858 | 22163 | 22.33 |
| **P.C. TOTAL** | **1936389** | **294228** | **333394** | **289717** | **15.25** |
| **8. Wardha** | | | | | |
| 36. Dhamamgaon Railway | 342317 | 20774 | 66339 | 20659 | 6.07 |
| 43. Morshi | 327833 | 32242 | 46882 | 45715 | 9.83 |
| 44. Arvi | 305812 | 14329 | 35401 | 45310 | 4.75 |
| 45. Deoli | 301255 | 10602 | 46340 | 37461 | 3.52 |
| 46. Hinganghat | 319916 | 11042 | 39073 | 40339 | 3.51 |
| 47. Wardha | 309753 | 13302 | 37816 | 31305 | 4.34 |
| **P.C. TOTAL** | **1906886** | **102291** | **271851** | **220789** | **5.441** |
| **9. Ramtek (SC)** | | | | | |
| 48. Katol | 315258 | 11434 | 49396 | 48172 | 3.63 |
| 49. Savner | 336318 | 12612 | 58634 | 37769 | 3.75 |
| 50. Hingna | 319663 | 6854 | 56431 | 38915 | 2.14 |
| 51.Umred (SC) | 356323 | 5618 | 70868 | 44072 | 1.66 |
| 58. Kamthi | 352114 | 39600 | 65830 | 23135 | 11.25 |
| 59. Ramtek | 335895 | 7368 | 52271 | 70403 | 2.23 |
| **P.C. TOTAL** | **2015571** | **83486** | **353430** | **262466** | **4.14** |

| | | | | | |
|---|---|---|---|---|---|
| **10. Nagpur** | | | | | |
| 52. Nagpur South West | 350182 | 36386 | 62169 | 17848 | 10.41 |
| 53. Nagpur South | 337378 | 35056 | 51544 | 17792 | 10.42 |
| 54. Nagpur East | 332646 | 34564 | 49589 | 27645 | 10.39 |
| 55. Nagpur Central | 343957 | 35740 | 25917 | 64660 | 10.42 |
| 56. Nagpur West | 339982 | 35326 | 55714 | 25086 | 10.41 |
| 57. Nagpur North (SC) | 347921 | 36152 | 98098 | 28944 | 10.39 |
| **P.C. TOTAL** | **2052066** | **213224** | **343031** | **181975** | **10.41** |
| **11. Bhandara - Gondiya** | | | | | |
| 60. Tumsar | 358464 | 6886 | 41932 | 36755 | 1.92 |
| 61. Bhandara (SC) | 413132 | 12763 | 88313 | 30380 | 3.09 |
| 62. Sakoli | 364550 | 3675 | 71704 | 30583 | 1.01 |
| 63. Arjuni-Morgaon (SC) | 288346 | 2931 | 49892 | 59761 | 1.02 |
| 64. Tirora | 277169 | 3773 | 34489 | 29437 | 1.41. |
| 65. Gondiya | 329801 | 11580 | 51825 | 25073 | 3.51 |
| **P.C. TOTAL** | **2031462** | **41608** | **338155** | **211989** | **2.05** |
| **12. Gadchiroli-Chimur (ST)** | | | | | |
| 66. Amgaon (ST) | 305391 | 3679 | 31493 | 82184 | 1.21 |
| 67. Armori (ST) | 308241 | 6941 | 35922 | 119313 | 225 |
| 68. Gadchiroli (ST) | 346604 | 4686 | 33817 | 91879 | 1.35 |
| 69. Aheri (ST) | 315449 | 5714 | 39085 | 160504 | 1.81 |
| 73. Brahmapuri | 319995 | 3305 | 40411 | 58470 | 1.03 |
| 74. Chimur | 329908 | 5895 | 47970 | 76792 | 1.96 |
| **P.C. TOTAL** | **1925588** | **30220** | **228698** | **589142** | **1.69** |
| **13. Chandrapur** | | | | | |
| 70. Rajura | 369985 | 12705 | 54854 | 84946 | 3.44 |
| 71. Chandrapur (SC) | 369401 | 27598 | 61645 | 31428 | 7.51 |
| 72. Ballarpur | 364444 | 19261 | 53153 | 63309 | 5.29 |
| 75. Warora | 317368 | 8958 | 38894 | 60311 | 2.82 |
| 76. Wani | 340831 | 12611 | 24035 | 81727 | 3.71 |
| 80. Arni (ST) | 359595 | 21185 | 29623 | 96430 | 5.91 |
| **P.C. TOTAL** | **2121624** | **102318** | **263104** | **418151** | **4.83** |
| **14. Yavatmal-Washim** | | | | | |
| 34. Washim (SC) | 363105 | 40400 | 65125 | 14168 | 11.13 |
| 35. Karanja | 323672 | 45437 | 41087 | 27633 | 14.04 |
| 77. Ralegaon (ST) | 336202 | 12864 | 31476 | 98546 | 3.83 |
| 78. Yavatmal | 378994 | 31535 | 44569 | 68876 | 9.04 |
| 79. Digras | 376143 | 51484 | 46890 | 35276 | 13.77 |
| 81. Pusad | 327352 | 36059 | 30966 | 46776 | 11.02 |
| **P.C. TOTAL** | **2105468** | **217779** | **260113** | **291275** | **10.34** |

| | | | | | |
|---|---|---|---|---|---|
| **15. Hingoli** | | | | | |
| 82. Umarkhed (SC) | 339154 | 31171 | 44343 | 45739 | 9.21 |
| 83. Kinwat | 297412 | 27813 | 28473 | 71982 | 9.41 |
| 84. Hadgaon | 313278 | 24049 | 41693 | 38805 | 7.76 |
| 92. Basmath | 338955 | 35646 | 36463 | 16714 | 10.52 |
| 93. Kalamnuri | 322871 | 31403 | 28656 | 52981 | 9.73 |
| 94. Hingoli | 325334 | 36150 | 35578 | 17203 | 11.12 |
| **P.C. TOTAL** | **1937004** | **186232** | **215206** | **243424** | **9.62** |
| **16. Nanded** | | | | | |
| 85. Bhokar | 315270 | 34015 | 43479 | 29785 | 10.89 |
| 86. Nanded North | 318715 | 80010 | 46935 | 6173 | 25.11 |
| 87. Nanded South | 317337 | 80787 | 43063 | 5299 | 25.46 |
| 89. Naigaon | 333702 | 35777 | 76465 | 34706 | 10.72 |
| 90. Deglur (SC) | 355945 | 50290 | 87853 | 37217 | 14.13 |
| 91. Mukhed | 318405 | 26965 | 73083 | 22135 | 8.47 |
| **P.C. TOTAL** | **1959374** | **307844** | **370878** | **135315** | **15.71** |
| **17. Parbhani** | | | | | |
| 95. Jintur | 373757 | 50890 | 30123 | 13635 | 13.62 |
| 96. Parbhani | 357687 | 107012 | 32012 | 4874 | 29.92 |
| 97. Gangakhed | 419190 | 39869 | 52725 | 11104 | 9.51 |
| 98. Pathri | 377081 | 46164 | 37603 | 5597 | 12.25 |
| 99. Partur | 309798 | 32595 | 33608 | 5551 | 10.52 |
| 100. Ghansawangi | 316918 | 31938 | 36730 | 5593 | 10.08 |
| **P.C. TOTAL** | **2154431** | **308468** | **222801** | **46354** | **14.32** |
| **18. Jalna** | | | | | |
| 101. Jalna | 341944 | 67344 | 35731 | 5249 | 19.74 |
| 102. Badnapur (SC) | 323099 | 38200 | 37941 | 4097 | 11.04 |
| 103. Bhokardan | 321221 | 41454 | 37007 | 11613 | 12.91 |
| 104. Sillod | 344928 | 76963 | 29715 | 30136 | 22.31 |
| 106. Phulambri | 325947 | 52058 | 49376 | 5588 | 15.98 |
| 110. Paithan | 334581 | 53414 | 41635 | 6372 | 15.97 |
| **P.C. TOTAL** | **1991720** | **329433** | **231405** | **63055** | **16.54** |
| **19. Aurangabad** | | | | | |
| 105. Kannad | 327537 | 48665 | 27512 | 21301 | 14.86 |
| 107. Aurangabad Central | 303368 | 87751 | 46448 | 3655 | 28.93 |
| 108. Aurangabad West (SC) | 315935 | 76700 | 59254 | 4614 | 24.28 |
| 109. Aurangabad East | 304419 | 88055 | 39853 | 2954 | 28.93 |
| 111. Gangapur | 322905 | 53125 | 41584 | 12585 | 16.52 |
| 112. Vaijapur | 317393 | 32785 | 40804 | 13211 | 10.33 |
| **P.C. TOTAL** | **1891557** | **387081** | **255455** | **58320** | **20.53** |

| | | | | | |
|---|---|---|---|---|---|
| **20. Dindori (ST)** | | | | | |
| 113. Nandgaon | 341903 | 22913 | 40451 | 42295 | 6.71 |
| 117. Kalwan (ST) | 310744 | 2619 | 6712 | 246557 | 0.84 |
| 118. Chandvad | 335177 | 6819 | 30797 | 58299 | 2.03 |
| 119. Yevla | 351350 | 24784 | 33578 | 38837 | 7.05 |
| 121. Niphad | 324013 | 14493 | 32999 | 62292 | 4.52 |
| 122. Dindori (ST) | 361501 | 3451 | 16983 | 228959 | 0.95 |
| **P.C. TOTAL** | **2024688** | **75079** | **161520** | **677239** | **3.71** |
| **21. Nashik** | | | | | |
| 120. Sinnar | 337605 | 6703 | 22647 | 62177 | 1.99 |
| 123. Nashik East | 339249 | 27632 | 43519 | 31291 | 8.15 |
| 124. Nashik Central | 317828 | 25887 | 32718 | 18697 | 8.14 |
| 125. Nashik West | 329406 | 26830 | 37760 | 16667 | 8.21 |
| 126. Devlali (SC) | 330884 | 15663 | 51402 | 64477 | 4.73 |
| 127. Igatpuri(ST) | 319095 | 8736 | 26133 | 165964 | 2.74 |
| **P.C. TOTAL** | **1974067** | **111451** | **214179** | **359273** | **5.65** |
| **22. Palghar(ST)** | | | | | |
| 128. Dahanu (ST) | 348482 | 10116 | 5223 | 256150 | 2.91 |
| 129. Vikramgad (ST) | 331531 | 5565 | 2958 | 285180 | 1.78 |
| 130. Palghar (ST) | 349546 | 19006 | 9420 | 108214 | 5.44 |
| 131. Boisar (ST) | 337089 | 11798 | 6736 | 141172 | 3.59 |
| 132. Nalasopara | 333193 | 25751 | 7890 | 8944 | 7.73 |
| 133. Vasai | 335234 | 26635 | 5323 | 30065 | 7.95 |
| **P.C. TOTAL** | **2035075** | **98871** | **37550** | **829725** | **4.86** |
| **23. Bhiwandi** | | | | | |
| 134 Bhiwandi Rural (ST) | 346291 | 15283 | 7271 | 93492 | 4.41 |
| 135. Shahapur(ST) | 312775 | 8252 | 11639 | 116620 | 2.64 |
| 136. Bhiwandi West | 332388 | 160307 | 5816 | 3420 | 48.23 |
| 137. Bhiwandi East | 331266 | 164501 | 4560 | 4008 | 49.78 |
| 138. Kalyan West | 346641 | 18423 | 20964 | 9850 | 5.31 |
| 139. Murbad | 358303 | 12152 | 16885 | 61506 | 3.41 |
| **P.C. TOTAL** | **2027664** | **378918** | **67135** | **288896** | **18.77** |
| **24. Kalyan** | | | | | |
| 140. Ambernath (SC) | 331252 | 24808 | 38651 | 8974 | 7.49 |
| 141. Ulhas Nagar | 319455 | 13620 | 34160 | 4418 | 4.33 |
| 142. Kalyan East | 322814 | 16635 | 30016 | 12067 | 523 |
| 143. Dombivali | 322479 | 17154 | 13243 | 1776 | 532 |
| 144. Kalyan Rural | 327782 | 20572 | 12607 | 6365 | 6.36 |
| 149. Mumbra-Kalwa | 335054 | 51144 | 11784 | 6950 | 15.33 |
| **P.C. TOTAL** | **1958836** | **143933** | **140461** | **40550** | **7.35** |

| | | | | | |
|---|---|---|---|---|---|
| **25. Thane** | | | | | |
| 145. Mira Bhayandar | 367477 | 47420 | 2979 | 3304 | 12.91 |
| 146. Ovala - Majiwada | 346696 | 49313 | 16373 | 13155 | 14.22 |
| 147 Kopri-Pachpakhadi | 369080 | 56340 | 18479 | 7033 | 15.35 |
| 148. Thane | 335749 | 51250 | 13117 | 6523 | 15.26 |
| 150. Airoli | 345746 | 27400 | 26150 | 5598 | 7.92 |
| 151. Belapur | 345526 | 27382 | 17476 | 4506 | 7.93 |
| **P.C. TOTAL** | **2110274** | **259105** | **94574** | **40119** | **12.38** |
| **26. Mumbai North** | | | | | |
| 152. Borivali | 327175 | 60731 | 10548 | 2867 | 18.56 |
| 153. Dahisar | 323194 | 59992 | 8042 | 3269 | 18.61 |
| 154. Magathane | 324129 | 60166 | 11744 | 3686 | 18.63 |
| 160. Kandivali East | 324421 | 60220 | 10861 | 2323 | 18.59 |
| 161. Charkop | 317041 | 58868 | 8401 | 2522 | 18.69 |
| 162. Malad West | 334033 | 62003 | 8211 | 3200 | 18.57 |
| **P.C. TOTAL** | **1949993** | **361980** | **57807** | **17947** | **18.56** |
| **27. Mumbai North West** | | | | | |
| 158. Jogeshwari East | 343938 | 63847 | 10908 | 4142 | 18.57 |
| 159. Dindoshi | 323979 | 60138 | 11677 | 2099 | 18.56 |
| 163. Goregaon | 351340 | 65216 | 12181 | 2592 | 18.62 |
| 164. Versova | 312417 | 57991 | 7216 | 2374 | 18.55 |
| 165. Andheri West | 321097 | 59602 | 8543 | 1529 | 18.61 |
| 166. Andheri East | 350379 | 65037 | 11397 | 4198 | 18.63 |
| **P.C. TOTAL** | **2003150** | **371831** | **61922** | **16934** | **18.56** |
| **28. Mumbai North East** | | | | | |
| 155. Mulund | 330195 | 61292 | 18018 | 6817 | 18.55 |
| 156. Vikhroli | 329512 | 61165 | 22048 | 3015 | 18.62 |
| 157. Bhandup West | 314588 | 58395 | 11671 | 2576 | 18.56 |
| 169. Ghatkopar West | 353132 | 65549 | 20541 | 3446 | 18.56 |
| 170. GhatkoparEast | 312472 | 58001 | 24938 | 2168 | 18.61 |
| 171 Mankhurd Shivaji Nagar | 345934 | 64212 | 29760 | 4038 | 18.57 |
| **P.O. TOTAL** | **1985833** | **368614** | **126976** | **22060** | **18.56** |
| **29. Mumbai North Central** | | | | | |
| 167. Vile Parle | 324013 | 60143 | 9784 | 2388 | 18.61 |
| 168. Chandivali | 344794 | 64001 | 17250 | 2091 | 18.57 |
| 174. Kurla (SC) | 345450 | 64123 | 37859 | 1016 | 18.56 |
| 176. Vandre East | 350475 | 65055 | 19453 | 1231 | 18.61 |
| 177. Vandre West | 337391 | 62627 | 7621 | 2440 | 18.55 |
| 175. Kalina | 348916 | 64766 | 15724 | 1410 | 18.63 |
| **P.C. TOTAL** | **2051039** | **380715** | **107691** | **10576** | **18.56** |

| | | | | | |
|---|---|---|---|---|---|
| **30. Mumbai South Central** | | | | | |
| 172. Anushakti Nagar | 328916 | 61054 | 15934 | 934 | 18.61 |
| 173. Chembur | 321488 | 59675 | 31239 | 2003 | 18.62 |
| 178. Dharavi (SC) | 321258 | 70688 | 41168 | 1065 | 22.01 |
| 179. Sion Koliwada | 331999 | 73051 | 15344 | 2949 | 22.02 |
| 180. Wadala | 325338 | 71586 | 21384 | 2940 | 22.03 |
| 181. Mahim | 304905 | 67090 | 7331 | 1284 | 22.04 |
| **P.C. TOTAL** | **1933904** | **403144** | **132400** | **11175** | **20.85** |
| **31. Mumbai South** | | | | | |
| 182. Worli | 343862 | 75662 | 31699 | 4454 | 22.01 |
| 183. Shivadi | 333091 | 73292 | 13177 | 1521 | 22.04 |
| 184. Byculla | 353686 | 77823 | 17421 | 1140 | 22.03 |
| 185. Malabar Hill | 326707 | 71887 | 13961 | 782 | 22.01 |
| 186. Mumba Devi | 341203 | 75076 | 11336 | 1363 | 22.02 |
| 187. Colaba | 355982 | 78328 | 10648 | 3168 | 22.05 |
| **P.C. TOTAL** | **2054531** | **452068** | **198242** | **12428** | **22.01** |
| **32. Raigad** | | | | | |
| 191. Pen | 320189 | 5637 | 6261 | 58535 | 1.81 |
| 192. Alibag | 320707 | 21245 | 5170 | 53895 | 6.63 |
| 193. Shrivardhan | 304337 | 47976 | 8613 | 28536 | 15.77 |
| 194. Mahad | 331799 | 33942 | 9738 | 16483 | 10.23 |
| 263. Dapoli | 366056 | 49106 | 6594 | 15090 | 13.42 |
| 264. Guhagar | 326517 | 24150 | 4576 | 1315 | 7.45 |
| **P.C. TOTAL** | **1969605** | **182056** | **40952** | **173854** | **9.24** |
| **33. Maval** | | | | | |
| 188. Panvel | 308195 | 20657 | 9457 | 19544 | 6.71 |
| 189. Karjat | 302486 | 19775 | 6625 | 55130 | 6.54 |
| 190. Uran | 320216 | 20771 | 7803 | 37001 | 6.49 |
| 204. Maval | 363719 | 6563 | 24935 | 23468 | 1.88 |
| 205. Chinchwad | 336485 | 20074 | 43392 | 7658 | 5.97 |
| 206. Pimpri (SC) | 345054 | 20585 | 53862 | 6006 | 5.97 |
| **P.C. TOTAL** | **1976155** | **108425** | **146074** | **148807** | **5.56** |
| **34. Pune** | | | | | |
| 208. Vadgaol Sheri | 362372 | 33428 | 54468 | 4289 | 9.23 |
| 209. Shivajinagar | 352606 | 34576 | 46039 | 4869 | 9.81 |
| 210. Kothrud | 331653 | 30925 | 21397 | 3879 | 9.33 |
| 212. Parvati | 336326 | 31370 | 52028 | 2660 | 9.33 |
| 214. Pune Cantonment (SC) | 343207 | 46785 | 53905 | 2240 | 13.63 |
| 215. Kasba Peth | 330655 | 30841 | 25344 | 1631 | 9.33 |
| **P.C. TOTAL** | **2056819** | **207925** | **253181** | **19568** | **10.1** |

| | | | | | |
|---|---|---|---|---|---|
| **35. Baramati** | | | | | |
| 199. Oaund | 341388 | 16685 | 48404 | 6773 | 4.89 |
| 200. Indapur | 348413 | 15730 | 51372 | 3500 | 451 |
| 201. Baramati | 372852 | 16844 | 52495 | 2475 | 4.52 |
| 202. Purandar | 310652 | 8334 | 23119 | 5553 | 272 |
| 203. Bhor | 367160 | 6563 | 22296 | 10714 | 1.88 |
| 211. Khadakwasala | 325792 | 37841 | 25666 | 4579 | 14.71 |
| **P.C. TOTAL** | **2066257** | **101997** | **223352** | **33594** | **4.94** |
| **36. Shirur** | | | | | |
| 195. Junnar | 369806 | 21052 | 15707 | 70966 | 5.73 |
| 196. Ambegaon | 318838 | 8308 | 11844 | 45018 | 2.61 |
| 197. Khed Aland! | 343214 | 7058 | 13317 | 38272 | 2.06 |
| 198. Shirur | 374429 | 13555 | 37794 | 8847 | 3.62 |
| 207. Bhosari | 330933 | 19743 | 43313 | 5737 | 5.97 |
| 213. Hadapsar | 327001 | 30500 | 41160 | 2588 | 9.32 |
| **P.C. TOTAL** | **2064221** | **100216** | **163135** | **171428** | **4.95** |
| **37. Ahmadnagar** | | | | | |
| 222. Shevgaon | 359353 | 23891 | 42222 | 4747 | 6.65 |
| 223. Rahuri | 339750 | 19358 | 47581 | 23996 | 5.77 |
| 224. Parner | 352213 | 11552 | 30907 | 15523 | 3.39 |
| 225. Ahmednagar City | 347549 | 47385 | 40975 | 3157 | 13.64 |
| 226. Shrigonda | 356809 | 14673 | 44184 | 9514 | 4.12 |
| 227. Karjat Jamkhed | 339890 | 17745 | 43891 | 4189 | 5.22 |
| **P.C. TOTAL** | **2095564** | **134604** | **249760** | **61126** | **6.42** |
| **38. Shirdi (SC)** | | | | | |
| 216. Akole (ST) | 315746 | 7668 | 13553 | 134559 | 2.43 |
| 217. Sangamner | 318342 | 25272 | 25275 | 22319 | 7.94 |
| 218. Shirdi | 321124 | 20866 | 48222 | 18857 | 6.49 |
| 219. Kopargaon | 318315 | 22122 | 41321 | 30010 | 6.95 |
| 220. Shrirampur (SC) | 344854 | 35954 | 60797 | 20664 | 10.43 |
| 221. Nevasa | 326698 | 17659 | 45757 | 15720 | 5.41 |
| **P.C. TOTAL** | **1945078** | **129541** | **234925** | **242129** | **6.66** |
| **39. Beed** | | | | | |
| 228. Georai | 362288 | 37518 | 43674 | 3857 | 10.36 |
| 229. Majalgaon | 343469 | 39781 | 48790 | 4796 | 11.58 |
| 230. Beed | 360559 | 69806 | 40754 | 3062 | 19.41 |
| 231.Ashti | 364939 | 20819 | 33509 | 4954 | 5.71 |
| 232. Kaij (SC) | 394635 | 44499 | 66087 | 4351 | 11.28 |
| 233. Parli | 335360 | 44159 | 48426 | 3173 | 13.27 |
| **P.O. TOTAL** | **2161250** | **256582** | **281240** | **24193** | **11.92** |

| | | | | | |
|---|---|---|---|---|---|
| **40. Osmanabad** | | | | | |
| 239. Ausa | 332400 | 45092 | 55709 | 6997 | 13.57 |
| 240. Umarga (SC) | 351502 | 39220 | 63685 | 6262 | 11.16 |
| 241. Tuljapur | 400864 | 39239 | 69741 | 5778 | 9.88 |
| 242. Osmanabad | 396756 | 48279 | 67425 | 11069 | 12.17 |
| 243. Paranda | 337464 | 24446 | 44939 | 4748 | 7.24 |
| 246. Barshi | 340831 | 29298 | 45654 | 3921 | 8.66 |
| **P.C. TOTAL** | **2159817** | **225574** | **347153** | **38775** | **10.45** |
| **41. Latur (SC)** | | | | | |
| 234. Latur Rural | 347489 | 30693 | 65321 | 5957 | 8.83 |
| 235. Latur City | 363050 | 73359 | 59832 | 6640 | 20.21 |
| 236. Ahmadpur | 356188 | 49617 | 72021 | 8737 | 13.93 |
| 237. Udgir (SC) | 330719 | 52322 | 79147 | 7804 | 1582 |
| 238. Nilanga | 350439 | 42038 | 72221 | 11701 | 11.99 |
| 88. Loha | 306195 | 25375 | 57152 | 7494 | 8.37 |
| **P.C. TOTAL** | **2054080** | **273404** | **405694** | **48333** | **13.31** |
| **42. Solapur (SC)** | | | | | |
| 247. Mohol (SC) | 361364 | 21123 | 59608 | 6203 | 5.85 |
| 248. Solapur City North | 327079 | 62554 | 43755 | 5361 | 19.13 |
| 249. Solapur City Central | 366995 | 70887 | 51908 | 8414 | 19.32 |
| 250. Akkalkot | 375818 | 56720 | 61212 | 12836 | 15.12 |
| 251. Solapur South | 331513 | 54071 | 46038 | 11703 | 16.31 |
| 252. Pandharpur | 347619 | 19143 | 51545 | 7964 | 5.51 |
| **P.C. TOTAL** | **2110388** | **284498** | **314066** | **52481** | **13.51** |
| **43. Madha** | | | | | |
| 244. Karmala | 330488 | 18032 | 48189 | 3711 | 5.56 |
| 245. Madha | 381367 | 15517 | 60850 | 4087 | 4.07 |
| 253. Sangole | 318278 | 12270 | 47231 | 2342 | 3.86 |
| 254. Malshiras (SC) | 368191 | 19188 | 62133 | 2447 | 5.21 |
| 255. Phaltan (SC) | 357284 | 12059 | 45753 | 2826 | 3.45 |
| 258. Man | 350495 | 9311 | 36497 | 910 | 2.76 |
| **P.C. TOTAL** | **2106103** | **86377** | **300653** | **16323** | **4.11** |
| **44. Sangli** | | | | | |
| 281. Miraj (SC) | 349619 | 43467 | 50648 | 1950 | 12.43 |
| 282. Sangli | 353353 | 60074 | 45309 | 3235 | 17.01 |
| 285. Palus-Kadegaon | 290690 | 15429 | 31927 | 1862 | 5.31 |
| 286. Khanapur | 337185 | 14883 | 40615 | 830 | 4.41 |
| 287. Tasgaon-Kavathe Mal | 329976 | 14389 | 38628 | 1311 | 4.36 |
| 288. Jat | 283950 | 18092 | 37745 | 5244 | 6.42 |
| **P.C. TOTAL** | **1944773** | **166334** | **244872** | **14432** | **8.65** |
| % of SC/ST | | | 12.59 | 0.74 | |

| | | | | | |
|---|---|---|---|---|---|
| **45. Satara** | | | | | |
| 256. Wai | 379890 | 19924 | 23781 | 7290 | 5.25 |
| 257. Koregaon | 342681 | 11116 | 28957 | 2481 | 3.24 |
| 259. Karad North | 335264 | 16230 | 30307 | 2290 | 4.84 |
| 260. Karad South | 338752 | 28932 | 33850 | 1185 | 8.54 |
| 261. Patan | 329546 | 7049 | 20815 | 1723 | 2.14 |
| 262. Satara | 375082 | 21056 | 26150 | 3191 | 5.62 |
| **P.C. TOTAL** | **2101215** | **104307** | **163860** | **18160** | **4.96** |
| **46. Ratnagiri - Sindhudurg** | | | | | |
| 265. Chiplun | 345103 | 30337 | 6041 | 2014 | 8.79 |
| 266. Ratnagiri | 330509 | 47749 | 3335 | 1127 | 14.45 |
| 267. Rajapur | 328592 | 24330 | 3969 | 556 | 7.41 |
| 268. Kankavli | 311805 | 11834 | 11015 | 1800 | 385 |
| 269. Kudal | 269621 | 4881 | 13170 | 1617 | 1.81 |
| 270. Sawantwadi | 287399 | 6953 | 14351 | 1535 | 242 |
| **P.C. TOTAL 18** | **73029** | **1260847** | **51881** | **8649** | **6.73** |
| **47. Kolhapur** | | | | | |
| 271. Chandgad | 365766 | 14258 | 37897 | 3273 | 3.98 |
| 272. Radhanagari | 376418 | 10025 | 38160 | 1057 | 2.73 |
| 273. Kagal | 357538 | 16465 | 41370 | 586 | 4.61 |
| 274. Kolhapur South | 347489 | 20929 | 49215 | 2006 | 6.03 |
| 275. Karvir | 351606 | 9002 | 51420 | 413 | 256 |
| 276. Kolhapur North | 320181 | 32917 | 37629 | 979 | 10.28 |
| **P.C. TOTAL** | **2118998** | **103596** | **255691** | **8314** | **4.98** |
| **48. Hatkanangle** | | | | | |
| 277. Shahuwadi | 335357 | 8253 | 39799 | 543 | 2.46 |
| 278. Hatkanangle (SC) | 379727 | 36301 | 66646 | 2362 | 9.56 |
| 279. Ichalkaranji | 329901 | 46106 | 33400 | 1835 | 13.98 |
| 280. Shirol | 359179 | 42619 | 54105 | 8333 | 11.87 |
| 283. Islampur | 310069 | 24117 | 34797 | 2771 | 7.88 |
| 284. Shirala | 328682 | 13073 | 33805 | 652 | 3.98 |
| **P.C. TOTAL** | **2042915** | **170469** | **262552** | **16496** | **8.34** |

***Sources :*** 1. Census of India 2001 (See C 1 Tables on Religion)

Delimitation Commission Order of 2008 (See papers 5 to 6)

## Parliamenary Costituencies of UP in 2001

| Constituencies | Population | | | As % of the total | | |
|---|---|---|---|---|---|---|
| | Total | SC | Muslims | ST | SC | Muslims |
| 1. Behat | 425986 | 83001 | 208677 | 121 | 19.48 | 48.99 |
| 3. Saharanpur Nagar | 455754 | 39491 | 212289 | 13 | 8.66 | 46.57 |
| 4. Saharanpur (SC) | 371854 | 112850 | 140972 | 0 | 30.35 | 37.91 |
| 5. Deoband | 411028 | 95794 | 119577 | 16 | 23.31 | 29.12 |
| 6. Rampur Maniharan | 372438 | 120237 | 140972 | 0 | 32.28 | 37.85 |
| **1. Saharanpur** | **2037060** | **451373** | **822487** | **150** | **22.16** | **40.38** |
| 2. Nakur | 418776 | 97899 | 97922 | 299 | 23.38 | 23.43 |
| 7. Gangoh | 441027 | 80078 | 131841 | 49 | 18.16 | 29.89 |
| 8. Kairana | 380466 | 32396 | 239062 | 0 | 8.51 | 62.83 |
| 9. Thana Bhavan | 389350 | 60447 | 39566 | 7 | 15.33 | 10.16 |
| 10. Shamli | 372124 | 40047 | 120920 | 2 | 10.75 | 32.54 |
| **2. Kairana** | **2001743** | **310832** | **629311** | **357** | **15.53** | **31.44** |
| 11. Budhana | 463616 | 44535 | 180864 | 35 | 9.61 | 39.31 |
| 12. Charthawal | 407471 | 61481 | 10864 | 2 | 15.09 | 2.76 |
| 14. Muzaffarnagar | 400288 | 36680 | 125854 | 41 | 9.16 | 31.45 |
| 15. Khatauli | 388207 | 64591 | 48261 | 0 | 16.64 | 12.43 |
| 44. Sardhana | 429246 | 87841 | 138738 | 0 | 2.46 | 32.32 |
| **3. Muzaffarnagar** | **2078828** | **207287** | **504581** | **78** | **9.97** | **23.59** |
| 13. Purqazi (SC) | 362220 | 76957 | 22505 | 0 | 21.25 | 6.21 |
| 16. Meerapur | 379620 | 61225 | 102664 | 0 | 16.13 | 27.04 |
| 22. Bijnor | 421735 | 90266 | 146437 | 0 | 21.4 | 34.72 |
| 23. Chandpur | 381163 | 66301 | 145674 | 0 | 17.39 | 38.21 |
| 45. Hastinapur (SC) | 437474 | 91334 | 117681 | 0 | 20.88 | 29.82 |
| **4. Bijnor** | **1939260** | **365124** | **534961** | **0** | **18.83** | **27.59** |
| 17. Najibabad | 398795 | 88227 | 297892 | 418 | 22.12 | 74.78 |
| 18. Nagina (SC) | 413343 | 94134 | 264523 | 8 | 22.77 | 63.99 |
| 20. Dhampur | 358782 | 63851 | 154111 | 4 | 17.81 | 42.95 |
| 21. Nehtaur (SC) | 362373 | 89245 | 152217 | 0 | 24.63 | 42.01 |
| 24. Noorpur | 377001 | 72109 | 154034 | 1 | 19.13 | 40.85 |
| **5. Nagina (SC)** | **1910294** | **407566** | **1022777** | **431** | **21.34** | **52.91** |
| 19. Barhapur | 418427 | 91573 | 3270778 | 1996 | 21.91 | 78.16 |
| 25. Kanth | 435252 | 72646 | 152040 | 0 | 18.69 | 34.93 |
| 26. Thakurwada | 433481 | 59813 | 224693 | 0 | 13.8 | 51.83 |
| 27. Moradabad Rural | 392213 | 37542 | 194892 | 130 | 9.57 | 49.69 |
| 28. Moradabad Nagar | 431950 | 49811 | 209339 | 159 | 11.53 | 48.46 |
| **6. Moradabad** | **2111323** | **311385** | **1108042** | **2285** | **14.75** | **52.48** |
| 34. Suar | 365314 | 43419 | 218008 | 62 | 11.89 | 59.68 |
| 35. Chamraua | 344664 | 33173 | 208021 | 26 | 9.62 | 60.35 |
| 36. Bilaspur | 396385 | 61371 | 118801 | 11 | 15.48 | 29.97 |

| | | | | | | |
|---|---|---|---|---|---|---|
| 37. Rampur | 402327 | 23664 | 243817 | 120 | 5.88 | 60.61 |
| 38. Milak (SC) | 415049 | 95738 | 132719 | 39 | 23.07 | 31.97 |
| **7. Rampur** | **1923740** | **257365** | **921395** | **258** | **13.38** | **48.51** |
| 29. Kundarrki | 433290 | 57878 | 220491 | 0 | 13.36 | 48.51 |
| 30. Bilari | 406571 | 92262 | 160341 | 6 | 22.69 | 39.41 |
| 31. Chandausi (SC) | 427948 | 99359 | 90552 | 9 | 23.22 | 21.15 |
| 32. Asmoli | 437391 | 80733 | 166643 | 0 | 18.46 | 38.11 |
| 33. Sambhal | 412887 | 54209 | 208391 | 0 | 12.13 | 50.47 |
| **8. Sambhal** | **2118087** | **384441** | **846418** | **15** | **18.15** | **39.96** |
| 39. Dhanaura (SC) | 387304 | 81857 | 118489 | 16 | 21.14 | 30.59 |
| 40. Naugawan Sadat | 372969 | 63440 | 186126 | 0 | 17.01 | 49.91 |
| 41. Amroha | 344273 | 43185 | 178012 | 0 | 12.54 | 51.71 |
| 42. Hasanpur | 394522 | 70375 | 117681 | 0 | 17.84 | 29.82 |
| 60. Garhumukteshwar | 412896 | 84135 | 131959 | 2 | 20.38 | 31.96 |
| **9. Amroha** | **1911964** | **342992** | **732267** | **18** | **17.94** | **38.39** |
| 46. Kithore | 447599 | 88752 | 144436 | 0 | 19.83 | 32.26 |
| 47. Meerut Cantt. | 404726 | 82242 | 132367 | 208 | 20.81 | 32.71 |
| 48. Meerut | 395003 | 28739 | 168786 | 5 | 7.28 | 42.73 |
| 49. Meerut South | 425828 | 88619 | 139269 | 10 | 20.81 | 32.71 |
| 59. Hapur (SC) | 406327 | 107138 | 104965 | 6 | 26.37 | 28.56 |
| **10. Meerut** | **2080481** | **395490** | **689823** | **229** | **19.01** | **40.42** |
| 43. Siwalkhas | 434001 | 79406 | 151143 | 13 | 18.3 | 54.82 |
| 50. Chhaprauli | 412156 | 44485 | 102534 | 20 | 10.79 | 24.88 |
| 51. Baraut | 360812 | 36872 | 360812 | 0 | 10.22 | 23.91 |
| 52. Baghpat | 391023 | 46456 | 95051 | 28 | 11.88 | 24.38 |
| 57. Modi Nagar | 382448 | 75031 | 87778 | 0 | 9.62 | 22.95 |
| **11. Baghpat** | **1980440** | **282250** | **797318** | **61** | **14.25** | **30.18** |
| 53. Loni | 421247 | 62695 | 84185 | 14 | 14.88 | 19.98 |
| 54. Moradnagar | 442364 | 61749 | 93537 | 73 | 13.96 | 21.14 |
| 55. Sahibabad | 396807 | 51030 | 194813 | 73 | 12.86 | 49.09 |
| 56. Ghaziabad | 428255 | 82978 | 85585 | 32 | 19.38 | 19.98 |
| 58. Dholana | 423726 | 74783 | 109252 | 7 | 17.65 | 25.78 |
| **12. Ghaziabad** | **2112399** | **333235** | **567372** | **199** | **15.78** | **27.07** |
| 61. Noida | 356548 | 32695 | 40930 | 100 | 9.17 | 11.48 |
| 62. Dadri | 375008 | 61399 | 46111 | 38 | 16.37 | 12.29 |
| 63. Jewar | 373736 | 78990 | 57479 | 241 | 21.14 | 15.37 |
| 64. Sikandrabad | 439835 | 79974 | 63173 | 19 | 18.18 | 14.36 |
| 70. Khurja (SC) | 431281 | 117488 | 87130 | 0 | 27.24 | 20.21 |
| **13. Gautan Buddha Nagar** | **1976408** | **370546** | **294823** | **398** | **18.75** | **14.92** |
| 65. Bulandshahar | 441170 | 73651 | 118521 | 38 | 16.69 | 26.87 |
| 66. Syana | 461872 | 80986 | 78462 | 52 | 17.53 | 16.98 |
| 67. Anupshahar | 426845 | 83361 | 112890 | 0 | 19.53 | 26.45 |
| 68. Debai | 417123 | 74301 | 41531 | 98 | 17.81 | 9.96 |

| | | | | | | |
|---|---|---|---|---|---|---|
| | 69. Shikarpur | 391734 | 101860 | 73011 | 0 | 26.01 | 18.64 |
| **14.** | **Bulanshahar (SC)** | **2138744** | **414139** | **424415** | **188** | **19.36** | **19.84** |
| | 71. Khair (SC) | 449334 | 107393 | 37040 | 20 | 23.91 | 8.24 |
| | 72. Baroli | 420698 | 99670 | 84920 | 0 | 23.69 | 20.19 |
| | 73. Atrauli | 459588 | 84815 | 57552 | 6 | 18.45 | 12.52 |
| | 75. Koel | 382461 | 59114 | 107508 | 32 | 15.46 | 28.11 |
| | 76. Aligarh | 409686 | 87039 | 109804 | 20 | 21.25 | 26.81 |
| **15.** | **Aligarh** | **2121768** | **438031** | **396824** | **78** | **20.64** | **19.17** |
| | 74. Chharrah | 430727 | 89399 | 91383 | 0 | 20.75 | 21.21 |
| | 77. Iglas (SC) | 439792 | 106840 | 38465 | 63 | 24.29 | 8.74 |
| | 78. Hathras (SC) | 459853 | 130231 | 45449 | 22 | 28.32 | 9.88 |
| | 79. Sadabad | 435018 | 97040 | 39115 | 0 | 22.31 | 8.99 |
| | 80. Sikandra Rao | 441160 | 109468 | 50287 | 47 | 24.81 | 11.48 |
| **16.** | **Hathras (SC)** | **2206550** | **532978** | **264699** | **132** | **24.15** | **12.06** |
| | 81. Chhata | 415495 | 68612 | 46584 | 0 | 16.51 | 11.21 |
| | 82. Mant | 397951 | 82619 | 24509 | 0 | 20.75 | 6.16 |
| | 83. Goverdhan | 374263 | 83884 | 29664 | 63 | 22.41 | 7.93 |
| | 84. Mathura | 456979 | 68566 | 26782 | 109 | 15 | 5.86 |
| | 85. Baldev (SC) | 429828 | 102928 | 38176 | 38 | 23.95 | 8.89 |
| **17.** | **Mathura** | **2074517** | **406509** | **165715** | **210** | **19.65** | **8.01** |
| | 86. Etmadpur | 431649 | 98577 | 35881 | 122 | 22.84 | 8.31 |
| | 87. Agra Cantt. (SC) | 423338 | 109484 | 52173 | 167 | 25.86 | 12.31 |
| | 88. Agra South | 405617 | 78300 | 49947 | 19 | 19.3 | 12.31 |
| | 89. Agra North | 386008 | 76620 | 47616 | 65 | 19.85 | 12.33 |
| | 106. Jalesar (SC) | 366047 | 73731 | 37935 | 0 | 20.14 | 10.36 |
| **18.** | **Agra (SC)** | **2012659** | **436712** | **223552** | **0** | **21.78** | **11.11** |
| | 90. Agra Rural (SC) | 422479 | 118228 | 52066 | 180 | 27.98 | 12.32 |
| | 91. Fatehpur Sikri | 416362 | 83563 | 38653 | 121 | 20.07 | 9.33 |
| | 92. Khairagarh | 390297 | 78195 | 19394 | 86 | 20.3 | 4.97 |
| | 93. Fatehabd | 379184 | 68578 | 17192 | 106 | 18.09 | 4.53 |
| | 94. Bah | 366768 | 76929 | 10713 | 0 | 20.97 | 2.92 |
| **19.** | **Fatehpur Sikri** | **1975108** | **425493** | **138018** | **492** | **21.14** | **6.99** |
| | 95. Tundla (SC) | 438058 | 107039 | 54575 | 75 | 24.43 | 12.56 |
| | 96. Jasrana | 431975 | 74170 | 17798 | 0 | 17.17 | 4.12 |
| | 97. Firozabad | 432866 | 71650 | 100021 | 118 | 16.55 | 23.11 |
| | 98. Shikkohabad | 396613 | 71223 | 52801 | 0 | 17.96 | 13.31 |
| | 99. Sirsaganj | 382240 | 70589 | 25219 | 0 | 18.47 | 6.67 |
| **20.** | **Firozabad** | **2081752** | **394671** | **250414** | **193** | **18.96** | **11.95** |
| | 107. Mainpuri | 381144 | 70489 | 21411 | 287 | 18.49 | 5.62 |
| | 108. Bhongaon | 411246 | 78661 | 19135 | 3 | 19.13 | 4.65 |
| | 109. Kishani (SC) | 362386 | 76181 | 17718 | 420 | 21.02 | 4.99 |
| | 110. Karthal | 441942 | 83059 | 26313 | 0 | 18.79 | 5.96 |
| | 199. Jaswantnagar | 439665 | 95196 | 25221 | 0 | 21.65 | 5.89 |

| | | | | | | |
|---|---|---|---|---|---|---|
| **21. Mainpuri** | **2036383** | **403586** | **109798** | **710** | **19.82** | **5.41** |
| 100. Kasganj | 442012 | 77306 | 55578 | 8 | 17.49 | 12.61 |
| 101. Amanpur | 372128 | 70137 | 51538 | 0 | 18.85 | 13.85 |
| 102. Patiyali | 414565 | 69158 | 83008 | 0 | 16.68 | 20.09 |
| 104. Etah | 383182 | 57049 | 27724 | 0 | 14.89 | 7.23 |
| 105. Marhra | 367692 | 63313 | 26604 | 0 | 17.22 | 7.23 |
| **22. Etah** | **1979579** | **336963** | **244452** | **0** | **17.02** | **12.35** |
| 111. Gunnaur | 430710 | 53400 | 52089 | 5 | 12.17 | 11.93 |
| 112. Bisauli (SC) | 461577 | 99447 | 107067 | 0 | 21.55 | 23.25 |
| 113. Sahaswan | 462672 | 77042 | 62562 | 0 | 16.65 | 13.52 |
| 114. Bilsi | 386929 | 80430 | 118208 | 0 | 20.79 | 30.55 |
| 115. Budaun | 420033 | 64062 | 40061 | 22 | 15.25 | 9.54 |
| **23. Badaun** | **2169927** | **374381** | **379987** | **27** | **17.25** | **17.52** |
| 116. Shekhupur | 447009 | 76728 | 108905 | 64 | 17.16 | 24.43 |
| 117. Dataganj | 452490 | 73575 | 91507 | 15 | 16.26 | 22.23 |
| 122. Faridpur (SC) | 383771 | 01007 | 08280 | 0 | 16.05 | 23.01 |
| 123. Bithari Chainpur | 447457 | 59124 | 140369 | 19 | 13.21 | 30.37 |
| 126. Aonla | 374382 | 58435 | 82518 | 0 | 15.61 | 22.84 |
| **24. Aonla** | **2105109** | **329469** | **511579** | **98** | **17.25** | **24.31** |
| 119. Meerganj | 403428 | 51628 | 132211 | 3 | 12.8 | 31.75 |
| 120. Bhojipura | 426781 | 49774 | 173395 | 6 | 11.66 | 40.73 |
| 121. Nawabganj | 394098 | 54626 | 128945 | 10 | 13.86 | 32.72 |
| 124. Bareilly | 377263 | 28547 | 144253 | 233 | 7.57 | 38.24 |
| 125. Bareilly Cantt. | 371090 | 31664 | 147558 | 49 | 8.53 | 39.83 |
| **25. Bareilly** | **1972660** | **216239** | **726362** | **301** | **10.96** | **36.82** |
| 118. Baheri | 440319 | 62366 | 188857 | 0 | 14.16 | 42.91 |
| 127. Pilibhit | 456176 | 52958 | 133594 | 268 | 11.61 | 29.26 |
| 128. Barkhera | 390686 | 64476 | 107504 | 78 | 16.5 | 27.51 |
| 129. Puranpur (SC) | 459665 | 82872 | 98392 | 1366 | 18.03 | 21.06 |
| 130. Bisalpur | 421581 | 70566 | 51578 | 81 | 16.74 | 12.23 |
| **26. Pilibhit** | **2168427** | **333238** | **579925** | **1712** | **15.37** | **26.74** |
| 131. Katra | 388325 | 68774 | 66161 | 0 | 17.71 | 17.04 |
| 132. Jalalabad | 405276 | 51362 | 43960 | 0 | 12.67 | 10.85 |
| 133. Tilhar | 396854 | 70442 | 142374 | 10 | 17.75 | 35.88 |
| 134. Powayan (SC) | 437660 | 110415 | 58054 | 38 | 25.23 | 13.26 |
| 135. Shahjahanpur | 425410 | 47140 | 106200 | 49 | 11.08 | 24.97 |
| 136. Dadraull | 411405 | 82982 | 102703 | 0 | 20.17 | 24.97 |
| **27. Shahjahanpur (SC)** | **2464930** | **431115** | **519452** | **97** | **17.49** | **21.07** |
| 137. Palia | 403799 | 107378 | 80227 | 30770 | 26.50 | 19.87 |
| 138. Nighasan | 400870 | 78193 | 70588 | 5338 | 19.51 | 17.61 |
| 139. Gola Gorakhnath | 434005 | 118588 | 80668 | 1055 | 27.32 | 18.67 |
| 140. Sri Nagar (SC) | 387444 | 112441 | 81906 | 38 | 29.02 | 21.14 |
| 142. Lakhimpur | 439083 | 86779 | 92821 | 323 | 19.76 | 21.14 |

| | | | | | | |
|---|---|---|---|---|---|---|
| **28. Kheri** | **2065201** | **503379** | **406210** | **37530** | **24.37** | **19.67** |
| 141. Dhaurahra | 389157 | 95442 | 75464 | 26 | 24.53 | 19.41 |
| 143. Kasta (SC) | 359654 | 112732 | 67933 | 261 | 31.34 | 18.89 |
| 144. Mohammadi | 393220 | 108806 | 71170 | 132 | 27.67 | 18.18 |
| 145. Maholi | 434187 | 140314 | 48254 | 25 | 32.32 | 11.11 |
| 147. Hargaon (SC) | 390348 | 142482 | 91176 | 11 | 36.51 | 23.36 |
| **29. Dhaurahra** | **1966566** | **599776** | **353997** | **455** | **30.5** | **18.01** |
| 146. Sitapur | 437450 | 112961 | 86111 | 59 | 25.82 | 19.75 |
| 148. Laharpur | 401317 | 116724 | 107558 | 49 | 29.09 | 26.81 |
| 149. Biswan | 391583 | 126211 | 93240 | 120 | 32.23 | 23.81 |
| 150. Sevata | 364824 | 76337 | 92267 | 61 | 20.92 | 25.31 |
| 151. Mahmoodabad | 363447 | 96027 | 88772 | 35 | 26.42 | 24.43 |
| **30. Sitapur** | **1958621** | **528260** | **467948** | **324** | **26.97** | **24.02** |
| 154. Sawayazpur | 456547 | 74965 | 28693 | 20 | 16.42 | 6.34 |
| 155. Shahabad | 416618 | 118373 | 90884 | 0 | 28.41 | 21.82 |
| 156. Hardoi | 433718 | 147333 | 38267 | 98 | 33.97 | 8.84 |
| 157. Gopamau (SC) | 412808 | 150554 | 68422 | 9 | 36.47 | 16.57 |
| 158. Sandi (SC) | 398983 | 165854 | 41730 | 0 | 41.57 | 10.46 |
| **31. Hardoi (SC)** | **2118674** | **657079** | **267996** | **127** | **31.01** | **12.65** |
| 153. Misrikh (SC) | 424484 | 179685 | 37072 | 0 | 42.33 | 8.73 |
| 159. Bilgram-Mallanwan | 451585 | 99374 | 69060 | 1 | 22.01 | 15.33 |
| 160. Balamau (SC) | 425797 | 202270 | 61984 | 3 | 47.5 | 14.56 |
| 161. Sandila | 402250 | 107125 | 58557 | 72 | 26.63 | 14.56 |
| 209. Bilhaur (SC) | 463577 | 120689 | 44310 | 0 | 26.03 | 9.68 |
| **32. Misrikh (SC)** | **2167693** | **709143** | **270983** | **76** | **32.71** | **12.51** |
| 162. Bangermau | 417523 | 110893 | 71680 | 12 | 26.56 | 17.28 |
| 163. Safipur (SC) | 419710 | 153767 | 56319 | 161 | 36.64 | 13.42 |
| 164. Mohan (SC) | 409758 | 158790 | 41664 | 172 | 38.75 | 10.27 |
| 165. Unnao | 487328 | 107003 | 51242 | 248 | 21.96 | 10.52 |
| 166. Bhagwantnagar | 477776 | 141734 | 13982 | 216 | 29.67 | 6.43 |
| 167. Purwa | 488229 | 155068 | 44108 | 148 | 31.76 | 9.05 |
| **33. Unnao** | **2700324** | **827255** | **278995** | **957** | **30.64** | **11.16** |
| 152. Sidhauli (SC) | 412021 | 162885 | 52675 | 7 | 39.53 | 12.78 |
| 168. Malihabad (SC) | 417106 | 167163 | 75069 | 81 | 40.08 | 17.99 |
| 169. Bakshi Kaa Talab | 384646 | 120580 | 5857 | 207 | 31.35 | 15.23 |
| 170. Sarojini Nagar | 420945 | 120845 | 98963 | 313 | 28.71 | 23.51 |
| 176. Mohanlalganj (SC) | 406696 | 176852 | 27620 | 206 | 43.49 | 7.56 |
| **34. Mohanlalganj (SC)** | **2041414** | **748325** | **260184** | **814** | **36.66** | **15.41** |
| 171. Lucknow West | 388226 | 30698 | 91271 | 25 | 7.91 | 23.52 |
| 172. Lucknow North | 395087 | 31030 | 92884 | 144 | 7.85 | 23.54 |
| 173. Lucknow East | 402533 | 35823 | 94634 | 331 | 8.9 | 24.01 |
| 174. Lucknow Central | 431531 | 42439 | 94289 | 103 | 9.83 | 23.49 |
| 175. Lucknow Cantt. | 401064 | 51072 | 94289 | 1456 | 12.73 | 23.09 |

| | | | | | | |
|---|---|---|---|---|---|---|
| **35. Lucknow** | **2018441** | **191062** | **467367** | **2059** | **9.47** | **23.15** |
| 177. Bachhrawan (SC) | 403906 | 151950 | 3162 | 64 | 37.62 | 7.83 |
| 179. Harchandpur | 389214 | 119240 | 34273 | 545 | 8.81 | 30.64 |
| 180. Rai Bareli | 433759 | 101069 | 44542 | 176 | 23.3 | 10.27 |
| 182. Sareni | 424899 | 121270 | 26454 | 312 | 28.54 | 6.23 |
| 183. Unchahar | 401950 | 120193 | 27924 | 522 | 29.9 | 6.95 |
| **36. Rai Bareli** | **2053728** | **613722** | **136355** | **1619** | **29.88** | **12.38** |
| 178. Tiloi | 404188 | 115305 | 106561 | 24 | 28.53 | 26.44 |
| 181. Salon (SC) | 414419 | 127722 | 68749 | 159 | 30.82 | 16.61 |
| 184. Jagdishpur (SC) | 434736 | 115431 | 90546 | 101 | 26.55 | 20.83 |
| 185. Gauriganj | 400906 | 101811 | 81637 | 1 | 25.4 | 20.36 |
| 186. Amethi | 389476 | 75809 | 27118 | 3 | 19.46 | 6.96 |
| **37. Amethi** | **2043725** | **536078** | **374611** | **288** | **26.23** | **18.33** |
| 187. Isauli | 403973 | 68200 | 91062 | 76 | 16.88 | 22.54 |
| 188. Sultanpur | 409906 | 67400 | 88026 | 0 | 16.44 | 21.55 |
| 189. Sadar | 372656 | 87614 | 60076 | 70 | 23.51 | 16.12 |
| 190. Lambhua | 405040 | 93879 | 54941 | 96 | 23.18 | 13.64 |
| 191. Kadipur (SC) | 398139 | 105153 | 31236 | 119 | 26.41 | 7.85 |
| **38. Sultanpur** | **1989714** | **422246** | **325341** | **361** | **21.22** | **16.35** |
| 244. Rampur Khas | 342623 | 83678 | 42257 | 19 | 24.42 | 12.34 |
| 247. Biswanathganj | 434698 | 85233 | 108331 | 0 | 19.61 | 24.94 |
| 248. Pratapgarh | 397610 | 66214 | 77663 | 70 | 16.65 | 19.53 |
| 249. Patti | 409635 | 88463 | 60258 | 33 | 21.6 | 14.71 |
| 250. Raniganj | 363739 | 68208 | 46553 | 0 | 18.75 | 12.88 |
| **39. Pratapgarh** | **1948305** | **391796** | **335062** | **122** | **20.11** | **16.88** |
| 103. Aliganj | 414724 | 60267 | 34823 | 22 | 14.53 | 8.46 |
| 192. Kaimganj (SC) | 453459 | 88653 | 69097 | 96 | 19.55 | 15.24 |
| 193. Amritpur | 350546 | 45304 | 31961 | 0 | 12.92 | 9.12 |
| 194. Farrukhabad | 389734 | 59695 | 69957 | 815 | 15.32 | 17.95 |
| 195. Bhojpur | 376669 | 64428 | 61584 | 0 | 17.1 | 16.35 |
| **40. Farrukhabad** | **1985132** | **318347** | **267422** | **933** | **16.04** | **13.51** |
| 200. Etawah | 436391 | 82446 | 54281 | 16 | 18.89 | 12.44 |
| 201. Bhathana (SC) | 462815 | 135828 | 16399 | 0 | 29.35 | 3.54 |
| 203. Dibiapur | 371315 | 107035 | 27187 | 17 | 28.83 | 7.32 |
| 204. Auraiya (SC) | 374087 | 110934 | 30912 | 50 | 29.65 | 8.33 |
| 207. Sikandra | 309379 | 01361 | 31930 | 177 | 23.46 | 8.21 |
| **41. Etawah (SC)** | **2033987** | **527594** | **160709** | **260** | **25.94** | **7.91** |
| 196. Chhibramau | 502361 | 82197 | 83981 | 7 | 16.36 | 16.72 |
| 107. Tirwa | 418129 | 75181 | 47479 | 0 | 17.98 | 11.36 |
| 198. Kannauj (SC) | 468433 | 98660 | 87644 | 40 | 21.06 | 18.71 |
| 202. Bidhuna | 434591 | 108819 | 25620 | 1 | 25.04 | 5.95 |
| 205. Rasulabad (SC) | 376029 | 95960 | 32293 | 4 | 25.52 | 8.67 |
| **42. Kannauj** | **2199543** | **460817** | **277017** | **52** | **20.95** | **12.64** |

| | | | | | | |
|---|---|---|---|---|---|---|
| 212. Govidnagar | 416465 | 54657 | 77898 | 832 | 13.12 | 18.71 |
| 213. Sishamau | 376329 | 45302 | 69087 | 66 | 12.04 | 18.36 |
| 214. Arya Nagar | 388803 | 24930 | 71377 | 78 | 6.41 | 18.36 |
| 215. Kidwai Nagar | 422621 | 42581 | 89999 | 331 | 10.08 | 21.28 |
| 216. Kanpur Cantt. | 409372 | 37084 | 66428 | 142 | 9.06 | 16.23 |
| **43. Kanpur** | **2013590** | **204554** | **374789** | **1449** | **10.16** | **18.61** |
| 206. Akbarpur-Rania | 381665 | 96415 | 30098 | 92 | 25.26 | 7.95 |
| 210. Bithoor | 442417 | 114204 | 67345 | 74 | 25.81 | 15.22 |
| 211. Kalyanpur | 384781 | 63314 | 63496 | 79 | 16.45 | 18.11 |
| 217. Maharajpur | 457246 | 75028 | 83695 | 214 | 16.41 | 18.31 |
| 218. Ghatampur (SC) | 406388 | 108020 | 26467 | 235 | 26.58 | 6.51 |
| **44. Akbarpur** | **2072497** | **456981** | **271101** | **694** | **22.05** | **13.08** |
| 208. Bhognipur | 416263 | 104693 | 54348 | 109 | 25.15 | 13.06 |
| 219. Madhugarh | 511138 | 139744 | 39607 | 0 | 27.34 | 7.75 |
| 220. Kalpi | 460460 | 120260 | 52677 | 0 | 26.12 | 11.44 |
| 221. Orai (SC) | 482854 | 133303 | 52033 | 140 | 27.61 | 10.78 |
| 225. Garautha | 402637 | 122654 | 19601 | 5 | 30.46 | 4.87 |
| **45. Jalaun (SC)** | **2273352** | **620654** | **218266** | **254** | **27.3** | **9.61** |
| 222. Babina | 401246 | 95861 | 39393 | 728 | 23.89 | 9.82 |
| 223. Jhansi Nagar | 470212 | 107074 | 78288 | 213 | 22.77 | 16.65 |
| 224. Mauranipur (SC) | 470836 | 164174 | 20063 | 124 | 34.86 | 4.26 |
| 226. Lalitpur | 500752 | 117081 | 22390 | 2 | 23.38 | 4.47 |
| 227. Mehroni (SC) | 476982 | 126707 | 13278 | 0 | 26.56 | 2.78 |
| **46. Jhansi** | **2320028** | **610897** | **173412** | **1067** | **26.33** | **7.54** |
| 228. Hamirpur | 503984 | 104960 | 39051 | 25 | 20.83 | 7.75 |
| 229. Rath (SC) | 489808 | 119518 | 44535 | 141 | 24.4 | 9.11 |
| 230. Mahoba | 366203 | 89475 | 24080 | 28 | 24.43 | 6.65 |
| 231. Charkhari | 392176 | 106563 | 20276 | 37 | 27.17 | 5.21 |
| 232. Tindwari | 366248 | 66265 | 41291 | 0 | 18.09 | 11.34 |
| **47. Hamirpur** | **2118419** | **486781** | **169233** | **231** | **22.98** | **8.01** |
| 233. Baberu | 392598 | 85266 | 26726 | 0 | 21.72 | 6.81 |
| 234. Naraini (SC) | 398075 | 90093 | 26247 | 10 | 22.63 | 6.63 |
| 235. Banda | 344681 | 70039 | 32039 | 24 | 20.32 | 9.38 |
| 236. Chitrakoot | 411558 | 91873 | 15073 | 21 | 22.32 | 3.72 |
| 237. Manikpur | 390399 | 118529 | 12095 | 0 | 30.36 | 3.18 |
| **48. Banda** | **1937311** | **455800** | **112180** | **55** | **23.53** | **5.81** |
| 238. Jahanabad | 391197 | 78869 | 45441 | 102 | 20.16 | 11.62 |
| 239. Bindki | 390242 | 107193 | 47114 | 274 | 27.47 | 12.07 |
| 240. Fatehpur | 405298 | 90978 | 54225 | 85 | 22.45 | 13.51 |
| 241. Ayah Shah | 340420 | 84042 | 45545 | 0 | 24.69 | 13.49 |
| 242. Husainganj | 367640 | 96354 | 53194 | 0 | 26.21 | 14.59 |
| 243. Khaga (SC) | 413587 | 120634 | 61528 | 6 | 29.17 | 14.88 |

| | | | | | | |
|---|---|---|---|---|---|---|
| **49. Fatehpur** | **2308384** | **578070** | **307047** | **467** | **25.04** | **13.31** |
| 245. Babaganj (SC) | 364472 | 99784 | 40192 | 37 | 27.38 | 11.03 |
| 246. Kunda | 418397 | 109463 | 45555 | 0 | 26.16 | 10.97 |
| 251. Sirathu | 421324 | 141707 | 63225 | 73 | 33.63 | 15.01 |
| 252. Manjhapur (SC) | 449365 | 169010 | 51707 | 0 | 37.61 | 11.51 |
| 253. Chail | 422465 | 156136 | 51707 | 13 | 36.96 | 14.15 |
| **50. Kaushambi (SC)** | **2076023** | **676100** | **252386** | **123** | **32.57** | **12.16** |
| 254. Phaphamau | 424359 | 102214 | 61401 | 108 | 24.09 | 14.59 |
| 255. Soraon (SC) | 441151 | 109421 | 60605 | 22 | 24.8 | 13.74 |
| 256. Phulpur | 447751 | 98819 | 56664 | 29 | 22.07 | 12.66 |
| 261. Allahabad West | 415428 | 92081 | 83687 | 276 | 22.17 | 20.14 |
| 262. Allahabad North | 400062 | 63037 | 80591 | 329 | 15.76 | 20.14 |
| **51. Phulpur** | **2128751** | **465572** | **342948** | **766** | **21.87** | **16.11** |
| 259. Meja | 365619 | 76581 | 29875 | 292 | 20.95 | 8.21 |
| 260. Karchhana | 409385 | 88692 | 32231 | 601 | 21.66 | 7.87 |
| 263. Allahabad South | 381499 | 31085 | 76852 | 80 | 8.15 | 20.16 |
| 264. Bara (SC) | 377865 | 100922 | 19335 | 1011 | 26.71 | 5.12 |
| 265. Koraon (SC) | 405357 | 111474 | 25233 | 1507 | 27.5 | 6.23 |
| **52. Allahabad** | **1939725** | **408754** | **183526** | **3081** | **21.07** | **9.51** |
| 266. Kursi | 460333 | 121613 | 118470 | 13 | 26.42 | 25.74 |
| 267. Ram Nagar | 408670 | 74556 | 88289 | 282 | 18.24 | 21.61 |
| 268. Barabanki | 433754 | 94292 | 114392 | 43 | 21.74 | 26.43 |
| 209. Zaidpur (SC) | 474552 | 142578 | 112802 | 40 | 30.04 | 23.78 |
| 272. Haidergarh (SC) | 406585 | 141474 | 57699 | 21 | 34.8 | 14.21 |
| **53. Barabanki (SC)** | **2183894** | **574513** | **491652** | **399** | **26.31** | **22.51** |
| 270. Dariyabad | 467240 | 137190 | 93439 | 57 | 29.36 | 20.08 |
| 271. Rudauli | 409862 | 98892 | 112854 | 13 | 24.13 | 27.54 |
| 273. Milkipur (SC) | 401131 | 107002 | 40193 | 0 | 26.68 | 10.02 |
| 274. Dikapur | 441393 | 106308 | 63553 | 70 | 24.08 | 14.48 |
| 275. Ayodhya | 421899 | 71776 | 52649 | 58 | 17.01 | 12.48 |
| **54. Faizabad** | **2141525** | **521168** | **362688** | **198** | **24.34** | **16.94** |
| 276. Gosainganj | 437090 | 95055 | 29290 | 49 | 21.75 | 6.71 |
| 277. Katehari | 433752 | 106357 | 71444 | 40 | 24.52 | 16.47 |
| 278. Tanda | 385927 | 88596 | 110893 | 46 | 22.96 | 28.74 |
| 280. Jalalpur | 460245 | 121629 | 64556 | 38 | 26.43 | 14.03 |
| 281. Akbarpur | 368722 | 77055 | 41987 | 18 | 20.9 | 11.39 |
| **55. Ambedkar Nagar** | **2085736** | **488692** | **318170** | **191** | **23.43** | **15.26** |
| 282. Balha (SC) | 382137 | 69081 | 131802 | 8398 | 18.08 | 34.51 |
| 283. Nanpara | 363113 | 57975 | 125241 | 21 | 15.97 | 34.49 |
| 284. Matera | 362406 | 59256 | 131432 | 8 | 16.35 | 36.26 |
| 285. Mahasi | 364368 | 55181 | 90116 | 118 | 15.14 | 23.93 |
| 286. Bahraich | 403266 | 59313 | 140463 | 12 | 14.71 | 34.83 |
| **56. Bahraich (SC)** | **1875379** | **300806** | **619054** | **8557** | **16.04** | **33.01** |
| 287. Payagpur | 415029 | 62718 | 98038 | 1 | 15.11 | 23.63 |

| | | | | | | |
|---|---|---|---|---|---|---|
| 288. Qaisarganj | 411070 | 41000 | 178896 | 0 | 9.97 | 44.36 |
| 297. Katra Bazar | 424779 | 65180 | 91820 | 0 | 15.34 | 21.62 |
| 298. Colonelganj | 370828 | 50172 | 75172 | 36 | 13.53 | 20.31 |
| 299. Tarabganj | 397763 | 70373 | 42416 | 18 | 17.69 | 10.74 |
| **57. Kaisarganj** | **2019469** | **289443** | **486342** | **55** | **14.33** | **24.08** |
| 289. Bhinga | 413494 | 61695 | 147632 | 4756 | 14.92 | 35.71 |
| 290. Shrawasti | 442491 | 92880 | 102451 | 0 | 20.99 | 23.16 |
| 291. Tulsipur | 417881 | 57260 | 136834 | 29 | 13.7 | 32.75 |
| 292. Gainsari | 386560 | 47927 | 149218 | 19234 | 12.4 | 38.61 |
| 294. Balrampur (SC) | 450482 | 66131 | 142023 | 65 | 14.68 | 31.53 |
| **58. Shrawasti** | **2110908** | **325893** | **678158** | **24084** | **15.44** | **32.13** |
| 293. Utraula | 427427 | 55435 | 189600 | 19 | 12.97 | 44.37 |
| 295. Mehnaun | 427941 | 63834 | 106030 | 54 | 14.92 | 24.86 |
| 296. Gonda | 396269 | 56465 | 98183 | 65 | 14.25 | 24.87 |
| 300. Mankapur (SC) | 381669 | 69403 | 52840 | 5 | 18.18 | 13.85 |
| 301. Gaura | 366337 | 58064 | 66124 | 4 | 15.85 | 18.05 |
| **59. Gonda** | **1999643** | **303201** | **512777** | **147** | **15.16** | **25.64** |
| 302. Shohratagarh | 393776 | 66828 | 112159 | 121 | 17.01 | 28.53 |
| 303. Kapil Vastu (SC) | 475097 | 86299 | 123625 | 32 | 18.12 | 26.02 |
| 304. Bansi | 391172 | 70174 | 83108 | 0 | 17.77 | 21.25 |
| 305. Itwa | 356663 | 49261 | 134505 | 11 | 13.77 | 37.71 |
| 306. Domariyaganj | 423377 | 64749 | 146939 | 64 | 15.25 | 34.71 |
| **60. Domariyganj** | **2040085** | **337311** | **600336** | **228** | **16.53** | **29.43** |
| 307. Harraiya | 422425 | 82046 | 42411 | 102 | 19.44 | 11.35 |
| 308. Kaptanganj | 396435 | 82218 | 46302 | 51 | 20.64 | 11.79 |
| 309. Rudhauli | 457473 | 83971 | 83971 | 17 | 18.26 | 18.16 |
| 310. Basti Sadar | 404960 | 89136 | 65001 | 50 | 21.81 | 16.05 |
| 311. Mahadeva (SC) | 403521 | 97711 | 64568 | 15 | 24.1 | 16.01 |
| **61. Basti** | **2084814** | **435082** | **301355** | **235** | **20.87** | **14.45** |
| 279. Alapur | 378230 | 101738 | 43332 | 1 | 26.91 | 11.46 |
| 312. Menhedawal | 506889 | 85482 | 137039 | 137 | 16.86 | 27.04 |
| 313. Khalilabad | 488236 | 103333 | 156791 | 163 | 21.16 | 32.12 |
| 314. Dhanghata (SC) | 425101 | 112087 | 47324 | 7 | 26.37 | 11.13 |
| 325. Khajni (SC) | 394350 | 116846 | 24690 | 102 | 29.45 | 6.26 |
| **62. Sant Kabir Nagar** | **2192806** | **519486** | **409176** | **410** | **23.69** | **18.66** |
| 315. Pharenda | 395159 | 74001 | 64470 | 40 | 18.62 | 16.32 |
| 316. Nautanwa | 397201 | 69316 | 81448 | 2364 | 17.28 | 20.51 |
| 317. Siswa | 443806 | 87335 | 69026 | 145 | 19.01 | 15.63 |
| 318. Maharajganj (SC) | 442631 | 98205 | 67443 | 8 | 21.65 | 15.24 |
| 319. Paniara | 495081 | 95333 | 75435 | 7 | 19.26 | 15.24 |
| **63. Maharaj Ganj** | **2173878** | **424190** | **357822** | **2564** | **19.51** | **16.46** |
| 320. Caimpiyarganj | 430353 | 75158 | 34336 | 86 | 17.31 | 7.98 |
| 321. Pipraich | 459430 | 91553 | 63340 | 206 | 19.62 | 13.75 |

| | | | | | | |
|---|---|---|---|---|---|---|
| 322. Gorakhpur Urban | 433430 | 59094 | 59571 | 206 | 13.14 | 13.74 |
| 323. Gorakhpur Rural | 413599 | 60895 | 56648 | 70 | 14.35 | 13.76 |
| 324. Sahajanwa | 417332 | 100076 | 27041 | 126 | 23.88 | 6.59 |
| **64. Gorakhpur** | **2154144** | **386776** | **240936** | **694** | **17.95** | **11.25** |
| 329. Khadda | 379339 | 74116 | 75079 | 138 | 19.54 | 19.82 |
| 330. Padrauna | 430278 | 74876 | 85161 | 4 | 17.4 | 19.79 |
| 333. Kushi Nagar | 406628 | 63266 | 78231 | 29 | 15.56 | 19.24 |
| 334. Hata | 403154 | 78490 | 42273 | 80 | 19.47 | 10.49 |
| 335. Romkola (SC) | 407608 | 80506 | 42741 | 0 | 19.75 | 10.55 |
| **65. Kushi Nagar** | **2027007** | **371254** | **323485** | **251** | **18.32** | **15.96** |
| 331. Tamkhui Raj | 433024 | 73200 | 81927 | 102 | 16.9 | 18.91 |
| 332. Fazil Nagar | 433165 | 79695 | 82260 | 68 | 18.4 | 19.01 |
| 337. Deoria | 383863 | 62381 | 54012 | 5 | 16.25 | 14.07 |
| 338. Pathardeva | 399234 | 69509 | 56174 | 26 | 17.41 | 14.07 |
| 339. Rampur Karkhana | 416439 | 79042 | 57368 | 21 | 18.98 | 13.78 |
| **66. Deoria** | **2065725** | **363827** | **331741** | **222** | **17.61** | **16.06** |
| 326. Chauri-Chaura | 384335 | 95448 | 18868 | 13 | 24.66 | 4.91 |
| 327. Bansgaon (SC) | 379967 | 107558 | 24755 | 61 | 28.12 | 6.52 |
| 328. Chillupar | 456660 | 124442 | 35711 | 28 | 27.13 | 7.82 |
| 336. Rudrapur | 377893 | 65107 | 24828 | 73 | 17.23 | 6.57 |
| 342. Barhaj | 380035 | 74123 | 26391 | 40 | 19.50 | 6.95 |
| **67. Bansgaon (SC)** | **1978890** | **466678** | **130553** | **215** | **23.58** | **6.67** |
| 343. Atraulia | 401872 | 91013 | 26230 | 28 | 22.64 | 6.53 |
| 348. Nizamabad | 356856 | 88596 | 78921 | 101 | 24.62 | 22.12 |
| 349. Phoolpur Pawai | 353893 | 82514 | 61205 | 1 | 23.28 | 17.35 |
| 350. Didarganj | 387365 | 90318 | 74420 | 162 | 23.19 | 19.21 |
| 351. Lalganj (SC) | 427686 | 144200 | 40444 | 181 | 33.5 | 9.46 |
| **68. Lalganj (SC)** | **1927672** | **496641** | **281220** | **473** | **23.58** | **14.68** |
| 344. Gopalpur | 391495 | 99525 | 53386 | 56 | 25.15 | 13.64 |
| 345. Sagri | 381115 | 94469 | 51970 | 1 | 24.65 | 13.64 |
| 346. Mubarakpur | 397926 | 99330 | 82103 | 13 | 24.72 | 20.64 |
| 347. Azamgarh | 413983 | 91586 | 85416 | 36 | 21.57 | 20.64 |
| 352. Mehnagar (SC) | 427725 | 132250 | 39811 | 121 | 30.58 | 9.38 |
| **69. Azamgarh** | **2012244** | **517157** | **312686** | **227** | **25.7** | **15.54** |
| 353. Madhuban | 443429 | 110378 | 47177 | 74 | 23.62 | 10.64 |
| 354. Ghosi | 491017 | 97330 | 90200 | 30 | 19.16 | 19.61 |
| 355. Muhammadabad Gohna (SC) | 421639 | 118952 | 7617 | 180 | 27.78 | 18.07 |
| 356. Mau | 497912 | 95017 | 133360 | 145 | 19.08 | 26.86 |
| 358. Rasara | 406189 | 87887 | 27067 | 103 | 20.38 | 6.67 |
| **70. Ghosi** | **2260186** | **509564** | **311516** | **279** | **22.55** | **13.82** |
| 340. Bhatpar Rani | 383509 | 69986 | 40279 | 208 | 18.25 | 10.51 |
| 341. Salempur (SC) | 371677 | 73196 | 49679 | 160 | 19.69 | 13.46 |

| | | | | | | |
|---|---|---|---|---|---|---|
| 357. Belthara Road (SC) | 401357 | 95825 | 34115 | 0 | 23.88 | 8.51 |
| 359. Sikanderpur | 341044 | 65101 | 34498 | 43 | 19.09 | 10.12 |
| 362. Bansdih | 453811 | 50095 | 17585 | 0 | 9.22 | 3.87 |
| **71. Salempur** | **1951398** | **354203** | **176156** | **411** | **18.15** | **9.03** |
| 360. Phephana | 363675 | 59172 | 26198 | 1 | 15.61 | 7.21 |
| 361. Ballia Nagar | 399737 | 48379 | 28796 | 53 | 12.10 | 7.21 |
| 363. Baria | 395807 | 48188 | 13743 | 73 | 11.8 | 3.52 |
| 377. Zahoorabad | 451657 | 98724 | 46083 | 100 | 21.86 | 9.81 |
| 378. Mohammadabad | 464276 | 92229 | 54739 | 1 | 18.7 | 11.81 |
| **72. Ballia** | **2075152** | **346692** | **169559** | **228** | **16.71** | **8.17** |
| 364. Badalpur | 400683 | 89010 | 24641 | 99 | 22.13 | 6.15 |
| 365. Shahganj | 428213 | 90537 | 75253 | 58 | 21.12 | 17.64 |
| 366. Jaunpur | 469485 | 81810 | 68753 | 30 | 17.35 | 14.65 |
| 367. Malhani | 422189 | 87676 | 52124 | 1 | 20.79 | 12.34 |
| 368. Mungra-Badshahpur | 423496 | 93629 | 35807 | 0 | 22.03 | 8.46 |
| **73. Jaunpur** | **2144066** | **442662** | **256578** | **188** | **20.65** | **11.97** |
| 369. Machhlishahr (SC) | 446483 | 103911 | 36722 | 21 | 23.3 | 8.21 |
| 370. Marihau | 406827 | 87009 | 32318 | 55 | 21.17 | 7.98 |
| 371. Zafrabad | 432555 | 89791 | 43473 | 11 | 20.59 | 9.98 |
| 372. Kerakat (SC) | 481748 | 134510 | 30095 | 101 | 27.8 | 6.31 |
| 384. Pindra | 398439 | 73112 | 24441 | 15 | 18.16 | 6.14 |
| **74. Machhlishahr (SC)** | **2166052** | **488333** | **167049** | **203** | **22.54** | **7.72** |
| 373. Jakhania (SC) | 464309 | 111884 | 26091 | 30 | 24.10 | 5.62 |
| 374. Saidpur (SC) | 425834 | 103063 | 26612 | 95 | 24.20 | 6.25 |
| 375. Gazipur | 398575 | 73082 | 31180 | 3 | 17.39 | 7.83 |
| 376. Jangipur | 396930 | 93964 | 40077 | 4 | 23.01 | 10.16 |
| 379. Zamania | 436001 | 76564 | 73826 | 49 | 16.76 | 16.93 |
| **75. Ghazipur** | **2121649** | **458557** | **197786** | **181** | **21.61** | **9.32** |
| 380. Mughalsarai | 451860 | 88125 | 60956 | 104 | 19.5 | 13.51 |
| 381. Sakaldiha | 375841 | 90592 | 25606 | 10 | 24.1 | 6.81 |
| 382. Saiyadraja | 379540 | 86886 | 37148 | 23 | 22.89 | 9.78 |
| 385. Ajagara (SC) | 406042 | 85877 | 24907 | 95 | 20.84 | 6.15 |
| 386. Shivpur | 389844 | 70738 | 74851 | 56 | 17.51 | 19.21 |
| **76. Chandauli** | **2003127** | **422218** | **223468** | **288** | **21.08** | **11.16** |
| 387. Rohaniya | 377624 | 52449 | 72504 | 95 | 13.55 | 19.22 |
| 388. Varanasi North | 387243 | 39142 | 74351 | 81 | 10.11 | 19.23 |
| 389. Varanasi South | 365731 | 14540 | 68361 | 269 | 3.73 | 18.71 |
| 390. Varanasi Cantt. | 417831 | 37872 | 81179 | 133 | 8.54 | 19.43 |
| 391. Sevapuri | 395917 | 61815 | 76922 | 25 | 15.23 | 19.41 |
| **77. Varanasi** | **1944346** | **205818** | **373317** | **603** | **10.59** | **19.21** |
| 257. Paatappur | 442651 | 106274 | 52154 | 18 | 24.01 | 11.78 |
| 258. Handia | 424978 | 84497 | 49107 | 0 | 19.88 | 11.56 |
| 392. Bhadohi | 488208 | 107248 | 71893 | 87 | 21.97 | 14.73 |

| | | | | | | |
|---|---|---|---|---|---|---|
| 393. Gyanpur | 438178 | 88003 | 43815 | 134 | 20.08 | 10.01 |
| 394. Aurai (SC) | 427319 | 97496 | 46256 | 4 | 22.82 | 10.83 |
| **78. Bhadohi** | **2221334** | **483518** | **263225** | **243** | **21.77** | **11.85** |
| 395. Chhanbey (SC) | 411294 | 145017 | 27235 | 202 | 34.76 | 6.63 |
| 396. Mirzapur | 406999 | 75223 | 33369 | 42 | 17.91 | 8.29 |
| 397. Majhawan | 449320 | 121199 | 26839 | 45 | 26.97 | 8.28 |
| 398. Chunar | 389528 | 67916 | 22714 | 391 | 16.78 | 5.93 |
| 399. Marihan | 417568 | 144747 | 25039 | 622 | 33.01 | 5.99 |
| **79. Mirzapur** | **2074709** | **554102** | **135196** | **1302** | **26.71** | **6.52** |
| 383. Chakia (SC) | 436010 | 133571 | 44571 | 116 | 30.63 | 10.22 |
| 400. Ghorawal (SC) | 402526 | 154590 | 20453 | 20 | 38.40 | 5.08 |
| 401. Robertsganj | 365901 | 153275 | 39841 | 7 | 41.89 | 5.81 |
| 402. Obra (ST) | 356207 | 123316 | 19184 | 382 | 34.62 | 4.95 |
| 403. Duddhi (SC) | 380218 | 194374 | 20048 | 84 | 51.12 | 5.33 |
| **80. Robertsganj (SC)** | **1940862** | **759126** | **144097** | **609** | **39.11** | **7.42** |

***Source :*** Census of India, 2001, Delimitation Commission of India Order of December 5, 2013 and can also be seen at www.eci.nic.in

# WEST BENGAL

## ASSRMBLY & PARLIAMENTARY CONSTITUENCIES

**AVERAGE PER P.C.** **1908957**

**RANGE** **1718061-2099853**

NAME OF THE PARLIAMENTARY CONSTITUENCYEXTENT IN TERMS OF NEW ASSEMBLY CONSTITUENCY2001 CENSUS POPULATIONIAs Percent of thiMuslims SCs STs

| | TOTAL | Muslims | SCs | STs | | | |
|---|---|---|---|---|---|---|---|
| **1. COOCHBEHAR (SC)** | | | | | | | |
| 02. Mathabhanga (SC) | 268460 | 37947 | 159858 | 2385 | 14 14 | 59.55 | 0.89 |
| 03. Coochbehar Uttar (SC) | 297984 | 50901 | 136856 | 2762 | 17,08 | 45.93 | 0.93 |
| 04. Coochbehar Dakshin | 256199 | 63924 | 94658 | 524 | 24.95 | 36.95 | 0.21 |
| 05. Sitalkuchi (SC) | 299359 | 81288 | 190567 | 112 | 27.15 | 63.66 | 0.04 |
| 06. Sitai (SC) | 294782 | 97291 | 150850 | 694 | 33.01 | 51.23 | 0.24 |
| 07. Dinhata | 296066 | 90525 | 123714 | 1037 | 30.65 | 41.79 | 0.35 |
| 08. Natabari | 261895 | 100728 | 107859 | 1235 | 38.51 | 41 18 | 0.51 |
| **Grand Total** | **1974745** | **522604** | **964362** | **8749** | **26.54** | **48.43** | **0.44** |
| **2. ALIPURDUARS (ST)** | | | | | | | |
| 09. Tufanganj | 253248 | 42057 | 114929 | 3243 | 16.61 | 45.38 | 1.28 |
| 10. Kumargram (ST) | 301376 | 15216 | 107653 | 82726 | 5.05 | 35.72 | 26.65 |
| 11. Kalchini (ST) | 280420 | 21447 | 36279 | 106025 | 7.65 | 12.94 | 37.81 |
| 12. Alipurduars | 295337 | 13103 | 119993 | 32229 | 4.44 | 40.63 | 10.91 |
| 13. Falakata (SC) | 274972 | 40156 | 113436 | 43379 | 1461 | 41.25 | 15.85 |
| 14. Madarihat (ST) | 266166 | 19736 | 41887 | 90463 | 7.41 | 1574 | 33.99 |
| 21. Nagrakata (ST) | 295806 | 29632 | 38561 | 137525 | 10.02 | 13.04 | 46.49 |
| **Grand Total** | **1967325** | **181347** | **572738** | **495590** | **9.22** | **29.11** | **25.19** |
| **3. JALPAIGURI (SC)** | | | | | | | |
| 01. Mekliganj (SC) | 251162 | 59239 | 163083 | 2254 | 23.65 | 64.93 | 097 |
| 15. Dhupguri (SC) | 263772 | 35483 | 150333 | 20668 | 13.52 | 56.99 | 784 |
| 16. Maynaguri (SC) | 281700 | 26281 | 199529 | 3545 | 9.33 | 70.82 | 7.84 |
| 17. Jalpaiguri (SC) | 287786 | 29689 | 142537 | 5143 | 10.32 | 49.53 | 1 79 |
| 18. Rajganj (SC) | 268965 | 88880 | 141077 | 23582 | 18.23 | 5245 | 877 |
| 19. Dabgram-phulbari | 296263 | 30162 | 82114 | 3791 | 10.21 | 27.72 | 1 28 |
| 20. Mal (ST) | 288610 | 49890 | 75178 | 92612 | 17.36 | 26.05 | 3209 |
| **Grand Total** | **1938258** | **279624** | **953851** | **151595** | **14.43** | **49.21** | **7.82** |
| **4. DARJEELING** | | | | | | | |
| 22. Kalimpong | 225220 | 3063 | 14793 | 38014 | 1.36 | 6.57 | 1688 |
| 23. Darjeeling | 295274 | 5164 | 16299 | 26751 | 1.75 | 5.52 | 906 |
| 24. Kurseong | 271239 | 3780 | 18165 | 20331 | 1.39 | 6.71 | 751 |
| 25. Matigara-naxalbari (SC) | 273099 | 14168 | 81682 | 45438 | 5.19 | 29.91 | 16.64 |
| 26. Siliguri | 284602 | 16650 | 29707 | 2880 | 58.5 | 10.44 | 1.01 |
| 27. Phansidewa (ST) | 259738 | 42571 | 98235 | 70753 | 16.39 | 37.82 | 2724 |

| | | | | | | | |
|---|---|---|---|---|---|---|---|
| 28. Chopra | 271792 | 173689 | 43893 | 16204 | 63.91 | 16.15 | 5.96 |
| **Grand Total** | **1880964** | **259085** | **302774** | **220371** | **13.77** | **16.11** | **11.72** |
| **5. RAIGANJ** | | | | | | | |
| 29. Islampur | 245919 | 152869 | 49329 | 6067 | 62.16 | 20.06 | 247 |
| 30. Goalpokhar | 245430 | 185457 | 35137 | 9273 | 75.64 | 14.32 | 3.78 |
| 31. Chakulia | 258163 | 154932 | 59951 | 18769 | 60.01 | 23.22 | 7.27 |
| 32. Karandighi | 287190 | 141757 | 90300 | 18715 | 49.36 | 31.44 | 6.52 |
| 33. Hemtabad (SC) | 287005 | 114729 | 102603 | 17406 | 39.98 | 35.75 | 6.06 |
| 34. Kaliaganj (SC) | 303378 | 62994 | 157983 | 12412 | 20.76 | 52.07 | 4.09 |
| 35. Raiganj | 293376 | 45200 | 70727 | 6426 | 15.41 | 24.11 | 2.19 |
| **Grand Total** | **1920461** | **857938** | **566030** | **89068** | **44.68** | **29.47** | **4.64** |
| **6. BALURGHAT** | | | | | | | |
| 36.Tahar | 249541 | 124876 | 66659 | 19593 | 5001 | 26.71 | 7.85 |
| 37. Kuhmundi (SC) | 243410 | 91349 | 107558 | 23605 | 37.53 | 44.19 | 9.71 |
| 38. Kumarganj | 231131 | 76875 | 51657 | 38596 | 33.26 | 22.35 | 16.71 |
| 39. Balurghat | 280955 | 11682 | 63149 | 33367 | 4.16 | 2248 | 11.88 |
| 40. Tapan (ST) | 249363 | 32523 | 65302 | 66551 | 13.04 | 26.19 | 26.69 |
| 41. Gangarampur (SC) | 251301 | 59129 | 85956 | 35255 | 23.53 | 34.21 | 14.03 |
| 42. Harirampur | 247018 | 13070 | 59038 | 44943 | 4.81 | 23.91 | 18.19 |
| **Grand Total** | **1752719** | **409504** | **499319** | **261910** | **23.43** | **28.49** | **14.94** |
| **7. Maldaha-uttar** | | | | | | | |
| 43. Habibpur (ST) | 272381 | 13070 | 131457 | 75174 | 4.81 | 48.26 | 27.61 |
| 44. Gazole (SC) | 294715 | 65650 | 98649 | 58076 | 22.75 | 33.47 | 19.71 |
| 45. Chanchal | 266191 | 175232 | 47645 | 1543 | 65.83 | 17.91 | 0.58 |
| 46. Harischandrapur | 268458 | 196980 | 39023 | 8008 | 73.44 | 1454 | 2.98 |
| 47. Malatipur | 245169 | 176089 | 19960 | 12561 | 71 82 | 814 | 5.12 |
| 48. Ratua | 298283 | 203930 | 25016 | 16982 | 68.47 | 8.39 | 5.69 |
| 50. Maldaha (SC) | 207205 | 50184 | 60226 | 26518 | 21.82 | 25.91 | 9.92 |
| **Grand Total** | **1912432** | **889135** | **430975** | **198862** | **46.52** | **22.54** | **10.40** |
| **8. MALOAHA-DAKSHIN** | | | | | | | |
| 49. Manikchak | 276403 | 122222 | 30329 | 22502 | 44.22 | 10.97 | 8.14 |
| 51. English Bazar | 294916 | 84032 | 44824 | 4831 | 28.53 | 15.21 | 1.64 |
| 52. Mothabari | 253053 | 179582 | 18712 | 58 | 70.97 | 7.39 | 0.02 |
| 53. Sujapur | 269288 | 238015 | 6974 | 62 | 88.46 | 2.59 | 0.02 |
| 54. Baisnab Nagar | 284376 | 135654 | 22351 | 732 | 47.71 | 7.86 | 0.26 |
| 55. Farakka | 254829 | 166341 | 24702 | 3825 | 65.35 | 9.69 | 1.51 |
| 56. Samserganj | 249914 | 198112 | 17994 | 14 | 79.32 | 7.21 | 0.01 |
| **Grand Total** | **1882779** | **1123958** | **165886** | **32024** | **59.76** | **8.81** | **1.70** |
| **9. JANGIPUR** | | | | | | | |
| 57. Suti | 282783 | 186339 | 26330 | 151 | 65.94 | 9.31 | 0.05 |
| 58. Jangipur | 268571 | 148773 | 52819 | 3096 | 55.44 | 19.67 | 1.15 |
| 59. Raghunathganj | 254429 | 192367 | 18260 | 548 | 75.61 | 7.18 | 0.22 |
| 60. Sagardighi | 252293 | 156870 | 44992 | 16882 | 62.27 | 17.83 | 6.69 |

| | | | | | | | |
|---|---|---|---|---|---|---|---|
| 61. Uvlgola | 249148 | 194978 | 26104 | 169 | 78.26 | 1048 | 0,07 |
| 65. Nabagram (SC) | 273432 | 140623 | 65708 | 15365 | 51.43 | 24.03 | 5.62 |
| 66. Khargram (SC) | 257519 | 129698 | 60767 | 2886 | 50.44 | 23.61 | 1.12 |
| **Grand Total** | **1838175** | **1149648** | **294980** | **39097** | **62.54** | **16.05** | **2.13** |
| **10. BARHAMPUR** | | | | | | | |
| 67. Burwan (SC) | 242660 | 103676 | 54760 | 1399 | 42.73 | 22.57 | 0.58 |
| 68. Kandi | 265125 | 135194 | 44802 | 2692 | 50.99 | 169 | 1 02 |
| 69. Bharatpur | 260027 | 143337 | 43060 | 228 | 55.12 | 1656 | 0.09 |
| 70. Rejinagar | 276017 | 173317 | 20077 | 626 | 62.82 | 7.23 | 0.23 |
| 71. Beldanga | 264351 | 125454 | 29382 | 3401 | 47.46 | 11.11 | 1.29 |
| 72. Baharampur | 279583 | 33950 | 40434 | 6113 | 12.14 | 1446 | 2.19 |
| 74. Naoda | 264042 | 187778 | 18207 | 1438 | 71.12 | 6.91 | 0.54 |
| **Grand Total** | **1851805** | **902706** | **250722** | **15897** | **48.75** | **13.54** | **0.86** |
| **11. MURSHIDABAD** | | | | | | | |
| 62. Bhagabangola | 280096 | 238253 | 10341 | 214 | 85.06 | 3.69 | 0.08 |
| 63. Raninagar | 271993 | 220455 | 9520 | 658 | 81.05 | 351 | 0.24 |
| 64. Murshidabad | 284417 | 118469 | 43621 | 11985 | 41.65 | 1534 | 4.21 |
| 73. Hariharpara | 269300 | 184106 | 18112 | 2283 | 6844 | 673 | 0.85 |
| 75. Domkal | 282925 | 250625 | 8496 | 373 | 88.63 | 3.01 | 0.13 |
| 76. Jalangi | 283115 | 206665 | 25298 | 1607 | 72.99 | 8.94 | 057 |
| 77. Karimpur | 272493 | 111863 | 45000 | 5139 | 41.05 | 16.51 | 1 89 |
| **Grand Total** | **1944339** | **1330436** | **160388** | **22259** | **68.43** | **8.25** | **1.14** |
| **12. KRISHNANAGAR** | | | | | | | |
| 78. Tehatta | 273849 | 103909 | 91079 | 3846 | 37.94 | 33.26 | 1.41 |
| 79. Palashipara | 263107 | 123849 | 42782 | 1906 | 47.07 | 16.26 | 0.72 |
| 80. Kaliganj | 265781 | 147713 | 42680 | 1141 | 55.66 | 16.06 | 0.43 |
| 81. Nakashipara | 261009 | 1 33432 | 68678 | 7813 | 51 12 | 2631 | 2.99 |
| 82. Chapra | 272289 | 156727 | 46769 | 767 | 57.56 | 17 18 | 0.28 |
| 83. Krishna Nagar Uttar | 263653 | 25893 | 73658 | 7253 | 9.82 | 2794 | 2.76 |
| 84. Nabadwip | 273040 | 48705 | 41205 | 6683 | 17.84 | 15.09 | 2.99 |
| **Grand Total** | **1872728** | **740228** | **406851** | **29409** | **39.53** | **21.73** | **1.57** |
| **13. RANAGHAT (SC)** | | | | | | | |
| 85. Krishnanagar Dakshin | 243785 | 67978 | 57382 | 4263 | 27.88 | 23.57 | 1.75 |
| 86. Santipur | 278557 | 41774 | 88267 | 5755 | 15.06 | 31.69 | 2.07 |
| 87. Ranaghat Uttar Paschim | 288625 | 14375 | 85349 | 5744 | 4.98 | 29.57 | 1.99 |
| 88. Krishnaganj (SC) | 289725 | 25059 | 121548 | 11255 | 8.65 | 41.95 | 3.88 |
| 89. Ranaghat Uttar Purba (SC) | 266211 | 31410 | 156033 | 7296 | 11.89 | 58.61 | 2.74 |
| 90. Ranaghat Dakshin (SC) | 297562 | 27023 | 111499 | 10450 | 9.08 | 37.47 | 3.51 |

| | | | | | | | |
|---|---|---|---|---|---|---|---|
| | 91. Chakdaha | 259847 | 25342 | 78878 | 16011 | 9.75 | 30.36 | 6.16 |
| | **Grand Total** | **1924312** | **232961** | **698956** | **60774** | **12.11** | **36.32** | **3.16** |
| **14.** | **BANGAON (SC)** | | | | | | | |
| | 92. Kalyani (SC) | 274101 | 21743 | 114316 | 6198 | 7.93 | 41.71 | 2.26 |
| | 93. Haringhata (SC) | 261193 | 63478 | 100862 | 12371 | 24.31 | 38.62 | 4.74 |
| | 94. Bagda (SC) | 279653 | 43909 | 148461 | 11997 | 15.71 | 53.09 | 4.29 |
| | 95. Bangaon Uttar (SC) | 265439 | 20066 | 102694 | 3539 | 7.56 | 38.69 | 1.33 |
| | 96. Bangaon Dakshin (SC) | 265828 | 21677 | 131338 | 6144 | 8.15 | 49.41 | 2.31 |
| | 97. Gaighata (SC) | 266144 | 28464 | 111746 | 5651 | 10.75 | 41.99 | 2.12 |
| | 98. Swarupnagar (SC) | 259389 | 123814 | 78132 | 425 | 47.73 | 30.12 | 0.16 |
| | **Grand Total** | **1871747** | **323151** | **787549** | **46325** | **17.35** | **42.08** | **2.47** |
| **15.** | **BARRACKPUR** | | | | | | | |
| | 102. Amdanga | 247351 | 128620 | 44922 | 3156 | 51.99 | 18.16 | 1.28 |
| | 103. Bijpur | 250701 | 13350 | 45373 | 1189 | 5.33 | 18.11 | 0.47 |
| | 104. Naihati | 289406 | 23068 | 43314 | 4090 | 7.07 | 14.01 | 1.52 |
| | 105. Bhatpara | 248964 | 35796 | 24533 | 704 | 14.47 | 9.85 | 0.28 |
| | 106. Jagatdal | 276365 | 39013 | 57030 | 4545 | 14.12 | 20.64 | 1.64 |
| | 107. Noapara | 295569 | 31234 | 48033 | 2806 | 10.61 | 16.25 | 0.95 |
| | 108. Barrackpur | 268604 | 48060 | 22351 | 1593 | 17.92 | 8.32 | 0.59 |
| | **Grand Total** | **1876960** | **319139** | **285556** | **18391** | **17.01** | **15.21** | **0.98** |
| **16.** | **DUMDUM** | | | | | | | |
| | 109. Khardaha | 274423 | 30410 | 35795 | 3134 | 11.08 | 13.04 | 1.14 |
| | 110. Dumdum Uttar | 303234 | 13007 | 54278 | 1284 | 4.29 | 17.91 | 0.42 |
| | 111. Panihati | 289764 | 10499 | 13148 | 1648 | 3.62 | 4.54 | 0.57 |
| | 112. Kamarhati | 284347 | 65558 | 8300 | 577 | 23.06 | 2.92 | 0.21 |
| | 113. Baranagar | 280928 | 14188 | 9425 | 588 | 5.05 | 3.35 | 0.21 |
| | 114. Dumdum | 202727 | 0826 | 30678 | 1175 | 3.55 | 10.85 | 0.42 |
| | 117. Rajarhat Gopalpur | 243469 | 25790 | 35597 | 868 | 10.62 | 14.62 | 0.36 |
| | **Grand Total** | **1958892** | **169278** | **187221** | **9274** | **8.64** | **9.56** | **0.47** |
| **17.** | **BARASAT** | | | | | | | |
| | 100. Habra | 246943 | 31969 | 63827 | 4068 | 12.95 | 25.85 | 1.65 |
| | 101. Ashok Nagar | 261444 | 74642 | 53348 | 3909 | 28.43 | 20.41 | 1.51 |
| | 115. Rajarhat New Town | 253797 | 75029 | 72162 | 1581 | 29.96 | 28.43 | 0.62 |
| | 116. Bidhan Nagar | 295160 | 6707 | 24924 | 2497 | 2.32 | 8.44 | 0.85 |
| | 118. Madhyamgram | 260880 | 76928 | 30144 | 5369 | 29.57 | 11.55 | 2.06 |
| | 119. Barasat | 269367 | 62479 | 37211 | 1763 | 23.24 | 13.81 | 0.65 |
| | 120. Deganga | 257594 | 162728 | 29078 | 1636 | 63.22 | 11.29 | 0.64 |
| | **Grand Total** | **1845185** | **490482** | **310694** | **20823** | **26.61** | **16.84** | **1.13** |
| **18.** | **BASIRHAT** | | | | | | | |
| | 99. Baduria | 262274 | 158497 | 41912 | 1741 | 60.43 | 15.98 | 0.66 |
| | 121. Haora | 288240 | 194258 | 44402 | 12586 | 67.44 | 15.4 | 4.37 |
| | 122. Minakhan (SC) | 263342 | 137722 | 80128 | 18381 | 52.38 | 30.43 | 6.98 |

| | | | | | | | |
|---|---|---|---|---|---|---|---|
| | 123. Sandeshkhali (ST) | 260598 | 63231 | 95024 | 63965 | 24.33 | 36.46 | 24.55 |
| | 124. Basirhat-dakshin | 298205 | 127760 | 49082 | 2325 | 42.84 | 16.46 | 0.78 |
| | 125. Basirhat-uttar | 292541 | 187199 | 34570 | 8010 | 63.99 | 11.82 | 2.74 |
| | 126. Hingalganj (SC) | 251596 | 63609 | 139437 | 15684 | 25.32 | 55.42 | 6.40 |
| | **Grand Total** | **1916796** | **932276** | **484555** | **122692** | **48.64** | **25.28** | **6.40** |
| **19.** | **JAYNAGAR (SC)** | | | | | | | |
| | 127. Gosaba (SC) | 257923 | 33362 | 158833 | 25683 | 12.94 | 61.58 | 9.96 |
| | 128. Basanti (SC) | 268536 | 116100 | 97163 | 12889 | 43.23 | 36.18 | 4.81 |
| | 129. Kultali (SC) | 281619 | 94920 | 116119 | 5586 | 33.71 | 41.23 | 1.98 |
| | 136. Jaynagar (SC) | 252133 | 108423 | 93105 | 360 | 43.02 | 36.93 | 0.14 |
| | 138. Canning Paschim (SC) | 269934 | 99987 | 129348 | 3075 | 37.41 | 47.92 | 1.14 |
| | 139. Canning Purba | 270922 | 173718 | 69928 | 14040 | 64.12 | 25.81 | 5.18 |
| | 141. Magrahat Purba (SC) | 262092 | 124402 | 94748 | 59 | 47.47 | 36.15 | 0.02 |
| | **Grand Total** | **1863159** | **750912** | **759244** | **61692** | **40.31** | **40.75** | **3.31** |
| **20.** | **MATHURAPUR (SC)** | | | | | | | |
| | 130. Patharpratima | 288394 | 26853 | 68311 | 2834 | 9.31 | 23.69 | 0.98 |
| | 131. Kakdwip | 284694 | 43103 | 98113 | 2094 | 15.14 | 34.46 | 0.74 |
| | 132. Sagar | 300930 | 34902 | 81314 | 1248 | 11.69 | 27.08 | 0.41 |
| | 133. Kulpi | 242752 | 88230 | 77380 | 141 | 36.5 | 31.88 | 0.06 |
| | 134. Raidighi | 296673 | 63833 | 89235 | 3714 | 21.52 | 30.08 | 1.28 |
| | 135. Mandirbazar (SC) | 249389 | 86500 | 109901 | 457 | 34.74 | 44.07 | 0.18 |
| | 142. Magrahat Paschim | 249821 | 136497 | 54687 | 103 | 54.64 | 21.89 | 0.17 |
| | **Grand Total** | 1912626 | 453065 | 578941 | 10591 | 3.78 | 30.27 | 0.55 |
| **21.** | **DIAMOND HARBOUR** | | | | | | | |
| | 143. Diamond Harbour | 276942 | 105708 | 57802 | 602 | 38.29 | 20.87 | 0.22 |
| | 144. Falta | 259100 | 84378 | 68045 | 80 | 32.57 | 26.26 | 0.03 |
| | 145. Satgachhia | 2898080 | 96874 | 48104 | 460 | 33.43 | 16.61 | 0.16 |
| | 146. Bishnupur (SC) | 296812 | 85881 | 136503 | 80 | 28.93 | 45.99 | 0.03 |
| | 155. Maheshtala | 289190 | 114685 | 51321 | 1897 | 39.77 | 17.75 | 0.65 |
| | 156. Budge Budge | 283608 | 99721 | 50967 | 629 | 35.22 | 17.97 | 0.22 |
| | 157. Matiaburz | 278471 | 75087 | 12575 | 286 | 26.94 | 4.52 | 0.11 |
| | **Grand Total** | **1973931** | **662334** | **425317** | **4031** | **33.55** | **21.55** | **0.20** |
| **22.** | **JADAVPUR** | | | | | | | |
| | 137. Baruipur Purba (SC) | 264640 | 102250 | 131005 | 705 | 38.64 | 49.51 | 0.27 |
| | 140. Baruipur Paschim | 237499 | 71669 | 80871 | 393 | 30.18 | 34.05 | 0.17 |
| | 147. Sonarpur Dakshin | 252184 | 27911 | 84462 | 1643 | 11.07 | 33.49 | 0.65 |
| | 148. Bhangar | 286653 | 184841 | 60024 | 2296 | 64.52 | 20.94 | 0.81 |
| | 150. Jadavpur | 273967 | 55524 | 43070 | 557 | 20.37 | 15.72 | 0.21 |

| | | | | | | | |
|---|---|---|---|---|---|---|---|
| | 151 Sonarpur Uttar | 251931 | 29061 | 90092 | 3398 | 11.54 | 35.76 | 1.36 |
| | 152. Tollyganj | 275648 | 55865 | 14176 | 795 | 20.37 | 5.14 | 0.29 |
| | **Grand Total** | **1842522** | **527121** | **503700** | **9787** | **28.61** | **27.34** | **0.53** |
| **23.** | **KOLKATA DAKSHIN** | | | | | | | |
| | 149. Kasba | 274996 | 55732 | 33813 | 789 | 20.36 | 12.3 | 0.21 |
| | 153. Behalapurba | 282517 | 61062 | 31491 | 842 | 21.61 | 11.15 | 0.31 |
| | 154. Behala Paschim | 307081 | 62270 | 19177 | 880 | 20.38 | 6.24 | 029 |
| | 158. Kolkata Port | 280697 | 56920 | 12242 | 1264 | 2028 | 436 | 045 |
| | 159. Bhabanipur | 270536 | 54859 | 9464 | 472 | 2037 | 3.5 | 017 |
| | 160. Rashbehari | 265516 | 53841 | 9246 | 326 | 20.27 | 348 | 0 12 |
| | 161. Ballygunge | 282472 | 57280 | 8846 | 382 | 2028 | 313 | 0 14 |
| | **Grand Total** | **1963815** | **401964** | **124279** | **4955** | **20.58** | **6.33** | **0.25** |
| **24.** | **KOLKATA UTTAR** | | | | | | | |
| | 162. Chowrangee | 270575 | 54867 | 9180 | 380 | 3.39 | 3.34 | 0,14 |
| | 163. Entally | 272735 | 55305 | 28019 | 878 | 2036 | 10.27 | 0.32 |
| | 164. Beleghata | 288355 | 58473 | 20504 | 308 | 2029 | 7.11 | 0.11 |
| | 165. Jorasanko | 290529 | 58914 | 10942 | 532 | 2038 | 3.77 | 0.18 |
| | 166. Shyampukur | 265511 | 53840 | 6872 | 116 | 2039 | 2.59 | 0.04 |
| | 167. Maniktala | 271829 | 55122 | 13903 | 427 | 20.28 | 5.11 | 0.16 |
| | 168. Kashipur-belgachhia | 263978 | 53529 | 12310 | 879 | 2038 | 4.66 | 033 |
| | **Grand Total** | **1923512** | **390050** | **101730** | **3520** | **20.38** | **5.29** | **0.18** |
| **25.** | **HOWRAH** | | | | | | | |
| | 169. Bally | 260906 | 35847 | 9110 | 1406 | 13.74 | 349 | 0.54 |
| | 170. Howrah Uttar | 249755 | 35331 | 9576 | 383 | 14.15 | 3.83 | 015 |
| | 171. Howrah Madhya | 274065 | 38770 | 8930 | 262 | 1421 | 3.26 | 0.11 |
| | 172. Shibpur | 261182 | 36947 | 15766 | 1663 | 14.11 | 6.04 | 064 |
| | 173. Howrah Dakshin | 280136 | 52855 | 23283 | 1997 | 18.26 | 8.04 | 0.69 |
| | 174. Sankrail (SC) | 280411 | 91552 | 71465 | 1336 | 32.65 | 24.49 | 0.48 |
| | 175. Panchla | 275412 | 111221 | 53958 | 596 | 40.38 | 19.59 | 048 |
| | **Grand Total** | **1891167** | **402523** | **192088** | **7643** | **21.34** | **10.16** | **0.40** |
| **26.** | **ULUBERIA** | | | | | | | |
| | 176. Uluberia Purba | 244061 | 99044 | 34006 | 760 | 40.61 | 13.93 | 0.31 |
| | 177. Uluberia Uttar (SC) | 238397 | 63616 | 77140 | 176 | 2675 | 32.36 | 0.07 |
| | 178. Uluberia Dakshin | 254921 | 85806 | 63386 | 454 | 3379 | 24.80 | 0.18 |
| | 179. Shyampur | 280837 | 58961 | 33158 | 1562 | 2099 | 11.81 | 0.56 |
| | 180. Bagnan | 249273 | 71293 | 25779 | 1807 | 28.61 | 10.34 | 0.72 |
| | 181. Amta | 277509 | 73157 | 59470 | 548 | 26.12 | 21.43 | 0.21 |
| | 182. Udaynarayanpur | 253719 | 74016 | 58718 | 719 | 29.22 | 2314 | 0.28 |
| | **Grand Total** | **1798717** | **525893** | **351657** | **6026** | **29.24** | **19.55** | **0.34** |
| **27.** | **SREERAMPUR** | | | | | | | |
| | 183. Jagatballavpur | 292838 | 92370 | 71039 | 2824 | 31.54 | 2426 | 0.96 |

| | | | | | | | |
|---|---|---|---|---|---|---|---|
| 184. Domjur | 290377 | 52523 | 43923 | 2675 | 18.09 | 15.13 | 0.96 |
| 185. Uttarpara | 282428 | 11957 | 26654 | 2179 | 4.23 | 944 | 0.77 |
| 186. Sreerampur | 309944 | 35909 | 18917 | 1072 | 11 65 | 6.11 | 0.35 |
| 187. Champdani | 279185 | 54194 | 28961 | 960 . | 19.41 | 10.37 | 0.34 |
| 227. Pingla | 281714 | 35789 | 39446 | 56349 | 12.71 | 14.01 | 20.01 |
| 229. Debra | 255220 | 24318 | 31000 | 49902 | 9.53 | 1215 | 19.55 |
| 230. Daspur | 304480 | 19193 | 46754 | 1888 | 6.31 | 1536 | 0.62 |
| 231. Ghatal (SC) | 305253 | 22690 | 82058 | 6183 | 7.43 | 2688 | 2.03 |
| 235. Keshpur (SC) | 288489 | 76866 | 72536 | 17012 | 26.65 | 25.14 | 5.91 |
| **Grand Total** | **2023161** | **262806** | **335319** | **159277** | **12.99** | **16.57** | **7.87** |
| **33. JHARGRAM (ST)** | | | | | | | |
| 220. Nayagram (ST) | 250791 | 2234 | 54860 | 88411 | 0.89 | 21.87 | 35.25 |
| 221. Gopiballavpur | 252293 | 4879 | 46461 | 61163 | 1.93 | 1842 | 24.24 |
| 222. Jhargram | 257251 | 8321 | 47072 | 61260 | 323 | 1831 | 23.81 |
| 233. Garbeta | 255219 | 42282 | 57717 | 24322 | 16.66 | 2261 | 9.53 |
| 234. Salboni | 303086 | 40990 | 53825 | 54432 | 1352 | 17.76 | 1796 |
| 237. Binpur (ST) | 247695 | 7282 | 37091 | 91754 | 2.94 | 1497 | 3704 |
| 238. Bandwan (ST) | 315874 | 8229 | 19794 | 111486 | 2.61 | 6.27 | 3529 |
| **Grand Total** | **1882209** | **114217** | **316820** | **492828** | **6.07** | **16.83** | **26.18** |
| **34. MEDINIPUR** | | | | | | | |
| 218. Egra | 304565 | 29516 | 44152 | 2998 | 9.69 | 145 | 0.98 |
| 219. Dantan | 249818 | 31026 | 24677 | 15795 | 12.42 | 9.88 | 6.32 |
| 223. Keshiary (ST) | 264302 | 8299 | 49659 | 66530 | 3.14 | 1879 | 25.17 |
| 224. Kharagpur Sadar | 272865 | 30735 | 28696 | 9066 | 11.33 | 10.52 | 3.32 |
| 225. Narayangarh | 266675 | 13031 | 48443 | 57527 | 4.89 | 18.17 | 21.57 |
| 228. Kharagpur | 248227 | 33792 | 42678 | 54432 | 13.61 | 17.19 | 21.93 |
| 236. Medinipur | 296913 | 38074 | 40140 | 28858 | 12.82 | 13.52 | 972 |
| **Grand Total** | **1903365** | **184473** | **278445** | **235206** | **9.72** | **14.63** | **12.36** |
| **35. PURULIA** | | | | | | | |
| 239. Balarampur | 264717 | 16277 | 33872 | 54431 | 6.15 | 12.81 | 20.56 |
| 240. Baghmundi | 280486 | 15906 | 33623 | 49772 | 5.67 | 11.99 | 17.74 |
| 241. Joypur | 284490 | 18432 | 30346 | 33534 | 6.58 | 10.67 | 11.79 |
| 242. Purulia | 280938 | 35795 | 62828 | 12487 | 12.74 | 22.36 | 4.44 |
| 243. Manbazar (ST) | 273594 | 9841 | 43622 | 67595 | 3.66 | 1594 | 24.71 |
| 244. Kashipur | 276617 | 14863 | 66944 | 66083 | 5.43 | 24.21 | 2389 |
| 245. Para (SC) | 273846 | 37970 | 88799 | 14279 | 1385 | 3243 | 5.21 |
| **Grand Total** | **1934688** | **149084** | **360034** | **298181** | **7.71** | **18.61** | **15.41** |
| **36. BANKURA** | | | | | | | |
| 246. Raghunathpur (SC) | 285954 | 23383 | 84128 | 53785 | 8.27 | 29.42 | 18.81 |
| 247. Saltora (SC) | 264385 | 5422 | 88281 | 28071 | 2.05 | 33.39 | 10.62 |
| 248. Chhatna | 267799 | 9089 | 86805 | 47041 | 3.43 | 32.41 | 17.57 |
| 249. Ranibandh (ST) | 279397 | 5656 | 54911 | 92824 | 2.03 | 19.65 | 33.22 |

| | | | | | | | |
|---|---|---|---|---|---|---|---|
| 250. Raipur (ST) | 246421 | 2272 | 57811 | 61960 | 0.92 | 23.46 | 25.14 |
| 251. Taldangra | 256203 | 18390 | 69959 | 33809 | 7.28 | 2731 | 13.21 |
| 252. Bankura | 284861 | 21299 | 81033 | 9931 | 7.56 | 28.45 | 3.49 |
| **Grand Total** | **1885020** | **85511** | **522928** | **327421** | **4.54** | **27.74** | **17.37** |
| **37. BISHNUPUR (SC)** | | | | | | | |
| 253. Barjora | 274304 | 11766 | 90236 | 6521 | 4.39 | 32.90 | 2.38 |
| 254. Onda | 283747 | 25702 | 90885 | 11504 | 9.06 | 32.03 | 4.05 |
| 255. Bishnupur | 239945 | 28821 | 63373 | 17293 | 12.01 | 26.41 | 7.21 |
| 256. Katulpur (SC) | 269310 | 40678 | 92409 | 7321 | 15.11 | 34.31 | 2.72 |
| 257. Indus (SC) | 267203 | 42338 | 115513 | 6374 | 15.85 | 43.23 | 2.39 |
| 258. Sonamukhi (SC) | 259120 | 28289 | 106192 | 8134 | 10.92 | 40.99 | 3.14 |
| 259. Khandaghosh (SC) | 270319 | 79269 | 104201 | 11400 | 29.32 | 38.55 | 4.22 |
| **Grand Total** | **1863948** | **256863** | **662809** | **68547** | **13.78** | **35.56** | **3.68** |
| **38. BARDHAMAN PURBA (SC)** | | | | | | | |
| 261. Raina (SC) | 283256 | 62871 | 100680 | 14292 | 22.26 | 35.54 | 5.05 |
| 262. Jamalpur (SC) | 260401 | 44874 | 89003 | 38380 | 17.23 | 34.18 | 14.74 |
| 264. Kalna (SC) | 270362 | 43278 | 93875 | 31801 | 16.01 | 34.72 | 11.76 |
| 265. Memari | 271332 | 53772 | 84784 | 40860 | 19.82 | 31.25 | 15.06 |
| 268. Purbasthali Dakshin | 268540 | 68186 | 65481 | 21420 | 25.41 | 24.38 | 7.98 |
| 269. Purbasthali Uttar | 270167 | 81464 | 66946 | 8311 | 30.23 | 24.78 | 3.08 |
| 270. Katwa | 286480 | 61447 | 77889 | 2157 | 32.86 | 27.19 | 0.75 |
| **Grand Total** | **1910538** | **415892** | **578658** | **157221** | **21.77** | **30.29** | **8.23** |
| **39. BARDHAMAN DURGAPUR** | | | | | | | |
| 260. Bardhaman Dakshin | 285602 | 41968 | 37046 | 4956 | 14.74 | 12.97 | 1.74 |
| 263. Monteswar | 270983 | 90507 | 62065 | 22929 | 33.49 | 22.91 | 8.46 |
| 266. Bardhaman Uttar (SC) | 282619 | 54337 | 95394 | 26826 | 19.24 | 33.75 | 9.49 |
| 267. Bhatar | 272584 | 68922 | 86505 | 23622 | 25.35 | 31.74 | 8.67 |
| 274. Galsi (SC) | 287378 | 60546 | 95825 | 17792 | 21.07 | 33.34 | 6.19 |
| 276. Durgapur Purba | 275972 | 16646 | 55511 | 11437 | 6.03 | 20.11 | 4.14 |
| 277. Durgapur Paschim | 289443 | 16630 | 47032 | 8001 | 5.75 | 16.25 | 2.76 |
| **Grand Total** | **1964581** | **349556** | **479378** | **115563** | **17.83** | **24.40** | **5.88** |
| **40. ASANSOL** | | | | | | | |
| 275. Pandabeswar | 252073 | 31651 | 72974 | 15935 | 12.66 | 28.95 | 6.32 |
| 278. Raniganj | 279969 | 35911 | 61401 | 8828 | 12.83 | 21.93 | 3.15 |
| 279. Jamuria | 256959 | 39791 | 74569 | 21486 | 15.55 | 29.02 | 8.36 |
| 280. Asansol Dakshin | 287639 | 44930 | 59135 | 19585 | 15.62 | 20.56 | 6.81 |
| 281. Asansol Uttar | 274844 | 53758 | 30007 | 6697 | 19.55 | 10.92 | 2.44 |
| 282. Kulti | 289903 | 54598 | 63106 | 12145 | 18.84 | 21.77 | 4.19 |
| 283. Barabani | 266713 | 16914 | 64997 | 30337 | 6.34 | 24.37 | 11.37 |
| **Grand Total** | **1908100** | | **426189** | **115013** | | | |
| **%age of SC/ST** | | | **22.34** | **6.03** | | | |

| | | | | | | | |
|---|---|---|---|---|---|---|---|
| **41. BOLPUR (SC)** | | | | | | | |
| 271. Ketugram | 286174 | 94015 | 86605 | 1897 | 32.85 | 30.26 | 0.66 |
| 272. Mangalkote | 280822 | 90751 | 89129 | 6137 | 32.32 | 31.74 | 2.19 |
| 273. Ausgram (SC) | 274980 | 56567 | 96594 | 34601 | 20.61 | 35.13 | 12.58 |
| 286. Bolpur | 280197 | 89461 | 68632 | 25811 | 31.93 | 24.49 | 9.21 |
| 287. Nanoor (SC) | 302564 | 91449 | 96175 | 23727 | 30.23 | 31.79 | 7.84 |
| 288. Labpur | 268306 | 68997 | 83588 | 21300 | 25.72 | 31.15 | 7.94 |
| 290. Mayureswar | 252764 | 65736 | 80178 | 16618 | 26.01 | 31.72 | 6.57 |
| **Grand Total** | **1945807** | **556976** | **600901** | **130091** | **28.62** | **30.88** | **6.69** |
| **42. BIRBHUM** | | | | | | | |
| 284. Dubrajpur (SC) | 268483 | 76488 | 91011 | 7576 | 28.58 | 33.91 | 2.82 |
| 285. Suri | 286355 | 66892 | 89921 | 23377 | 23.36 | 31.41 | 8.16 |
| 289. Sainthia (SC) | 272827 | 56667 | 86813 | 27405 | 20.77 | 31.82 | 10.04 |
| 291. Rampurhat | 276794 | 84579 | 77120 | 38965 | 30.56 | 27.86 | 14.08 |
| 292. Hansan | 266400 | 147901 | 76636 | 1006 | 55.52 | 28.77 | 0.38 |
| 293. Nalhati | 263714 | 137961 | 80488 | 9450 | 52.32 | 30.52 | 3.58 |
| 294. Murarai | 277018 | 177130 | 59332 | 7892 | 63.94 | 21.42 | 2.85 |
| **Grand Total** | **1911591** | **747618** | **561321** | **115671** | **39.11** | **29.36** | **6.05** |

# परिशिष्ट–1

## (अध्याय–1)

**परिसीमन अधिनियम, 2002** **(32 2002 की 3 जून 2002)**

**The delimitation Act, 2002**

लोकसभा में सीटों के आबंटन के पुनर्समायोजन के लिए एक अधिनियम प्रदान करने के एक अधिनियम जिसमें प्रत्येक राज्य की विधानसभा में सीटों की कुल संख्या, प्रत्येक राज्य तथा सघ शासित जिसमें विधानसभा है, उसे राज्यों तथा संघ शासित क्षेत्रों की विधानसभा के चुनावों के लिए क्षेत्रीय क्षेत्रों का विभाजन तथा इसके साथ जुड़े मामलों के लिए संसद द्वारा भारतीय जनतंत्र के लिए तिरेपन वर्षीय कानून बनाया है जो कि निम्नानुसार है :

## 1. लघु शीर्षक (Short title)

इस अधिनियम को परिसीमन अधिनियम 2002 कहा जाएगा।

## 2. परिभाषाएं (Definitions)

इस अधिनियम में, जब तक कि संदर्भ की आवश्यकता न हो,

(क) "अनुच्छेद" का अर्थ संविधान का अनुच्छेद है।

(ख) "सहयोगी सदस्य" का अर्थ खण्ड 5 के अंतर्गत नामित सदस्य हैं।

(ग) "आयोग" का अर्थ खण्ड 3 के अंतर्गत गठित परिसीमन आयोग है।

(घ) "चुनाव आयोग" के अनुच्छेद 324 में संदर्भित चुनाव आयोग है।

(ङ) "सदस्य" का अर्थ आयोग के सदस्य है तथा इसमें अध्यक्ष भी शामिल है।

(च) "राज्यों" में संघ शासित क्षेत्र जिसमें विधानसभा है लेकिन इसमें जम्मू तथा कश्मीर राज्य शामिल नहीं है।

## 3. परिसीमन आयोग का गठन

इस अधिनियम के लागू होने के बाद जितनी भी जल्द होगा, केन्द्र सरकार आयोग का गठन करेगी, जिसे परिसीमन आयोग कहा जाएगा जिसमें निम्नानुसार सदस्य होंगे :

(अ) एक सदस्य वह होगा जो कि सर्वोच्च न्यायालय का न्यायाधीश होगा जिसे कि केन्द्र सरकार द्वारा नियुक्त किया जाएगा, वह आयोग का अध्यक्ष होगा।

(ब) मुख्य निर्वाचन आयुक्त अथवा मुख्य चुनाव निर्वाचन आयुक्त द्वारा नामित एक... चुनाव आयुक्त पदेन बशर्ते कि इस शर्त के अनुसार, एक सदस्य के रूप में एक चुनाव आयुक्त के नामांकन के बाद इसके अंतर्गत आगे किसी का नामांकन नहीं किया जाएगा जब तक कि इस खण्ड के अंतर्गत इस तरह की आकस्मिक रिक्ति को न भरना हो, संबंधित राज्य के राज्य चुनाव आयुक्त पदेन शर्त 'ग' के प्रयोजन।

(स) स्पष्टीकरण–संबंधित राज्य के राज्य चुनाव आयुक्त आयोग से संबंधित कर्तव्य का अर्थ अनुच्छेद ? अंतर्गत राज्य के राज्यपाल द्वारा नियुक्त राज्य निर्वाचन आयुक्त हैं।

## 4. आयोग के कर्तव्य

(1) पुनः समायोजन की जनगणना के आधार पर बनाया है, में आयोजित की जनगणना में अभि–निश्चित रूप आकड़ें परिसीमन आयोग द्वारा वर्ष 1971 परिसीमन अधिनियम, 1972 (1972 का 76) के खण्ड–3 के अंतर्गत गठित परिसीमन आयोग द्वारा आयोजित जनगणना द्वारा तय किए गए आंकड़ों के आधार पर प्रत्येक राज्य में विधानसभा की कुल सीटों को पुनर्समायोजित करना। इसे इस अधिनियम के प्रयोजन से आयोग द्वारा किया जायेगा।

(2) खण्ड (1) के प्रावधानों तथा कुछ समय के लिए लागू अन्य कानून की शर्तानुसार आयोग प्रत्येक राज्य की विधानसभा तथा संसदीय चुनाव के प्रयोजन हेतु क्षेत्रीय निर्वाचन क्षेत्र के प्रभागों का पुनर्समायोजन करेंगे। यह 1991 में आयोजित जनगणना के आकड़ों के आधार पर किया जाएगा।

बशर्ते कि जहाँ किसी राज्य में लोकसभा की एक ही सीट आबंटित की गई हो, उस पूरे राज्य के निर्वाचन के प्रयोजन से एक क्षेत्रीय निर्वाचन के रूप में पुनर्समायोजन किया जाएगा।

## 5. सहयोगी सदस्य

(1) आयोग को प्रत्येक राज्य में उसके कर्तव्यों के निष्पादन के प्रयोजन से

सहयोग किया जाएगा जिसके लिए दस व्यक्ति सहयोग प्रदान करेंगे जिनमें से पाँच उस राज्य के विधानसभा के सदस्य होंगे तथा पाँच राज्य के सांसद होंगे।

(2) बशर्ते कि जहां किसी राज्य में सांसदों की संख्या पांच या उससे कम होगी तो इस तरह के सदस्य वे सहयोगी सदस्य होंगे तथा बाद वाले प्रकरण में सहयोगी सदस्यों की कुल संख्या कम से कम दस होगी, उस राज्य से सांसदों की संख्या पाँच से कम होगी। सहयोगी सदस्यों की नियुक्ति राज्य के विधान सभा अध्यक्ष द्वारा की जाएगी।

(3) पहला नामांकन उपखण्ड (2)

(अ) उपखण्ड (2) के अंतर्गत एक माह के अंदर विधानसभा अध्यक्ष द्वारा किया जाएगा तथा शेष इस अधिनियम के लागू होने से दो माह के अंदर अध्यक्ष द्वारा किया जाएगा।

(ब) इसकी सूचना मुख्य आयुक्त को दी जाएगी तथा जहाँ नामाकन विधानसभा अध्यक्ष द्वारा किया जाएगा, वहाँ अध्यक्ष को भी किया जाएगा।

(स) किसी भी सहयोगी सदस्य को मताधिकार या आयोग के किसी भी निर्णय पर हस्ताक्षर करने का अधिकार होगा।

(4) आयोग को बुलाने का अधिकारी होगा—जणगनणना के महापंजीयक तथा भारत के जनगणना आयुक्त अथवा उनके नामित अथवा सर्वेयर जनरल ऑफ इंडिया या उनके नामित या केन्द्र सरकार अथवा राज्य सरकार के किसी भी अधिकारी अथवा भौगोलिक सूचना प्रणाली के किसी विशेषज्ञ अथवा अन्य कोई भी व्यक्ति जिसकी सूविज्ञता तथा

(5) आयोग द्वारा उपखण्ड (1) में संदर्भित सहायता प्रदान करने वाले व्यक्तियों के अलावा भी आवश्यक माना जाने वाला व्यक्तियों को बुलावा, आयोग को कर्तव्यों में सहायता प्रदान करने हेतु बाध्यकारी होगा।

(6) निर्वाचन आयोग के सचिव आयोग के पदेन सचिव होंगे तथा आयोग के अध्यक्ष के पर्यवेक्षण में आयोग के कर्मचारियों की सहायता से अपना कार्य निष्पादित करेंगे।

## 6. आकस्मिक रिक्तियां

यदि अध्यक्ष का कार्यालय या सदस्य या एक सहयोगी सदस्य की मृत्यु अथवा त्याग पत्र से कोई पद रिक्त होता है तो जितनी जल्दी व्यवहारिक होगा, केन्द्र सरकार द्वारा अथवा संबंधित अध्यक्ष द्वारा खण्ड 5 अथवा जैसा भी प्रकरण हो खण्ड 5 के अनुसरण में भरा जाएगा।

## 7. आयोग की प्रक्रियाँ तथा अधिकार

(1) आयोग अपनी प्रकिया का निर्धारण स्वयं करेगा तथा अपने कार्य स्वयं करेगा तथा उसे सिविल संहिता 1908 (1908 का 5) के अंतर्गत निम्नलिखित मामलों में सिविल न्यायालय के अधिकार होंगे, गवाहों को उपस्थित रहने, किसी दस्तावेज को प्रस्तुत करने तथा किसी भी न्यायालय अथवा सार्वजनिक अभिलेख मांगने के लिए समन जारी करना।

(2) आयोग सत्ता के लिए किसी भी व्यक्ति में इस तरह के रूप से अंक या मामले पर किसी भी जानकारी को प्रस्तुत करने की आवश्यकता होती है, करेगा आयोग की राय के लिए उपयोगी है या तो आयोग के विचाराधीन कोई बात प्रासंगिक हो सकती है।

(3) आयोग अपने किसी भी सदस्य को उपखण्ड (1) की धाराओं (क) से (ग) द्वारा प्रत्यायोजित व्यक्तियों अथवा आदेश जारी करने के लिए अथवा आयोग द्वारा प्रदत्त अधिकारों का उपयोग करने के लिए अपनी ओर से अधिकृत कर सकता है। यदि सदस्यों के बीच किसी तरह के विचारों में मतभेद हो तो बहुमत वाला बीच का रास्ता होगा तथा आयोग के आदेश को बहुमत के दृष्टिकोण के रूप में अभिव्यक्त किया जाएगा।

(4) आयोग तथा साथ–साथ सहयोगी सदस्यों का कोई समूह के पास जबकि कोई सदस्य अस्थाई रूप से अनुपस्थित न हो कार्य करने का अधिकारी होगा।

(5) या आयोग में कोई रिक्ति होगी या आयोग की कोई कार्यवाही न होगी, आयोग के सहयोगी सदस्य की कार्यवाही अवैध मानी जाएगी ।

(6) आयोग को अपराध प्रकिया 1973 (1974 का 2) की धारा 345 तथा 346 के प्रयोजन से सिविल न्यायालय के रूप में माना जाएगा।

स्पष्टीकरण–गवाह को उपस्थित रहने के प्रयोजन के लिए आयोग के न्याय क्षेत्र की स्थानीय सीमाएं भारतीय क्षेत्र की सीमाएं होंगी।

## 8. सीटों की संख्या का पुनर्समायोजन

आयोग के पास राष्ट्रीय राजधानी क्षेत्र दिल्ली को छोड़ कर संघ शासित क्षेत्र के संबंध में अनुच्छेद 81, 170, 330, तथा 332 के प्रावधानों के संबंध में तथा संघ शासित क्षेत्र सरकार अधिनियम 1963 (1963 का 120) के खण्ड–3 तथा 39 तथा राष्ट्रीय राजधानी क्षेत्र के संबंध में अनुच्छेद 239 **क** की धारा (2) के अंतर्गत निम्नानुसार आदेश जारी कर निर्धारण का अधिकार होगा :

(क) 1971 में की गई जनगणना से प्राप्त आँकड़ों के आधार पर तथा खण्ड–4 के प्रावधानों के अनुसार प्रत्येक राज्य में लोकसभा की सीटों की संख्या को आबंटित किया जाएगा तथा 1991 में की गई जनगणना से प्राप्त आँकड़ों के आधार पर सीटों का निर्धारण यदि वह राज्य की अनुसूचित जाति तथा अनुसूचित जनजातियों के लिए आरक्षित है तो उसका निर्धारण किया जाएगा। (ख) तथा किसी राज्य की विधानसभा के लिए आबंटित कुल सीटों की संख्या उपधारा (ख) के अंतर्गत उस राज्य को धारा (क) के अंतर्गत लोकसभा में आबंटित सीटों की संख्या का अखण्ड बहुगुणक होगी।

## 9. निर्वाचन क्षेत्रों का परिसीमन

(1) आयोग यहाँ प्रदान किए गए तरीकों से तब प्रत्येक राज्य में 1971 की जनगणना के आधार पर लोकसभा की सीटों के आधार पर विधानसभा के लिए आबंटित सीटों का पुनर्समायोजन करेगा तथा 1991 की जनगणना के आधार पर एक सदस्यीय क्षेत्रीय निर्वाचन क्षेत्रों को परिसीमित करेगा जिसमें संविधान के अनुच्छेद 8 के निम्नलिखित प्रावधानों को ध्यान में रखा जाएगा।

(क) जहाँ तक व्यवहारिक होगा, सभी निर्वाचन क्षेत्र भौगोलिक रूप से सघन क्षेत्र होंगे तथा उन्हें उनकी भौतिक विशेषताओं, प्रशासकीय इकाइयों की वर्तमान सीमाओं, संचार तथा लोक सुविधाओं के आधार पर परिसीमन किया जाएगा।

(ख) प्रत्येक विधानसभा निर्वाचन क्षेत्र को इस तरह से परिसीमित किया जाएगा कि वह पूर्णरूप से एक ही संसदीय निर्वाचन क्षेत्र में आए जिसमें अनुसूचित जातियों के लिए आरक्षित सीटों को राज्य के विभिन्न हिस्सों में इस तरह से विकसित किया जाएगा कि जहाँ तक व्यवहारिक होगा, उन क्षेत्रों में उनकी आबादी कुल आबादी के अनुपात में सबसे अधिक हो तथा,

(ग) जिन निर्वाचन क्षेत्रों में अनुसूचित जनजातियों के लिए सीटें आरक्षित हैं। वह जहाँ तक व्यवहारिक होगा, उन क्षेत्रों में स्थित होगी जहाँ कुल आबादी के अनुपात में उनकी आबादी सबसे अधिक होगी।

(2) आयोग यह कार्य करेगा :

(क) निर्वाचन क्षेत्रों के परिसीमन के प्रस्तावों को किसी सदस्य की असहमति यदि वह उसे प्रकाशित कराने का इच्छुक हो तो उसके साथ भारत के राजपत्र तथा राज्यों गें जैसा कि वह उपयुक्त हो, प्रकाशित कराएगा।

(ख) वह उस तिथि को निश्चित करेगा कि जिस तिथि को अथवा उसके बाद उसके द्वारा प्राप्त सुझावों तथा आपत्तियों पर विचार करेगा। इस उद्देश्य के लिए वह ऐसे स्थानों पर जनसुनवाई करेगा जिसे वह उपयुक्त समझेगा तथा,

(i) इसके बाद एक या अधिक आदेशों द्वारा वह यह निर्धारित करेगा।

(ii) संसदीय निर्वाचन क्षेत्रों का परिसीमन तथा

(iii) प्रत्येक राज्य के विधानसभा निर्वाचन क्षेत्रों का परिसीमन

## 10. आदेशों का प्रकाशन तथा उनके प्रचलन की तिथि

(1) आयोग भारत के राजपत्र तथा संबंधित राज्य के राज पत्र के खण्ड–8 अथवा 9 के अंतर्गत प्रकाशित होने वाले आदेशों तथा इसके साथ–साथ ऐसे आदेशों को तैयार करेगा जिन्हें कम से कम उस क्षेत्र की स्थानीय भाषा के 2 समाचार पत्रों में प्रकाशित करना हो तथा रेडियो, टेलीविजन तथा जनता के लिए उपलब्ध अन्य संभावित मीडिया में प्रसारित करने को तैयार करेगा तथा संबंधित राज्य के सरकारी राजपत्रों में इस तरह के प्रकाशन के बाद प्रत्येक जिला निर्वाचन अधिकारी अपने क्षेत्राधिकार से संबंधित क्षेत्रों में गजट की प्रतियाँ अपने कार्यालय में सार्वजनिक सूचना हेतु चस्पाएंगे।

(2) भारत के राजपत्र में प्रकाशन होने पर इस तरह के प्रत्येक आदेश लागू हो जाएंगे तथा उन्हें किसी भी न्यायालय में चुनौती नहीं दी जा सकेगी।

(3) इस तरह के प्रकाशन के बाद जितनी जल्दी संभव होगा, इस तरह के प्रत्येक आदेश को संसद तथा संबंधित विधानसभा के संमुख रखा जाएगा।

(4) उपखण्ड (5) के प्रावधानों की शर्तानुसार लोकसभा अथवा राज्य की विधानसभा के कई क्षेत्रीय निर्वाचन क्षेत्रों में प्रतिनिधित्व का पुनर्समायोजन किया जाएगा तथा संसद अथवा विधानसभा के प्रत्येक निर्वाचन में जैसा भी मामला हो लागू किया जाएगा। भारत के राजपत्र में प्रकाशित होने के बाद वह आदेश इस तरह के परिसीमन से संबंधित प्रावधानों को प्रतिस्थापित कर लागू किया जाएगा जो इस अधिनियम के प्रावधानों से मेल खाते हों।

(5) इस खण्ड में ऐसा कुछ नहीं है जो भारत के राजपत्र में प्रकाशन की वर्तमान तिथि को संसद अथवा विधानसभा के भंग होने तक संसद अथवा विधानसभा के प्रतिनिधित्व को प्रभावित करता हो। संसदीय निर्वाचन क्षेत्रों से संबंधित आयोग के आदेशों अथवा जैसा कि मामला हो, उस राज्य की विधानसभा के निर्वाचन क्षेत्रों तथा किसी भी उपचुनाव से इस तरह की संसदीय अथवा किसी भी विधानसभा के निर्वाचन को उपखण्ड (4) के द्वारा अधिक्रमित कानून तथा आदेशों के प्रावधान के आधार पर आयोजित किए जाएंगे बशर्ते कि कथित प्रावधानों को अधिक्रमित न किया गया हो।

(6) आयोग उपखण्ड (1) में संदर्भित अपने प्रत्येक आदेशों के इस उपखण्ड

में प्रदान किए गए हों। खण्ड 3 के अंतर्गत आयोग के गठन से दो साल के अंदर पूरा करने तथा प्रकाशित करने का उद्यम करेगा।

## 11. परिसीमन आदेशों को अद्यतन बनाए रखने के अधिकार

(1) निर्वाचन आयोग समय समय पर भारत के राजपत्र तथा संबंधित राज्य के सरकारी राजपत्र में अधिसूचना द्वारा :

(क) आयोग द्वारा खण्ड–9 के अंतर्गत प्रकाशित किसी आदेश में हुई मुद्रण संबंधि त्रुटि को ठीक करेगा या उसमें हुई किसी तरह की गलती या छूटे हुए हिस्से को सुधारेगा तथा

(ख) जहाँ किसी जिले का नाम अथवा सीमाएं या किसी क्षेत्रीय प्रभाग का नाम इसमें से किसी भी आदेश में वर्णित हैं बदल गया है, तो इस तरह का संशोधन करो जो कि आदेश को अद्यतन बनाए रखने के लिए आवश्यक होगा फिर भी किसी निर्वाचन क्षेत्र की सीमाएं अथवा क्षेत्र इस तरह के किसी भी अधिसूचना द्वारा परिवर्तित नहीं होगा।

(2) इस खण्ड के अंतर्गत प्रत्येक अधिसूचना इसके जारी करने के बाद जितनी जल्द होगा संसद तथा संबंधित राज्य की विधानसभा के समक्ष रखेगा।

**12. हटाना परिसीमन 1972** (1972 का 76) एतद द्वारा परिसीमन (संशोधित) अधिनियम 2002–2003 द्वारा हटाया जाता है।

वर्ष 1962 अधिनियम–परिसीमन (संशोधन) अधिनियम 2003 (2004 का संख्या 3) (1 जनवरी 2004) संशोधन के लिए अधिनियम परिसीमन अधिनियम 2002 चाहे वह संसद द्वारा भारतीय जनतंत्र के चौपनपे वर्ष में कानून बनाकर लागू किए गए हो निम्नानुसार होंगे।

लघु शीर्षक तथा लागू होने की तिथि :

(1) इस अधिनियम को परिसीमन अधिनियम (संशोधन) 2003 कहा जाएगा।

(2) यह 31 अक्टूबर 2003 में लागू माना जाएगा।

2 खण्ड–3 का संशोधन परिसीमन अधिनियम, 2003 (2002 के 33) के खण्ड–3 में (इसे बाद में मुख्य अधिनियम कहा जाएगा) में निम्नलिखित स्पष्टीकरण प्रस्थापित किए जाएंगे।

स्पष्टीकरण–धारा (ग) के प्रयोजन हेतु, संबंधित राज्य के रूप में मामला हो, एक के लिए उस राज्य के निर्वाचन आयुक्त (झ) आयोग के कर्तव्यों को किसी

राज्य से संबंधित, के संबंध में (मेघालय मिजोरम और नागालैंड के राज्यों के अलावा अन्य), साधन राज्य निर्वाचन उस राज्य के राज्यपाल द्वारा नियुक्त आयुक्त 243 के लेख के तहत खंड (1), और (II) आयोग के कर्तव्यों को राज्य से संबंधित, के संबंध में मेघालय या मिजोरम या नागालैंड राज्य के राज्यपाल द्वारा मनोनीत व्यक्ति का अर्थ है ऐसे प्रयोजनों–

धारा 4 का संशोधन

3. अनुभाग मूल अधिनियम की 4 फीट 4 उपधारा में, अनुभाग का संशोधन (2) हो ''1991'' आंकड़े ''2001'' के आंकड़े के लिए करेगा।

एवजी

धारा 8 का संशोधन

4. अनुभाग मूल अधिनियम की 8 फीट 8 अनुभाग का संशोधन–

(1) खंड (क) ''1991'' आंकड़े ''2001'' के आंकड़े के लिए किया जाएगा।

एवजी

(ख) खंड (ख), हो ''1991'' आंकड़े ''2001'' के आंकड़े के लिए करेगा।

एवजी

धारा 9 का संशोधन

5. अनुभाग मूल अधिनियम की 9 में 9 उपधारा में, अनुभाग का संशोधन (1) हो ''1991'' आंकड़े ''2001'' के आंकड़े के लिए करेगा।

एवजी

निरसन और बचत

6. निरसन और बचत (1) (संशोधन) अध्यादेश परिसीमन 2003 (2003 का 6 Ord.) एतद् द्वारा निरसित किया जाता है।

(2) ऐसे निरसन के होते हुए भी, कुछ भी किया है या किसी भी कार्रवाई प्रधानाचार्य के रूप में कहा अध्यादेश द्वारा संशोधन अधिनियम के तहत होगा, करने के लिए किया गया है या मूल अधिनियम के तहत लिया समझा, के रूप में संशोधन इस अधिनियम के द्वारा।

# परिशिष्ट–2

## (अध्याय–1)

## परिसीमन आयोग के नामित सहयोगी सदस्यों की सूची

## LIST OF ASSOCIATE MEMBERS OF DELIMITATION COMMISSION

### कर्नाटक

| क्रमांक | नामित सहयोगी सदस्य का नाम | सांसद/विधायक | पार्टी |
|---|---|---|---|
| 1 | एच.डी. देवगौड़ा | सांसद | जेडी (एस) |
| 2 | रमेश चन्दअप्पा जिगजीनागी | सांसद | भाजपा |
| 3 | अनन्त कुमार | सांसद | भाजपा |
| 4 | ए. वेंकटेश नाईक | सांसद | कांग्रेस |
| 5 | बासानगौड़ा आर. पाटील | सांसद | भाजपा |
| 6 | कृष्णा | विधायक | जेडी (एस) |
| 7 | एम. मल्लिकार्जुन खडगे | विधायक | कांग्रेस |
| 8 | पी.जी.आर. सिंधिया | विधायक | जेडी (एस) |
| 9 | जगदीश शेट्टर | विधायक | भाजपा |
| 10 | वीर बासवंथ रेड्डी मुदनल | विधायक | निर्दलीय |

### राष्ट्रीय राजधानी क्षेत्र दिल्ली

| क्रमांक | नामित सहयोगी सदस्य का नाम | सांसद/विधायक | पार्टी |
|---|---|---|---|
| 1 | संदीप दीक्षित | सांसद | कांग्रेस |
| 2 | सज्जन कुमार | सांसद | कांग्रेस |
| 3 | अजय माकन | सांसद | कांग्रेस |
| 4 | प्रो. विजय कुमार मल्होत्रा | सांसद | कांग्रेस |
| 5 | कृष्णा तीरथ | सांसद | कांग्रेस |
| 6 | अरविन्दर सिंह लवली | विधायक | कांग्रेस |
| 7 | रमाकान्त गोस्वामी | विधायक | कांग्रेस |
| 8 | जिलेसिंह चौहान | विधायक | कांग्रेस |

| | | | |
|---|---|---|---|
| 9 | ओ.पी. बाबर | विधायक | भाजपा |
| 10 | रामवीरसिंह बिधूड़ी | विधायक | राकांपा |

## हरियाणा

| क्रमांक | नामित सहयोगी सदस्य का नाम | सांसद/विधायक | पार्टी |
|---|---|---|---|
| 1 | अवतारसिंह भड़ाना | सांसद | कांग्रेस |
| 2 | नवीन जिन्दल | सांसद | कांग्रेस |
| 3 | जयप्रकाश | सांसद | कांग्रेस |
| 4 | किशनसिंह संगवान | सांसद | भाजपा |
| 5 | अरविन्द कुमार शर्मा | सांसद | कांग्रेस |
| 6 | करण सिंह दलाल | विधायक | कांग्रेस |
| 7 | रघुवीरसिंह कादिआन | विधायक | कांग्रेस |
| 8 | रणबीरसिंह महेन्द्र | विधायक | कांग्रेस |
| 9 | शाहदीलाल बत्रा | विधायक | कांग्रेस |
| 10 | हरमोहिन्दरसिंह छत्ता | विधायक | कांग्रेस |

## आन्ध्र प्रदेश

| क्रमांक | नामित सहयोगी सदस्य का नाम | सांसद/विधायक | पार्टी |
|---|---|---|---|
| 1 | बी. विनोद कुमार | सांसद | टीआरएस |
| 2 | एन. जनार्दन रेड्डी | सांसद | कांग्रेस |
| 3 | वाय.एस. विवेकानन्द रेड्डी | सांसद | कांग्रेस |
| 4 | जी वेंकटस्वामी | सांसद | कांग्रेस |
| 5 | के. येरान नायडू | सांसद | टीडीपी |
| 6 | एन. किरण कुमार रेड्डी | विधायक | कांग्रेस |
| 7 | गाडे वेंकट रेड्डी | विधायक | कांग्रेस |
| 8 | मण्डल बुद्धप्रसाद | विधायक | कांग्रेस |
| 9 | दामोदर राजा नरसिंहा | विधायक | कांग्रेस |
| 10 | एन जनार्दन रेड्डी | विधायक | टीडीपी |

## केरल

| क्रमांक | नामित सहयोगी सदस्य का नाम | सांसद/विधायक | पार्टी |
|---|---|---|---|
| 1 | सी के चन्द्रप्पन | सांसद | सीपीआई |
| 2 | पी करूणाकरन | सांसद | सीपीआई (एम) |

| | | | |
|---|---|---|---|
| 3 | एन.एन. कृष्णदास | सांसद | सीपीआई (एम) |
| 4 | पी. राजेन्द्रन | सांसद | सीपीआई (एम) |
| 5 | पी.सी. थामस | सांसद | आईएफडीपी |
| 6 | एम.पी. गंगाधरन | विधायक | कांग्रेस |
| 7 | के.एन.ए. खादर | विधायक | मुस्लिम लीग |
| 8 | कोडीयेरी बालकृष्णन | विधायक | सीपीआई (एम) |
| 9 | बीनॉय विस्वम | विधायक | सीपीआई |
| 10 | पी.पी. जार्ज | विधायक | कांग्रेस |

## महाराष्ट्र

| क्रमांक | नामित सहयोगी सदस्य का नाम | सांसद/विधायक | पार्टी |
|---|---|---|---|
| 1 | रामदास अठावले | सांसद | आरपीआइ (ए) |
| 2 | श्रीनिवास डी पाटील | सांसद | राकांपा |
| 3 | बालासाहेब विखे पाटील | सांसद | कांग्रेस |
| 4 | प्रकाश परांजपे | सांसद | शिवसेना |
| 5 | महादेवराव सुखाजी शिवांकर | सांसद | भाजपा |
| 6 | दिलीप वालसे पाटील | विधायक | राकांपा |
| 7 | विजय बाबासाहेब थोरात | विधायक | राकांपा |
| 8 | सुभाष राजाराम देसाई | विधायक | शिवसेना |
| 9 | गोपीनाथ मुंडे | विधायक | भाजपा |
| 10 | हर्षवर्धन प्रतापसिंह देशमुख | विधायक | जेएसएस |

## उत्तर प्रदेश

| क्रमांक | नामित सहयोगी सदस्य का नाम | सांसद/विधायक | पार्टी |
|---|---|---|---|
| 1 | श्रीप्रकाश जैसवाल | सांसद | कांग्रेस |
| 2 | ब्रजेश पाठक | सांसद | बीएसपी |
| 3 | कल्याणसिंह | सांसद | भाजपा |
| 4 | रविप्रकाश वर्मा | सांसद | एसपी |
| 5 | प्रो. रामगोपाल वर्मा | सांसद | एसपी |
| 6 | शिवपाल सिंह यादव | विधायक | एसपी |
| 7 | सुखदेव राजभर | विधायक | बीएसपी |

| | | | |
|---|---|---|---|
| 8 | नरेन्दकुमार सिंह गौर | विधायक | भाजपा |
| 9 | रामनरेश यादव | विधायक | कांग्रेस |
| 10 | समरपाल सिंह | विधायक | आरएलडी |

## गुजरात

| क्रमांक | नामित सहयोगी सदस्य का नाम | सांसद/विधायक | पार्टी |
|---|---|---|---|
| 1 | वल्लभभाई रामजीभाई कथरिया | सांसद | भाजपा |
| 2 | मधुसुदन मिस्त्री | सांसद | आइएनसी |
| 3 | हरिन पाठक | सांसद | भाजपा |
| 4 | भरतसिंह माधवसिंह सोलंकी | सांसद | कांग्रेस |
| 5 | रतिलाल कालीदास वर्मा | सांसद | भाजपा |
| 6 | अशोकभाई भट्ट | विधायक | भाजपा |
| 7 | नरोत्तमभाई पटेल | विधायक | भाजपा |
| 8 | सुनीलभाई बालकिशनभाई ओझा | विधायक | भाजपा |
| 9 | अमितभाई अनिलचन्द्र शाह | विधायक | भाजपा |
| 10 | अर्जुनभाई देवाभाई मोधवाडिया | विधायक | आरएलडी |

## पश्चिम बंगाल

| क्रमांक | नामित सहयोगी सदस्य का नाम | सांसद/विधायक | पार्टी |
|---|---|---|---|
| 1 | वासुदेव आचार्य | सांसद | सीपीआईएन |
| 2 | स्वदेश चक्रवर्ती | सांसद | सीपीआईएन |
| 3 | प्रियरंजनदास मुंशी | सांसद | कांग्रेस |
| 4 | सनतकुमार मण्डल | सांसद | आरएसपी |
| 5 | प्रो. रूपचंद पाल | सांसद | सीपीआईएन |
| 6 | रॉबिन देब | विधायक | सीपीआईएन |
| 7 | गोविन्द रॉय | विधायक | एफबीएल |
| 8 | सुभाष गोस्वामी | विधायक | आरएसपी |
| 9 | दीपक घोष | विधायक | एआयटीसी |
| 10 | अब्दुल मन्नान | विधायक | कांग्रेस |

## बिहार

| क्रमांक | नामित सहयोगी सदस्य का नाम | सांसद/विधायक | पार्टी |
|---|---|---|---|
| 1 | निखिल कुमार चौधरी | सांसद | भाजपा |
| 2 | राजनाथ झा | सांसद | आरजेडी |
| 3 | रामचन्द्र पासवान | सांसद | एलजेएसपी |

| | | | |
|---|---|---|---|
| 4 | राजीवरंजन सिंह | सांसद | जेडी (यू) |
| 5 | रामकृपाल यादव | सांसद | आरजेडी |
| 6 | जगदानंद सिंह | विधायक | आरजेडी |
| 7 | श्रवन कुमार | विधायक | जेडी (यू) |
| 8 | दिनेश प्रसाद | विधायक | जेडी (यू) |
| 9 | नित्यानंद रॉय | विधायक | भाजपा |
| 10 | डॉ. अशोक कुमार | विधायक | कांग्रेस |

## राजस्थान

| क्रमांक | नामित सहयोगी सदस्य का नाम | सांसद / विधायक | पार्टी |
|---|---|---|---|
| 1 | रामसिंह कासवान | सांसद | भाजपा |
| 2 | श्रीचंद कृपलानी | सांसद | भाजपा |
| 3 | कैलाश मेघवाल | सांसद | भाजपा |
| 4 | सीसराम ओला | सांसद | भाजपा |
| 5 | मानवेन्द्र सिंह | सांसद | भाजपा |
| 6 | घनश्याम तिवारी | विधायक | भाजपा |
| 7 | शिवचरण माथुर | विधायक | कांग्रेस |
| 8 | विष्णु मोदी | विधायक | भाजपा |
| 9 | महादेव सिंह | विधायक | कांग्रेस |
| 10 | नंदलाल बंशीवाल | विधायक | भाजपा |

# परिशिष्ट–3

## (अध्याय–1)

## उत्तर प्रदेश

### PAPPER-5

ASSEMBLY CONSTITUENCIES AND PERCENTAGE OF SC AND ST POPULATION DISTRICT WISE

| No. & Name of Assembly Constituency | 2001 CENSUS POPULATION | | | | |
|---|---|---|---|---|---|
| | TOTAL | SCs | STs | % of SCs | % of STs |
| **BIJNOR** | **3131619** | **855806** | **2422** | **20.96** | **0.08** |
| 17. NAJIBABAD | 398795 | 38227 | 418 | 22.12 | 0.10 |
| 18. NAGINA (SC) | 413343 | 94134 | 8 | 22.77 | 0.00 |
| 19. BARHAPUR | 418427 | 91673 | 1996 | 21.91 | 0.48 |
| 20. DHAMPUR | 358782 | 63851 | 4 | 17.80 | 0.00 |
| 21. NEHTAUR (SC) | 362373 | 89245 | 0 | 24.63 | 0.00 |
| 22. BIJNOR | 421735 | 90266 | 0 | 21.40 | 0.00 |
| 23. CHANDPUR | 381163 | 66301 | 0 | 17.39 | 0.00 |
| 24. NOORPUR | 377001 | 72109 | 1 | 19.13 | 0.00 |
| **MEERUT** | **2973877** | **546933** | **236** | **18.39** | **0.01** |
| 43. SIWALKHAS | 434001 | 79406 | 13 | 18.30 | 0.00 |
| 44. SARDHANA | 429246 | 87841 | 0 | 20.46 | 0.00 |
| 45. HASTINAPUR (SC) | 437474 | 91334 | 0 | 20.88 | 0.00 |
| 46. KITHORE | 447599 | 88752 | 0 | 19.83 | 0.00 |
| 47. MEERUT CANTT. | 404726 | 82242 | 208 | 20.32 | 0.05 |
| 48. MEERUT | 395003 | 28739 | 5 | 7.28 | 0.00 |
| 49. MEERUT SOUTH | 425828 | 88619 | 10 | 20.81 | 0.00 |
| **GAUTAM BUDH NAGAR** | **1105292** | **173084** | **379** | **15.66** | **0.03** |
| 61. NOIDA | 356548 | 32695 | 100 | 9.17 | 0.03 |
| 62. DADRI | 375008 | 61399 | 38 | 16.37 | 0.01 |
| 63. JEWAR | 373736 | 78990 | 241 | 21.14 | 0.06 |

| No. & Name of Assembly Constituency | 2001 CENSUS POPULATION | | | | |
|---|---|---|---|---|---|
| | TOTAL | SCs | STs | % of SCs | % of STs |
| **BULANDSHAHAR** | **3009860** | **611621** | **207** | **20.32** | **0.01** |
| 64. SIKANDRABAD | 439835 | 79974 | 19 | 18.18 | 0.00 |
| 65. BULANDH SHAHAR | 441170 | 73651 | 38 | 16.69 | 0.01 |
| 66. SYANA | 461872 | 80986 | 52 | 17.53 | 0.01 |
| 67. ANUPSHAHAR | 426845 | 83361 | 0 | 19.53 | 0.00 |
| 68. DEBAI | 417123 | 74301 | 98 | 17.81 | 0.02 |
| 69. SHIKARPUR | 391734 | 101860 | 0 | 26.00 | 0.00 |
| 70. KHURJA (SC) | 431281 | 117488 | 0 | 27.24 | 0.00 |
| **ALIGARH** | **2992286** | **634270** | **230** | **21.20** | **0.01** |
| 71. KHAIR (SC) | 449334 | 107393 | 20 | 23.90 | 0.00 |
| 72. BAROLI | 420698 | 99670 | 0 | 23.69 | 0.00 |
| 73. ATRAULI | 459588 | 84815 | 6 | 18.45 | 0.00 |
| 74. CHHARRA | 430727 | 89399 | 0 | 20.76 | 0.00 |
| 75. KOIL | 382461 | 59114 | 32 | 15.46 | 0.01 |
| 76. ALIGARH | 409686 | 87039 | 109 | 21.25 | 0.03 |
| 77. IGLAS (SC) | 439792 | 106840 | 63 | 24.29 | 0.01 |
| **MAHAMAYA NAGAR** | **1336031** | **336739** | **69** | **25.20** | **0.01** |
| 78. HATHRAS (SC) | 459853 | 130231 | 22 | 28.32 | 0.00 |
| 79. SADABAD | 435018 | 97040 | 0 | 22.31 | 0.00 |
| 80. SIKANDRA RAO | 441160 | 109468 | 47 | 24.81 | 0.01 |
| **MATHURA** | **2074516** | **406609** | **231** | **19.60** | **0.01** |
| 81. CHHATA | 415495 | 68612 | 21 | 16.51 | 0.01 |
| 82. MANT | 397951 | 82619 | 0 | 20.76 | 0.00 |
| 83. GOVERDHAN | 374263 | 83884 | 63 | 22.41 | 0.02 |
| 84. MATHURA | 456979 | 68566 | 109 | 15.00 | 0.02 |
| 85. BALDEV (SC) | 429828 | 102928 | 38 | 23.95 | 0.01 |
| **AGRA** | **3621702** | **788474** | **866** | **21.77** | **0.02** |
| 86. ETMADPUR | 431649 | 98577 | 122 | 22.84 | 0.03 |
| 87. AGRA CANTT. (SC) | 423338 | 109484 | 167 | 25.86 | 0.04 |
| 88. AGRA SOUTH | 405617 | 78300 | 19 | 19.30 | 0.00 |
| 89. AGRA NORTH | 38008 | 76620 | 65 | 1985 | 0.02 |
| 90. AGRA RURAL (SC) | 422479 | 118228 | 180 | 27.98 | 0.04 |
| 91. FATEHPUR SIKRI | 416362 | 83563 | 121 | 20.07 | 0.03 |
| 92. KHERAGARH | 390297 | 78195 | 86 | 20.03 | 0.02 |
| 93. FATEHABAD | 379184 | 68578 | 106 | 18.09 | 0.03 |
| 94. BAH | 366768 | 76929 | 0 | 20.97 | 0.00 |

| No. & Name of Assembly Constituency | 2001 CENSUS POPULATION | | | | |
|---|---|---|---|---|---|
| | TOTAL | SCs | STs | % of SCs | % of STs |
| **KHERI** | **3207232** | **820359** | **37949** | **25.58** | **1.18** |
| 137. PALIA | 403799 | 107378 | 30776 | 26.59 | 7.62 |
| 138. NIGHASAN | 400870 | 78193 | 5338 | 19.51 | 1.33 |
| 139. GOLA GOKARANNATH | 434005 | 118588 | 1055 | 27.32 | 0.24 |
| 140. SRI NAGAR (SC) | 387444 | 112441 | 38 | 29.02 | 0.01 |
| 141. DHAURAHRA | 389157 | 95442 | 26 | 24.53 | 0.01 |
| 142. LAKHIMPUR | 439083 | 86779 | 323 | 19.76 | 0.07 |
| 143. KASTA (SC) | 359654 | 112732 | 261 | 31.34 | 0.07 |
| 144. MOHAMMDI | 393220 | 108806 | 132 | 27.67 | 0.03 |
| **SITAPUR** | **3619661** | **1153626** | **367** | **31.87** | **0.01** |
| 145. MOHALI | 434187 | 140314 | 25 | 32.32 | 0.01 |
| 146. SITAPUR | 437450 | 112961 | 59 | 25.82 | 0.01 |
| 147. HARGAON (SC) | 390348 | 142482 | 11 | 36.50 | 0.00 |
| 148. LAHARPUR | 401317 | 116724 | 49 | 29.09 | 0.01 |
| 149. BISWAN | 391583 | 126211 | 120 | 32.23 | 0.03 |
| 150. SEVATA | 364824 | 76337 | 61 | 20.92 | 0.02 |
| 151. MAHMOODABAD | 363447 | 96027 | 35 | 26.42 | 0.01 |
| 152. SIDHAULI (SC) | 412021 | 162885 | 7 | 39.53 | 0.00 |
| 153. MISRIKH (SC) | 424484 | 179685 | 0 | 42.33 | 0.00 |
| **HARDOI** | **3398306** | **1065848** | **203** | **31.36** | **0.01** |
| 154. SAWAJIPUR | 456547 | 74965 | 20 | 16.42 | 0.00 |
| 155. SHAHABAD | 416618 | 118373 | 0 | 28.41 | 0.00 |
| 156. HARDOI | 433718 | 147333 | 98 | 33.97 | 0.02 |
| 157. GOPAMAU (SC) | 412808 | 150554 | 9 | 36.47 | 0.00 |
| 158. SANDI (SC) | 398983 | 165854 | 0 | 41.57 | 0.00 |
| 159. BILGRAM MALLANWAN | 451585 | 99374 | 1 | 22.01 | 0.00 |
| 160. BALAMAU (SC) | 425797 | 202270 | 3 | 47.50 | 0.00 |
| 161. SANDILA | 402250 | 107125 | 72 | 26.63 | 0.02 |
| **UNNAO** | **2700324** | **827255** | **957** | **30.64** | **0.04** |
| 162. BANGERMAU | 417523 | 110893 | 12 | 26.56 | 0.00 |
| 163. SAFIPUR (SC) | 419710 | 153767 | 161 | 36.64 | 0.04 |
| 164. MOHAN (SC) | 409758 | 158790 | 172 | 38.75 | 0.04 |
| 165. UNNAO | 487328 | 107003 | 248 | 21.96 | 0.05 |
| 166. BHAGWAN NAGAR | 477776 | 141734 | 216 | 29.67 | 0.05 |
| 167. PURWA | 488229 | 155068 | 148 | 31.76 | 0.03 |

| No. & Name of Assembly Constituency | 2001 CENSUS POPULATION | | | | |
|---|---|---|---|---|---|
| | TOTAL | SCs | STs | % of SCs | % of STs |
| **RAE BARELI** | **2872335** | **856749** | **1802** | **29.83** | **0.06** |
| 177. BACHHRAWAN (SC) | 403906 | 151950 | 64 | 37.62 | 0.02 |
| 178. TILOI | 404188 | 115305 | 24 | 28.53 | 0.01 |
| 179. HARCHANDPUR | 389214 | 119240 | 545 | 30.64 | 0.14 |
| 180. RAE BARELI | 433759 | 101069 | 176 | 23.30 | 0.04 |
| 181. SALON (SC) | 414419 | 127722 | 159 | 30.82 | 0.04 |
| 182. SARENI | 424899 | 121270 | 312 | 28.54 | 0.07 |
| 183. UNCHAHAR | 461950 | 120193 | 522 | 29.90 | 0.13 |
| **SULTANPUR** | **3214832** | **715297** | **466** | **22.25** | **0.01** |
| 184. JAGDISHPUR (SC) | 434736 | 115431 | 101 | 26.55 | 0.02 |
| 185. GAURIGANJ | 400906 | 101811 | 1 | 25.40 | 0.00 |
| 186. AMETHI | 389476 | 75809 | 3 | 19.46 | 0.00 |
| 187. ISAULI | 403973 | 68200 | 76 | 16.88 | 0.02 |
| 188. SULTANPUR | 409906 | 67400 | 0 | 16.44 | 0.00 |
| 189. SADAR | 372656 | 87614 | 70 | 23.51 | 0.02 |
| 190. LAMBHUA | 405040 | 93879 | 96 | 23.18 | 0.02 |
| 191. KADIPUR (SC) | 398139 | 105153 | 119 | 26.41 | 0.03 |
| **JALAUN** | **1454452** | **393307** | **140** | **27.04** | **0.01** |
| 219. MADHAUGARH | 511138 | 139744 | 0 | 27.34 | 0.00 |
| 220. KALPI | 460460 | 120260 | 0 | 26.12 | 0.00 |
| 221. ORAI (SC) | 482854 | 133303 | 140 | 27.61 | 0.03 |
| **JHANSI** | **1744931** | **489763** | **1070** | **28.07** | **0.06** |
| 222. BABINA | 401246 | 95861 | 728 | 23.89 | 0.18 |
| 223. JHANSI NAGAR | 470212 | 107074 | 213 | 22.77 | 0.05 |
| 224. MAURANIPUR (SC) | 470836 | 164174 | 124 | 34.87 | 0.03 |
| 225. GARAUTHA | 402637 | 122654 | 5 | 30.46 | 0.00 |
| **MOHABA** | **758379** | **196038** | **65** | **25.85** | **0.01** |
| 230. MAHOBA | 366203 | 89475 | 28 | 24.43 | 0.01 |
| 231. CHARKHARI | 392176 | 106563 | 37 | 27.17 | 0.01 |
| **BANDA** | **1501602** | **311663** | **34** | **20.76** | **0.00** |
| 232. TINDWARI | 366248 | 66265 | 0 | 18.09 | 0.00 |
| 233. BABERU | 392598 | 85266 | 0 | 21.72 | 0.00 |
| 234. NARAINA (SC) | 398075 | 90093 | 10 | 22.63 | 0.00 |
| 235. BANDA | 344681 | 70039 | 24 | 20.32 | 0.01 |

| No. & Name of Assembly Constituency | 2001 CENSUS POPULATION | | | | |
|---|---|---|---|---|---|
| | TOTAL | SCs | STs | % of SCs | % of STs |
| **FATEHPUR** | **2308384** | **578070** | **467** | **25.04** | **0.02** |
| 238. JAHANABAD | 391197 | 78869 | 102 | 20.16 | 0.03 |
| 239. BINDKI | 390242 | 107193 | 274 | 27.47 | 0.07 |
| 240. FATEHPUR | 405298 | 90978 | 85 | 22.45 | 0.02 |
| 241. AYAH SHAH | 340420 | 84042 | 0 | 24.69 | 0.00 |
| 242. HUSAINGANJ | 367640 | 96354 | 0 | 26.21 | 0.00 |
| 243. KHAGA (SC) | 413587 | 120634 | 6 | 29.17 | 0.00 |
| **PRATAPGARH** | **2731174** | **601043** | **159** | **22.01** | **0.01** |
| 244. RAMPUR KHAS | 342623 | 83678 | 19 | 24.42 | 0.01 |
| 245. BABAGANJ (SC) | 364472 | 99784 | 37 | 27.38 | 0.01 |
| 246. KUNDA | 418397 | 109463 | 0 | 26.16 | 0.00 |
| 247. BISHWAV NATHGANJ | 434698 | 85233 | 0 | 19.61 | 0.00 |
| 248. PRATAPGARH | 397610 | 66214 | 70 | 16.65 | 0.02 |
| 249. PATTI | 409635 | 88863 | 33 | 21.60 | 0.01 |
| 250. RANIGANJ | 363739 | 68208 | 0 | 18.75 | 0.00 |
| **ALLAHABAD** | **4936105** | **1065097** | **4273** | **21.58** | **0.09** |
| 254. PHAHAPHAMAU | 424359 | 102214 | 108 | 24.09 | 0.03 |
| 255. SORAON (SC) | 441151 | 109421 | 22 | 24.80 | 0.00 |
| 256. PHULPUR | 447751 | 98819 | 29 | 22.07 | 0.01 |
| 257. PRATAPPUR | 442651 | 106274 | 18 | 24.01 | 0.00 |
| 258. HANDAI | 424978 | 84497 | 0 | 19.88 | 0.00 |
| 259. MEJA | 365619 | 76581 | 292 | 20.95 | 0.08 |
| 260. KARACHHANA | 409385 | 88692 | 601 | 21.66 | 0.15 |
| 261. ALLAHABAD WEST | 415428 | 92081 | 276 | 22.17 | 0.07 |
| 262. ALLAHABAD NORTH | 400062 | 63037 | 329 | 15.76 | 0.08 |
| 263. ALLAHABAD SOUTH | 381499 | 31085 | 80 | 8.15 | 0.02 |
| 264. BARA (SC) | 377865 | 100922 | 1011 | 26.71 | 0.27 |
| 265. KORAON (SC) | 405357 | 111474 | 1507 | 27.50 | 0.37 |
| **BARABANKI** | **3060996** | **810595** | **469** | **26.48** | **0.02** |
| 266. KURSI | 460333 | 121613 | 13 | 26.42 | 0.00 |
| 267. RAM NAGAR | 408670 | 74556 | 282 | 18.24 | 0.07 |
| 268. BARABANKI | 433754 | 94292 | 43 | 21.74 | 0.01 |
| 269. ZAIDPUR (SC) | 474552 | 142578 | 40 | 30.04 | 0.01 |
| 270. DARIYABAD | 467240 | 137190 | 57 | 29.36 | 0.01 |
| 271. RUDAULI | 409862 | 98892 | 13 | 24.13 | 0.00 |
| 272. HAIDERGARH (SC) | 406585 | 141474 | 21 | 34.80 | 0.01 |

| No. & Name of Assembly Constituency | 2001 CENSUS POPULATION | | | | |
|---|---|---|---|---|---|
| | TOTAL | SCs | STs | % of SCs | % of STs |
| **AMBEDKAR NAGAR** | **2026876** | **495375** | **143** | **24.44** | **0.01** |
| 277. KATEHARI | 433752 | 106357 | 40 | 24.52 | 0.01 |
| 278. TANDA | 385927 | 88596 | 46 | 22.96 | 0.01 |
| 279. ALAPUR (SC) | 378230 | 101738 | 1 | 26.90 | 0.00 |
| 280. JALALPUR | 460245 | 121629 | 38 | 26.43 | 0.01 |
| 281. AKBARPUR | 368722 | 77055 | 18 | 20.90 | 0.00 |
| **SIDDHARTH NAGAR** | **2040085** | **337311** | **228** | **16.53** | **0.01** |
| 302. SHOHRAT GARH | 393776 | 66828 | 121 | 16.97 | 0.03 |
| 303. KAPILVASTU (SC) | 475097 | 86299 | 32 | 18.16 | 0.01 |
| 304. BASNI | 391172 | 70174 | 0 | 17.94 | 0.00 |
| 305. ITWA | 356663 | 49261 | 11 | 13.81 | 0.00 |
| 306. DOMMARIYAGANJ | 423377 | 64749 | 64 | 15.29 | 0.02 |
| **SANT KABIR NAGAR** | **1420226** | **300902** | **307** | **21.19** | **0.02** |
| 312. MENHDAWAL | 506889 | 85482 | 137 | 16.86 | 0.03 |
| 313. KHALILABAD | 488236 | 103333 | 163 | 21.16 | 0.03 |
| 314. DHANGHHATA (SC) | 425101 | 112087 | 7 | 26.37 | 0.00 |
| **GORAKHPUR** | **3769456** | **831070** | **898** | **22.05** | **0.02** |
| 320. CAIMPIYARGANJ | 430353 | 75158 | 86 | 17.46 | 0.02 |
| 321. PIPRAICH | 459430 | 91553 | 206 | 19.93 | 0.04 |
| 322. GORAKHPUR URBAN | 433430 | 59094 | 206 | 13.63 | 0.05 |
| 323. GORAKHPUR RURAL | 413599 | 60895 | 70 | 14.72 | 0.02 |
| 324. SAHAJANWA | 417332 | 100076 | 126 | 23.98 | 0.03 |
| 325. KHAJANI (SC) | 394350 | 116846 | 102 | 29.63 | 0.03 |
| 326. CHAURH CHAURA | 384335 | 95448 | 13 | 24.83 | 0.00 |
| 327. BANSGAON (SC) | 379967 | 107558 | 61 | 28.31 | 0.02 |
| 328. CHILLUPUR | 466660 | 124442 | 28 | 27.25 | 0.01 |
| **AZAMGARH** | **3939916** | **1013801** | **700** | **25.73** | **0.02** |
| 343. ATRAULIYA | 401872 | 91013 | 28 | 22.65 | 0.01 |
| 344. GOPALPUR | 391495 | 99525 | 56 | 25.42 | 0.01 |
| 345. SAGRI | 381115 | 94469 | 1 | 24.79 | 0.00 |
| 346. MUBARKPUR | 397926 | 99330 | 13 | 24.96 | 0.00 |
| 347. AZAMGARH | 413983 | 91586 | 36 | 22.12 | 0.01 |
| 348. NIZAMABAD | 356856 | 88596 | 101 | 24.83 | 0.03 |
| 349. PHOOLPUR PAWAI | 353893 | 82514 | 1 | 23.32 | 0.00 |
| 350. DIDAR GANJ | 387365 | 90318 | 162 | 23.32 | 0.04 |
| 351. LAL GANJ (SC) | 427686 | 144200 | 181 | 33.72 | 0.04 |
| 352. MEHNAGAR (SC) | 427725 | 132250 | 121 | 30.92 | 0.03 |

# बिहार

## PAPPER-5

## ASSEMBLY CONSTITUENCIES AND PERCENTAGE OF SC AND ST POPULATION, DISTRICT WISE

| No. & Name of Assembly Constituency | 2001 CENSUS POPULATION | | | | |
|---|---|---|---|---|---|
| | TOTAL | SCs | STs | % of SCs | % of STs |
| **SUPAUL** | **1732578** | **256444** | **5219** | **14.80** | **0.30** |
| 41. NIRMALI | 339583 | 47099 | 74 | 13.87 | 0.02 |
| 42. PIPRA | 348467 | 48860 | 377 | 14.18 | 0.11 |
| 43. SUPAUL | 349906 | 44101 | 517 | 12.40 | 0.15 |
| 44. TRIVENGANJ (SC) | 328976 | 56515 | 1817 | 17.18 | 0.55 |
| 45. CHHATAPUR | 365646 | 59869 | 2434 | 16.37 | 0.67 |
| **MADHEPURA** | **1526646** | **260461** | **9295** | **17.06** | **0.61** |
| 70. ALAMNAGAR | 398693 | 56170 | 643 | 14.09 | 0.16 |
| 71. BIHARGANJ | 372287 | 62540 | 6613 | 16.80 | 1.78 |
| 72. SINGHESHWAR (SC) | 372248 | 74136 | 1510 | 19.92 | 0.33 |
| 73. MADHEPURA | 383418 | 67615 | 729 | 17.63 | 0.19 |
| **SAHARSA** | **1508182** | **242612** | **4642** | **16.09** | **0.51** |
| 74. SONBARSHA (SC) | 344411 | 65592 | 2390 | 19.04 | 0.69 |
| 75. SAHARSA | 391877 | 43927 | 712 | 11.21 | 0.18 |
| 76. SIMRI BAKHTIARPUR | 390838 | 71241 | 34 | 18.23 | 0.01 |
| 77. MAHISHI | 381056 | 61852 | 1506 | 16.23 | 0.40 |
| **VAISHALI** | **2718421** | **562123** | **3068** | **20.68** | **0.11** |
| 123. HAJIPUR | 349694 | 73433 | 112 | 21.00 | 0.03 |
| 124. LALGANJ | 365942 | 76355 | 495 | 20.87 | 0.14 |
| 125. VAISHALI | 356327 | 71586 | 505 | 20.09 | 0.14 |
| 126. MAHUA | 319172 | 68584 | 166 | 21.49 | 0.05 |
| 127. RAJA PAKAR (SC) | 297421 | 64522 | 173 | 21.69 | 0.06 |
| 128. RAGHOPUR | 395143 | 69797 | 1405 | 17.66 | 0.36 |
| 129. MAHNAR | 315732 | 67120 | 58 | 21.26 | 0.02 |
| 130. PATEPUR (SC) | 318990 | 70726 | 154 | 22.17 | 0.05 |
| **SAMASTIPUR** | **3394793** | **628838** | **3362** | **18.52** | **0.10** |
| 131. KALYANPUR (SC) | 369888 | 75720 | 8 | 20.47 | 0.00 |
| 132. WARIS NAGAR | 366399 | 70058 | 176 | 19.12 | 0.05 |
| 133. SAMASTIPUR | 327886 | 58330 | 575 | 17.79 | 0.18 |
| 134. UJLARPUR | 361695 | 69187 | 1151 | 19.13 | 0.32 |

| No. & Name of Assembly Constituency | 2001 CENSUS POPULATION | | | | |
|---|---|---|---|---|---|
| | TOTAL | SCs | STs | % of SCs | % of STs |
| 135. MORWA | 308104 | 55876 | 25 | 18.14 | 0.01 |
| 136. SARAIRANJAN | 326690 | 60351 | 81 | 18.47 | 0.01 |
| 137. MOHIUDDINNAGAR | 302059 | 51597 | 104 | 17.08 | 0.03 |
| 138. BIBBUTPUR | 315408 | 57533 | 1208 | 18.24 | 0.38 |
| 139. ROSERA (SC) | 374515 | 72255 | 20 | 19.29 | 0.01 |
| 140. HASANPUR | 342149 | 57931 | 14 | 16.93 | 0.00 |
| **BANKA** | **1608773** | **200059** | **75070** | **12.44** | **4.67** |
| 159. AMARPUR | 324892 | 42632 | 614 | 13.12 | 0.19 |
| 160. DHURALIYA (SC) | 348823 | 48878 | 1499 | 14.01 | 0.43 |
| 161. BANKA | 291569 | 31919 | 5728 | 10.95 | 1.96 |
| 162. KATORIA (ST) | 294135 | 27900 | 38695 | 9.49 | 13.16 |
| 163. BELHAR | 349354 | 48730 | 28534 | 13.95 | 8.17 |
| **MUNGER** | **1137797** | **150947** | **18060** | **13.27** | **1.59** |
| 164. TARAPUR | 366439 | 53636 | 7948 | 14.64 | 2.17 |
| 165. MUNGER | 390147 | 37782 | 1036 | 9.68 | 0.27 |
| 166. JAMALPUR | 381211 | 59529 | 9076 | 15.62 | 2.38 |
| **SHEIKHPURA** | **525502** | **103732** | **211** | **19.74** | **0.04** |
| 169. SHEIKHPURA | 271181 | 50681 | 45 | 18.69 | 0.02 |
| 170. BARBIGHA | 254321 | 53051 | 166 | 20.86 | 0.07 |
| **PATNA** | **4718592** | **729988** | **9236** | **15.47** | **0.20** |
| 178. MOKAMA | 318547 | 54618 | 233 | 17.15 | 0.07 |
| 179. BARH | 310220 | 58245 | 113 | 18.78 | 0.04 |
| 180. BAKHTIARPUR | 312670 | 65628 | 199 | 21.00 | 0.06 |
| 181. DIGHA | 367570 | 37644 | 2233 | 10.24 | 0.61 |
| 182. BANKIPUR | 342892 | 26439 | 1330 | 7.71 | 0.39 |
| 183. KUMHRAR | 354373 | 24504 | 1034 | 6.91 | 0.29 |
| 184. PATNA SAHIB | 375183 | 35025 | 654 | 9.34 | 0.17 |
| 185. FARWAH | 288224 | 53016 | 193 | 18.39 | 0.07 |
| 186. DANAPUR | 325457 | 39280 | 1407 | 12.07 | 0.43 |
| 187. MANER | 365722 | 48855 | 1212 | 13.36 | 0.33 |
| 188. PHULWARI (SC) | 307399 | 74510 | 212 | 24.24 | 0.07 |
| 189. MASAURHI (SC) | 377966 | 82558 | 164 | 21.84 | 0.04 |
| 190. PALIGANJ | 316430 | 58218 | 42 | 18.40 | 0.01 |
| 191. BIKRAM | 356039 | 71448 | 210 | 20.07 | 0.06 |
| **ROHTAS** | **2450748** | **444333** | **25663** | **18.13** | **1.05** |
| 207. CHENURI (SC) | 360083 | 78135 | 16585 | 21.70 | 4.61 |
| 208. SASARAM | 386439 | 65745 | 5059 | 17.01 | 1.31 |
| 209. KARGAHAR | 344987 | 70970 | 1192 | 20.57 | 0.35 |

| No. & Name of Assembly Constituency | 2001 CENSUS POPULATION | | | | |
|---|---|---|---|---|---|
| | TOTAL | SCs | STs | % of SCs | % of STs |
| 210. DINARA | 333500 | 58195 | 1329 | 17.45 | 0.40 |
| 211. NOKHA | 325928 | 53902 | 285 | 16.54 | 0.09 |
| 212. DEHRI | 332448 | 53687 | 821 | 16.15 | 0.25 |
| 213. KARAKAT | 367363 | 63699 | 392 | 17.34 | 0.11 |
| **ARWAL** | **589476** | **111479** | **294** | **18.91** | **0.05** |
| 214. ARWAL | 300084 | 59562 | 110 | 19.85 | 0.04 |
| 215. KURTHA | 289392 | 51917 | 184 | 17.94 | 0.06 |
| **AURANGABAD** | **2013055** | **472766** | **1640** | **23.49** | **0.08** |
| 219. GOH | 353226 | 70766 | 72 | 20.03 | 0.02 |
| 220. OBRA | 346599 | 74495 | 153 | 21.49 | 0.04 |
| 221. NABINAGAR | 314382 | 72783 | 417 | 23.15 | 0.13 |
| 222. KUTUMBA (SC) | 307777 | 87973 | 316 | 28.58 | 0.10 |
| 223. AURANGABAD | 326664 | 69160 | 301 | 21.17 | 0.09 |
| 224. RAFIGANJ | 364407 | 97589 | 381 | 26.78 | 0.10 |
| **GAYA** | **3473428** | **1029675** | **2945** | **29.64** | **0.08** |
| 225. GURUA | 339172 | 108460 | 116 | 31.98 | 0.03 |
| 226. SHERGHATI | 320516 | 1101174 | 393 | 34.37 | 0.12 |
| 227. IMAMGANJ (SC) | 352951 | 134301 | 439 | 38.05 | 0.12 |
| 228. BARACHATTI (SC) | 363957 | 128409 | 618 | 35.28 | 0.17 |
| 229. BODH GAYA (SC) | 374793 | 128345 | 193 | 34.24 | 0.05 |
| 230. GAYA TOWN | 323259 | 31427 | 594 | 9.72 | 0.18 |
| 231. TIKARI | 365162 | 87757 | 156 | 24.03 | 0.04 |
| 232. BELAGANJ | 310352 | 87054 | 251 | 28.05 | 0.08 |
| 233. ARRI | 364708 | 107964 | 117 | 29.60 | 0.03 |
| 234. WAZIRAGANJ | 358558 | 105784 | 68 | 29.50 | 0.02 |
| **NAWADA** | **1809696** | **435975** | **2158** | **24.09** | **0.12** |
| 235. RAJAULI (SC) | 366179 | 108384 | 520 | 29.60 | 0.14 |
| 236. HISUA | 384771 | 100370 | 40 | 26.09 | 0.01 |
| 237. NAWADA | 354196 | 70826 | 178 | 20.00 | 0.05 |
| 238. GOVINDPUR | 334578 | 79192 | 1023 | 23.67 | 0.31 |
| 239. WARISALIGANJ | 369972 | 77203 | 397 | 20.87 | 0.11 |
| **JAMUI** | **1398796** | **242710** | **67357** | **17.35** | **4.82** |
| 240. SIKANDRA (SC) | 332721 | 63977 | 6176 | 19.23 | 1.86 |
| 241. JAMUI | 335666 | 63841 | 3789 | 19.02 | 1.13 |
| 242. JHAJHA | 375086 | 58438 | 18594 | 15.58 | 4.96 |
| 243. CHAKAI | 355323 | 56454 | 38798 | 15.89 | 10.92 |

# राष्ट्रीय राजधानी क्षेत्र दिल्ली

## पेपर–5

## ASSMEBLY CONSTITUNCIES PERCENTAGE OF SC AND ST POPULATION

| विधानसभा निर्वाचन क्षेत्र का नाम और क्रमांक | भारत जनगणना 2011 | | | | |
|---|---|---|---|---|---|
| | **TOTAL** | **SCs** | **STs** | **% of SCs** | **% of STs** |
| 1. नरेला | 201265 | 43070 | 0 | 21.40 | 0.00 |
| 2. बुराड़ी | 187210 | 30659 | 0 | 16.38 | 0.00 |
| 3. तिमारपुर | 208917 | 38583 | 0 | 18.47 | 0.00 |
| 4. आदर्शनगर | 178265 | 28100 | 0 | 15.80 | 0.00 |
| 5. बादली | 208694 | 38603 | 0 | 18.50 | 0.00 |
| 6. रिठाला | 200084 | 20135 | 0 | 10.06 | 0.00 |
| 7. बवाना (अजा) | 208392 | 50591 | 0 | 24.28 | 0.00 |
| 8. मुंडका | 206873 | 40154 | 0 | 19.41 | 0.00 |
| 9. किराडी | 200954 | 32930 | 0 | 16.39 | 0.00 |
| 10. सुल्तानपुर माजरा (अजा) | 194771 | 85990 | 0 | 44.15 | 0.00 |
| 11. नागलोई जाट | 201457 | 41717 | 0 | 20.71 | 0.00 |
| 12. मंगोलपुरी (अजा) | 212923 | 72739 | 0 | 34.16 | 0.00 |
| 13. रोहिणी | 197159 | 11534 | 0 | 5.85 | 0.00 |
| 14. शालीमारबाग | 187219 | 17132 | 0 | 9.15 | 0.00 |
| 15. शकूर बस्ती | 217494 | 23568 | 0 | 10.84 | 0.00 |
| 16. त्रिनगर | 195941 | 30145 | 0 | 15.38 | 0.00 |
| 17. वजीरपुर | 217594 | 48774 | 0 | 22.42 | 0.00 |
| 18. मॉडल टाऊन | 106821 | 36694 | 0 | 18.83 | 0.00 |
| 19. सदर बाजार | 217202 | 35238 | 0 | 16.22 | 0.00 |
| 20. चांदनी चौक | 216623 | 31568 | 0 | 14.59 | 0.00 |
| 21. मटिया महल | 184488 | 27353 | 0 | 14.81 | 0.00 |
| 22. बल्ली मारन | 190178 | 41065 | 0 | 21.39 | 0.00 |
| 23. करोल बाग (अजा) | 224778 | 84439 | 0 | 37.57 | 0.00 |

| विधानसभा निर्वाचन क्षेत्र का नाम और क्रमांक | भारत जनगणना 2011 | | | | |
|---|---|---|---|---|---|
| | TOTAL | SCs | STs | % of SCs | % of STs |
| 24. पटेलनगर (अजा) | 208589 | 47875 | 0 | 22.95 | 0.00 |
| 25. मोतीनगर | 208173 | 22844 | 0 | 10.97 | 0.00 |
| 26. मादीपुर (अजा) | 202997 | 59132 | 0 | 29.13 | 0.00 |
| 27. राजोरीगार्डन | 202239 | 23743 | 0 | 11.74 | 0.00 |
| 28. हरिनगर | 183808 | 13036 | 0 | 7.09 | 0.00 |
| 29. तिलकनगर | 177374 | 14750 | 0 | 8.32 | 0.00 |
| 30. जनकपुरी | 204737 | 18451 | 0 | 9.01 | 0.00 |
| 31. विकासपुरी | 212708 | 28009 | 0 | 13.17 | 0.00 |
| 32. उत्तमनगर | 177128 | 13170 | 0 | 7.44 | 0.00 |
| 33. द्वारका | 176196 | 23405 | 0 | 13.28 | 0.00 |
| 34. मटियाला | 201167 | 28584 | 0 | 14.21 | 0.00 |
| 35. नजफगढ़ | 202195 | 30664 | 0 | 15.17 | 0.00 |
| 36. बिजवासन | 187799 | 31477 | 0 | 16.76 | 0.00 |
| 37. पालम | 190826 | 19448 | 0 | 10.19 | 0.00 |
| 38. दिल्लीकैंट | 195122 | 31439 | 0 | 16.11 | 0.00 |
| 39. राजेंद्रनगर | 204459 | 43984 | 0 | 21.51 | 0.00 |
| 40. नई दिल्ली | 232158 | 42668 | 0 | 18.38 | 0.00 |
| 41. जंगपुरा | 199988 | 31852 | 0 | 15.93 | 0.00 |
| 42. कस्तुरबानगर | 185271 | 20376 | 0 | 11.00 | 0.00 |
| 43. मालवीयनगर | 175153 | 17330 | 0 | 9.89 | 0.00 |
| 44. आर.के. पुरम | 185996 | 26970 | 0 | 14.50 | 0.00 |
| 45. महरौली | 178139 | 26834 | 0 | 15.06 | 0.00 |
| 46. छतरपुर | 162573 | 25396 | 0 | 15.62 | 0.00 |
| 47. देवली (अजा) | 211125 | 56106 | 0 | 26.57 | 0.00 |
| 48. अम्बेडकर नगर (अजा) | 183588 | 57713 | 0 | 31.44 | 0.00 |
| 49. संगम विहार | 184513 | 25147 | 0 | 13.63 | 0.00 |
| 50. ग्रेटरकैलाश | 189100 | 18270 | 0 | 9.66 | 0.00 |

| विधान सभा निर्वाचन क्षेत्र का नाम और क्रमांक | भारत जनगणना 2011 | | | | |
|---|---|---|---|---|---|
| | TOTAL | SCs | STs | % of SCs | % of STs |
| 51. कालकाजी | 186520 | 23476 | 0 | 12.59 | 0.00 |
| 52. तुगलकाबाद | 169361 | 37843 | 0 | 22.34 | 0.00 |
| 53. बदरपुर | 197544 | 24877 | 0 | 12.59 | 0.00 |
| 54. ओखला | 189015 | 13463 | 0 | 7.12 | 0.00 |
| 55. त्रिलोकपुरी (अजा) | 210903 | 66594 | 0 | 31.58 | 0.00 |
| 56. कोंडली (अजा) | 181943 | 50496 | 0 | 27.75 | 0.00 |
| 57. पटपड़गंज | 200960 | 26035 | 0 | 12.96 | 0.00 |
| 58. लक्ष्मीनगर | 191043 | 16449 | 0 | 8.61 | 0.00 |
| 59. विश्वासनगर | 184106 | 23823 | 0 | 12.94 | 0.00 |
| 60. कृष्णानगर | 214632 | 17355 | 0 | 8.09 | 0.00 |
| 61. गांधीनगर | 205167 | 22091 | 0 | 10.77 | 0.00 |
| 62. शाहदरा | 190583 | 31704 | 0 | 16.64 | 0.00 |
| 63. सीमापुरी (अजा) | 210314 | 60934 | 0 | 28.97 | 0.00 |
| 64. रोहताशनगर | 218394 | 43431 | 0 | 19.89 | 0.00 |
| 65. सीलमपुर | 208273 | 18470 | 0 | 8.87 | 0.00 |
| 66. घोंडा | 203951 | 26381 | 0 | 12.93 | 0.00 |
| 67. बाबरपुर | 203725 | 13136 | 0 | 6.45 | 0.00 |
| 68. गोकलपुर (अजा) | 196825 | 73996 | 0 | 37.59 | 0.00 |
| 69. मुस्तफाबाद | 210574 | 26522 | 0 | 12.60 | 0.00 |
| 70. करावलनगर | 200248 | 16659 | 0 | 8.32 | 0.00 |

# पश्चिम बंगाल

## PAPER-5

### ASSEMBLY CONSTITUENCIES AND PERCENTAGE OF SC AND ST POPULATION DISTRICT WISE

| No. & Name of Assembly Constituency | 2001 CENSUS POPULATION | | | | |
|---|---|---|---|---|---|
| | TOTAL | SCs | STs | % of SCs | % of STs |
| **COOCHBEHAR** | **2479155** | **1242374** | **14246** | **50.11** | **0.57** |
| 1. MEKLIGANJ (SC) | 251162 | 163083 | 2254 | 64.93 | 0.90 |
| 2. MATHABHANGA (SC) | 268460 | 159858 | 2385 | 59.55 | 0.89 |
| 3. COOCHBEHAR UTTAR (SC) | 297984 | 136856 | 2762 | 45.93 | 0.93 |
| 4. COOCHBEHAR DAKSHIN | 256199 | 94658 | 524 | 36.95 | 0.20 |
| 5. SITALKUCHI (SC) | 299359 | 190567 | 112 | 63.66 | 0.04 |
| 6. SITAI (SC) | 294782 | 150850 | 694 | 51.17 | 0.24 |
| DINHATA | 296066 | 123714 | 1Q37 | 41.79 | 0.35 |
| 8. TSATABARI | 261895 | 107859 | 1235 | 41.18 | 0.47 |
| 9. TUFANGANJ | 253248 | 114929 | 3243 | 45.38 | 1.28 |
| **JALPAIGURI** | **3401173** | **1248577** | **641688** | **36.71** | **18.87** |
| 10. KUMARGRAM (ST) | 301376 | 107653 | 82726 | 35.72 | 27.45 |
| 11. KALCHINI (ST) | 280420 | 36279 | 106025 | 12.94 | 37.81 |
| 12. ALIPURDUARS | 295337 | 119993 | 32229 | 40.63 | 10.91 |
| 13. FALAKATA (SC) | 274972 | 113436 | 43379 | 41.25 | 15.78 |
| 14. MADARIHAT (ST) | 266166 | 41887 | 90463 | 15.74 | 33.99 |
| 15. DHUPGURI (SQ) | 263772 | 150333 | 20668 | 56.99 | 7.84 |
| 16. MAYNAGURI (SC) | 281700 | 199529 | 3545 | 70.83 | 1.26 |
| 17. JALPAIGURI (SC) | 287786 | 142537 | 5143 | 49.53 | 1.79 |
| 18. RAJGANJ (SC) | 268965 | 141077 | 23582 | 52.45 | 8.77 |
| 19. DABGRAM-PHULBARI | 296263 | 82114 | 3791 | 27.72 | 1.28 |
| 20. MAL (ST) | 288610 | 75178 | 92612 | 26.05 | 32.09 |
| 21. NAGRAKATA (ST) | 295806 | 38561 | 137525 | 13.04 | 46.49 |
| **UTTAR DINAJPUR** | **2441794** | **676582** | **124865** | **27.71** | **5.11** |
| 28. CHOPRA | 271792 | 43893 | 16204 | 16.15 | 5.96 |
| 29. 1SLAMPUR | 245919 | 49329 | 6067 | 20.06 | 2.47 |
| 30. GOALPOKHAR | 245430 | 35137 | 9273 | 14.32 | 3.78 |
| 31. CHAKULIA | 258163 | 59951 | 18769 | 23.22 | 7.27 |
| 32. KARANDIGHI | 287190 | 90300 | 18715 | 31.44 | 6.52 |
| 33. HEMTABAD (SC) | 287005 | 102603 | 17406 | 35.75 | 6.06 |

| No. & Name of Assembly Constituency | 2001 CENSUS POPULATION | | | | |
|---|---|---|---|---|---|
| | TOTAL | SCs | STs | % of SCs | % of STs |
| 34. KALIAGANJ (SC) | 303378 | 157983 | 12412 | 52.07 | 4.09 |
| 35. RATGANJ | 293376 | 70727 | 6426 | 24.11 | 2.19 |
| 36. ITAHAR | 249541 | 66650 | 19593 | 26.71 | 7.85 |
| **DAKSHIN DINAJPUR** | **1503178** | **432660** | **242317** | **28.78** | **16.12** |
| 37. KUSHMUND1 (SC) | 243410 | 107558 | 23605 | 44.19 | 9.70 |
| 38. KUMARGANJ | 231131 | 51657 | 38596 | 22.35 | 16.70 |
| 39. BALURGHAT | 280955 | 63149 | 33367 | 22.48 | 11.88 |
| 40. TAP AN (ST) | 249363 | 65302 | 66551 | 26.19 | 26.69 |
| 41. GAN.GARAMPUR (SC) | 251301 | 85956 | 35255 | 34.20 | 14.03 |
| 42. HARIRAMPUR | 247018 | 59038 | 44943 | 23.90 | 18.19 |
| **HOWRAH** | **4273099** | **658707** | **19168** | **15.42** | **0.45** |
| 169. BALLY | 260906 | 9110 | 1406 | 3.49 | 0.54 |
| 170. HOWRAH UTTAR | ..249755 | 9576 | 383 | 3.83 | 0.15 |
| 171. HOWRAH MADHYA | 274065 | 8930 | 262 | 3.26 | 0.10 |
| 172. SHIBPUR | 261182 | 15766 | 1663 | 6.04 | 0.64 |
| 173. HOWRAH DAKSHIN | 289430 | 23283 | 1997 | 8.04 | 0.69 |
| 174. OANKRAIL (SC) | 280411 | 71465 | 1336 | 25.49 | 0.48 |
| 175. PANCHLA | 275412 | 53958 | 596 | 19.59 | 0.22 |
| 176. ULUBERIA PURBA | 244061 | 34006 | 760 | 13.93 | 0.31 |
| 177. ULUBERIA UTTAR (SC) | 238397 | 77140 | 176 | 32.36 | 0.07 |
| 178. ULUBERIA DAKSHIN | 254921 | 63386 | 454 | 24.86 | 0.18 |
| 179. SHYAMPUR | 280837 | 33158 | 1562 | 11.81 | 0.56 |
| 180. BAGNAN | 249273 | 25779 | 1807 | 10.34 | 0.72 |
| 181. AMTA | 277509 | 59470 | 548 | 21.43 | 0.20 |
| 182. UDAYNARAYANPUR | 253719 | 58718 | 719 | 23.14 | 0.28 |
| 183. JAGATBALLAVPUR | 292838 | 71039 | 2824 | 24.26 | 0.96 |
| 184. DOMJUR | 290377 | 43923 | 2675 | 15.13 | 0.92 |
| **HOOGHLY** | **5041976** | **1188881** | **212062** | **23.58** | **4.21** |
| 185. UTTARPARA | 282428 | 26654 | 2179 | 9.44 | 0.77 |
| 186. SREHRAMPUR | 309944 | 18917 | 1072 | 6.10 | 0.35 |
| 187. CHAMPDANI | 279185 | 28961 | 960 | 10.37 | 0.34 |
| 188. SINGUR | 262259 | 39037 | 5976 | 14.88 | 2.28 |
| 189. CHANDANNAGAR | 268258 | 37608 | 1269 | 14.02 | 0.47 |
| 190. CHUNCHURA | 313760 | 69417 | 12719 | 22.12 | 4.05 |
| 191. BALAGARH (SC) | 283046 | 109035 | 23948 | 38.52 | 8.46 |

| No. & Name of Assembly Constituency | 2001 CENSUS POPULATION | | | | |
|---|---|---|---|---|---|
| | TOTAL | SCs | STs | % of SCs | % of STs |
| 192. PANDUA | 284231 | 89017 | 46526 | 31.32 | 16.37 |
| 193. SAPTAGRAM | 270943 | 74558 | 12248 | 27.52 | 4.52 |
| 194. CHANDITALA | 260721 | 38819 | 989 | 14.89 | 0.38 |
| 195. JANGIPARA | 271331 | 79192 | 9726 | 29.19 | 3.58 |
| 196. HARIPAL | 282333 | 71245 | 16041 | 25.23 | 5.68 |
| 197. DHANEKHALI (SC) | 291249 | 91928 | 44878 | 31.56 | 15.41 |
| 198. TARAKESWAR | 264849 | 67004 | 13600 | 25.30 | 5.14 |
| 199. PURSURAH | 284273 | 80930 | 1481 | 28.47 | 0.52 |
| 200. ARAMBAG (SC) | 273412 | 93125 | 4170 | 34.06 | 1.53 |
| 201. GOGHAT (SC) | 268639 | 98090 | 13833 | 36.51 | 5.15 |
| 202. KHANAKUL | 291115 | 75344 | 447 | 25.88 | 0.15 |
| **BANKURA** | **3192695** | **997408** | **330783** | **31.24** | **10.36** |
| 247. SALTORA (SC) | 264385 | 88281 | 28071 | 3339 | 10.62 |
| 248. CHHATNA | 267799 | 86805 | 47041 | 32.41 | 17.57 |
| 249. RANIBANDH (ST) | 279397 | 54911 | 92824 | 19.65 | 33.22 |
| 250. RAIPUR.(ST) | 246421 | 57811 | 61960 | 23.46 | 25.14 |
| 251. TALDANGRA | 256203 | 69959 | 33809 | 27.31 | 13.20 |
| 252. BANKURA | 284861 | 81033 | 9931 | 28.45 | 3.49 |
| 253. BARJORA | 274304 | 90236 | 6521 | 32.90 | 2.38 |
| 254. ONDA | 283747 | 90885 | 11504 | 32.03 | 4.05 |
| 255. BISHNUPUR | 239945 | 63373 | 17293 | 26.41 | 7.21 |
| 256. KATULPUR (SC) | 269310 | 92409 | 7321 | 34.31 | 2.72 |
| 257. INDUS (SC) | 267203 | 115513 | 6374 | 43.23 | 2.39 |
| 258. SONAMUKHI (SC) | 259120 | 106192 | 8134 | 40.98 | 3.14 |
| **BIRBHUM** | **3015422** | **889894** | **203127** | **29.51** | **6.74** |
| 284. DUBRAJPUR (SC) | 268483 | 91011 | 7576 | 33.90 | 2.82 |
| 285. SURI | 286355 | 89921 | 23377 | 31.40 | 8.16 |
| 286. BOLPUR | 280197 | 68632 | 25811 | 24.49 | 9.21 |
| 287. NANOOR (SC) | 302564 | 96175 | 23727 | 31.79 | 7.84 |
| 288. LABPUR | 268306 | 83588 | 21300 | 31.15 | 7.94 |
| 289. SAINTHIA (SC) | 272827 | 86813 | 27405 | 31.82 | 10.04 |
| 290. MAYURESHWAR | 252764 | 80178 | 16618 | 31.72 | 6.57 |
| 291. RAMPURHAT | 276794 | 77120 | 38965 | 27.86 | 14.08 |
| 292. HANSAN | 266400 | 76636 | 1006 | 28.77 | 0.38 |
| 293. WALHATI | 263714 | 80488 | 9450 | 30.52 | 3.58 |
| 294. MURARAI | 277018 | 59332 | 7892 | 21.42 | 2.85 |

# परिशिष्ट–4

## (अध्याय–2)

### विधानसभा तथा संसदीय निर्वाचन क्षेत्रों का परिसीमन दिशा–निर्देश तथा प्रक्रिया

DELIMITATION OF ASSEMBLY AND PARLIAMENTARY
Guidelines and Methodology

**1. संवैधानिक तथा विधिक प्रावधान** (Constitutional and Legal Provisions) **:** अन्य बातों के साथ–साथ भारतीय संविधान की धारा 81, 82, 170, 330 तथा 332 को संविधान अधिनियम, (चौरासी वां संशोधन) 2001 तथा संविधान (सत्तासी वां संशोधन) अधिनियम, 2003 द्वारा संशोधित किया गया है। संविधान के इन संशोधनों का संचयी (Cumulative) प्रभाव यह हुआ है कि–

(i) 2026 वर्ष के बाद किए जाने वाली प्रथम जनगणना तथा जनगणना 1971 के आधार पर लोक सदन में आबंटित विद्यमान सीटों की कुल संख्या अपरिवर्तित रहेगी,

(ii) 2026 वर्ष के बाद किए जाने वाली प्रथम जनगणना तक जनगणना 1971 के आधार पर विधानसभा में आबंटित विद्यमान सीटो की कुल संख्या अपरिवर्तित रहेगी,

(iii) संसदीय तथा विधानसभाओं के लिए अनुसूचित जातियों (अजा) तथा अनुसूचित जनजातियों (अजजा) के लिए आरक्षित किए जाने वाली सीटों की संख्या की 2001 जनगणना के आधार पर फिर से गणना की जाएगी,

(iv) प्रत्येक राज्य को 2001 जनगणना के आधार पर क्षेत्रीय संसदीय तथा विधानसभा निर्वाचन क्षेत्रों का पुनः परिसीमन किया जाएगा तथा इस तरह के निर्वाचन क्षेत्रों की सीमा जैसा कि अब परिसीमन किया गया है, 2026 वर्ष के बाद किए जाने वाली पहली जनगणना तक स्थिर बनी रहेगी तथा यहाँ दर्शाए गए राज्यों में जम्मू तथा कश्मीर को नहीं

शामिल किया गया है, लेकिन राष्ट्रीय राजधानी क्षेत्र दिल्ली तथा केन्द्र शासित क्षेत्र पाण्डिचेरी को शामिल किया गया है।

(v) निर्वाचन क्षेत्रों को जहाँ तक व्यवहारिक होगा, इस तरह से परिसीमित किया जाएगा कि एक राज्य में प्रत्येक संसदीय तथा विधानसभा निर्वाचन क्षेत्र की आबादी (2001 जनगणना के आधार पर) पूरे राज्य में एक समान होगी।

**2. राज्यों का संसदीय तथा विधानसभा निर्वाचन क्षेत्रों में विभाजन :** इस तरह प्रत्येक राज्य की विधानसभा तथा संसदीय निर्वाचन क्षेत्र में विभाजन प्रत्येक राज्य विधानसभा में विद्यमान सीटों की कुल संख्या तथा वर्तमान में संसद के दोनों सदनों में आबंटित कुल सीटों की संख्या के संबंध में किया जाएगा। दूसरे शब्दों में, प्रत्येक राज्य को उतने ही विधानसभा निर्वाचन क्षेत्रों में विभाजित किया जाएगा, जितनी संख्या में राज्य विधानसभा में उनकी सीटें विद्यमान है तथा संसदीय निर्वाचन क्षेत्रों की संख्या उस राज्य के लिए आबंटित संसद के दोनों सदनों की विद्यमान सीटों के बराबर (लोक प्रतिनिधित्व अधिनियम 1950 की प्रथम तथा द्वितीय अनुसूची देखें) होगी।

इसके अतिरिक्त जहाँ तक व्यवहारिक होगा सभी निर्वाचन क्षेत्र भौगोलिक रूप से घने होंगे तथा उनके परिसीमन में भौतिक विशेषताओं, प्रशासकीय इकाइयों की विद्यमान सीमाओं, संचार सुविधाओं तथा लोक सुविधाओं का ध्यान दिया जाएगा।

**3. आबादी** (Population) : (i) सभी विधानसभा तथा संसदीय निर्वाचन क्षेत्रों का परिसीमन जनगणना 2001 के आधार पर किया जाएगा। इस प्रयोजन के लिए केवल जनगणना आयोग द्वारा प्रकाशित जनगणना 2001 के आँकड़ों को लिया जाएगा।

(ii) राज्य में प्रत्येक निर्वाचन क्षेत्र को इस तरह से परिसीमित किया जाएगा कि जहाँ तक व्यवहारिक होगा, सभी निर्वाचन क्षेत्रों की आबादी पूरे राज्य में एक समान होगी।

(iii) इस प्रयोजन के लिए, राज्य की कुल आबादी (जनगणना 2001) को राज्य के विधानसभा निर्वाचन क्षेत्रों की कुल संख्या से विभाजित किया जाएगा तथा इस तरह प्रति विधानसभा क्षेत्र के लिए राज्य का औसत प्राप्त किया जाएगा। राज्य का यह औसत निर्वाचन क्षेत्र को इस तरह से परिसीमित करने के लिए दिशा–निर्देशक घटक होंगे कि जहाँ तक व्यवहारिक होगा प्रत्येक निर्वाचन क्षेत्र में समान आबादी होगी।

(iv) तथापित, परिसीमन आयोग ने यह आंतरिक निर्णय लिया है कि चूंकि निर्वाचन क्षेत्रों को सभी मामलों में एकदम समान आबादी के रूप में परिसीमित नहीं किया जा सकेगा, यदि भौगोलिक विशेषता, संचार साधन, लोक सुविधा, क्षेत्रों की समीपता तथा इस तरह चाही गई प्रशासकीय इकाइयों को टूटने से बचाने की आवश्यकता होगी, राज्य/जिला औसत से दस प्रतिशत तक कम अथवा ज्यादा तक का अंतर आयोग को मान्य होगा।

**4. प्रशासकीय इकाइयां** (Admistrative Units) **:** यद्यपि, 2001 की जनगणना की आबादी को आधार बनाया गया है, आयोग ने यह निर्णय लिया है कि, परिसीमित निर्वाचन क्षेत्रों की प्रशासकीय इकाइयों तथा जिला/उप प्रभाग/तहसील/पटवारी सर्कल, पंचायत, समितियों/पंचायतों आदि जो कि, 15 फरवरी 2004 को अस्तित्व में थी (आयोग ने पहले सभी राज्य सरकारों को लिखा था कि वे 01 अगस्त 2002 को विद्यमान प्रशासकीय इकाइयों में राज्य में सभी तरह से परिसीमन कार्य पूर्ण हो जाने तक छेड़छाड़ न करें, लेकिन मामलों में आयोग ने पर्याप्त औपचारिकता तथा इसके प्रति प्रदर्शित तत्कालिकता पर कुछ प्रशासकीय इकाइयों को पुनर्गठित करने की अनुमति प्रदान की थी)

**5. जिलों के विधानसभा निर्वाचन क्षेत्रों के आबंटन तथा निर्वाचन क्षेत्रों के परिसीमन की प्रक्रिया :** (i) परिसीमन आयोग ने यह निर्णय लिया है कि जहाँ तक व्यवहारिक होगा, एक जिले के सभी निर्वाचन क्षेत्रों को उस जिले की एक क्षेत्रीय सीमा के अंदर सीमित किया जाएगा। दूसरे शब्दों में किसी भी विधानसभा निर्वाचन क्षेत्र को सामान्यतः उस एक जिले से अधिक विस्तारित नहीं किया जाएगा।

(ii) परिसीमन आयोग के उपर्युक्त आंतरिक निर्णय को ध्यान में रखते हुए, पहला कदम पूर्ववर्ती पैराग्राफ के उप–पैराग्राफ (3) के अंतर्गत की गई गणना के रूप में प्रति निर्वाचन क्षेत्र की औसत आबादी से उस जिले की कुल आबादी को विभाजित करने के आधार पर प्रत्येक जिले के विधानसभा निर्वाचन क्षेत्रों की संख्या आबंटित की जाएगी, जिसमें इस तरह के राज्य औसत से एक अंश को एक के रूप में गिना जाएगा तथा आधे से कम अंश को छोड़ दिया जाएगा।

(iii) अगले कदम के रूप में, जिले में प्रत्येक निर्वाचन क्षेत्र की औसत आबादी को जिले की कुल आबादी और उस जिले में आबंटित सीटों की संख्या से विभाजित कर पता लगाया जाएगा।

(iv) फिर जिले के औसत से 10 प्रतिशत कम या अधिक के अनुमत्य अंतर के साथ जिले के प्रति निर्वाचन क्षेत्र की औसत आबादी को ध्यान में रखते हुए जिले के क्षेत्रों को विधानसभाओं की आवश्यक संख्या में विभाजित किया जाएगा।

(v) विधानसभा निर्वाचन क्षेत्रों को परिसीमित करने में, जहाँ तक व्यवहारिक होगा, यह सुनिश्चित करने के प्रयास किए जाएंगे कि उप–प्रभागों/तहसीलों को अखण्ड रखा जाए तथा अनावश्यक रूप से उन्हें तोड़ा न जाए। इसके आगे, प्रत्येक राज्य में, एक प्रशासकीय इकाई भी पहचान करने की आवश्यकता होगी, जिसमें उस राज्य के प्रशासकीय ढांचे को निम्नतम प्रशासकीय इकाई जिसे किसी भी प्रकरण में तोड़ा नहीं जाना चाहिए, के रूप में अपनाई जाएगी। उदाहरण के लिए मध्य प्रदेश राज्य में जिला, तहसील, राजस्व निरीक्षक वृत्त (RICS) तथा पटवारी वृत्त (PC) प्रशासकीय इकाइयां है। यदि एक PC (जिसमें कुछ गाँव होते है,। को परिसीमन के प्रयोजन से निम्नतम प्रशासकीय इकाई के रूप में अपनाया जाता है, उस PC को संपूर्ण रूप से अखण्ड रखा जाएगा तथा एक विधानसभा निर्वाचन क्षेत्र में शामिल किया जाएगा तथा उस PC के सारे गाँवों को अलग–अलग विधानसभा क्षेत्रों में विभाजित नहीं किया जाएगा।

(vi) उपर्युक्त दर्शाए गए अनुसार प्रशासकीय इकाइयों के आधार पर विधानसभा निर्वाचन क्षेत्रों का परिसीमन करते समय, इस तरह की प्रशासकीय इकाइयों की समीपता बुनियादी किसी भी निर्वाचन क्षेत्र में उसके अंदर दूसरे निर्वाचन क्षेत्र से संबंधित कुछ क्षेत्रों की परिवृत्ति/टापू हो तथा उसके बाद वाले निर्वाचन क्षेत्र के अन्य क्षेत्रों से कोई समीपता हो।

(vii) समीपता के अतिरिक्त, भौगोलिक विशेषताओं, बेहतर संपर्क, संचार के साधनों, लोक सुविधाओं को भी दृष्टिगत रखा जाएगा तथा नदियों अथवा पहाड़ी श्रृंखलाओं या वनों अथवा घाटियों तथा इस तरह के अन्य प्राकृतिक सीमाओं को एक ही निर्वाचन क्षेत्र में नहीं रखा जाएगा।

(viii) जहाँ तक संभव होगा, जिले के निर्वाचन क्षेत्रों का परिसीमन उत्तर से आरंभ करते हुए उत्तर–पश्चिम तक किया जाएगा, तथा बाद में मोडदार तरीकों से आगे बढ़ते हुए इसे दक्षिण की ओर समाप्त किया जाएगा।

**6. संसदीय निर्वाचन क्षेत्रों का परिसीमन** (Delimitation of Parliamentary Constituencies) : एक राज्य में प्रत्येक संसदीय निर्वाचन क्षेत्र उसमें निहित विधानसभा क्षेत्रों की एक अखण्ड बहुसंख्या होगी। किसी भी विधानसभा निर्वाचन क्षेत्र को एक से अधिक संसदीय क्षेत्र में विस्तारित नहीं किया जाएगा।

**7. अजा/अजजा के लिये सीटों का आरक्षण** (Reservation of seats for SCs and STs) : (i) राज्य की कुल आबादी में उनकी आबादी के अनुपात में अनुसूचित जातियों तथा अनुसूचित जनजातियों के लिए सीटों का आरक्षण किया जाएगा।

(ii) प्रत्येक राज्य में जनगणना 2001 के आधार पर अजा तथा अजजा के लिए विधानसभा तथा संसदीय निर्वाचन क्षेत्रों के लिए सीटों का आबंटन अलग–अलग किया जाएगा।

(iii) परिसीमन अधिनियम 2002 के खण्ड 9 (1) (घ) के अंतर्गत, में अजजा के लिए सीटों का आरक्षण उन निर्वाचन क्षेत्रों में किया जाएगा जिनमें उनकी कुल आबादी सर्वाधिक है। अतएवं राज्य के सभी विधानसभा निर्वाचन क्षेत्रों के परिसीमन के बाद, अजजा के लिए आरक्षित किए जाने वाले निर्वाचन क्षेत्र वे होंगे, जहाँ निर्वाचन क्षेत्र की कुल आबादी में उनकी आबादी का प्रतिशत संबंधित जिले में अजजा सीटों की संख्या के बराबर घटते क्रम में सबसे अधिक है।

(iv) कथित अधिनियम के खण्ड 9 (1) (ग) के अंतर्गत राज्य के विभिन्न हिस्सों में अजा के लिए वितरित किए जाने वाले निर्वाचन क्षेत्रों तथा उन निर्वाचन क्षेत्रों में जहाँ कुल आबादी में उनकी आबादी का प्रतिशत तुलनात्मक रूप से अधिक है, सीटों का आरक्षण किया जाएगा। अतएव जैसा कि उपर्युक्त वर्णित है, प्रत्येक जिले में सीटों की कुल संख्या के आबंटन की गणना करते समय, उन जिलों में अजा सीटों की गणना अलग की जाएगी। इसके बाद, जहाँ तक व्यवहारिक होगा, जिले के उन निर्वाचन क्षेत्रों में अजा सीटों का आरक्षण किया जाएगा, जहां कुल आबादी में उनकी आबादी का प्रतिशत संबंधित जिले में अजा सीटों की संख्या के बराबर घटते क्रम में सबसे अधिक है।

**8. कार्य पत्रों को तैयार करना** (Preparation of Working Paper)

**9. आयोग द्वारा अनुमोदित कार्य पत्र** (Working paper-Approval by the Commission)

**10–11. मसौदा प्रस्ताव अधिसूचना** (Meeting with Associate Members)

**12. जनसुनवाई** (Public Sittings) **:** सुझाव तथा आपत्तियों को प्रस्तुत करने की अंतिम दिनाँक निकल जाने के बाद आयोग राज्य में एक या अधिक स्थानों पर जन सुनवाई कर लोगों से व्यक्तिगत सुनवाई करेगा। इन सभाओं को व्यापक प्रचारित–प्रसारित किया जाएगा।

**13. अंतिम आदेश** (Final Orders) **:** जनसुनवाई के बाद, उनमें प्राप्त लिखित के साथ–साथ मौखिक सुझावों पर विचार करने तथा मसौदा प्रस्ताव में किए जाने वाले आवश्यक सुधार के बारे में निर्णय लेने तथा अंतिम आदेश पारित करने के लिए आयोग सहयोगी सदस्यों (हालांकि उन्हें मताधिकार नहीं होगा) के साथ अंतिम बैठक आयोजित करेगा। इस तरह तैयार किए गए अंतिम आदेश पर

पूर्ण आयोग हस्ताक्षर करेगा तथा परिसीमन आयोग के सचिव भारत के राजपत्र तथा राज्य के राजपत्र में अंतिम आदेश का प्रकाशन करायेंगे। इस अंतिम आदेश को संबंधित राज्य के दो स्थानीय भाषा के समाचार पत्रों में भी प्रकाशित करवाने की आवश्यकता होगी। अंतिम आदेश प्रकाशित होने के बाद, भारत के राष्ट्रपति से आदेश लागू होने की तिथि के बारे में उल्लिखित कर अधिसूचना जारी करने के लिए अनुरोध किया जाएगा। इन आदेशों की प्रतियाँ संसद तथा संबंधित विधानसभा के समक्ष भी रखी जाएंगी, इसमें उनके द्वारा किसी भी तरह का परिवर्तन अनुमत्य नहीं होगा।

(शंगारा राम)
सचिव

# परिशिष्ट–5

## (अध्याय–2)

### प्रदेश कांग्रेस ने जिला इकाइयों से परिसीमन पर रिपोर्ट मांगी

प्रदेश कांग्रेस ने परिसीमन आयोग के समक्ष अपना पक्ष रखने के लिए सभी जिला इकाइयों से विधानसभा सीटवार रिपोर्ट माँगी है। प्रदेश कांग्रेस परिसीमन समिति की 12 मार्च 2006 को प्रदेश कार्यालय में हुई। बैठक में सांसद ज्योतिरादित्य सिंधिया, पूर्व मंत्री अजयसिंह राहुल भैया, हरवंशसिंह मौजूद नहीं थे।

प्रदेश कांग्रेस उपाध्यक्ष राधाकृष्णन गर्ग की अध्यक्षता में हुई परिसीमन की बैठक में निर्णय लिया गया कि परिसीमन से प्रदेश के करीब तीन दर्जन जिले प्रभावित होने के कारण जिला इकाइयों से व्यवहारिक स्थिति से रूबरू होने के लिए रिपोर्ट बुलाई जाए। इसके लिए 23 तारीख तय की गई है। जिला इकाइयों से कहा गया है कि वे अपनी रिपोर्ट विधानसभा वार सीटों के आधार पर बनाकर भेजें। रिपोर्ट में विधानसभा क्षेत्र की भौगोलिक स्थिति, मतदाता संख्या का संतुलन बिगड़ने, और राजनीतिक पक्ष को अवश्य केन्द्रित करने की नसीहत दी गई है। इसके साथ ही नक्शे में पटवारी हल्का नंबर, खसरा और प्रस्तावित विधानसभा सीट कितने किलोमीटर व्यास क्षेत्र में होगी, इस पर भी राय भेजने को कहा गया है।

**भारत परिसीमन आयोग**

निर्वाचन सदन, अशोक रोड, नई दिल्ली–110001

| | |
|---|---|
| शंगारा राम | फोन नं. 011–23052005 |
| सचिव | फैक्स नं. 011–23052006 |
| सं. 282/म.प्र./2007 | दिनांक–19 जनवरी, 2007 |

आदेश संख्या (38)

परिसीमन अधिनियम, 2002 (2002 का 33) की धारा 4 के साथ पठित धारा के अनुसरण में तथा इस संबंध में सक्षम बनाने वाले अन्य सभी संवैधानिक और कानूनी उपबंधों को ध्यान में रखते हुए परिसीमन आयोग एतद् द्वारा यह नियत करता है :

(क) लोकसभा में मध्य प्रदेश राज्य को आवंटित किए जाने वाले स्थानों की कुल संख्या उनतीस (29) होगी।

(ख) लोकसभा में मध्य प्रदेश राज्य को इस प्रकार आबंटित कुल उनतीस (29) संख्या में अनुसूचित जातियों और अनुसूचित जनजातियों के लिए आरक्षित स्थानों की संख्या क्रमशः चार (4) और छः (6) होगी।

(ग) मध्य प्रदेश राज्य की विधानसभा को नियत किए जाने वाले स्थानों की कुल संख्या दो सौ तीस (230) होगी, और (घ) मध्य प्रदेश राज्य की विधानसभा को इस प्रकार नियत दो सौ तीस (230) स्थानों को कुल संख्या में से अनुसूचित जातियों और अनुसूचित जनजातियों के लिए आरक्षित स्थानों की संख्या क्रमशः पैंतीस (35) और सैंतालीस (47) होगी।

आदेश से<br>
(शंगारा राम)<br>
(सचिव)

## भारत परिसीमन आयोग

निर्वाचन सदन, अशोक रोड, नई दिल्ली–110001

| | |
|---|---|
| शंगारा राम | फोन नं. 011–23052005 |
| सचिव | फैक्स नं. 011–23052006 |
| सं. 282/म.प्र./2007 | दिनांक–19 जनवरी, 2007 |

## अधिसूचना

परिसीमन अधिनियम, 2002 (2002 का 33) की धारा 4 के साथ पठित धारा के अनुसरण में परिसीमन आयोग मध्य प्रदेश राज्य में संसदीय और विधानसभा निर्वाचन क्षेत्रों के परिसीमन के लिए सह सदस्यों के विसम्मत प्रस्तावों के साथ एतद् द्वारा अपने प्रस्ताव प्रकाशित करता हैं तथा 1 फरवरी 2007 (गुरूवार) को उस तारीख के रूप में विनिर्दिष्ट करता है जिसको अथवा जिसके पश्चात् वह उक्त प्रस्तावों पर आगे विचार करेगा। 2. इन प्रस्तावों के संबंध में कोई आक्षेप या सुझाव सचिव, परिसीमन आयोग, निर्वाचन सदन, अशोक रोड नई दिल्ली–110001 के पास उक्त तारीख तक या उसके पूर्व पहुँच जाने चाहिए।

प्रस्ताव (1) ने प्रादेशिक निर्वाचन क्षेत्र जिनमें मध्य प्रदेश राज्य को (क) राज्य की विधानसभा तथा (ख) लोकसभा निर्वाचनों के प्रयोजनार्थ विभक्त किया जाएगा तथा अनुसूचित जातियों और अनुसूचित जनजातियों के लिए आरक्षित ऐसे प्रत्येक निर्वाचन क्षेत्र और निर्वाचन क्षेत्र का विस्तार क्रमशः सारणी (क) और (ख)

में दर्शाए अनुसार होगा, (पप) जहाँ सारणी (क) और (ख) में यथादर्शित किसी निर्वाचन क्षेत्र का नाम कोष्ठकों और शब्दों (अ.जा.) द्वारा सुभिन्न किया गया है। वहाँ उस निर्वाचन क्षेत्र का स्थान अनुसूचित जनजातियों के लिए आरक्षित है, और (पपप) जहाँ सारणी (क) और (ख) में यथादर्शित निर्वाचन क्षेत्र के नाम कोष्ठकों और शब्दों (अ.ज.जा.) द्वारा भेद दिखाया गया हैं। वहाँ उस निर्वाचन क्षेत्र का स्थान अनुसूचित जनजातियों के लिए आरक्षित है।

आदेश से<br>(शंगारा राम)<br>सचिव

## सारणी–क

विधानसभा निर्वाचन क्षेत्र और उनका प्रस्तावित विस्तार विधानसभा निर्वाचन क्षेत्र की क्रम संख्या और नाम, निर्वाचन क्षेत्र का प्रस्तावित विस्तार 31. रायसेन जिला–140 उदयपुरा–1. उदयपुरा

तहसील तथा 2. बरेली तहसील में 1. बरेली रा.नि.मं., 2. खरगोन रा.नि.मं., 3. मशेवर रा.नि.मं., 4. भरकाच रा.नि.मं., 5. बरेली (नगर पंचायत बाह्य वृद्धि) 141. भोजपुर–1. गोहरगंज तहसील तथा 2. बरेली तहसील में 1. इंटखेड़ी रा.नि. मं., 2. बाड़ी रा.नि.मं. तथा 4. बाड़ी (नगर पंचायत) 142. सांची (अ.जा.)–1. रायसेन तहसील तथा 2. गोहरगंज तहसील। 143. सिलवानी–1. बेगमगंज तहसील तथा 2. सिलवानी तहसील।

## विसम्मत प्रस्ताव–1

सेवा में,

माननीय न्यायाधीश श्री कुलदीपसिंह<br>अध्यक्ष,<br>परिसीमन आयोग<br>नई दिल्ली

**विषय** : जिला रायसेन मध्य प्रदेश के विधानसभा निर्वाचन क्षेत्र के परिसीमन के लिए विसम्मत प्रस्ताव।

महोदय,

हमने आपके दिनांक 05.01.2007 के पत्र संख्या 282/म.प्र./2006 खण्ड–4 द्वारा हमें परिचालित किए गए तथा आयोग द्वारा अंतिम रूप दिये गए मध्य प्रदेश के रायसेन जिले के विधानसभा निर्वाचन क्षेत्रों के लिए प्रारूप प्रस्ताव अच्छी तरह पढ़े हैं।

हमें यह प्रतीत हुआ है कि आयोग द्वारा अंतिम रूप दिए गए प्रारूप प्रस्ताव विशेष रूप से जिले के विधानसभा, निर्वाचन क्षेत्रों के वर्तमान गठन को परिवर्तित करते हैं। यहाँ तक कि बाड़ी रा.नि.मं. को भी तोड़ा गया है। इतने अधिक परिवर्तन क्षेत्र में सामाजिक तथा सांस्कृतिक जुड़ाव को बुरी तरह प्रभावित करेंगे तथा क्षेत्र के लोगों के बीच अत्यधिक असंतोष और कुंठा का कारण बनेंगे।

हम, तदनुसार रायसेन जिले के विधानसभा निर्वाचन क्षेत्र के संबंध में परिसीमीन आयोग का प्रारूप प्रस्ताव स्वीकार करने में असमर्थ हैं तथा इसी संबंध में संशोधित प्रस्ताव प्रस्तुत करते हैं। यह प्रस्ताव नक्शे सहित इसके साथ संलग्न है।

हमारे, प्रस्तावों में हमने विधानसभा निर्वाचन क्षेत्रों के गठन को उसी तरह बनाए रखा है जैसा कि यह अब विद्यमान है। यह ध्यान दिया जाए कि जनसंख्या को बनाए रखने के लिए हम उदयपुर, सांची तथा भोजपुर के वर्तमान गठन को पूर्णता बनाए रख रहे हैं, हमने केवल सिलवानी में भोजपुर के इंटखेडी अर्थात एक रा.नि.मं. को तोड़ा है। हमारे प्रस्ताव में कोई रा.नि.मं. सर्किल तोड़ा नहीं गया है और बेहतर संबद्धता प्रदान की गई है। ये प्रस्ताव परिसीमन अधिनियम तथा दिशा निर्देशों के उपबंधों की पूर्णतः पुष्टि करते हैं। तदनुसार यह निवेदन हैं कि आयोग उपर्युक्त प्रस्तावों को अपनाने पर विचार करें। इसके अलावा ये प्रस्ताव लोगों के सुझाव आमंत्रित करने के लिए प्रकाशित भी किए जाए।

आपका

ह./–

1. (ज्योतिरादित्य सिंधिया)

सांसद

2. (हरबंश सिंह)

संलग्नक उपर्युक्त अनुसार :

**31 रायसेन जिला**

| 2001 की जनसंख्या | | विधानसभा तथा प्रस्तावित विधानसभा स्थान | | |
|---|---|---|---|---|
| कुल | 1125154 | कुल | अ.जा. | अ.ज.जा. |
| | 184234 विद्यमान | 4 | 1 | 00 |
| | 177139 प्रस्तावित | 4 | 1 | 00 |
| जिला औसत | 281289 | | | |
| स्वीकृत रेंज | 10 प्रतिशत (–या) 253160–309417 | | | |

| विधानसभा की क्र.सं. तथा नाम | निर्वाचन क्षेत्र का विस्तार | 2001 जनसंख्या | | | | |
|---|---|---|---|---|---|---|
| | तहसील/रा.नि.मं./पंचायत/प.सं. | कुल | अ.जा. | अ.ज.जा. | अ.जा का प्रतिशत | अ.ज.जा. का प्रतिशत |
| **140. उदयपुरा** | 1. उदयपुरा तह. (भाग) | | | | | |
| | उदयपुरा रा.नि.मं. | 27211 | 6476 | 2297 | 23.8 | 8.44 |
| | देवरी रा.नि.मं. | 33536 | 5812 | 2928 | 17.33 | 8.73 |
| | कोडा जमुनिया रा.नि.मं. | 26585 | 4390 | 5589 | 16.51 | 21 |
| | उदयपुर नगर पंचायत | 13787 | 1760 | 401 | 12.77 | 2.91 |
| | 1. बेगमगंज तहसील | 126624 | 21823 | 11713 | 17.23 | 9.25 |
| | 2. सिलवानी तह. (भाग) | | | | | |
| | 3. प्रतापगढ़ रा.नि.मं. | 21027 | 1341 | 16963 | 6.378 | 80.7 |
| | 4. जैधारी रा.नि.मं. | 17438 | 1685 | 6193 | 9.663 | 35.5 |
| | **नि. क्षेत्र का कुल योग** | **266204** | **43287** | **46084** | **16.26** | **17.31** |
| **141. भोजपुर** | 1. गोहरगंज तहसील | 213419 | 25480 | 52588 | 11.94 | 24.6 |
| | 1. बरेली तहसील (भाग) | | | | | |
| | 2. बाड़ी रा.नि.मं. | 27331 | 8166 | 2077 | 29.88 | 7.6 |
| | 3. भारगच्छा रा.नि.मं. | 41537 | 6186 | 1613 | 4.89 | 3.88 |
| | 4. बाड़ी नगर पंचायत | 16094 | 2071 | 1535 | 12.87 | 9.54 |
| | **नि.क्षे. का कुल योग** | **298381** | **41903** | **57813** | **14.04** | **19.40** |
| **142. सांची (अ.जा.)** | 1. रायसेन तहसील | 193259 | 35929 | 21311 | 18.59 | 11 |
| | 2. गैरतगंज तहसील | 104944 | 21191 | 12583 | 20.19 | 12 |
| | **नि.क्षे. का कुल योग** | **298203** | **57120** | **33894** | **19.15** | **11.40** |
| **143. सिलवानी** | 1. सिलवानी तह. (भाग) | | | | | |
| | सिलवानी रा.नि.मं. | 50658 | 5987 | 13497 | 11.82 | 2.67 |
| | बामहोरी रा.नि.मं. | 40910 | 14530 | 46564 | 35.52 | 11.42 |
| | 1. उदयपुर तहसील (भाग) चटेरा रा.नि.मं. | 35986 | 5430 | 2841 | 15.09 | 79.2 |
| | 2. बरेली तहसील (भाग) | | | | | |
| | 1. ईंटखेड़ी रा.नि.मं. | 18059 | 2623 | 7957 | 14.52 | 44.2 |
| | 2. खरगोन रा.नि.मं. | 24248 | 4661 | 2353 | 19.22 | 57.3 |
| | 3. मषेवर रा.नि.मं. | 35386 | 6627 | 1121 | 18.73 | 31.8 |
| | 4. बरेली नगर पंचायत (न.प. पा. तु.) | 25204 | 3134 | 793 | 12.43 | 31.6 |
| | **नि. क्षे. का कुल योग** | **230451** | **42992** | **75126** | **18.66** | **32.70** |

## जिला रायसेन

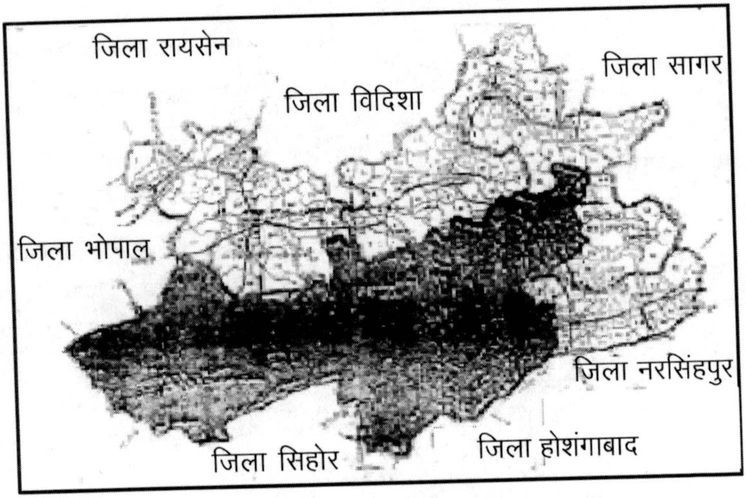


### विसम्मत प्रस्ताव–II

दिनांक 19 दिसंबर, 2006

सेवा में,

श्रीमान अध्यक्ष

राष्ट्रीय परिसीमन आयोग

नई दिल्ली

**विषय** : मध्य प्रदेश के लोकसभा क्षेत्रों के परिसीमन के संबंध में सहयोगी सदस्यों का प्रस्ताव।

महोदय,

परिसीमन आयोग द्वारा मध्य प्रदेश के लोकसभा क्षेत्रों के लिए प्रस्तावित प्रस्ताव में काफी विसंगतियाँ हैं। आयोग द्वारा दिए गए मार्गदर्शिका सिद्धांत के अनुरूप भी नहीं है। आयोग द्वारा प्रस्तावित 2 लोकसभा क्षेत्र क्रमशः ग्वालियर एवम् उज्जैन में सम्मिलित विधानसभा क्षेत्र भौगोलिक रूप से आपस में जुड़े हुए नहीं हैं। आयोग के प्रस्ताव में 5 लोकसभा क्षेत्र ऐसे हैं जो एक जिले की विधानसभाओं से बने हैं। 11 लोकसभा क्षेत्र ऐसे हैं जिनमें 2 जिलों की कुछ विधानसभायें जोड़कर बनाई गई है। एक लोकसभा क्षेत्र 3 संपूर्ण जिले को जोड़कर बनाया गया है। 10 लोकसभा क्षेत्र ऐसे हैं जो तीन जिलों की कुछ–कुछ विधानसभाओं को मिलाकर बनाये गये हैं। 2 लोकसभा क्षेत्र ऐसे हैं जिनमें 4 जिलों की कुछ एक विधानसभाओं को सम्मिलित किया गया है।

हम निम्न हस्ताक्षरित सहयोगी सदस्य इससे बेहतर सुझाव आपके समक्ष रख रहे हैं जिसमें आयोग द्वारा बताए गये मार्गदर्शी नियमों का बेहतर अनुपालन किया गया है कम जिलों को तोड़ा गया है। जनसंख्या का अनुपातिक अंतर और कम किया गया है एवं दिशादर्शी नियमों का भी अनुपालन समुचित रूप से किया गया है।

हमारे प्रस्ताव में किसी भी लोकसभा क्षेत्र को 3 से ज्यादा जिलों में प्रस्तावित नहीं किया गया है। अनुरोध है कि आयोग द्वारा प्रस्तावित लोकसभा क्षेत्र खजुराहो का नाम बदल ओरछा रखा जाए क्योंकि खजुराहो प्रस्तावित लोकसभा क्षेत्र से बाहर है। खजुराहो अब दमोह लोकसभा क्षेत्र की महाराजापुर विधानसभा का हिस्सा है। अतएव अनुरोध है दमोह लोकसभा का नाम बदलकर खजुराहो रखा जाए।

मान्यवर हमारा प्रस्ताव आयोग के मार्गदर्शी सिद्धांतों एवं नियमों के ज्यादा अनुकुल है। अतएव इस प्रस्ताव को स्वीकार करने का कष्ट करें।

| | |
|---|---|
| थावरचंद गहलोत सांसद | अजय विश्नोई विधायक |
| सुमित्रा महाजन सांसद | लक्ष्मणसिंह गौड़ विधायक |
| कैलाश जोशी सांसद | उमाशंकर गुप्त विधायक |
| फग्गनसिंह कुलस्ते सांसद | लालसिंह आर्य विधायक |

# परिशिष्ट–6

## (अध्याय–4)

### विधि और न्याय मंत्रालय
### (विधायी विभाग)

### आदेश

नई दिल्ली, 8 फरवरी, 2008

का, आ, 284(अ)–संविधान (चौरासीवां संशोधन) अधिनियम, 2001 द्वारा यथासंशोधित संविधान के अनुच्छेद 82 और अनुच्छेद 170 (3) के उपबंधों के अधीन संसद ने परिसीमन अधिनियम, 2002 अधिनियमित किया था और लोक सभा तथा राज्य विधानसभाओं के निर्वाचनों के प्रयोजन के लिए प्रत्येक राज्य और संघ राज्यक्षेत्र के प्रादेशिक निर्वाचन क्षेत्रों में विभाजन को वर्ष 2001 में की गई जनगणना के आधार पर अभिनिश्चित किए गए जनगणना के आँकड़ों के आधार पर पुनःसमायोजित करने के लिए परिसीमन आयोग स्थापित किया गया था। (जैसा कि संविधान (सत्तासीवां संशोधन) अधिनियम, 2003 के अधीन परिकल्पित है;

और, परिसीमन आयोग ने अभी तक 25 राज्यों / संघ राज्यक्षेत्रों में परिसीमन कार्य को पूरा कर लिया है;

और अरूणाचल प्रदेश के बाबत परिसीमन कार्य को पहले, 2001 की जनगणना के जनसंख्या आंकड़ों के आधार पर परिसीमन को प्रश्नगत करते हुए लोकहित मुकदमों की श्रृंखला (श्री रिकराम तारेहाके बनाम भारत संघ (लोकहित मुकदमा 54 / 07), श्री ताकम सोरंग बनाम भारत संघ (लोकहित मुकदमा 55 / 07), श्री देखबन एस (लोकहित मुकदमा 78 / 07) और श्री चांगकोम होंडिक (लोकहित मुकदमा 98 / 07) के मामलों में गुवाहाटी उच्च न्यायालय के रोक आदेशों के अनुसरण में निलंबित कर दिया गया था;

और गुवाहाटी उच्च न्यायालय के आदेशों पर माननीय उच्चतम न्यायालय के रोक लगाने के परिणामस्वरूप परिसीमन आयोग द्वारा परिसीमन प्रक्रिया पुनः

आरंभ किए जाने से अरूणाचल प्रदेश राज्य में रहने वाले पहाड़ी और जनजातीय व्यक्तियों की भावनाएं इस आशंका के कारण भड़कने की संभावना है कि अनेक निर्वाचन क्षेत्रों में नए परिसीमन के परिणामस्वरूप जनता और उसके प्रतिनिधियों के बीच संबंध विच्छेद हो सकता है और उसकी सीमाओं के परिवर्तन से जनजातियों के विभिन्न जातीय और मूलवंशीय समूहों का अन्यसंक्रमण हो सकता है;

और अरूणाचल प्रदेश राज्य 26 प्रमुख जनजातियों और 100 से अधिक उप–जनजातियों वाला अत्यंत संवेद्नशील सीमावर्ती राज्य है, जिसमें से प्रत्येक के अपने भिन्न–भिन्न, पारंपरिक क्षेत्र और सीमाएं है, जिसके आधार पर विद्यमान जिले और विधानसभा निर्वाचन क्षेत्र की सीमाओं का व्यापक रूप से सीमांकन किया गया था, जिसके कारण नए सिरे से ऐसा परिसीमन एक जटिल और संवेदनशील कार्य होगा जिसमें एक जनजातीय जिले से दूसरे जनजातीय जिले में विधानसभा स्थानों का अंतरण अंतर्वलित है;

और विद्यमान विधानसभा निर्वाचन क्षेत्रों के अनुसार प्रत्येक प्रमुख जनजातियों/उप–जनजातियों का विधानसभा में साम्यापूर्ण प्रतिनिधित्व किया जाता है;

और अरूणाचल प्रदेश में निर्वाचन क्षेत्रों के परिसीमन से संबंधित मुद्दे गंभीर और अत्यंत संवेदनशील प्रकृति के हैं और उसका इस संवेदनशील सीमावर्ती राज्य में विधि और व्यवस्था की स्थिति पर भी गंभीर प्रभाव पड़ सकता है;

और केन्द्रीय सरकार ने सुरक्षा स्थिति को ध्यान में रखते हुए, सशस्त्र बल (विशेष शक्तियां) अधिनियम, 1958 (1958 का 28) की धारा 3 द्वारा प्रदत्त शक्तियों का प्रयोग करते हुए, अरूणाचल प्रदेश और मेघालय राज्य में असम से लगी हुई सीमा पर बीस किलोमीटर की विस्तृत पट्टी को. का. अ, 1878(अ), तारीख 4 नवम्बर, 2007 द्वारा "विक्षुब्ध क्षेत्र" घोषित किया है;

और अरूणाचल प्रदेश राज्य में तिराप और चांगलांग जिलों को भी, का, आ, 1685 (अ),तारीख 30 सितंबर, 2007 द्वारा "विक्षुब्ध क्षेत्र" घोषित किया है;

और, अरूणाचल प्रदेश राज्य सरकार ने केन्द्रीय सरकार को विधानसभा और संसदीय निर्वाचन क्षेत्रों के प्रस्तावित परिसीमन के संबंध में विधायकों, सांसदों, राजनैतिक दलों, पंचायतों और जन नेताओं द्वारा किए गए कड़े आक्षेपों के बारे में सूचित कर दिया है और सरकार से अनुरोध किया है कि वह इस मुद्दे की संवेदनशीलता और इन आशंकाओं पर विचार करे कि जन नेताओं और देशी जनजातीय समुदायों की शिकायतों पर विचार किए बिना किसी परिसीमन की कार्यवाही के परिणामस्वरूप विभिन्न जिलों में विधि और व्यवस्था संबंधी प्रमुख

समस्याएं उत्पन्न होने की संभावना है, जिससे आगे चल कर अरूणाचल प्रदेश राज्य की लोक व्यवस्था को गंभीर खतरा हो सकता है;

और, यदि 2001 की जनगणना के आधार पर परिसीमन कार्यवाही की जाती है तो अनेक विधानसभा निर्वाचन क्षेत्रों का लोप हो जाएगा, जबकि कुछ निर्वाचन क्षेत्रों को अतिरिक्त स्थान देने होंगे, जिससे राज्य विधानसभा में विभिन्न जातीय जनजातियों का प्रतिनिधित्व असंतुलित हो जाएगा और उन क्षेत्रों के कारण जिनका प्रतिनिधित्व नहीं है, शांति और लोक व्यवस्था को गंभीर खतरा हो सकता है;

और अरूणाचल प्रदेश की राज्य सरकार ने राज्य के जनजातीय समुदायों में शांतिपूर्ण सौहार्द्र के हित में यथास्थिति बनाए रखने का अनुरोध किया है क्योंकि यदि इस मुद्दे पर जनता की शिकायतों को दूर किए बिना प्रस्तावित परिसीमन किया जाता है तो विघटनकारी शक्तियां अस्थिर स्थिति का लाभ उठा सकती हैं;

अतः अब, अरूणाचल राज्य में गंभीर स्थिति को ध्यान में रखते हुए और उपरोक्त समस्याओं का निराकरण करने के लिए, राष्ट्रपति परिसीमन अधिनियम, 2002 (2002का 33) की धारा 10क की उप–धारा (1) द्वारा प्रदत्त शक्तियों का प्रयोग करते हुए और इस बारे में समाधान हो जाने पर कि ऐसी स्थिति उत्पन्न हो गई है जिससे भारत की एकता और अखण्डता को खतरा पैदा होने की संभावना है और शांति और लोक व्यवस्था को गंभीर खतरा है, अरूणाचल प्रदेश राज्य में परिसीमन कार्य को तत्काल प्रभाव से और आगे आदेशों तक आस्थगित करते हैं।

## विधि और न्याय मंत्रालय
## (विधायी विभाग)

### आदेश

नई दिल्ली, 8 फरवरी, 2008

का, आ, 285(अ)–संविधान (चौरासीवां संशोधन) अधिनियम, 2001 द्वारा यथा–संशोधन संविधान के अनुच्छेद 82 और अनुच्छेद 170(3) में उपबंधों के अधीन संसद ने परिसीमन अधिनियम, 2002 अधिनियमित किया और लोकसभा और राज्य विधानसभाओं के निर्वाचनों के लिए प्रत्येक राज्य और संघ राज्यक्षेत्र के प्रादेशिक निर्वाचन–क्षेत्रों में विभाजन को, वर्ष 2001 में की गई जनगणना के आधार पर अभिनिश्चित किए गए जनगणना के आँकड़ों के आधार पर पुनः समायोजित करने के लिए परिसीमन आयोग स्थापित किया गया था। (जैसा कि संविधान (सत्तासीवां संशोधन) अधिनियम, 2003 के अधीन परिकल्पित है);

और परिसीमन आयोग ने अभी तक 25 राज्यों/संघ राज्य क्षेत्रों में परिसीमन कार्य को पूरा कर लिया है,

और नागालैंड राज्य के बाबत परिसीमन कार्य को, चेकेसेंग पब्लिक ऑर्गेनाइजेशंस और अन्य बनाम भारत संघ और अन्य (2006 की रिट याचिका सं. 67) में गुवाहाटी उच्च न्यायालय के रोक आदेश के अनुसरण में यह अभिकथित करते हुए निलंबित कर दिया गया था कि कुछ क्षेत्रों में विधानसभा में अधिक स्थान पाने के लिए, जनगणना में जनसंख्या में असामान्य वृद्धि रजिस्टर की गई थी;

और परिसीमन आयोग ने गुवाहाटी उच्च न्यायालय के आदेश पर माननीय उच्चतम न्यायालय की रोक के परिणामस्वरूप परिसीमन आयोग द्वारा परिसीमन कार्य पुनः प्रारंभ कर दिए जाने से नागालैंड राज्य के विभिन्न भागों में रहने वाले पहाड़ी और जनजातीय लोगों की भावनाएं उनकी इस आशंका के कारण भड़कने की संभावना है कि बहुत से निर्वाचन क्षेत्रों में नया परिसीमन, नाजुक विद्यमान जनजातीय संतुलन को बिगाड़ सकता है और सीमाओं का परिवर्तन उनके बीच अन्य संक्रमण कारित कर सकता है;

और नागालैंड राज्य में विभिन्न जनजातियाँ निवास करती हैं, जिनमें से प्रत्येक की अपनी पृथक परंरागत सीमाएं हैं जिनके आधार पर विद्यमान जिला और विधानसभा निर्वाचन क्षेत्रों की सीमाएं व्यापक रूप से सीमांकित की गई थीं जिसके कारण एक नया परिसीमन कार्य करने से विधानसभा के स्थानों का एक जनजातीय/भाषाई जोन से अन्य जनजातीय/भाषाई जोन को अंतरण हो सकता है;

और नागालैंड सरकार द्वारा यह आशंका व्यक्त की गई है कि राज्य में विशिष्ट जनजातीय संरूप और नाजुक विधि और व्यवस्था की स्थिति तथा चालू संघर्ष विराम और शांति वार्ता को दृष्टि में रखते हुए 2001 की जनगणना के आधार पर किये गये परिसीमन कार्य से जनजातीय संतुलन और शांति तथा लोक व्यवस्था के भंग होने की संभावना है;

और सशस्त्र बल (असम और मणिपुर) विशेष शक्तियाँ (संशोधन) अधिनियम, 1972 (1972 का 7) की धारा 4 के अधीन, संपूर्ण नागालैंड राज्य को, राज्य में विधि व्यवस्था की स्थिति को दृष्टि में रखते हुए, का.आ. 1177(अ), तारीख 19 जुलाई, 2007 के द्वारा "विक्षुब्ध क्षेत्र" घोषित किया गया है;

अतः अब, नागालैंड राज्य में गंभीर समस्या को ध्यान में रखते हुए और उपरोक्त समस्याओं का निराकरण करने के लिए राष्ट्रपति, परिसीमन अधिनियम, 2002 (2002का 33) की धारा 10क की उप–धारा (1) द्वारा प्रदत्त शक्तियों का

प्रयोग करते हुए और इस बारे में समाधान हो जाने पर कि ऐसी स्थिति उत्पन्न हो गई है शांति और लोक व्यवस्था को गंभीर खतरा है जिससे भारत की एकता और अखंडता को खतरा पैदा हो सकता है, नागालैंड राज्य में परिसीमन कार्य को तत्काल प्रभाव से और आगे आदेशों तक आस्थगित करते है;

भारत की राष्ट्रपति

(फा.सं.एच–11019(10)वि. II / 3)

के.डी. सिंह, सचिव

# परिशिष्ट–7

## (अध्याय–4)

### विधि एवं न्याय मंत्रालय
### (विधायी विभाग)

### अधिसूचना

नई दिल्ली, 19 फरवरी, 2008

का, आ 382 (अ)–राष्ट्रपति द्वारा किया गया निम्नलिखित आदेश सर्वसाधारण की जानकारी के लिए प्रकाशित किया जाता है :

### आदेश

संविधान (चौरासीवा संशोधन) अधिनियम, 2001 द्वारा यथासंशोधित संविधान के अनुच्छेद 82 अनुच्छेद 170(3) के उपबंधों के अधीन, संसद् ने परिसीमन अधिनियम, 2002 अधिनियम किया तथा लोकसभा और राज्य विधानसभाओं के निर्वाचनों के लिए प्रत्येक राज्य और संघ राज्यक्षेत्र के प्रादेशिक निर्वाचन क्षेत्रों में विभाजन को वर्ष, 2001 में की गई जनगणना में अभिनिश्चित किए गए जनगणना के आँकड़ों के आधार पर पुनः समायोजित करने के लिए परिसीमन आयोग स्थापित किया गया था। (जैसा कि संविधान (सत्तासीवां) संशोधन अधिनियम, 2003 के अधीन परिकल्पित है।);

और, परिसीमन अधिनियम, 2002 (2002 का 33) की धारा 8 और धारा 9 के अधीन परिसीमन आयोग द्वारा 25 राज्यों और संघ राज्यक्षेत्रों के बाबत संसदीय और विधानसभा निर्वाचन–क्षेत्रों के परिसीमन से संबंधित अंतिम आदेश कर दिए गए हैं और वे राजपत्र में प्रकाशित कर दिए गए थे;

और, यह समाधान हो जाने पर कि ऐसी स्थिति उत्पन्न हो गई है, जिसमें भारत की एकता और अखंडता को खतरा होने की संभावना है और शांति तथा लोक व्यवस्था को गंभीर खतरा है, परिसीमन अधिनियम, 2002 (2002 का 33) की धारा 10क की उप–धारा (1) के अधीन भारत के राजपत्र में प्रकाशित क्रमशः

आदेश संख्या का. आ.285(अ) तथा आदेश सं.का.आ. 286 (अ), तारीख 8 फरवरी, 2008 के द्वारा असम, अरूणाचल प्रदेश, नागालैंड और मणिपुर राज्यों में परिसीमन कार्रवाई को आस्थगित कर दिया है;

और, परिसीमन अधिनियम, 2002 की धारा 10ख के अधीन झारखण्ड राज्य के बाबत परिसीमन आयोग द्वारा किए गए अंतिम आदेशों को, उस राज्य में होने वाले लोकसभा या विधानसभा के लिए प्रत्येक निर्वाचन के संबंध में वर्ष 2026 तक आकृत कर दिया गया है।

और, मेघालय तथा त्रिपुरा राज्यों की विधानसभाओं की अवधि क्रमशः 10 मार्च, 2008 और 19 मार्च, 2008 को समाप्त होने वाली है तथा इन राज्यों में नई विधानसभाओं का गठन करने के लिए, संसदीय और विधानसभा निर्वाचन–क्षेत्र परिसीमन आदेश, 1976 के अनुसार उक्त नियत तारीखों के भीतर किसी भी समय साधारण निर्वाचन कराना आवश्यक है;

और, मेघालय तथा त्रिपुरा की विधानसभाओं के लिए साधारण निर्वाचनों के लिए निर्वाचन कार्यक्रम लोक प्रतिनिधित्व अधिनियम, 1951 के अधीन निर्वाचन आयोग द्वारा नियत समय के भीतर पूर्वोत्तर राज्यों में नई विधानसभाओं के गठन के लिए संसदीय और विधानसभा निर्वाचन–क्षेत्र परिसीमन आदेश, 1976 के अनुसार अधिसूचित कर दिया गया है;

अतः अब, मैं प्रतिभा देवीसिंह पाटील, भारत की राष्ट्रपति, संविधान के अनुच्छेद 82 के दूसरे परंतुक और अनुच्छेद 170 के खंड (3) के दूसरे परंतुक द्वारा प्रदत्त शक्तियों का प्रयोग करते हुए–

(1) इस आदेश की तारीख को, उस तारीख के रूप में विनिर्दिष्ट करती हूँ, जिसको नीचे सारणी के भाग क में राज्य संघ राज्यक्षेत्र के नाम के सामने विनिर्दिष्ट संबंधित आदेश सं. द्वारा परिसीमन आयोग द्वारा अधिसूचित परिसीमन आदेशों में दिए गए 22 राज्यों/संघ राज्य क्षेत्रों के बाबत परिसीमन अधिनियम, 2002 की धारा 8 और धारा 9 के निबंधनों के अनुसार परिसीमन आयोग द्वारा अधिसूचित पुनः समायोजन प्रभावी होंगे; और

(2) 20 मार्च, 2008 को, उस तारीख के रूप में विनिर्दिष्ट करती हूँ, जिसको नीचे सारणी के भाग ख में राज्यों के नाम के सामने विनिर्दिष्ट संबंधित आदेश सं. द्वारा परिसीमन आयोग द्वारा अधिसूचित परिसीमन आदेशों में दिए गए शेष त्रिपुरा और मेघालय दो राज्यों के बाबत उक्त अधिनियम की धारा 8 और धारा 9 के निबंधनों के अनुसार परिसीमन आयोग द्वारा अधिसूचित पुनः समायोजन प्रभावी होंगे।

## सारणी

## भारत के परिसीमन आयोग द्वारा जारी किए गए और भारत के राजपत्र, असाधारण, भाग II, खंड (3), उपखंड (III) में प्रकाशित परिसीमन आदेशों के ब्यौरे

| क्रम सं. | राज्य का नाम और तारीख | आदेश सं. (परिसीमन अधिनियम, 2002 की धारा 8 के अधीन जारी) | आदेश सं. (परिसीमन अधिनियम, 2002 की धारा 9 के अधीन जारी) | तारीख शुद्धिपत्र/पूरक आदेश, यदि कोई हों, और उनकी तारीख |
|---|---|---|---|---|
| (1) | (2) | (3) | (4) | (5) |
| | | **भाग क** | | |
| 1. | गोवा | आदेश सं. 2<br>आ, सं. 193 (अ)<br>तारीख 8–11–2004 | आदेश सं. 5<br>आ. सं. 9 (अ)<br>तारीख 31–3–2005 | – |
| 2. | पांडिचेरी | आदेश सं. 1<br>आ. सं. 190 (अ)<br>तारीख 8–10–2004 | आदेश सं. 6<br>आ. सं. 10 (अ)<br>तारीख 31–3–2005 | |
| 3. | मिजोरम | आदेश सं. 7<br>आ. सं. 13 (अ)<br>तारीख 13–4–2005 | आदेश सं. 10<br>आ. सं. 27 (अ)<br>तारीख 27–5–2005 | शुद्धि–पत्र<br>तारीख 11–7–2005<br>आ. सं. 34(अ) |
| 4. | केरल | आदेश सं. 4<br>आ. सं. 6 (अ)<br>तारीख 23–3–2005 | आदेश सं. 9<br>आ. सं. 29 (अ)<br>तारीख 31–5–2005 | आदेश संख्या 55<br>आ. सं. 2(अ)<br>तारीख 16–1–2008 |
| 5. | राजस्थान | आदेश सं. 12<br>आ. सं. 35(अ)<br>तारीख 8–8–2005 | आदेश सं. 16<br>आ. सं. 4(अ)<br>तारीख 25–1–2006 | – |
| 6. | पश्चिम बंगाल | आदेश सं. 11<br>आ. सं. 37(अ)<br>तारीख 8–8–2005 | आदेश सं. 18<br>आ. सं. 9(अ)<br>तारीख 15–2–2006 | – |
| 7. | छत्तीसगढ़ | आदेश सं. 14<br>आ. सं. 61(अ)<br>तारीख 12–12–2005 | आदेश सं. 24<br>आ. सं. 52(अ)<br>तारीख 2–6–2006 | शुद्धि–पत्र<br>तारीख 25–8–2006<br>आ. सं. 71(अ) |
| 8. | पंजाब | आदेश सं. 15<br>आ, सं. 63(अ)<br>तारीख 12–12–2005 | आदेश सं. 22<br>आ. सं. 58(अ)<br>तारीख 19–6–2006 | – |
| 9. | महाराष्ट्र | आदेश सं. 21<br>आ, सं. 24(अ)<br>तारीख 28–3–2006 | आदेश सं. 26<br>आ. सं. 64(अ)<br>तारीख 31–7–2006 | – |
| 10. | सिक्किम | आदेश सं. 13<br>आ. सं. 42(अ)<br>तारीख 29–8–2005 | आदेश सं. 28<br>आ. सं. 80(अ)<br>तारीख 4–9–2006 | – |
| 11. | दिल्ली | आदेश सं. 17<br>आ. सं. 5(अ)<br>तारीख 27–1–2006 | आदेश सं. 30<br>आ. सं. 85(अ)<br>तारीख 20–9–2006 | – |
| 12. | गुजरात | आदेश सं. 23<br>आ. सं. 38(अ)<br>तारीख 19–5–2006 | आदेश सं. 33<br>आ. सं. 121(अ)<br>तारीख 12–12–2006 | – |

| | | | |
|---|---|---|---|
| 13. उड़ीसा | आदेश सं. 19<br>आ. सं. 19(अ)<br>तारीख 17–3–2006 | आदेश सं. 34<br>आ. सं. 123(अ)<br>तारीख 15–12–2006 | – |
| 14. उत्तर प्रदेश | आदेश सं. 27<br>आ. सं. 62(अ)<br>तारीख 28–7–2006 | आदेश सं. 32<br>आ. सं. 122(अ)<br>तारीख 18–12–2006 | आदेश सं. 41<br>आ. सं. 50(अ)<br>तारीख 30–3–2007 |
| 15. उत्तरांचल | आदेश सं. 29<br>आ. सं. 78(अ)<br>तारीख 4–9–2006 | आदेश सं. 35<br>आ. सं. 124(अ)<br>तारीख 28–12–2006 | – |
| 16. हिमाचल प्रदेश | आदेश सं. 20<br>आ. सं. 22(अ)<br>तारीख 27–3–2006 | आदेश सं. 36<br>आ. सं. 2(अ)<br>तारीख 10–1–2007 | – |
| 17. हरियाणा | आदेश सं. 31<br>आ. सं. 105(अ)<br>तारीख 30–10–2006 | आदेश सं. 39<br>आ. सं. 18(अ)<br>तारीख 15–2–2007 | – |
| 18. आन्ध्र प्रदेश | आदेश सं. 37<br>आ. सं. 7(अ)<br>तारीख 22–1–2007 | आदेश सं. 46<br>आ. सं. 78(अ)<br>तारीख 31–5–2007 | – |
| 19. मध्य प्रदेश | आदेश सं. 38<br>आ. सं. 4(अ)<br>तारीख 19–1–2007 | आदेश सं. 45<br>आ. सं. 70(अ)<br>तारीख 14–5–2007 | – |
| 20. कर्नाटक | आदेश सं. 42<br>आ. सं. 46(अ)<br>तारीख 23–3–2007 | आदेश सं. 49<br>आ. सं. 90(अ)<br>तारीख 2–7–2007 | – |
| 21. तमिलनाडु | आदेश सं. 43<br>आ. सं. 52(अ)<br>तारीख 5–4–2007 | आदेश सं. 52<br>आ. सं. 108(अ)<br>तारीख 13–8–2007 | – |
| 22. बिहार | आदेश सं. 48<br>आ. सं. 70(अ)<br>तारीख 11–6–2007 | आदेश सं. 54<br>आ. सं. 111(अ)<br>तारीख 17–8–2007 | – |
| | **भाग ख** | | |
| 23. त्रिपुरा | आदेश सं. 3<br>आ. सं. 3(अ)<br>तारीख 28–2–2005 | आदेश सं. 8<br>आ. सं. 18(अ)<br>तारीख 12–5–2005 | – |
| 24. मेघालय | आदेश सं. 40<br>आ. सं. 28(अ)<br>तारीख 12–3–2007 | आदेश सं. 50<br>आ. सं. 91(अ)<br>तारीख 2–7–2007 | शुद्धि–पत्र<br>तारीख 2–7–2007<br>आ. सं. 89(अ)<br>शुद्धि–पत्र<br>तारीख 30–7–2007<br>आ. सं. 104(अ) |

19 फरवरी, 2008

भारत की राष्ट्रपति

(फा.सं.एच.–11019 (10)/2007–वि.II)

के.डी. सिंह, सचिव